应用层级　技能要素　规则流程　训练方案

进度管控数字化
应用教程

上海普华科技发展股份有限公司　编著

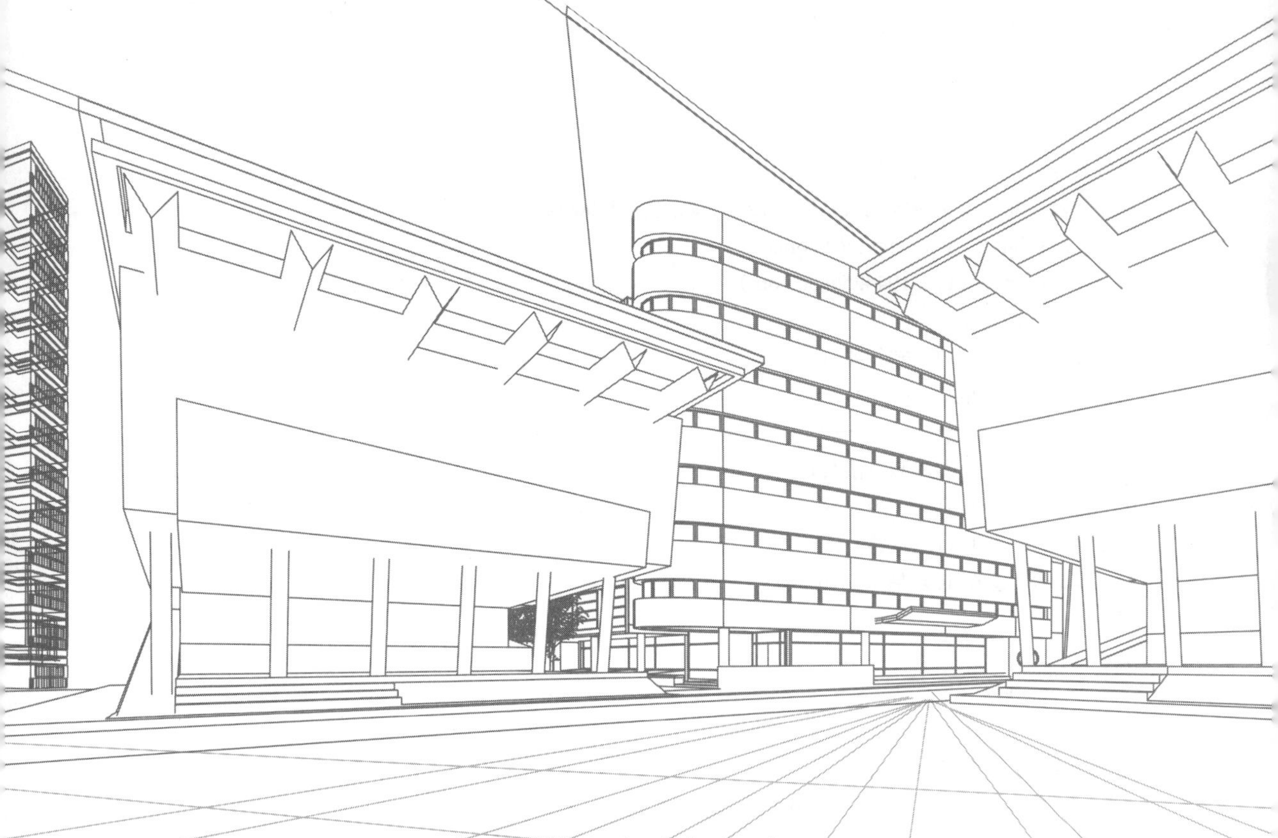

中国电力出版社
CHINA ELECTRIC POWER PRESS

内 容 提 要

本书涵盖了进度管控的历史与发展、进度管控的意义、进度管控的基础理论与技术、进度管控数字化应用技能分级与对应能力要素、进度管控数字化应用的专业特征、进度管控的流程与规则、进度管控数字化应用实现步骤、进度管控数字化应用训练方案等内容。全方位阐述了进度管控数字化应用的理论知识、专业特征、应用流程、业务通则与技能训练方法，为从业人员更好地掌握进度管控知识与技能提供支撑，帮助其将核心的进度管控体系方法借助数字化技术转变为实际的职业技能，助力社会涌现更多有知识、懂业务、善应用、综合能力更强的优秀专业人才。

本书可作为普通高等院校和高职（高专）院校等项目管理相关课程的教材、进度管控数字化应用技能实训指南，也可作为企业与组织项目管理相关人员业务能力建设、技能培训的参考资料。

图书在版编目（CIP）数据

进度管控数字化应用教程 / 上海普华科技发展股份有限公司编著. —北京：中国电力出版社，2021.11

ISBN 978-7-5198-6061-5

Ⅰ.①进… Ⅱ.①上… Ⅲ.①数字化－应用－项目管理－教材 Ⅳ.①F27-39

中国版本图书馆CIP数据核字(2021)第202159号

出版发行：中国电力出版社
地　　址：北京市东城区北京站西街19号（邮政编码100005）
网　　址：http://www.cepp.sgcc.com.cn
责任编辑：李静（1103194425@qq.com）
责任校对：铸　创
装帧设计：九五互通　知行兆远
责任印制：钱兴根

印　刷：三河市万龙印装有限公司
版　次：2021年11月第一版
印　次：2021年11月北京第一次印刷
开　本：787毫米×1092毫米　16开本
印　张：16
字　数：355千字
定　价：68.00元

序

数字化浪潮使得进度管控的方法与技术不断创新并迭代发展，传统的项目管理技能通过数字化技术得以突飞猛进的进步，致使现今的进度管控能力很大程度上取决于应用数字化技术的能力。因此，很有必要就进度管控数字化应用专业能力的内涵进行一次系统性的分析和梳理，在其工作领域、工作任务、业务通则和技能要素诸方面做出归纳和指引，引导更多的专业人员掌握这些工作任务和技能要素并能酌情灵活运用，共同推动进度管控向体系性和专业性发展，彰显项目管理的核心价值。

上海普华科技发展股份有限公司据此编写了这本《进度管控数字化应用教程》。本书简单阐述了进度管控的历史与发展、进度管控的基础理论与技术；在重点归纳了进度管控数字化应用专业技能分级和专业能力的若干特征之后，围绕专业技能分级及其应用实现进行了详尽的描述，并对基本管控应用、专业管控应用和综合管控应用三个层级的专业内涵和业务数字化流程及规则进行了全面解释；此外，本书还提供了较全面的、针对不同专业技能训练的模拟实练方案，希望不仅起到传播知识性业务认知的作用，更重要的是达到实操技能传递的目的。

本书旨在作为应用型高等院校、职业高等院校相关专业课程的教材和实训操作手册，也作为企业管理层、项目管理办公室（Project Management Office，PMO）机构、项目经理、计划与进度控制经理、计划与费用控制经理、项目经理助理、计划与进度工程师等岗位群体的参考手册。

参加本书编写的有包晓春、李艳刚、廖培林、刘运元、程贤茂、张克强和周俊。由于水平所限，书中难免存在不足乃至缪误之处，恳请读者不吝批评赐教并提出宝贵意见，相信您的反馈将会为未来本书再次修订提供极大的帮助。我们的联系方式是：Edu@powerpms.com。

上海普华科技发展股份有限公司董事长　包晓春

2021 年 9 月

目录

第 1 章 概述

1.1 什么是进度管控

进度管控涵盖项目计划编制、计划分析、计划目标制定、计划落实、计划执行监控等工作与业务管理领域。进度管控不仅仅是项目的时间管理，更是项目的统筹协调管理控制。通常所说的进度安排就是编制项目工作任务的时程（时间计划），进度协调就是协调相关工作任务责任人之间的时间安排，使得实际工作进展对项目总体计划目标的影响最小化，从而实现项目的统筹协同管控。

进度管控是运用相关专业知识与工具，在项目的启动与计划阶段编制进度计划，建立进度管理目标，在项目执行与控制阶段通过定期或不定期对项目工作任务的实际进展的衡量，结合进度计划目标进行偏差分析，提出计划调整优化方案，使得项目实际进展能围绕项目进度目标有序推进的项目管理协调工作。

进度管控对于大型复杂工程项目意义重大，因而受到广泛重视。进度管控的手段与方法及相关知识的发展离不开工程项目实践的总结和提炼。大型复杂工程项目进度管控经历了完全凭专家经验、使用甘特图（横道图）、使用网络计划、使用项目管理软件、使用赢得值技术与进度测量技术、使用项目管理信息平台等为主要阶段性特征的发展过程。

进度管控对于项目导向型企业而言，是组织效率提升的策源地，成为企业创新管理方法的重点突破领域而受到格外重视。企业级的进度管控通常要经历单一项目的标准化进度管控、针对关键资源围绕项目群集的统筹进度管控、追求组织效率基于项目群集进度计划的全方位统筹管控等与组织项目管理成熟度共同发展的过程。由于企业级的进度管控与信息化能力存在相辅相成的关系，故而越来越多的企业开始使用项目管理信息平台对项目进行全面管控，并通过项目管理信息平台协调企业关键资源、构建组织时间管理引擎、积累项目经验与结构化数据资产。

1.2 进度管控的历史与发展

1.2.1 使用甘特图（横道图）阶段

在网络计划技术出现之前，进度计划一般采用甘特图编制，计划图通常挂在墙上，实际进展采用在原图上手动标示（画阴影线、贴实际进度条、画前锋线、插小旗等）或定期绘制对比图的方式来进行进度分析。

在大型工程建设项目中，由于甘特图不能反映任务间的制约关系，因而进度协调难度较大，通常在工程施工现场设置工程调度室来统一协调施工进度。

1.2.2 使用网络计划技术阶段

网络计划技术是20世纪50年代发展起来的计划管理技术。网络计划技术在工程项目中的应用最早出现在美国，其突出代表为关键路径法（Critical Path Method，CPM）与计划评审技术（Program Evaluation and Review Technique，PERT）。CPM对任务的工期只要求给出一个估计值，而PERT要求给出三个估计值（悲观、乐观、最可能），然后套用β分布的原理算出一个新的估计值作为最终参与CPM计算的任务工期。PERT刚提出的时候曾得到热捧，后来逐渐被淡化直至现今很少被实际应用。究其原因，估计在于从本质上讲它并没有超越CPM核心要义。

我国在20世纪60年代由著名数学家华罗庚教授领衔开始推广统筹法与优选法，其中统筹法就是网络计划技术。

网络计划技术的应用对计划管理技术发展具有划时代的意义。网络图就是项目实施的模型，网络计算分析为计划与进度管理提供了科学的手段与方法。项目只要通过网络图建立实施模型，就可以找出关键路径，并可以开展模拟分析。项目的实际进展反馈到网络图中，通过重新计算就可以更新计划和预测，并就实际计划执行情况对项目进度目标的影响进行分析比较。但是在实际应用过程中，如果计划网络模型太粗，作业任务间的制约关系（逻辑关系）不太好表达，作业任务的工期估计误差较大，应用效果并不理想；如果计划网络模型比较细致，则网络图就会庞大复杂，网络计算费时费力，没有计算机辅助很难完成。因而，鉴于当时的IT技术状况，只有一些拥有大型计算机支持的项目才能真正得以实际应用。

1.2.3 使用工具软件阶段

20世纪80年代，随着个人计算机（微机、电脑）的诞生及应用的推广，项目计划管理工具软件成为应用网络计划技术的有力辅助工具。在整个80年代到90年代，出现了大批这样的工具软件。其中，美国Primavera公司的计划管理软件P3（Primavera Project Planner）是最具代表性的一款产品，曾经风靡一时，一些大型复杂工程项目纷纷使用P3进行项目计划管理，当时有世界银行（简称“世行”）、亚洲开发银行（简称“亚行”）投资的工程项目要求使用P3进行计划管理，并使用相应格式的文件报表与投资方进行项目进度汇报。国内的P3软件应用也是在改革开放后随着世行投资项目及国外承包商在国内工程应用而逐渐推广开来的。

工具软件的应用使得项目进度管控数字化应用逐步成为一种职业技能。在国际上，规模稍大的投资项目，业主单位除了自身采用工具软件进行进度管控外，还通过招标文件要求承包商采用相应的工具软件进行配合，且配合的方式方法、岗位技能要求都有具体的规定。在国内，先是一些国外著名承包商采用工具软件辅助进度管控模式，如承包福建湄洲湾电厂、南海石化工程、秦山三期工程、小浪底工程等项目的国际承包商，都推行专业的进度管控模式，使用P3软件作为辅助工具，为此招募了大量的计划管理辅助人员，协助项目进度主管进行计划任务下达、执行情况跟踪记录，并使用软件进行计划更新与进度管控；后来，一些国内头部的行业集团也形成了类似的借助工具软件开展进度管控的模式，许多工程项目要求应用P3软件，并均配备专职或兼职的人员来进行项目进度的管控，如中石化、中石油、中海油、国家电网、国电集团、广州地铁、深圳地铁等企业集团。

工具软件随着IT技术的发展越来越方便好用，受到人们的普遍欢迎。现在编制项目计划、开展进度管控已经离不开工具软件或信息系统平台。项目管理软件普遍使用关键路径方法（CPM）与单代号网络计划（AON/PDM）。常见的进度管控工具软件有P3、P6、Project、PowerPlan等。

工具软件一般具有计划编制分析、计划展现、进度更新、偏差分析的功能，但不一定能支持项目进度管控深度应用的需求（如同时多用户计划编制、进度更新、赢得值技术应用、进度测量技术应用等），因而有普通与专业之分。

1.2.4　使用赢得值技术与进度测量技术阶段

项目管理软件的应用，尤其是P3软件的应用使得赢得值技术与进度测量技术在大型项目进度管控中逐步开始应用。运用赢得值技术通过进展曲线的计划值、赢得值、实际值的对比可直观地对进度偏差进行分析与预测，为进度管控提供了更科学的支持。进展曲线反映了项目进度完成百分比随时间的变化，进展曲线的编制需要统一不同量纲的完成百分比。一些国际工程公司在20世纪90年代就在P3应用中使用特定的劳动力负荷指标［（Work Load Units（WLU）或Work Load Points（WLP）］来编制进展曲线，并进行赢得值分析。实际WLU或WLP的应用需要企业长期的经验数据积累，作业任务的WLU或WLP数值确定及过程当中本期值的确定均需要一套标准的方法。

随着赢得值技术应用的深入，人们逐渐使用权重来进行进展曲线编制，使用进度测量技术来判断作业任务或工作包的完成百分比。由于直接使用P3或P6（P3的关系型数据库版本）并不方便，不少工程项目需再借助Excel来记录和测量工作包进度并进行赢得值分析。

1.2.5 使用项目管理信息系统平台阶段

进入 21 世纪，随着 IT 技术的发展，项目管理信息系统与平台在大型工程项目及项目导向型企业的应用成为主流趋势，已十分普遍。通过不断的创新迭代，现今的项目管理信息系统与平台继承了历史的精华，不仅包括横道图、网络图、网络计划技术计算、赢得值技术应用、进度测量技术应用等，还遵循构建信息系统与平台的 IT 原理和功能要素，极大地提高了大型项目和项目导向型企业的项目管理能力。

进度管控作为项目管理的重点核心内容，也是项目管理信息系统与平台最主要的功能和最需要突破的技术堡垒。可喜的是，历经引进、学习、自主创新和超越的耕耘与僭越，以普华科技为代表的国内企业，在这个领域取得了令人鼓舞的进步。

2006 年普华科技为国内一家能源巨头提供的项目管理信息系统 SIPMS 在进度管控方面采用了集成计划管理软件 P6 的形式，通过统一的工作分解结构（Work Breakdown Structure，WBS）体系进行权重分配，使用标准的进度测量模板进行工作包与作业的进度测量，并通过系统平台进行计划审批、周进度反馈，在众多总承包商协同的环境下为项目的进度控制提供了信息化支撑。

2016 年普华科技推出了完全自主产权的、结合多级计划管理模式、赢得值与进度测量技术应用、自带进度计算引擎的企业多级计划管控平台 PowerPPE（PowerPlan Enterprise）。PowerPPE 融合中西历史精粹，突出国情特点，运用先进信息技术，为大型工程项目和项目导向型企业的进度管控带来了系统性方法论和全新的数字化支持手段。

1.3 进度管控的意义

无论是个人策划一场婚礼，还是企业研发一款新产品或组织一场培训，又或者修建铁路、工厂等大型基建工程，都需要通过系统性的思维和综合认知完成事物的整体概貌、阶段和步骤，然后将它们分解成一个个有产出成果的任务，并且在整个过程中可以随时监控完成进展和状态。经过系统性的思考，将达成目标需要的工作进行分解，定义工作的范围，划分阶段和任务层级，让每个分解的任务呈现可监控的状态且有可交付的成果，并围绕这些成果进行时间计划安排，这一思维过程其实就是项目管理的核心思路——基于 WBS 的时间管理。

现代管理学之父彼得·德鲁克在《卓有成效的管理者》一书中提出时间管理的重要性，他认为“时间是最高贵而有限的资源，不能管理时间，便什么都不能管理”。亨利·法约尔提出管理的五大职能“计划、组织、指挥、协调、控制”中，计划是排在首位的。由此可见，计划管理、时间管理的重要性。进度管控是围绕目标开展的一系列活动。进度管控是计划管理的重要手段，是时间管理的重要方法，做好进度管控对个人、团队、项目、企业都具有重大的价值。

1.3.1　提升个人工作效率

每个人的时间都是有限的，如何在有限的时间内处理更多的工作，是衡量个人工作是否有效的关键。通过进度计划，可对个人工作计划进行合理安排，减少时间浪费，以便有效地完成既定目标。将项目进度管控的理念应用于个人工作，可从以下几个方面提升工作效率。

1．工作目标更清晰

针对每项工作设置计划完成日期，分解里程碑节点，跟踪每个里程碑点的达成，反馈工作目标的达成率。很多人工作效率低下，究其原因，就是没有以目标为导向，在工作过程中不知不觉就迷失了目标，从而导致工作绩效的降低。进度管控思路，里程碑跟踪策略，可以有效地帮助个人在工作中解决这些问题。

2．工作优先级管理更科学

对各项工作按照紧急和重要程度进行排序，合理分配每项工作的时间，可以有效避免“重要的事情没空做”“不重要的事情做不完”的尴尬局面。

3．工作时间管理更有效

据国外研究机构统计，每名管理者平均每 8 分钟被干扰一次，而从思路被干扰到思路恢复又需要 3～5 分钟时间，如果没有较好的时间管理方法，会产生大量的时间浪费。

4．工作统筹管理更高效

早年华罗庚教授提出统筹法时，其实就是从个人的工作顺序统筹作为入门案例讲解的。当多项工作并行开展时，如何通过逻辑关系的排列组合，计算最优时间，已经是个人时间管理的常识。

1.3.2　提升项目统筹协调能力

1．有助于项目目标控制

进度管控的根本目的是保证项目在规定时间内完成交付。通过对项目范围分解、里程碑进度制定、逐级计划细化，实现对项目目标层层分解的过程。计划编制完成后，可形成项目控制基线（目标计划），然后项目团队对项目实际执行情况进行定期或不定期的跟踪检查，在执行过程中实时与目标计划进行对比分析，发现进度偏差，通过对现行计划的调整与修正，使得项目进展处于可控状态，逐步达成项目进度管理目标。

2．有助于项目进度安排

利用网络计划技术构建项目进度管理模型，通过 WBS—工作包—任务逐级分解，形成项目控制单元和作业单元；通过逻辑关系的连接明确任务之间的开展顺序，使管理者可以认清不同专业间的冲突、本专业与其他专业的接口关系、任务的前置与后置条件等，可更加科学合理地安排工作，避免返工、窝工现象；应用 CPM 算法计算项目关键路径，使项目管理层能够识别项目管控重点，在进度管控过程中，实时关注关键路径的变动情况，及时发现问题，避免了通常意义下的非关键作业的作业进度延期造成对项目里程碑及项目工期的延误。

3．有助于项目投资安排

项目投资与进度密不可分，项目投资随工程进度而发生，合理的进度安排是投资安排的依据和保障。首先，通过项目进度计划形成了各阶段的交付成果和资源投入计划，项目投资可根据交付成果价值和资源成本计算资金投入总体计划；其次，在项目执行过程中，通过工程进度实时更新，可提前预知下一周期（年、季、月）的进度，有助于管理者更加科学地制订滚动投资计划；最后，进度管控有助于工程按照预先的进度表开展，将可能出现的赶工费等压缩到最低，可规避不必要的风险投入，确保工程的投资效益。

4．有助于项目组织协调

大型项目干系人众多、组织关系复杂，给项目管理者的组织协调工作带来很大挑战。通过进度管控，可助力项目组织协调工作更有“抓手”。首先，进度管控的分层控制理念，可以理清项目领导层、管理层、执行层不同层级的管控目标和管控对象，有助于自上而下进行“指挥”；其次，由于进度计划所分解的工作包与项目的组织体系建立了对应关系，使得每项工作均能清晰地找到对应的执行人、审批人、批准人，而时间安排又定义了何时开展工作，使得项目的权责体系清晰，避免相互扯皮情况的发生；最后，各清晰的进度安排为项目执行层提供了工作指引，基于任务的逻辑关系，能够清晰找到需要协调的接口、资源等要素，可大大提高工作效率。

5．有助于进行项目风险控制

根据进度模型定期开展实际执行情况检查记录，并结合进度管控目标进行影响分析，可对进度偏差情况进行量化分析，能帮助项目管理人员及时发现进度问题，从而及时制定纠偏措施，避免进度风险；同时通过进度计划的预测作用，运用 SPI 指数的波动趋势、S 曲线的走势，可以提前判断项目进度变化趋势，及早采取进度保障措施。

1.3.3 提升组织计划管控能力

1．有助于建立企业进度管控数据标准

数据编码化、标准化是企业级管理能力提升的重要标志。进度管控有助于企业在 WBS、阶段、专业、费用科目、工序、权重等维度建立起一套数据标准，通过项目经验积累，进一步形成指导公司开展各类项目的 WBS 模板、工序模板、计划模板库的建设，形成企业宝贵的知

识资产，提升项目的管理水平。

2. 有助于建立企业进度管理体系方法

组织级体系方法的缺失，是企业项目管理失控的底层原因。通过进度管控体系的建立，可从组织级、项目级对进度计划的管理方法进行规范，明确组织级规则制定、计划审批、计划评价的流程和方法，规范项目级进度计划编制、审核、下达、反馈、分析、调整的闭环过程，使得每个环节都有章可循、有法可依。

3. 有助于企业项目绩效评价更加科学化

如何科学公正地评价项目绩效是影响企业项目管理方向、项目经理培养的重要方面。进度管控通过赢得值方法的应用从项目的时间进度、投资进度两个最核心的领域提供了整套评价指标，可按实际进展形成项目各阶段的绩效指标，有助于企业对项目进行科学的量化评价和综合评价。

1.4　进度管控的职业岗位

进度管控是项目管理的核心能力，任何一个大型项目和项目导向型企业都需要解决好进度管控的难题。进度管控的职业岗位涉及企业管理层、企业 PMO 人员、项目经理、专业经理、项目经理助理、进度控制工程师、费用管控工程师等岗位群体。本书旨在为相关从业人员梳理项目进度管控的相关技术、专业技能、应用规则及数字化实现方法，培养项目进度管控应用能力、任务协同协调管理能力、职业理解判断能力、计划审查能力、项目进度风险识别能力、进度数据收集及评价能力、计划协调与企业资源优化能力，助力其更加胜任岗位要求，也使其所在组织的能力得到相应提升。

第2章 进度管控的基础理论与技术

2.1 网络计划技术

2.1.1 简介

对于项目管理者来说，做好项目的计划安排、根据计划组织实施、控制项目的进展、妥善协调处理好各项任务之间的关系等是重点的工作内容，其中项目的计划工作在项目管理中起到“龙头”的作用，尤为重要。为了做好计划工作，人们从生产实践中总结发展了一种科学的计划管理技术，也就是网络计划技术。历史上最具有代表性的网络计划技术有两种，一种是 CPM 关键路径法，另一种是 PERT 计划评审技术，其中最为广泛使用的是 CPM。

一个项目（或一项规划），总是包含多道作业（工序、任务）。若是一项庞大复杂的项目，即使作业的划分比较粗，作业数也可能有成千上万。项目管理者很想尽快从中找出关键要紧的作业和最长的路径（关键路径），从而做到主次分明、杂而不乱、掌控有方。网络计划技术就是为了实现这一管理需求的技术。利用网络计划技术可以对作业作出精确的时间安排，同时还可以对完成作业所需的原材料、劳动力、设备与投资进行分析和比较，更合理地安排项目计划，实现更优化的项目成果。

2.1.2 起源与沿革

网络计划技术是 20 世纪 50 年代中期发展起来的一种科学的计划管理技术，它是运筹学的一个组成部分。网络计划技术最早出现在美国，初期根据不同部门的应用有多种称呼，如 CPM、PERT、CPS、SPEPT、OPS 等。其实，这些应用的原理基本类似，主要是从箭头图出发，画出主要矛盾线，然后辅以时间坐标做出各种补充表格或图形。

在网络计划技术出现之前，人们一般使用甘特图（横道图）来编制计划。但由于甘特图不能反映工作项目（作业）间的相互制约关系，因而要对项目做出深远而细致的计划安排还是十分困难的。随着时间的推移，人们意识到用甘特图来做计划并管理规模庞大的项目有点捉襟见肘。

更新计划管理手段的必要性和迫切性在第二次世界大战之后更加突出了。第二次世界大战后，美国进行“疯狂”的建设，一些特大型的项目开始实施，这时，管理者发现：在这些项目实施之前，必须先解决“如何对这些项目进行进度管理”这一课题，于是，CPM 和 PERT 先后应运而生。

1956 年，杜邦・奈莫斯建筑公司与斯派里・蓝德公司提出了 CPM 技术。1958 年，美国海军军械局特种工程处的布兹-艾伦提出了 PERT。这两种网络计划方法在各种网络计划方法之中占有重要的地位，引用得也最多。两者虽不同名，但主要概念和方法是一致的。其共同点就是作业间关系属“肯定型”（某作业完成后接下去干什么是客观确定的，并不要等到那个作业完成时根据情况而定，后者被称为“非肯定型”）；主要不同点是，CPM 的作业时间（工期）只有一个估计值，而 PERT 的作业时间（工期）有三个估计值（最乐观工期 a、最可能工期 m、最悲观工期 b），而真正用来计算的作业工期为（a+4m+b）÷6（这种加权平均法套用了概率论中 β 分布的原理）。

CPM 出现后，大家欢欣鼓舞，纷纷应用，短时间内成为项目管理的必要手段和时尚行为。它为那些特大型项目的成功实现做出了杰出贡献，尤其是改变了大家的观念，使“良好而全面的计划是项目管理成功与否的关键”成为共识并渐渐深入人心。据记载，杜邦・奈莫斯建筑公司与斯派里・蓝德公司提出 CPM 技术后，第二年在建造一个 1 000 万美元的化工厂时采用该技术，使整个工程工期缩短 4 个月。其后杜邦公司也用 CPM 技术安排设备维修计划，一年内就节省了 100 万美元。当时的有关资料表明，认真采用网络计划技术，一般工程平均缩短工期 20%，节约费用 10%。

需要说明的是，两年后 PERT 刚出现时，其轰动程度甚至超过了当初的 CPM。很多人尤其是学院派，认为 PERT 比 CPM 更优越，更值得应用。但是，具有讽刺意味的是，人们在具体使用 PERT 时遇到了难题，也就是要给出三个工期的估计并不容易，尤其是在工程界，往往是给来给去算出来还是那个最可能工期 m，还不如直接使用 CPM 省事。因此，逐渐地 PERT 就很少有人使用了。但是由于 PERT 曾经的轰动，以至于人们现在对 PERT 与 CPM 都不再区分了。也就是说，很多人说画个 PERT 图或文字中说要用 PERT 方法管理项目的计划进度，实际上都是指用 CPM 方法。

由于 CPM 技术在工程项目建设中取得卓越成效，1961 年春，美国政府规定，凡是由政府投资的工程，都必须采用这种技术；而在军方，若不编制项目网络计划就不会得到开工批准；苏联 20 世纪 60 年代开始使用；在日本，1962 年大成公司首先在日本倡导使用；在我国，20 世纪 60 年代中期，著名数学家华罗庚教授就在全国宣传和推广网络计划技术，并称为“统筹方法”，他编写了《统筹方法平话及补充》和《优选法平话及其补充》两本书，亲自带领中国科技大学师生到一些企业工厂推广和应用“双法”。“人民数学家”令人敬佩，当之无愧。

网络计划技术表示方法虽然容易接受，网络计算方式也简单，但随着网络节点的增多，手工计算就显得烦琐，也容易出错。因此在20世纪80年代之前，由于计算机应用普及程度所限，网络计划技术的应用也十分有限。21世纪以来，随着（美国）项目管理协会（Project Management Institute，PMI）等机构对项目管理标准的大力推广，随着项目管理作为现代管理手段被普遍认可，随着信息化技术令人震撼的飞跃发展，网络计划技术在项目管理过程中应用更容易、更受重视、作用更明显将是肯定的。

2.1.3 网络计划表现形式

1. 单代号网络

单代号网络PDM（Precedence Diagramming Method）也称AON（Activity-On-Node），如图2-1所示，用节点反映作业情况，节点间带箭头连线反映作业间的逻辑关系。箭尾节点为紧前作业，箭头所指节点为后续作业。PDM支持以下四种逻辑关系。

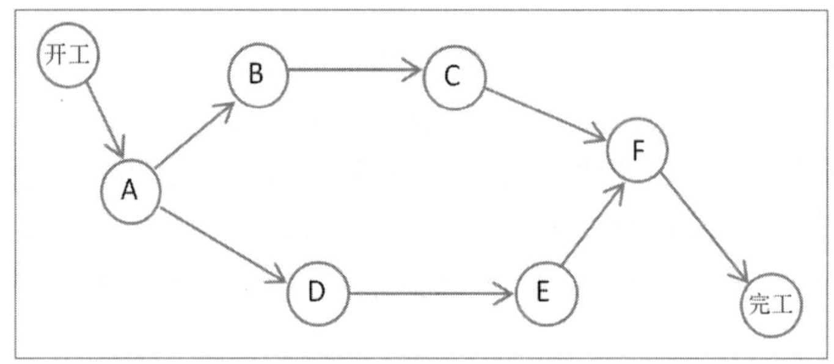

图2-1 单代号网络

注：节点表示作业，节点间带箭头连线代表相互逻辑关系，支持四种逻辑关系，即完工—开工、开工—开工、完工—完工、开工—完工。

完工—开工（FS）：后续作业的开工取决于紧前作业的完工，只有紧前作业完工，后续作业才能开工。

开工—开工（SS）：后续作业的开工取决于紧前作业的开工，只有紧前作业开工，后续作业才能开工。

完工—完工（FF）：后续作业的完工取决于紧前作业的完工，只有紧前作业完工，后续作业才能完工。

开工—完工（SF）：后续作业的完工取决于紧前作业的开工，只有紧前作业开工，后续作业才能完工。

这四种逻辑关系包含了作业间可能发生的所有工艺和组织关系。下面对四种关系分别展开介绍。

（1）完工—开工（FS）逻辑关系。紧前作业I完工以后，后续作业J开工。如图2-2所示，设备的安装就位，总要等到设备基础完工后才能开始。这种关系反映了项目中大部分作业的工艺过程关系。

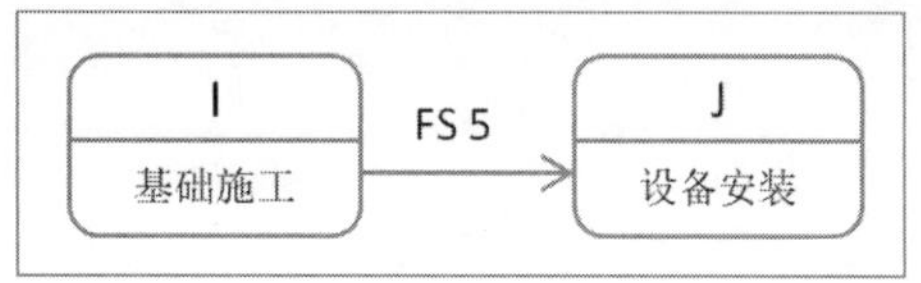

图 2-2　完工—开工（FS）逻辑关系

（2）开工—开工（SS）逻辑关系。紧前作业 I 开工以后，后续作业 J 才开工，如图 2-3 所示，主体结构施工前有施工准备作业，只有施工准备作业开始并进行到一定程度时（图 2-3 中 SS 15 表示 15 天后）才可开始主体工程结构施工，并非要等到施工准备全部完成，但施工准备肯定在主体结构施工前开始。这种关系常用来反映项目作业间的组织关系，以及作业间的约束关系。

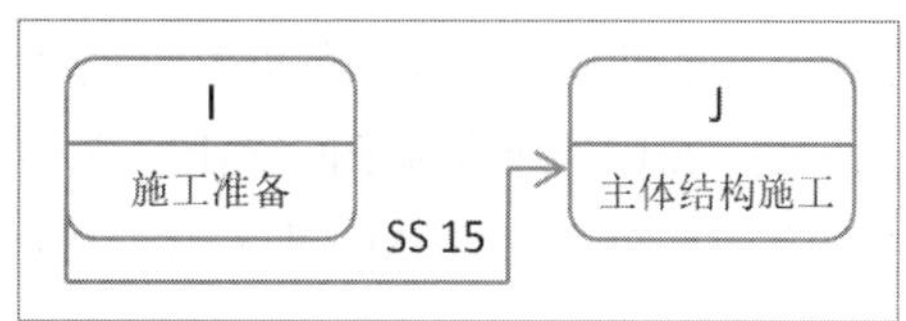

图 2-3　开工—开工（SS）逻辑关系

（3）完工—完工（FF）逻辑关系。紧前作业 I 完工以后，后续作业 J 才完工。如图 2-4 所示，公路隧洞中路面施工只有等到公路隧洞开挖作业完工以后，它才能完工。虽然其他公路路面施工与隧洞开挖作业没有什么直接关系，但是整个公路路面施工的结束受到隧洞开挖的制约。我们可用 FF 逻辑关系来反映作业间的这种完工约束关系。

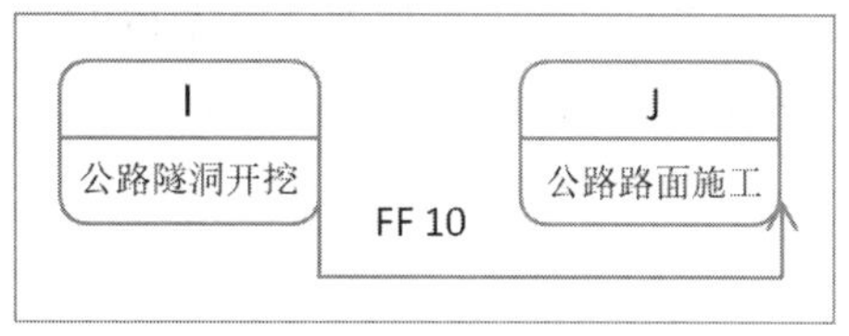

图 2-4　完工—完工（FF）逻辑关系

（4）开工—完工（SF）逻辑关系。紧前作业 I 开工以后，后续作业 J 才能完工。如图 2-5 所示，某水坝施工在坝基开挖时，基坑开挖与基坑排水作业的关系就可这样表达。因为水上部分开挖与基坑排水作业没有关系，而水下部分开挖则必须等到基坑排水作业开始以后才能完成，同时基坑开挖并非要基坑排水结束才结束。至于基坑排水何时开始，与坝基开挖作业没有什么直接关系。这种作业间的约束关系就是 SF 逻辑关系。再如某混凝土甲块浇筑作业（作业 C）的开工，取决于它的紧前作业甲块浇筑仓面准备（作业 B1）是否完工，由于人员组织等方面的原因，作业 B1 的紧前作业之一甲块接缝处理（作业 A1）的开工决定了作业 B1 是否能够完工，而作业 A1 的开工是由乙块接缝处理（作业 A0）的完工决定，作业 B1 的开工取决于它的紧前作业乙块浇筑仓面准备（作业 B0）是否完工。逻辑关系表达如图 2-6 所示，其中 A1 与 B1 的关系就是 SF 关系。

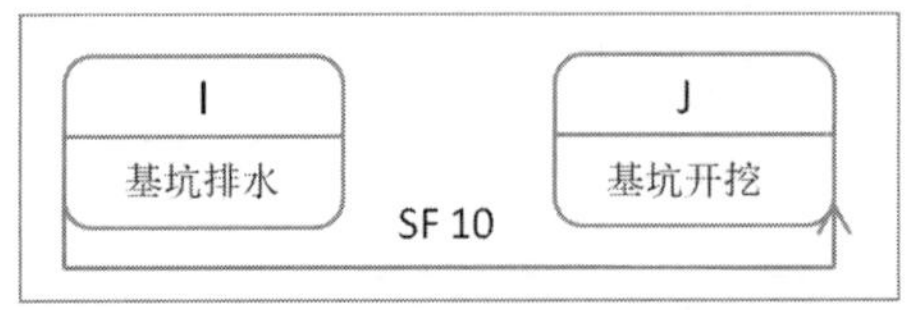

图 2-5 开工—完工（SF）逻辑关系（1）

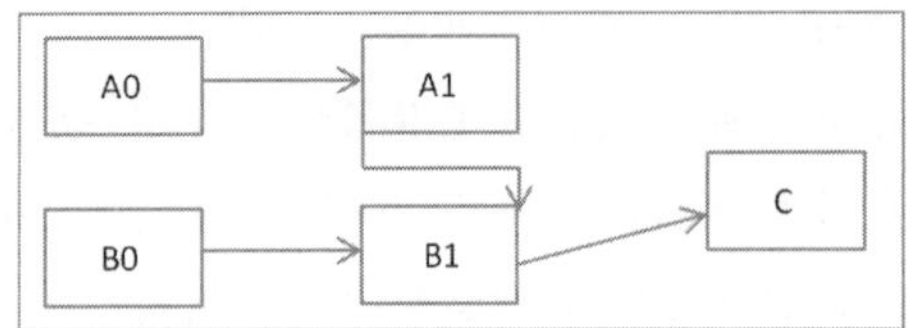

图 2-6 开工—完工（SF）逻辑关系（2）

PDM 表达逻辑关系简单明了，能够反映出各种逻辑关系。随着网络计划技术的发展，以及计算机技术在项目管理上的应用，在国外所有基于网络计划技术的项目管理软件现在都只采用 PDM，PDM 在国外已完全取代下面要讲的 ADM，即双代号网络。

2. 双代号网络

ADM（Arrow Diagramming Method）也称 AOA（Activity On Arrow），节点仅反映编号，节点间带箭头连线反映作业与逻辑关系。逻辑关系仅有 FS（完工—开工）。如图 2-7 所示，有时为了确切地反映作业间的逻辑关系，往往需要增加虚作业，因而表达比较烦琐，尤其是不能表达“完工—完工”这种实际上经常要用到的逻辑关系，被认为是严重缺陷。现在国外基本上已没有人使用 ADM，加上目前大部分的商业软件都只支持 PDM，致使在 20 世纪六七十年代在西方曾风靡一时的 ADM 完全被 PDM 所取代，退出了历史的舞台。

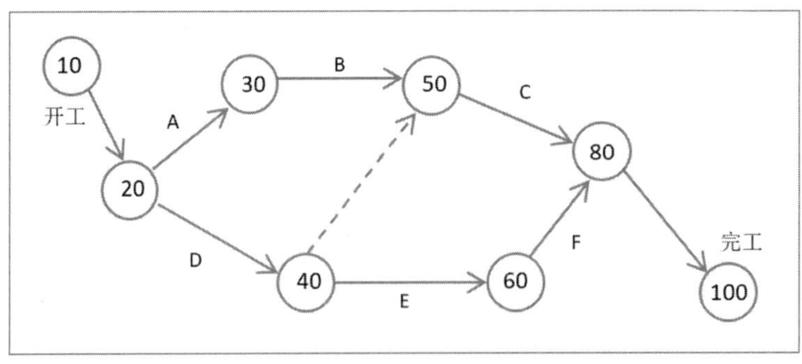

图 2-7 双代号网络

注：作业反映在箭线上，节点起到连接逻辑关系的作用，仅支持完工—开工关系，为反映作业间的关系，往往要设置虚作业。

让我们通过一个例子比较一下单代号网络与双代号网络在反映作业关系上的区别。例如，某楼房基础工程施工，共分基槽挖土、做垫层、砌砖基础三个施工过程，按四个施工段顺序施工。用单代号网络表示（见图 2-8），三项作业间逻辑关系一目了然；而用双代号网络表示（见图 2-9），则要增加多个虚作业。

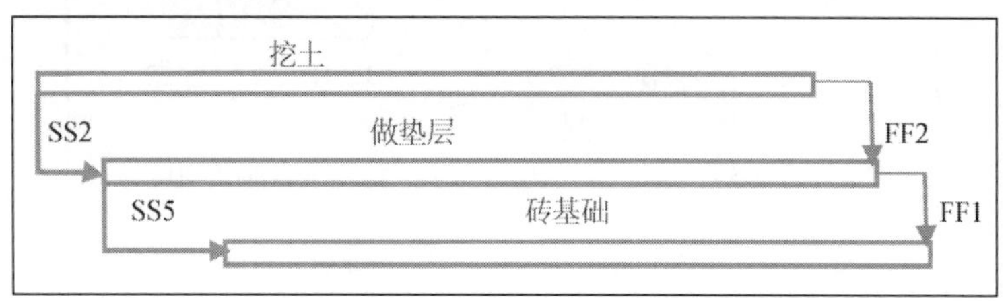

图 2-8　单代号网络示例

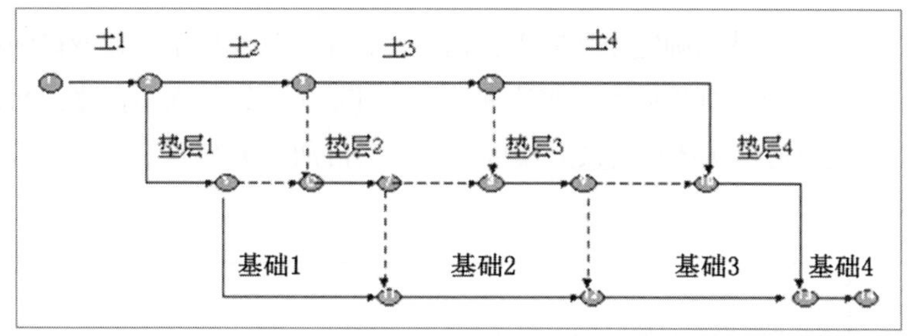

图 2-9　双代号网络示例

注：由于 ADM 反映作业搭接和间歇不便，需增设虚作业才能反映作业关系。

2.1.4　网络计算与网络计划参数

通过网络计算可以得出作业的时间参数；寻找出项目关键路径（最长路径）与关键作业。网络计算可以采用手工也可以利用计算机。虽然网络计算原理很简单，但当网络节点数较大时，手工计算既费时也容易出错。现在用手工计算似乎有点不合时宜了。下面让我们简单回顾一下计算方法及各个时间参数的含义。网络计划方面进一步的详细内容，请参考有关书籍。

1．网络计算

在推算网络时间参数时采用两种计算方法，即前推法（Forward Pass）与逆推法（Backward Pass）。

（1）前推法。前推法是从项目开工开始计算作业的最早时间。某项作业的最早时间是指这项作业最早可以开工的时间（Early Start，ES）和最早可以完工的时间（Early Finish，EF）。也就是根据网络逻辑关系从项目的某一计划开工日期开始一项一项安排作业，在假设某项作业（如 C）前面的所有作业都按原定工期完成的前提下，该项作业最早可以开工及完工的日期。前推法计算如图 2-10 所示。

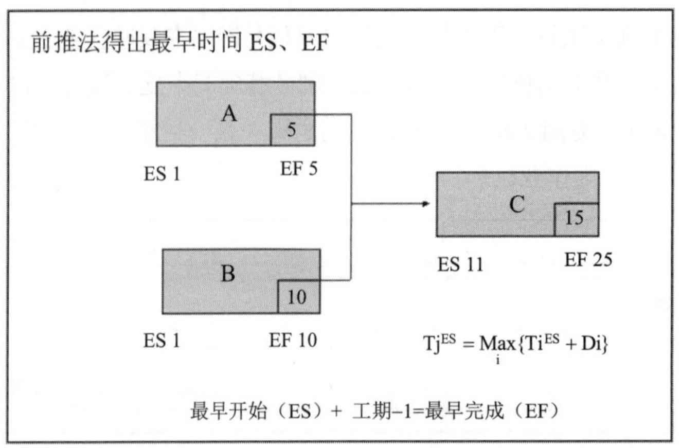

图 2-10 前推法

（2）逆推法。逆推法是在确定项目完工日期的前提下，计算出某项作业最晚应该开工和完工时间，即所谓的“倒排计划”或“死线计划”（Deadline）。逆推法与前推法相反。当项目未确定完工日期时，采用前推法计算出来的项目最早完工日期（即最后一个作业的最早完成日期）作为逆推法的时间起点。逆推法计算如图 2-11 所示。

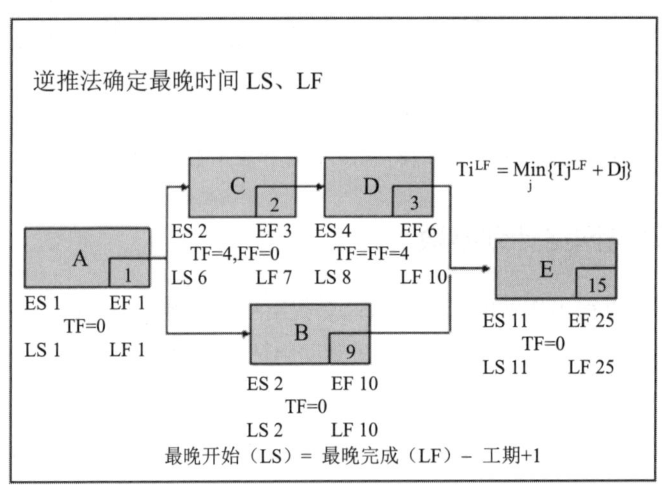

图 2-11 逆推法

2. 网络计算主要时间参数

作业的主要时间参数及其含义罗列如下：

◎ ES（最早开工）、EF（最早完工）；

◎ LS（最晚开工）、LF（最晚完工）；

◎ FF（自由浮动时间）、TF（总浮动时间）；

◎ OD（原定工期）、RD（尚需工期）、Lag（延时）。

（1）最早日期。统指最早开工和最早完工两个时间，具体计算公式如下。

1）最早开工。作业 i 的最早开工 ES（Early Start），由以下公式计算而来：

$$ES(i)=Max[ES(j)+Dj]$$

式中，j 为作业 i 的紧前作业；Dj 为作业 j 的工期。

2）最早完工。作业 i 最早完工 EF（Early Finish），由以下公式计算而来：

$$EF(i)=ES(i)+Di-1$$

式中，Di 为作业 i 的工期。

（2）最晚日期。统指最晚开工和最晚完工两个时间，具体计算公式如下。

1）最晚完工。 作业 i 的最晚完工 LF（Late Finish），由以下公式计算而来：

$$LF(i)=Min[LF(k)-Dk]$$

式中，k 为作业 i 的后续作业；Dk 为作业 k 的工期。

2）最晚开工。作业 i 最晚开工 LS（Late Start），由以下公式计算而来：

$$LS(i)=LF(i)-Di+1$$

式中，Di 为作业 i 的工期。

（3）自由浮动时间（以下简称自由浮时）。自由浮时 FF（Free Float）是一道作业不影响其后续作业最早开工的前提下，该作业本身可机动游移的时间。计算公式如下：

$$FF(i)=Min[ES(j)-EF(i)-1]$$

式中，j 为作业 i 的后续作业；ES(j)为作业 j 的最早开工时间。

（4）总浮动时间（以下简称总浮时）。总浮时 TF（Total Float）是作业的工作相关浮时与自由浮时之和，是作业不影响整个工程完工日期作业可机动使用的时间，若某一作业用完自由浮时后占用工作相关浮时，则同一条链路上未开工的其他作业的总浮时将减少相应的时间。工作相关浮时是指网络同一条链路上相关作业所共同拥有的浮时。

任一作业的总浮时可用下式计算：

$$TF = LF-EF$$

（5）作业总浮时与关键路径。项目的关键路径以往就是指从项目开工到完工的最长作业路径。当未规定项目必须完工日期或作业的限制条件时，由零总浮时作业组成的从项目开工到完工的作业链路就是项目的关键路径。关键路径上的作业就是关键作业。也就是说，这些作业太关键，因为它们任何一个拖延工期，项目就无法在规定的完工日期内完成。

现在，由于作业可以设定各种时间限制条件，关键作业并不一定出现在最长作业路径上。

这一点务必灵活掌握。使用软件可以设定总浮时小于某一数值的作业为关键作业，或将某些作业人为地设成为关键作业，以满足实际要求。这样对于有些项目的管理会带来一些便利，因为在项目管理中人们往往需要去关注有些总浮时较小的作业，或人为地将一些作业作为关键作业安排。在规定项目必须完工日期后，有时会计算出负的总浮时，这些带有负总浮时的作业，就是通常所说的非常关键作业，若不加以调整，意味着项目不能按时完工。

（6）原定工期。原定工期 OD（Original Duration）是指完成某项作业所需的工作时间估计。一般由经验和实践推算得出，也可参考项目工时定额。对于一些一时难以确定所需工作时间的作业，在考虑原定工期时，可用下列公式来计算，化不确定为确定，使得由此造成的工程总工期的误差最小。

$$OD=（T1+4T2+T3）\div 6$$

式中，T1 为最悲观的时间估计；T2 为最可能的时间估计；T3 为最乐观的时间估计。

这也是另一种网络计划技术 PERT（计划评审技术）的基本算法原理。它的优点是可以将“工期不确定型”转化为“工期确定型”，从而可以利用 CPM 算法进行计算。

值得注意的是，西方有些业主为了更好地把控承包商的计划完工概率，可能会要求承包商提供计划时给出类似 PERT 的三个工期估计，然后他们借助蒙特·卡罗方法推演该计划完工的概率。这里的技巧当然是，分布越离散方差就越大，方差越大概率就越低。

（7）尚需工期。尚需工期 RD（Remain Duration）是指作业已经开工，到当前为止，作业未完成部分尚需的工作时间估计。通常在项目开工以后，总结本期项目完成情况，安排下一期计划时，对一些在本期内已开工尚未完工的作业，要根据剩余工作量估计出后续所需的工作时间，以便下一期给该作业安排进度计划。

（8）延时。延时（Lag）是指紧前作业与后续作业间的相互搭接时的延迟时间。延时可正可负。延时与作业间的逻辑关系是相辅相成的，普通的不带延时的逻辑关系可以理解为延时为零。利用延时我们可以很方便地反映紧前与后续作业间的一些工艺约束关系。例如，设备基础混凝土浇注完成以后，要等到混凝土达到一定的强度，才能安装设备，我们只要在浇注混凝土作业与设备安装作业的完工—开工关系上再加上一定的延时即可。

3. 网络回路

不管单代号网络（PDM）还是双代号网络（ADM），在网络计算时都不允许有网络回路存在，否则落入死循环而无法计算。网络回路是指做完某项作业后，进行后续作业，等到后续一系列作业完成以后，回过头来又做该项作业，也即作业间存在逻辑循环现象。如图 2-12 所示，作业存在一个 20—30—20 的回路。关于条件循环网络现在的项目管理软件都不予考虑，工作中如碰到一些条件循环作业应予以分解处理。所有软件计算时遇到回路就终止计算，并在计算报告中指出回路情况。

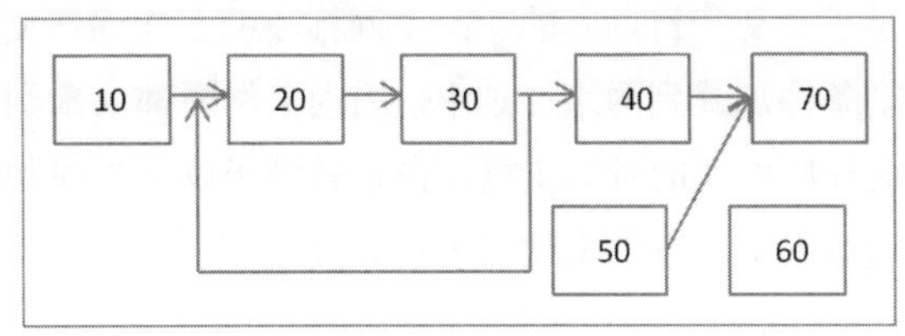

图 2-12　网络回路

4．网络开口

在网络图中，如果作业没有紧前作业或者没有后续作业或者两者都没有，我们称为开口作业。开口作业所处的位置就是网络开口所在。如图 2-12 所示，图中作业 10、50、60、70 作业均为开口作业。以往在网络计算时往往要将作业开口限定在两个，也即一个开工节点、一个完工节点。随着网络技术的发展及计算机技术的应用，现在网络的开口作业已不必限制在两个。这样给网络的编制带来较大的方便，但是在实际工作过程中，应尽可能少设网络开口，以免漏掉一些重要的作业间逻辑关系。另外，如果不对开口作业做开工/完工时间限制，那么计算时它要以项目的开工日期为最早开工日期，以项目的完工日期为最晚完工日期，故而会有很多浮时出现，容易造成误解，甚至误导。

5．网络节点包含的内容

在网络节点上，也就是作业上除了上述作业的一些时间信息外，在作业上还可反映作业的资源、费用等情况。

在商业软件中作业都包含了以下信息：作业代码、作业说明、作业工期、作业类型、工作日历、紧前后续作业关系、作业各种时间参数、作业分类码、WBS 编码、限制条件、自定义数据项目、资源费用需求用量、资源日历、记事本等。

由于在作业里可以放入完成该作业所需的资源与费用估计，以及实际发生的资源费用情况，根据网络计算得出的作业时间安排，就可以得出完成作业所需的原材料、劳动力、设备、投资，以及工程量等的计划需求。实际发生后，输入实际情况即可与计划情况对比分析，还可根据实际情况的好坏，安排下一步施工计划，从而形成进度/成本的动态控制。

2.1.5　限制条件的类型与作用

现代网络计划技术允许网络有多个开口并且可以根据实际要求给作业工序增加网络计算时的限制（约束）条件。可用限制（约束）条件来反映作业除了工艺逻辑限制以外的限制条件及一些人为的安排。例如，在项目管理过程中，如果在资金、资源紧张时，我们往往会将一些不太重要的事项尽可能安排得靠后一些；一些设备的合同交货日期往往有必要在网络计划中作为限制条件予以加载，因为设备未到场就无法开始该设备的安装，所以网络计划中的“设备安装工序”是“开始不能早于‘交货日期’的”；不同标段的工作面移交日期是合同关键日期，这些日期一定要作为限制条件加载到网络计划中，因为工作面都未拿到的话，后续工作当然是无法开展的；上面说到的开口作业的时间安排，也是必需予以适当限制的；还有，一些里程碑控制点的时间要求也是通过用限制条件来加以表达和实现的。

几种常见的限制条件描述如下。

（1）最早限制。最早限制包括“开工不早于”与“完工不早于”限制。一项作业如果进行了“开工不早于”限制，那么，当该作业按网络关系确定的最早开工日期比限制日期早则用限制日期作为最早开工日期，从而它将影响其后续作业的最早日期。该限制条件是用得最多的，常用于反映设备到货日期（设备的安装与使用不能早于设备到货）、不同分包商工作移交日期等，或建立不同的作业起点，以及利用它限制一些有浮时作业的最早开工，以便错开资源高峰。“完工不早于”限制，它将最早完工日期推迟到限制日期。

（2）最晚限制。最晚限制包括“开工不晚于”与“完工不晚于”限制。一项作业如果有“完工不晚于”限制，表明该作业必须在限制日期前完工，如果按照网络关系算出来的最晚完工日期比限制日期晚，则采用限制日期，它将影响所有紧前作业的最晚日期。它主要用于给作业增加目标完工日期，设置一些控制点的合同日期要求，例如，项目里程碑就是用这一限制条件加载到网络计划中的。“开工不晚于”限制可用来设置开工的最后期限。

（3）“开始于”限制。“‘开始于’限制”相当于指定作业的开始日期。

（4）强制开工与完工。“强制开工与完工”限制是指不考虑网络逻辑关系，强令作业必须在某日安排开工或完工。

（5）浮时限制。浮时限制包括“零自由浮时”与“零总浮时”限制。一项作业做了“零自由浮时”限制，那么该项作业的自由浮时为零，该作业被安排到不影响其后续作业最早开工的情况下，尽可能迟的日期开工。“零总浮时”是指作业在不影响工程最后完工期限的前提下尽可能往后排，将该作业的最早日期与最晚日期设成一样，也即指定为关键作业。

限制条件加载到网络计划后，计算过程会以限制条件为准取代原本的 CPM 计算结果。用好限制条件十分关键，它是将客观现实及主观意志与网络计划融会贯通，实现统筹管控的重要手段。

2.2 项目范围管理技术

2.2.1 WBS 概念

WBS 是英文 Work Breakdown Structure 的缩写，也即“工作分解结构”的意思。WBS 是项目管理学科重要的专业术语之一，也是开展项目范围管理的主要技术工具。PMI 出版的《项目管理知识体系指南》（《PMBOK®指南》）曾给出相关的定义及术语解释。

（1）WBS 定义。为实现项目目标与形成要求的交付物，由项目团队制定的包括工作全部范围的层次化（树状）的分解。

（2）WBS 相关术语。

1）工作包（Work Package）。工作分解结构最底层定义的工作，这些工作的工期与成本是可以预测与管控的。

2）WBS 元素（WBS Component）。任意层次 WBS 结构上的节点条目。

3）WBS 字典（WBS Dictionary）。WBS 字典是关于 WBS 结构所有 WBS 元素的文档，该文档详细描述 WBS 元素的交付物、作业活动及时间安排等信息。

对于大型工程项目，在不同的管理层级或计划层级，WBS 还有一些专门的术语，如 PWBS、SWBS、PSWBS、CWBS、CSWBS 等。

◎ PWBS（Program WBS）。项目集 WBS。
◎ SWBS（Summary WBS）。纲要性工作分解结构是指导性的、战略性的工作分解结构，往往在大型工程项目最高层级计划编制中使用。
◎ PSWBS（Project Summary WBS）。项目纲要性工作分解结构是针对某一特定项目（子工程），对纲要性工作分解结构及相关任务进行裁剪得到的工作分解结构。
◎ CWBS（Contract WBS）。合同工作分解结构是适用于特定合同或采购活动的完整的工作分解结构，它主要用于定义卖方提供给买方报告的层次，通常不如卖方管理工作使用的 WBS 详细。
◎ CSWBS（Contractors Standard WBS）。工程公司标准工作分解结构，是工程公司企业项目知识管理的基础，是相关业务过程的经验积累。使用 CSWBS 模板可以快速构建新项目的 WBS。

2.2.2　为何要使用 WBS

对于大型复杂的项目，使用 WBS 将项目任务进行结构化分解，将项目任务分解成一个个更加便于管理控制的单元，是统筹规划中“分治”原理的实践应用。WBS 是项目范围管理的工具与手段，是开展项目管理的基础，WBS 与组织分解结构（Organizational Breakdown Structure，OBS）结合可建立严谨的项目管理责任分配矩阵（Responsibility Assignment Matrix，RAM），WBS 与费用科目（Code of Accounts，COA）关联便于开展投资（成本）的控制与管理，WBS 的应用也便于沟通交流及制作项目各种报告。

1. WBS 是开展项目管理的基础工作

WBS 是项目范围管理的重要工具与手段，项目范围管理过程就是识别项目工作内容的过程，将完成项目所有必需的工作任务加以识别。因而，通过使用 WBS 将所有必需的工作任务以层次化（树状结构）的形式组织在一起，便于甄别与辨识。一个项目的 WBS 应包括该项目本身完整全面的项目工作内容，非本项目的工作事项不应包含。

制定 WBS 是开展项目管理的基础性工作，项目管理的多项业务均与其有紧密关联，如项目进度计划、资源计划、成本（投资）估测/预算、风险管理等。图 2-13 是 PMBOK®曾描述的 WBS 与相关项目管理业务过程关系。

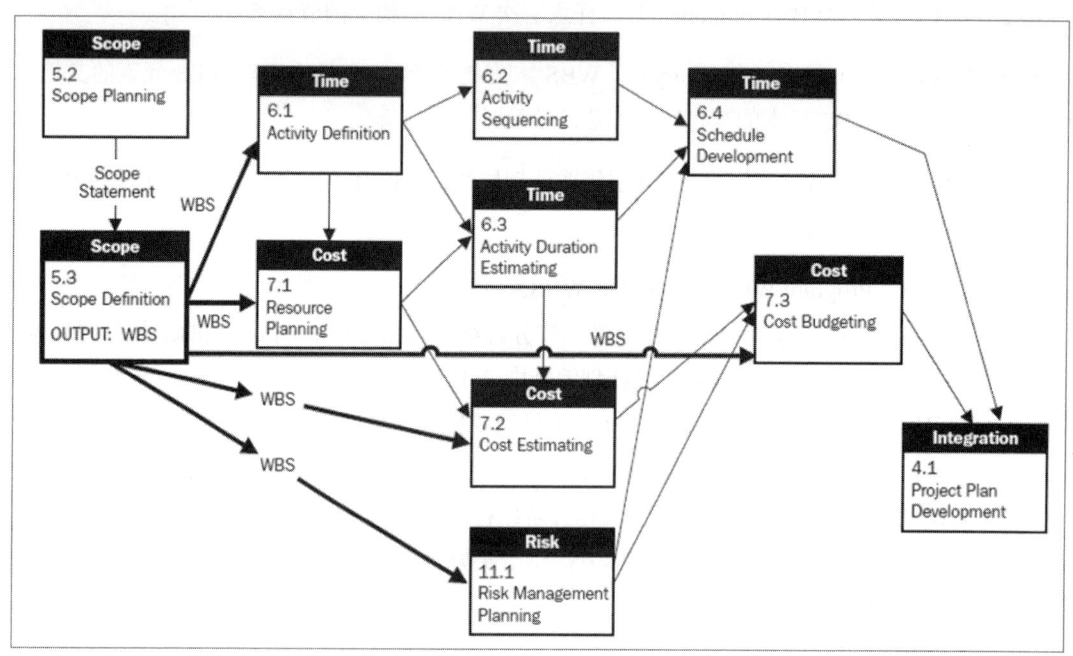

图 2-13 PMBOK®中 WBS 与相关项目管理业务过程关系

2. 通过 WBS 与 OBS 结合建立严谨的 RAM

使用 WBS 可将一个项目的所有任务（事项）分解为一系列便于管理的小的任务单元，也即工作包集合。这些工作包及相应层级的 WBS 元素与项目的组织体系（组织分解结构）关联，即可构成严谨的项目管理责任分配矩阵，容易实现管理无“盲区”，避免管理疏漏。

3. 通过 WBS 与 COA 关联便于开展投资（成本）的控制与管理

在工作包或一定层级的 WBS 元素上建立与 COA 的关联，可以使得项目的投资（成本）控制与管理更加精细化。若结合项目进度计划及赢得值管理（Earned Value Management，EVM）技术可进行投资（成本）的动态管理与预测。

4. 便于沟通与制作报告

WBS 的应用使得项目具有一套结构化的编码体系，每个 WBS 元素均具有唯一的编码。这样可减少项目信息沟通交流过程中误判误读的情况，不会出现由于传统的不同业务口径对项目分解不一致造成的沟通交流误解。

由于 WBS 是层次化结构，与 OBS、COA 等又有关联，所有的项目数据记录均依附在工作包或一定层级的 WBS 元素上，因而非常便于制作不同层级、不同视角的汇总分析报告。

2.2.3　如何创建 WBS

虽然 WBS 技术看起来很简单，无非是用一套结构化、层次化方式将项目任务进行分解，但要使用好 WBS 技术，为项目建立一套好的 WBS 并非易事。以下一些规则、方法与步骤将为 WBS 技术的应用提供一些帮助。

1. 基本规则

（1）全面。一个项目的 WBS 首先应考虑其全面性，也就是 WBS 应涵盖项目所有任务。不仅要考虑项目的交付物构成，而且要考虑交付物的实现过程。

（2）共同认可。一个项目的 WBS 应由项目团队共同认可，无论 WBS 是通过何种方式创建的，都应该通过一种正式的形式加以确定，尽可能在项目执行过程保持不变。但对一些大型复杂项目，由于 WBS 的开发有一个渐进过程或者中间会有变更发生，应做好 WBS 的管理与版本控制。

（3）可管理。一个项目的 WBS 的所有 WBS 元素要具备可管理性，对于任何 WBS 元素均应有唯一的责任人（或责任团队）。这样对于大型复杂项目可以通过 WBS 与 OBS 结合构建管理网络，使得各个 WBS 元素均能得到有效的、专业的管控。可管理性也指 WBS 的分解要考虑项目任务在项目组织范围内责任与目标的可落实性。

（4）可测量。WBS 的可测量是指通过 WBS 分解得到的工作包（或一定层级的 WBS 元素）其进度是方便进行计量的，状态是可以直观标示的。可以对工作包（或一定层级的 WBS 元素）的作业任务（或子 WBS 元素）在计划过程中进行工期、资源、成本等的估计预测，在执行控制过程中进行实际值的计量，以及未完成情况的进一步估计预测。

（5）便于知识积累。WBS 分解过程中要思考如何便于组织的项目实施知识积累。对于专门从事工程项目建设的工程公司及工程建设相关单位，不同类型、不同建设模式的工程项目 WBS 及其相关数据积累是企业的核心竞争力所在。为了便于知识的整理与利用，WBS 应与企业的组织体系 OBS 相呼应并具备更多的属性与数据（如工作包的专业属性、权重、主要业务过程、主要交付物、所需资源及工时数据等）。

2. 方法与步骤

项目工作分解方法一般采用线性分解或线面结合的方式将项目的所有任务逐级分解成较小的管理单元。在分解过程中一般以项目交付物（项目目标）为基础，结合项目实施过程进行分解。

项目工作分解的步骤一般按照自上而下、逐级分解的方式开展，项目 WBS 的最高层节点就是项目本身。在做每一节点分解时要考虑以下问题：分解后的任务集合是否涵盖该节点的要求？分解后的任务有没有是不需要的任务？分解后的任务是否到了便于管理的程度？若不用进一步分解就将其标识为工作包，若需要分解则开展进一步分解直到所有的子任务变为工作包。项目工作分解过程其实就是将项目划分为若干个工作包的过程。

2.2.4 大型项目 WBS 应用探讨

大型复杂的项目，参与单位众多，如何应用 WBS 技术值得大家进行探讨与交流。下面就应用中存在的问题、如何应用及 WBS 创建方法提出一些看法与建议供参考。

1. 应用中存在的问题

自项目管理技术推广以来，WBS 的概念逐渐被大家所接受并开始应用。但在应用过程中有些项目上尚存在一些问题，这些问题主要集中在以下几个方面。

（1）片面性。项目的 WBS 涵盖不够全面，只关注主要任务、关键任务，一些辅助、支持性任务没有包含在 WBS 之中。

（2）局限性。项目的 WBS 编制主要以考虑工程进度计划管理需求为主，较少考虑项目的投资（成本）、质量等管控要求，造成只有部分项目团队人员使用该编码体系。

（3）随意性。项目的 WBS 缺少正式认可与发布机制，WBS 的调整比较随意。

（4）不可测量性。一些项目经 WBS 分解得到的工作包，缺乏可测量性，很难在项目执行监控过程中对其进度、资源与成本进行有效的计量。

2. WBS 应用建议（以工程建设项目为例）

对于工程建设项目的 WBS 应用，应以工程项目业主（代建公司、项目管理公司）或工程总承包单位牵头落实责任主体建立相关的编制规则与管理制度，通过工程参与方的共同努力，建立一套完整的涵盖所有相关任务的 WBS 体系来管理项目范围，并且相辅以权重体系建立工程项目的进度评价体系。

在具体编制 WBS 时，以下一些思考也许会带来有益的帮助。

在开始做工程项目分解时，首先应考虑该工程所包含的单元（单位/单位扩大工程）的数目，以及工程项目建设模式，当工程的单元不是太多时，一般将单元作为第一层级分解，同时在同层增加项目管理、临时（辅助）工程及施工准备等节点，以便将相关工程管理、支持与辅助性工作归口到这些节点之下；如果工程的单元很多，则有必要增加 WBS 层次将单元进行分组管理。对于单元工程的进一步分解一般按照工程实现过程（E 设计、P 采购、C 施工、T 调试移交）划分，单元工程设计工作的进一步划分以专业的方式开展（便于设计工作的管理），单元工程采购工作的进一步划分以设备物资的大类方式开展（便于采购工作的组织管理），单元工程的施工任务一般以系统/子系统（分部/分项工程）的方式进行进一步的分解。工程项目的 WBS 层次不宜太多，各个 WBS 分支层次不必一样，WBS 的编码最好包含一定的含义，以便于通过编码能直观地获知工作包及 WBS 元素的概要信息（有助于沟通交流）。

3. WBS 创建方法

工程建设项目 WBS 的创建一般有以下几种方法。

（1）使用企业知识库，套用模板进行必要的裁剪。

（2）参考其他组织同类项目经验，进行必要的裁剪与调整。

（3）套用一些专业的工程分解规范（如预算、质量等）进行糅合。

2.3　赢得值管理技术

2.3.1　EVM 概念

EVM 是英文 Earned Value Management 的缩写，译为赢得值管理或挣值管理。赢得值管理是一套集合项目范围、进度计划与资源计量于一体的对项目完成情况与进展进行量化评价的方法论。PMI 在其出版的《PMBOK®指南》中对赢得值（挣值）管理所给出的定义是：一种将范围、进度和资源度量相结合以评估项目性能和进度的方法。

实际上，EVM 是一套在美国政府标准的基础上延伸出来的管理方法，其在美国国家标准学会/电子工业联合会的标准编号为 ANSI/EIA 748。EVM 有 32 条准则，这 32 条准则对组织、计划/进度与预算、记账体系、数据分析、项目目标修订五个方面提出了要求。

2.3.2　EVM 沿革

EVM 脱胎于 C/SCSC（Cost/ Schedule Control Systems Criteria），C/SCSC 是美国国防部（DoD）在 1967 年提出的成本/进度控制系统准则，C/SCSC 起初有 35 条准则（1996 修订为 32 条准则）。C/SCSC 是美国国防部选择私人承包商的强制要求，C/SCSC 包含赢得值管理。承包商必须按照准则要求建立它的成本/进度控制体系（系统），以便顺利实现发包方和承包方之间的管理对接与信息交流。

EVM 的发展经历了四个阶段，大约在 1890 年由弗雷德里克 •W.泰勒（Frederick W. Taylor）（科学管理之父）、亨利 • 劳伦斯 • 甘特（Henry Lawrence Gantt）等人提出 EVM 初步概念，也即很早以前的概念萌芽阶段；然后是结合网络计划发展的 PERT/Cost 阶段（1962—1965 年）；而后是由美国军方主导的 C/SCSC 阶段（1967—1996 年）；到了 1998 年美国国家标准学会/电子工业联合会发布了 ANSI/EIA 748 标准，从此 EVM 不仅应用于美国国防军工行业，也在其他一些行业得到较广泛的应用。

PMI 还专门制定了相应的实践标准，即《赢得值管理实践标准》（*Practice Standard for Earned Value Management*）。

2.3.3 为何要使用 EVM

EVM 给组织提供了管理项目范围、时间进度与成本的综合管理方法，使用 EVM 可以回答项目执行过程中的一些重要问题。

◎ 进度提前还是滞后？
◎ 我们的效率怎样？
◎ 项目何时完工？
◎ 当前项目成本是节约还是超支？
◎ 剩余工作还需要花费多少？
◎ 完工时的项目成本是否在预算范围内？
◎ 如果完工时的项目成本将超预算，那么会超多少？
◎ 如果当前项目进度滞后，那么相较于原计划到底差多少？
◎ ……

其实这些问题，归根结底还是一个项目进展评价与完成预测的问题。EVM 提供了回答这些问题、揭示问题缘由及解决问题的系统性方法。

项目的进展评价与完成预测是一个复杂的、综合性的课题，是项目管理与控制的重要环节。使用 EVM 可建立对项目进展评价的客观一致性标准与方法，可提供直观的项目执行监控图表，可根据当前数据预测项目完成时的情况，从而使得项目的进度、投资风控更加科学并具有严谨的数据支持。

（1）对项目进度评价客观一致。由于 EVM 综合考虑了项目的范围、时间计划、资源（工程）计量等因素，因而由此得出的对项目完成情况与进展的评价会更加客观。可避免单纯从时间、资金费用（投资或成本）等角度进行项目统计得出完成情况与项目进展评判的片面与不一致情况。

（2）在项目进行过程中可提供直观的监控图表。使用 EVM 技术可以提供直观的项目进展监控图表，常用的图表有：绩效测量基线对比图、SPI、CPI 趋势图、工作包绩效测量汇总表、专业绩效汇总直方图（表）等。

（3）可根据当前数据预测项目完成时的情况。使用 EVM 技术可以根据当前的 EV、AC 数据结合 PMB 进行项目完成时的可能成本及时间做出较为科学的预测。

2.3.4　EVM 基础要素

应用 EVM 技术需要监测项目的三个数值，这三个数值也即 PV（计划值）、EV（赢得值）、AC（实际成本）。而赢得值的计算需要使用一套称为“赢得值测量技术”的方法来判断进展中相关作业任务的完成百分比。PV、EV、AC 与赢得值测量技术是开展 EVM 的基础要素。

（1）PV（Planned Value）——计划值，也即按照项目进度计划的安排，任一时点的 PV 值代表该时点计划应该完成的预算成本值。过去也称为 BCWS（Budgeted Cost of Work Scheduled）。计划值由工作包及作业任务上的预算成本按时间分摊后累计汇总得出。

（2）EV（Earned Value）——赢得值，也即在某一时刻项目进展的体现，反映当时所完成工作对应的预算成本。过去也称为 BCWP（Budgeted Cost of Work Performed）。赢得值由工作包及作业任务上的预算成本乘以当时完成百分比并按时间分摊后累计汇总得出。

（3）AC（Actual Cost）——实际成本值，也即在某一时刻已完成工作所发生费用及投入资源的开销。过去也称为 ACWP（Actual Cost of Work Performed）。实际值由工作包及作业任务上的实际成本估算或统计并按时间分摊后累计汇总得出。

2.3.5　赢得值测量技术

赢得值是对完成工作进度的一种测量方式。进度测量方式应在项目的计划阶段确定，进度测量方式是项目执行与控制阶段绩效测量的基础。作业任务的进度测量方式的选择主要考虑两个方面的因素，一个是作业的工期长短，另一个是作业的成果是有形的还是无形的。

作业任务的进展与所完成的有形工作产品或服务有关，且可以被直接计划与测量的称为离散性工作（Discrete Effort）；与之相对应，作业任务不易被分解为若干个离散性工作，且该作业任务的进展与相应工作的投入成正比，称为分配性工作（Apportioned Effort）；而不形成项目最终成果的项目支持性作业任务（Support-type Activity）称为辅助性工作（Level of Effort）。

项目的进度测量一般定期开展，测量周期为周或月。具体周期根据项目的管控需求确定。如何选择作业任务的进度测量方式可参考表 2-1。

表 2-1 进度测量选择方式

工作结果	作业工期	
	1～2 个测量周期	＞2 个测量周期
有形	固定公式	权重节点、完成百分比
无形	分摊技术、LOE 技术	

赢得值测量技术主要有以下几种。

（1）固定公式（Fixed Formula）。按照一定的比例在作业任务开始或完成时计算相应的赢得值。以固定公式 50/50 为例，作业开始了就认为作业完成 50%而不管实际完成情况，记录 50%的计划值作为赢得值，作业完成时记录另一半赢得值。常见的公式有 50/50、25/75、0/100 等。

（2）权重节点（Weighted Milestone）。通过里程碑节点将作业任务划分为若干个便于识别的步骤，并为每个节点设置相应的权重，通过里程碑节点是否到达计算相应的百分比，从而计算赢得值。权重节点的方式对工程建设项目的设计、采购相关工作的进展判断十分方便，对一些不便用工程量衡量的施工作业也很有用。

（3）完成百分比（Percent Complete）。完成百分比技术是赢得值测量技术中最简易的技术，但完成百分比如果没有客观的指标支持便是赢得值测量技术中最主观的技术。作业完成百分比通常由作业任务的责任人或主管在每个进度测量周期给出其估计值。如果完成百分比由作业所完成的工作量/工程量计算得出，则更好。

（4）分摊技术（Apportioned Effort，分配性工作）。如果作业任务与有赢得值的另一任务是直接支持关系，即该作业是另一作业的支持性作业，则该作业赢得值的确定基于其支持的作业。例如，质量评定与质量检查等作业。

（5）LOE 技术（Level of Effort，辅助工作）。一些项目作业并不带来有形直观的成果（结果），但这些作业也消耗项目资源，因而也应该纳入 EVM 计划与测量之中，如项目管理相关工作等。这些工作任务的赢得值测量采用 LOE 技术。采用 LOE 技术，是指在每个测量周期，作业的赢得值直接等于作业的计划值。LOE 仅适用于不能用劳动力投入判断进展的作业任务。LOE 作业任务没有进度差。

2.3.6 EVM 应用方法与步骤

项目的 EVM 管理过程与项目管理的最基础过程一致，包含计划、执行、控制三个过程（见图 2-14）。EVM 在具体项目上的应用是一件既简单又复杂的工作。EVM 原理不复杂，按照几条曲线或指数判断也很直观，但真正做好也不是一件容易的事，因为需要改变项目进度、费控等管理人员的一些专业工作习惯。

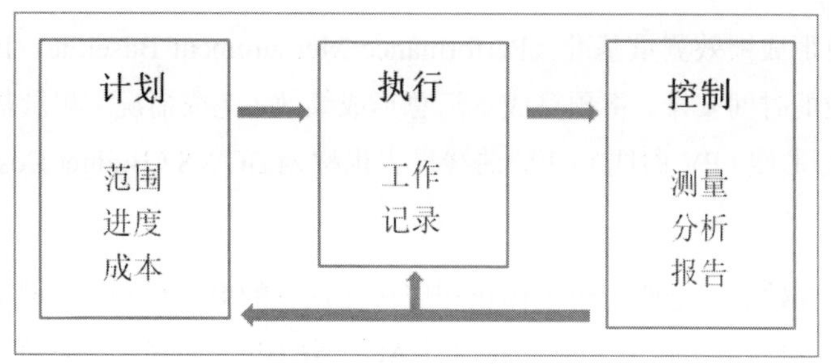

图 2-14　EVM 管理过程

项目 EVM 应用的参考方法与步骤如下。

步骤一：建立 WBS、OBS（见图 2-15）。为项目建立一套涵盖项目交付成果，以及实现过程的全面的且得到项目组织（团队）认可的项目工作分解结构 WBS。根据项目组织实际情况建立一套组织分解结构 OBS。WBS 决定了项目任务（事情）的划分体系，以及将项目任务划分为更便于管理控制的工作包（Work Pakage，WP）；OBS 决定了项目组织的管理层级、部门专业化情况，以及管理信息的沟通与决策机制。对于项目自身，项目 WBS、OBS 均只有一个根节点，WBS 的根节点就是项目，OBS 的根节点就是项目经理。

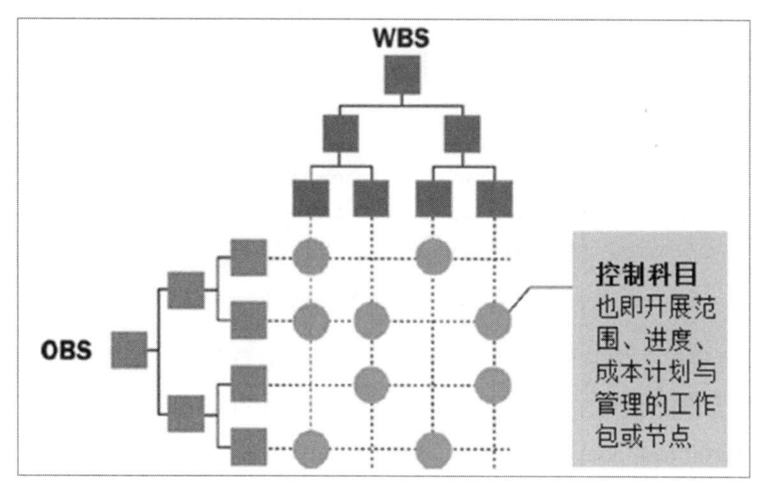

图 2-15　建立 WBS、OBS

步骤二：构建管理责任矩阵与费用科目体系并建立关联。为每个工作包（或 WBS 元素）指定责任人（团队），建立项目管理责任矩阵（RAM）；为项目制定一套费用（成本、投资）科目体系（COA），将每个工作包下的具体作业的费用与一个或多个成本科目关联。

WBS 与 OBS 交叉构建了严密的管理责任矩阵，使得项目执行过程中不会出现管理盲区；将工作包与费用科目建立关联，使得项目执行过程中项目的费用与时间计划建立了关联。

步骤三：编制控制科目（工作包）计划。为每个控制科目（工作包）编制计划（Control Account Plan，CAP），计划包括控制科目的任务范围、时间安排、成本预算等内容。

步骤四：汇总形成绩效测量基准（Performance Measurement Baseline，PMB）。结合工作包及工作包中作业的时间安排，将预算成本汇总形成绩效（完成情况）测量基准（PMB）曲线。PMB 曲线也即计划曲线（PV 曲线），PV 曲线过去也称为 BCWS（Budget Cost Work Scheduled）曲线。

步骤五：项目开始后，定期记录工作包相应作业任务的赢得值与实际值，赢得值汇总形成项目 EV（BCWP）曲线，实际值汇总形成项目 AC（ACWP）曲线。作业赢得值的记录要遵循相关赢得值测量技术。

步骤六：根据赢得值管理的有关分析与预测技术，定期对项目执行情况进行分析与预测，提出计划调整建议，编制相关报告。

2.3.7 EVM 分析与预测

EVM 分析与预测相关数据、指标、公式如图 2-16 所示。

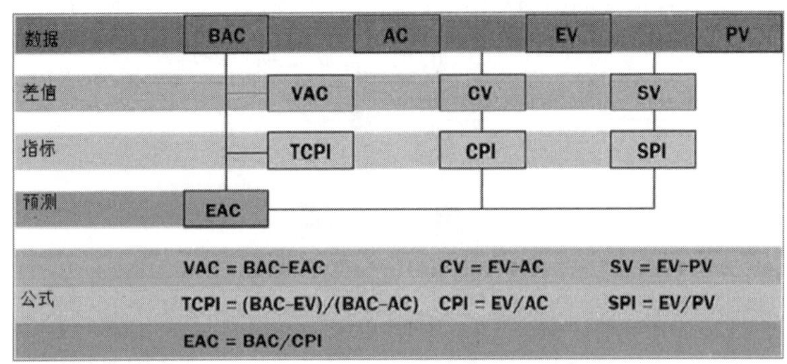

图 2-16 EVM 分析与预测

EV 分析与预测由三个基本参数演化而来，三个基本参数即 PV（BCWS）、EV（BCWP）、AC（ACWP）。用于分析判断的主要指标有四个，即 SV（Schedule Variance）、CV（Cost Variance）、SPI（Schedule Performed Index）、CPI（Cost Performed Index）。

（1）SV——进度偏差，体现当前执行情况（EV）与计划要求（PV）的差距。

$$SV=EV-PV$$

（2）CV——成本偏差，体现当前执行情况（EV）与实际情况（AC）的差距。

$$CV=EV-AC$$

（3）SPI——进度绩效指数，是当前执行情况（EV）与计划要求（PV）的比值。

$$SPI=EV/PV$$

（4）CPI——成本绩效指数，是当前执行情况（EV）与实际情况（AC）的比值。

$$CPI=EV/AC$$

另外，为了便于对项目完成时的情况进行分析与预测，将项目完成时的计划（PV）值称为BAC（完工成本），对完成时的预测称为EAC，BAC与完成时预测（EAC）的差值称为VAC（完成时差值），还有一个完成时绩效指数TCPI。

1．使用指标对执行情况进行分析

某一时刻的执行情况分析可通过四个指标进行判断。

（1）SV。

◎ 当SV为正值时，表示进度提前；
◎ 当SV等于零时，表示实际与计划相符；
◎ 当SV为负值时，表示进度延误。

（2）CV。

◎ 当CV为正值时，表示对于所完成的工作，执行效果较好、效率高，实际成本比计划预算低，有结余；
◎ 当CV等于零时，表示对于所完成的工作，实际成本等于计划预算值；
◎ 当CV为负值时，表示对于所完成的工作，执行效果不佳，实际成本大于计划预算值，出现超预算情况。

（3）SPI。

◎ 当SPI>1时，表示进度超前；
◎ 当SPI=1时，表示实际进度与计划进度相同；
◎ 当SPI<1时，表示进度延误；

SPI的值越大，说明项目的实际进度越发会相对提前于计划进度。

（4）CPI。

◎ 当CPI>1时，表示低于预算，即实际成本低于预算；
◎ 当CPI=1时，表示实际成本与预算费用吻合；
◎ 当CPI<1时，表示超出预算，即实际成本高于预算；

CPI的值越大，说明项目的实际成本相对于预算会越发节省。

进度与成本综合判断见表2-2。

表 2-2 进度与成本综合判断

进展测量		进　度		
		SV＞0 & SPI＞1.0	SV=0 & SPI=1.0	SV＜0 & SPI＜1.0
成本	CV＞0 & CPI＞1.0	进度超前 成本不超预算	进度一致 成本不超预算	进度滞后 成本不超预算
	CV=0 & CPI=1.0	进度超前 成本与预算相同	进度一致 成本与预算相同	进度滞后 成本与预算相同
	CV＜0 & CPI＜1.0	进度超前 成本超预算	进度一致 成本超预算	进度滞后 成本超预算

2．使用曲线进行直观分析

通过 EVM 的三条累计曲线图，可以较直观地对项目进展进行评估，如图 2-17 所示。

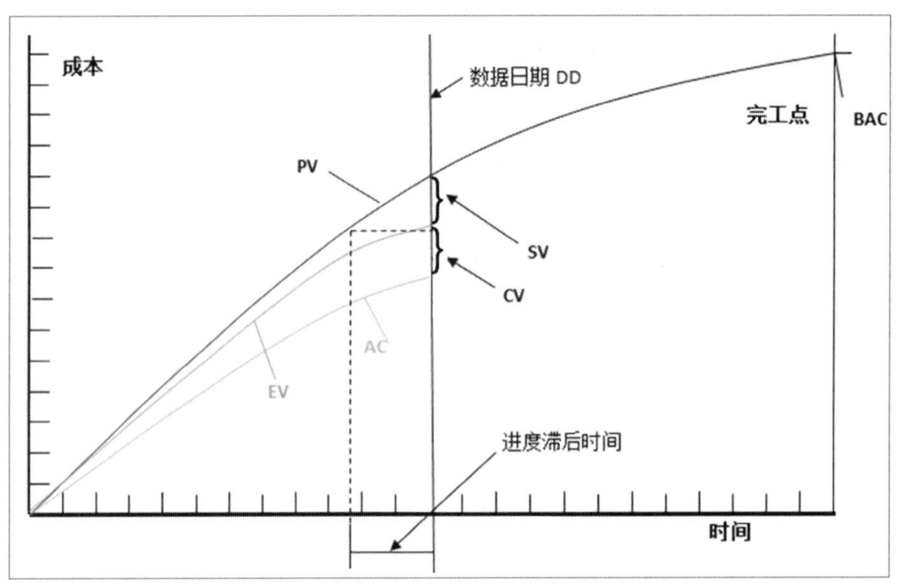

图 2-17　EVM 累计曲线

对于某个数据日期：

◎ 如果 EV 曲线在 PMB（PV）曲线下方，说明当前进度滞后；如果 EV 曲线在 PMB（PV）曲线上方，说明当前进度超前。

◎ 如果 EV 曲线在 AC 曲线下方，说明当前成本相对超支；如果 EV 曲线在 AC 曲线上方，说明当前成本相对结余。

根据当前 PV 累计值在 PMB（PV）曲线查找等值点（做水平线与 PMB 曲线交叉），然后投影到水平时间坐标上，得出当前 EV 累计值原计划要求达到的时间点，该点若在数据日期线右侧则表示进度提前，若在左侧则表示进度滞后，该时间点与相应数据日期的差值即为当前进度提前或滞后的估计时间。

3. 预测

根据 BAC 及 SPI、CPI，即可对完成时的时间及成本进行预测。

（1）预测完成时间：EACt =（BAC/SPI）/（BAC/Months）=原计划工期/SPI。

（2）预测完成时成本：EAC=BAC/CPI。

2.3.8　大型项目 EVM 应用探讨（以工程建设项目为例）

EVM 技术是一个普适性项目管控工具，EVM 技术看似简单也不难理解，但真正应用会碰到不少问题，如完成百分比、实际成本的统计计算等。目前，在国内大型建设工程项目建设过程中，一些项目业主、总承包商开始使用 EVM 技术，但通常仅侧重于其进度控制功能。通过人为权重体系建立 PMB（计划）曲线，以及以实物工程量完成与作业步骤权重为作业进度完成百分比，计算出各周期的赢得值并形成 EV 曲线。这种 EVM 应用只有两条曲线，通过 PV 曲线与 EV 曲线的对比，以及相应指标的分析比较开展综合进度管控。

在大型工程建设项目全面应用 EVM 技术是一件非常有意义的事，EVM 技术对项目建设单位（业主或代建方）、总承包商来说是很好的项目进度/成本管控工具，对一些承包商（分包商）来说也是很好的进度分析工具。由于大型工程建设项目参与单位众多，并且有许多合同标段项目（子项目、分包项目等），各单位的成本概念并不一致，也就会有不同的绩效目标。因此，EVM 技术应用服务对象不同，应用方法也会不一样。如果项目的范围管理使用同一棵 WBS 树，采用相同的进度测量方式，就可以将不同层级的 EVM 应用有机地串联起来。

大型工程建设项目的项目建设单位（业主或代建方）、总承包商是 EVM 技术应用的主体。当然，对于一些分包商及其所承担的部分项目工作应用 EVM 技术也会带来一些管理触动，但由于管理成本及实际成本数据归集的难度，不推荐承（分）包商独自开展全面 EVM 技术应用，除非其企业有相应的项目管理要求。大型工程建设项目 WBS 树较大，层次较多，又存在多层级计划，因而 EVM 的应用需要注意以下事项。

（1）应用主体。项目建设单位（业主或代建方）或总承包商为应用主体，并牵头组织落实实施。具体工作需要落实到专门的业务岗位。

（2）WBS 元素的选取。一般选择工程总控制协调计划所对应的 WBS 层级与元素，并将其定为高层项目工作包。例如，对于工程施工来说这些工作包一般可定到分部工程层级。

（3）CAP 成本控制计划编制。参考工程项目概（预）算，将相关概预算科目的项目与费用按一定的规则切分到高层项目工作包对应的任务或直接放在相应工作包中，形成以高层项目工作包为监控对象的成本控制计划 CAP。概预算科目的项目与费用编码用作 COA 编码，这样即可方便地从 WBS 或概预算口径开展分析与编制报告。

（4）CAP、PMB 的版本控制。由于工程建设项目往往会出现概（预）算调整，因而 CAP、PMB 需要根据情况进行修订，因而要注意 CAP、PMB 的版本管理。

（5）实际成本归集。EVM 控制科目（Control Account，CA）下的实际成本并非一定等于该科目的实际财务支出，实际成本的归集需要建立一套体系方法。例如，对于设计、采购工作，对应的实际值可以用相应合同或订单在具体作业上的分摊值乘以该作业的执行完成百分比；对于按清单计量的施工作业，要注意实际工程量及工程变更的统计，根据合同价格计算实际成本。在各种工程费用记录中，使用 WBS 及 CA 编码将有利于实际成本的归集计算。

（6）执行百分比汇总。计算赢得值的一个重要参数是工作包或相应控制科目的执行百分比，对于高层计划工作包及作业任务，其执行百分比需要由下级计划甚至到最底层的作业计划汇总，因为只有在作业计划层次才能较确切地计算作业完成百分比。因此，通过权重体系建立一套完整的跨越多级计划的进度测量体系是必需的，否则很难得出较为科学客观的不同层级的执行百分比汇总。

（7）EVM 的进度与成本更新周期融合。一般工程建设项目按周开展进度更新，而成本费用的管理按月及相应的财务统计日历进行统计分析，因而 EVM 的应用要兼顾两者的实际情况。为了保证数据的精确性，对于跨月周的一些工程量的完成情况、本期完成百分比等需要分别进行填报，以满足 EVM 分析与预测的需求。EVM 纯进度分析可按周进行，而综合分析一般以月为单位开展。

2.4 进度检测技术

2.4.1 进度检测概念

进度检测是在项目工作分解结构的框架下，利用权重体系，采用自上而下分解和自下而上汇总的方式，计算出项目任意作业、专业、阶段乃至总体的进度的方法。就做好进度管控而言，进度检测体系的建立，是不可缺少的项目管理环节。进度检测体系的核心要素如下。

（1）建立权重体系。建立权重体系作为整个项目进度自下而上汇总的计算依据。

（2）确定不同作业的进度检测方式。常用的检测方式有按任务完成百分比、工期完成百分比、按数量完成百分比、按任务步骤节点完成百分比等。

（3）加载反映作业进度的具体指标。根据作业的类型，可以是人工时、工程量、费用、步骤控制点等。

（4）仿真作业的工作量负荷分布。为了更精确地得到计划进度，可对作业完成进度指标的分布曲线进行仿真设定，更逼真地计算计划工作量在各个检测周期的分布情况。

进度检测体系可让我们在千头万绪的复杂项目运作中，利用赢得值原理，归纳梳理出一个或者几个数值与百分比，作为衡量项目进度的直观量化指标。进度测量技术是进度管控乃至项目管理的核心技术之一。

2.4.2　进度检测方法

项目进度检测的过程是层层汇总的过程，只要对检测周期内的作业进度进行盘点，输入实际完成情况，即可按加权累积的方式计算出各层及整个项目的进展百分比。

（1）项目。整个项目的进度等于第一级全部 WBS 节点进度的加权和，即：

进度%（项目）=Σ［权重 WBS（1 级）×WBS（1 级）进度%］/ Σ权重 WBS（1 级）

（2）WBS 节点。一个 WBS 节点的进度等于属于该 WBS 节点的所有下一级 WBS 节点进度的加权和，即：WBS（n）级进度%=Σ［权重 WBS（n+1）级×WBS（n+1）级进度%］/ Σ权重 WBS（n+1）级。n 为 WBS 级别。

（3）末级 WBS 节点（常称为“工作包”）。如果一个 WBS 节点的下一级不是 WBS 节点，而是它所包含的所有作业，则该 WBS 节点为末级 WBS 节点，它的进度等于属于该 WBS 节点的所有作业进度的加权和，即：WBS（末级）进度%=Σ（作业权重×作业进度%）/ Σ作业权重。作业为从属于该工作包的所有作业。

（4）作业。根据作业不同的类型和性质，有不同的进度检测方法。

1）管理作业。管理作业的进度可以采用（该作业已消耗人工时 / 该作业预算人工时）×100%的方式来计算。但是在实际工作中，管理作业已消耗的人工时很难统计上来，所以也可以采用（该作业已完成工期 / 该作业预算工期）×100%来计算。例如，设计管理的预算工期为 10 个月，现在设计管理已经进行了 2 个月，则该设计管理作业的进度为 2/10×100%＝20%。

2）设计作业。设计作业的进度是以它所包含的设计交付物的进度来衡量，所以常采用为该交付物设置里程碑（检测控制点）的方式来计算设计作业的进度，如开始、内部校核、供批准、供施工等。

3）采购作业。采购是以订单管理为主线、常以采购订单的生命周期为依据进行计划和进度控制的，包括从收到请购书开始到设备材料到场的一系列活动。因此，采购作业的进度测量一般是以这些活动是否完成作为依据：活动完成表示该采购活动的进度为 100%，否则，该采购活动的进度为 0%。例如，商务谈判完成，当商务谈判完成、备忘录签字，商务谈判这项采购活动的进度即为 100%，否则为 0%。

4）施工作业。当施工作业的工期较短（如小于 5 天的），该施工作业的进度可简单地按 0

或 100%为完成的标准；当施工作业的工期较长，则该施工作业的进度应以完成量/预算量×100%的方法来计算。例如，钢结构安装作业，计划预算量为 500 吨，现已安装为 100 吨，则该钢结构安装作业的进度为 100/500×100%=20%。

2.4.3 进度检测报告

1. 计划曲线（基准曲线）

将计划中每一个作业的权重按该作业的计划时间，以固定的时间间隔（每周/每月）进行分配，然后将所有作业的每周/每月的计划权重结果累积起来，就形成了整个项目每周/每月的权重分布，这种分布就是整个项目的计划进度曲线（或称基准曲线、S 曲线，有多种叫法）。

2. 赢得值曲线

在项目的实际进行中，以固定的时间间隔（每周/每月）定期检测作业的完成百分比，然后按照权重体系就可计算出作业完成的实际权重，将项目所有作业的实际权重累积起来，就形成了项目的实际权重，制成曲线形式就形成了整个项目的赢得值曲线。

3. 分析对比

通过在一张曲线图表中展示计划曲线和赢得值曲线，可以清楚地判别项目的进度是超前还是滞后，以及超前和滞后的程度；通常还会辅以 SPI、SV、CPI、CV、TCPI 等赢得值参数进一步了解超前和滞后的量化指标，为进度分析或采取有效的整改措施提供决策依据。

第3章 进度管控数字化应用专业技能

进度管控数字化应用可分为普通中小型项目应用、大型复杂项目应用、特大型工程项目或项目导向型企业应用三种应用场景。不同的应用场景对进度管控数字化应用职业技能的要求也不一样，相对而言，大型复杂项目应用比普通中小型项目应用要求更高，而特大型工程项目或项目导向型企业应用又比大型复杂项目应用要求更高。

（1）普通中小型项目应用。在普通中小型项目实施过程中，一般对进度计划及实施过程中的进度控制要求不是太高，在这些项目中即使有多方参与项目实施，项目的计划管理工具也并不一定会要求统一，计划管理制度也不太完善。项目的进度管控通常由项目经理或项目经理助理来承担，项目的进度管控会使用一些个人化的项目管理工具软件或电子表格辅助开展。

（2）大型复杂项目应用。大型复杂项目的实施需要高度的统筹协调，对进度管控的要求也较高。一些大型工程建设项目，无论是由项目业主单位自行组织实施还是通过工程总承包模式实施，均需要在进度管控上建立相应的制度流程与规范，并使用相应的项目管理软件或信息系统来支持项目进度管控工作的开展。在这些工程项目中，统筹协调、进度管控通常由专业的部门（工程计划、工程控制、工程调度等）来负责。项目实施过程中，由于进度完成情况涉及工程进度款的支付，乃至影响计划目标的达成等重大问题，因而进度管控工作更加专业。项目赢得值管理技术、进度测量技术等均会在进度管控中加以应用。

（3）特大型工程项目或项目导向型企业应用。特大型工程项目应用较之大型复杂项目不仅在规模上更大，而且实施的组织难度也更大，因而更需要做好统筹协调与进度管控工作。统筹协调与进度管控需要由项目管理系统平台来支撑。

项目导向型企业的项目统筹协调与进度管控是企业风险管控的重要环节，也是企业资源优化配置的基础。随着企业项目管理（EPM）的深入开展，越来越多的企业使用相关的项目管理系统平台来协助开展项目统筹协调与进度管控。

3.1 进度管控数字化应用专业技能分级

随着项目管理软件、项目管理信息系统与平台在各行各业应用的日益普及，催生了项目进度管控数字化应用的职业岗位。项目进度管控是项目成功的重要关键因素。依据项目管控数字化应用的场景，项目进度管控数字化应用职业技能可以分为三个层次，三个层次分别为基本管控应用、专业管控应用及综合管控应用。每个层次对进度管控的基础理论与技术掌握，以及应用深度要求不同，对进度管控的信息化支撑手段要求也有所不同。基本管控应用为项目进度管理过程中最基础的进度管控应用，专业管控应用在基本管控应用之上增加更专业的进度分析判断手段与方法，综合管控应用在专业管控应用之上增加企业或特大工程项目进度管控的手段与方法。

3.1.1 基本管控应用

基本管控应用涵盖项目进度管理全过程，对于从业人员来说除需要具有本专业领域的基础知识以外，更需要较全面地了解项目管理相关理论知识与技术，对其中的网络计划技术、项目范围管理技术需掌握其精要，能使用项目管理软件编制项目进度计划、进行计划分析、跟踪项目进展、开展计划执行监控。

3.1.2 专业管控应用

专业管控应用在基本管控应用之上需要掌握赢得值技术、进度测量技术及其应用方法，能组织协调大型复杂项目计划编制工作，具备计划深入优化分析能力，能使用专业项目管理软件或信息系统并使用赢得值技术、进度测量技术开展项目进度的专业管控。

3.1.3 综合管控应用

综合管控应用在专业管控应用的基础之上，需要了解企业项目管理（EPM）相关知识，对多级计划管控模式有较深入的理解，能利用项目管理信息化平台开展项目进度管控初始化设置管理（项目结构体系、计划层级、计划管理流程、进度预警、各类模板等）、开展多级计划进度管控、开展企业关键资源跨项目协调分析、对项目进度风险进行辨识与管理。

3.2 各级应用的工作领域与主要任务及关键技能

进度管控数字化应用可分为三个层级的应用，分别为基本管控应用、专业管控应用和综合管控应用，三个层级依次递进，高级别涵盖低级别技能要求。

3.2.1 基本管控应用

基本管控应用对应四个工作领域，其工作领域、主要任务和关键职业技能要求见表 3-1。

表 3-1　基本管控应用的工作领域、主要任务和关键职业技能

工作领域	主要任务	关键职业技能要求
1.计划编制	1.1 项目定义	1.1.1 依据合同或项目实施方案等资料梳理项目基本信息，根据企业相关规定定义项目代码、项目名称、项目计划开始日期、项目要求完工日期 1.1.2 分析相关资料，整理项目目的与目标、项目实施过程关键里程碑节点时间要求及外部制约条件（外部逻辑关系） 1.1.3 依据相关资料识别对项目实施有关键影响的项目干系人，并制订沟通计划 1.1.4 根据企业要求、项目团队与项目实施环境情况制定项目进度权衡措施，分析项目成功关键因素 1.1.5 了解项目资金来源与构成或项目执行控制预算要求 1.1.6 根据实际情况定义项目工作日历 1.1.7 使用进度管控数字化应用相关管理软件与系统平台创建项目，记录相关信息
	1.2 WBS 编制	1.2.1 掌握利用 WBS 进行项目范围管理的方法 1.2.2 根据企业相关规定或参考相应模板制定 WBS 编码规则 1.2.3 根据项目实施的组织形式、项目的实施过程及项目成果构成等要求，将项目通过 WBS 分解成便于管理控制的若干工作包（WP） 1.2.4 根据项目实施的组织形式及责任分工，落实 WBS 的管理责任 1.2.5 使用进度管控数字化应用相关管理软件与系统平台创建项目 WBS，记录相关信息
	1.3 作业定义	1.3.1 根据项目管控深度要求，将工作包对应的任务进一步分解形成具体实施作业 1.3.2 将项目的关键里程碑节点作为作业加入项目作业清单 1.3.3 理解作业代码是作业在项目进度管控中的唯一标识，会根据要求制定代码规则并准确使用 1.3.4 正确使用作业的类型及完成百分比类型，选择工作日历 1.3.5 使用工期估（计）算方法确定作业工期 1.3.6 使用进度管控数字化应用相关管理软件与系统平台为相应项目建立作业清单并记录相关信息 1.3.7 协助或指导相关工作包责任人定义作业
	1.4 进度安排	1.4.1 掌握网络计划技术要点，尤其要熟悉 CPM、PDM 1.4.2 准确使用四种逻辑关系类型来反映作业间制约关系与先后顺序 1.4.3 使用作业限制条件将不使用逻辑关系表达的限制准确地应用于相应作业 1.4.4 使用相关软件功能，并会使用逻辑跟踪来检查逻辑关系

续表

工作领域	主要任务	关键职业技能要求
1.计划编制	1.5 进度计算	1.5.1 知晓网络计算方法，明白作业最早、最晚时间的含义 1.5.2 理解进度计算数据日期概念，知晓进度计算设置对计算结果的影响，能根据需要进行进度计算设置 1.5.3 使用相关软件或系统平台对项目进行进度计算 1.5.4 读懂进度计算报告，理解网络回路、开口作业相关概念，并能消除进度计算过程中可能出现的回路现象
	1.6 关键路径分析	1.6.1 理解进度计算设置中关键路径选择最长路径或浮时小于某特定值的差异 1.6.2 使用相关软件功能查找关键路径相关作业 1.6.3 通过关键路径及关键作业的分析发现计划安排是否能满足项目进度要求 1.6.4 选择合适的方法进行项目工期压缩，并进行计划优化，使计划能满足项目进度要求 1.6.5 掌握关键路径分析的基本方法与过程
	1.7 资源应用与分析	1.7.1 理解进度管控中资源应用的目的与意义 1.7.2 定义资源与资源限量 1.7.3 在作业上使用资源 1.7.4 使用资源直方图、曲线进行分析 1.7.5 知晓资源冲突解决方法，能利用作业浮时化解资源冲突
	1.8 计划成果展示	1.8.1 使用作业分类码组织分组作业数据 1.8.2 使用过滤器、视图设置、数据组织等数据筛选方法和展现方式的设置功能 1.8.3 使用视图打印、打印设置功能 1.8.4 使用项目数据输出、导出功能 1.8.5 利用其他工具加工美化计划成果便于展示汇报应用
	1.9 目标计划制订	1.9.1 了解目标计划的作用与类型 1.9.2 将现行计划转化为目标计划或将计划副本作为目标计划 1.9.3 对目标计划进行标识和标注 1.9.4 使用目标计划及进行相关视图设置
2.计划执行	2.1 计划任务下达	2.1.1 了解不同数字化应用环境作业分派的方式方法 2.1.2 了解滚动计划概念与方法 2.1.3 使用动态过滤器过滤本期作业 2.1.4 按专业/责任人分派作业
	2.2 实际进展采集	2.2.1 了解进度反馈截止日期作用 2.2.2 知道本期执行的作业可能有几种情况，以及进展采集的内容 2.2.3 知道作业停工/复工日期及应用 2.2.4 估算作业尚需工期或使用期望完成日期 2.2.5 制作进度反馈填报表格 2.2.6 识别进度反馈中的不同类作业，是否有跳期、变更、停工、复工等情况

续表

工作领域	主要任务	关键职业技能要求
2.计划执行	2.3 资源使用记录	2.3.1 了解资源不同情况下（完成时数量可变与不可变）资源本期值、尚需值计算规则 2.3.2 知晓不同情况的本期作业资源使用记录方式 2.3.3 制作作业资源使用反馈表 2.3.4 识别资源反馈记录中不合理现象与错误
	2.4 实际值应用	2.4.1 及时准确地将本期实际进展与资源使用情况录入或审核后应用到相应软件系统或平台 2.4.2 在现行计划更新前，利用软件或系统平台提供的功能分析本期实际与计划要求的差异情况 2.4.3 将分析结果输出（分析图表）或导出用于进度报告
	2.5 现行计划更新	2.5.1 理解进度反馈截止日期与新的数据日期的关系 2.5.2 使用新的数据日期对项目进行计算，更新现行计划 2.5.3 根据更新后的计划，及时下达下期作业任务，开始新的循环
3.进展监控	3.1 监控规则制定	3.1.1 了解监控规则包含的基本内容 3.1.2 根据企业或项目业主要求制定本项目进展监控规则相关文件 3.1.3 根据软件或系统平台实际情况进行监控规则的相关设置
	3.2 进展分析	3.2.1 了解进展分析主要内容与方法 3.2.2 使用目标计划开展对比分析 3.2.3 进行关键路径与关键作业分析 3.2.4 使用前锋线分析 3.2.5 通过分析对项目进度、资源使用（完成）情况做出正确判断
	3.3 纠偏措施制定	3.3.1 使用 What-if 分析，选择更优的计划调整方案 3.3.2 编写纠偏措施专项方案及相应汇报沟通材料 3.3.3 与管理和执行层就纠偏措施充分沟通并达成一致 3.3.4 将纠偏措施应用于现行计划
	3.4 进度报告编制	3.4.1 按照项目管理要求完成项目进展报告中进度部分内容 3.4.2 利用软件或系统平台制作相关图表 3.4.3 掌握进度报告编制基本原则
4.目标管理	4.1 计划沟通	4.1.1 知道计划沟通的重要性 4.1.2 制作计划沟通汇报资料，并组织相关活动 4.1.3 及时汇总沟通结果修订计划
	4.2 计划审批	4.2.1 理解计划审批的作用与意义 4.2.2 制作计划报批材料进行报审或在系统中发起审批流程 4.2.3 及时跟踪督促计划审批过程，确保计划能及时获得审批 4.2.4 按照相关项目计划管理规定开展计划报批

续表

工作领域	主要任务	关键职业技能要求
4.目标管理	4.3 目标计划形成	4.3.1 将报批计划“冻结” 4.3.2 根据计划审批结果修订已冻结计划 4.3.3 使用软件功能将经审批修订过的计划保存为相应目标计划 4.3.4 使用软件功能将现行计划转化为计划分析用的目标计划
	4.4 目标计划标识与维护	4.4.1 定义和使用目标计划类别 4.4.2 为每一个目标建立相应标识 4.4.3 对经过审批的目标计划建立版本控制 4.4.4 根据现行计划维护目标计划 4.4.5 将目标计划恢复为可进行编辑的项目计划
	4.5 目标计划应用	4.5.1 根据需要选择合适的目标计划作为计划对比分析的目标计划 4.5.2 使用软件功能关联选择的目标计划 4.5.3 设置目标对比分析视图格式

3.2.2 专业管控应用

专业管控应用对应四个工作领域，其工作领域、主要任务和关键职业技能要求见表 3-2。

表 3-2 专业管控应用的工作领域、主要任务和关键职业技能

工作领域	主要任务	关键职业技能要求
1.跨组织计划管理	1.1 项目组织与职责定义	1.1.1 根据企业相关规定制定项目组织机构编码规则 1.1.2 根据项目实施的组织形式在相关软件或系统平台定义项目组织结构 OBS 1.1.3 根据组织在项目中的角色为 OBS 设定具体角色及相应进度管控职责 1.1.4 项目进展及时维护项目 OBS 1.1.5 根据进度管控要求维护相关资源信息（单位、部门、人员、实物工程量、关键工程设备等）
	1.2 进度计划体系与层级定义	1.2.1 理解进度计划体系与层级定义在跨组织复杂项目管理中的意义与必要性 1.2.2 掌握进度计划体系与层级定义的主要内容 1.2.3 根据项目规模及组织实施形式制定项目的进度计划体系与层级 1.2.4 在相关软件或系统平台定义计划体系与层级
	1.3 项目 WBS 管理	1.3.1 理解跨组织项目管理中使用统一的 WBS 结构体系的重要性与意义 1.3.2 制定合理且便于多方业务管理应用的项目 WBS 编码规则 1.3.3 根据项目交付物的结构及项目实施过程参考企业有关经验积累及最佳实践编制项目 WBS 1.3.4 根据 WBS 编码规则进行底层计划 WBS 的深化编制 1.3.5 使用相关软件或系统平台进行项目 WBS 的统一管理

续表

工作领域	主要任务	关键职业技能要求
1.跨组织计划管理	1.4 进度计划管理规则制定	1.4.1 理解跨组织项目管理中进度目标是项目参与各方共同目标的意义 1.4.2 理解跨组织项目管理中制定进度计划管理规则的重要性与必要性 1.4.3 掌握进度计划管理规则必须涵盖的主要内容 1.4.4 为不同层级的进度计划编制制定具体规则与要求 1.4.5 为不同层级进度计划的审查审批制定具体的规则与要求 1.4.6 制定不同层级进度计划对应的进展更新方式与时机 1.4.7 根据软件或管理系统平台情况将管理规则固化
2.计划评审	2.1 里程碑计划评审	2.1.1 理解里程碑计划的意义与作用 2.1.2 识别里程碑计划所选取的里程碑节点和关键任务的必要性与合理性 2.1.3 判别里程碑计划内容是否恰当 2.1.4 判别里程碑计划相关时间节点的合理性与可行性
	2.2 控制性（主）进度计划审查	2.2.1 理解控制性（主）进度计划在项目统筹协调中的作用与重要性 2.2.2 依据项目 WBS 审查控制性计划内容完整性 2.2.3 通过里程碑与关键路径进度分析判断控制性计划是否支持与满足里程碑计划要求 2.2.4 通过重要资源（投资资金、实物工程量等）分析审查计划的可行性 2.2.5 辨识影响控制性计划实施的关键外部因素及相应时间的合理性
	2.3 承包商总进度计划审查	2.3.1 依据承包合同与项目 WBS 审查总进度计划内容完整性 2.3.2 依据承包合同和控制性计划审查相关里程碑节点，以及外部工作接口相关作业计划时间的合理性 2.3.3 使用逻辑跟踪功能发现计划是否存在不合理或不必要的逻辑关系 2.3.4 通过关键路径分析发现计划关键路径是否合理 2.3.5 通过有限制条件作业进度分析发现限制条件设置的合理性 2.3.6 结合控制性计划分析相关计划时间的合理性 2.3.7 通过重要资源（人工、关键施工设备、主要实物工程量等）进一步分析判断计划的可行性
	2.4 辅助及专项计划审查	2.4.1 依据项目 WBS 及控制性计划确定辅助计划内容的完整性 2.4.2 结合控制性计划或相关承包商总进度计划分析辅助及专项计划是否存在时间冲突 2.4.3 结合项目实际情况分析辅助及专项计划本身时间安排的合理性
	2.5 实施工作计划审查	2.5.1 结合控制性计划分析审查招投标计划时间的合理性 2.5.2 结合工程施工现场实际情况分析审查承包商早期（60 天、90 天）实施工作计划 2.5.3 结合承包商总进度计划审查滚动作业计划
3.进度测量技术应用	3.1 进度测量标准制定	3.1.1 掌握不同专业不同类型作业的进度测量方式 3.1.2 组织编制项目作业进度测量标准 3.1.3 组织项目作业进度测量标准评审并获得项目参与各方的认可

续表

工作领域	主要任务	关键职业技能要求
3.进度测量技术应用	3.2 进度测量体系建立	3.2.1 掌握进度测量体系的基本内容与构成 3.2.2 结合项目 WBS 及各层级进度计划确定进行进度测量的作业 3.2.3 结合项目 WBS 权重及进度计划将权重分解至作业 3.2.4 依据作业的具体实际选择进度测量方式 3.2.5 结合项目具体实际选择适当的方式建立进度测量管理责任体系与工作机制 3.2.6 结合进度计划编制项目总体及各专业的进度完成计划曲线
	3.3 进度测量责任落实	3.3.1 按照进度测量体系要求落实具体作业进度测量责任 3.3.2 开展进度测量方法与标准培训 3.3.3 开展进度测量体系与工作机制培训 3.3.4 使用软件或系统平台辅助落实责任
	3.4 实际进度测量反馈	3.4.1 根据不同类型作业开展工程计量或里程碑节点状态更新工作 3.4.2 按照进度测量体系与工作机制要求及时反馈进度测量结果 3.4.3 根据进度测量体系与责任要求及时复核进度测量结果 3.4.4 使用软件或系统平台功能开展进度测量反馈与核实工作 3.4.5 使用软件或系统平台功能开展实际进度汇总及进度赢得值（实际）曲线编制工作
4.赢得值技术应用	4.1 项目权重体系建立	4.1.1 理解项目权重的含义及与项目投资/成本的差异 4.1.2 了解工程建设项目通常各专业（E——设计、P——采购、C——施工、M——项目管理）权重占比 4.1.3 明白项目权重体系构成的主要内容 4.1.4 结合项目实际制定项目权重体系 4.1.5 使用软件或系统平台功能构建项目权重体系
	4.2 项目权重分配	4.2.1 根据项目 WBS 逐层分解分拆权重值 4.2.2 考虑同层 WBS 间的劳动力投入差异开展权重值的合理分配 4.2.3 发现权重分配过程中的明显不合理现象 4.2.4 按照项目权重体系管理要求进行权重分配审查与管理 4.2.5 使用软件或系统平台功能开展权重分配与管理工作
	4.3 权重变更管理	4.3.1 依据项目权重体系相关规定开展权重变更管理工作 4.3.2 从进度计划及时辨识项目变更情况 4.3.3 依据项目变更管理相关规定及计划版本适时调整相关 WBS 和作业的权重 4.3.4 使用软件或系统平台功能开展权重变更管理工作

续表

工作领域	主要任务	关键职业技能要求
4.赢得值技术应用	4.4 赢得值分析	4.4.1 掌握赢得值技术分析的基本方法、理解相关参数的含义 4.4.2 理解赢得值技术分析在进度管控中的作用与意义及具体做法 4.4.3 根据进度完成计划曲线与赢得值（实际完成）曲线对比进行进度执行现状分析与预测 4.4.4 通过不同专业的进度对比分析发现项目进度延期的症结所在 4.4.5 依据项目 WBS 及相应的投资/成本相关计划与实际数据结合 WBS 的进度测量结果，开展项目的赢得值分析 4.4.6 依据进度偏差情况的跟踪分析，结合进度计划适时提出进度纠偏方案 4.4.7 使用软件或系统平台功能开展赢得值分析工作

3.2.3 综合管控应用

综合管控应用对应五个工作领域，其工作领域、主要任务和关键职业技能要求见表 3-3。

表 3-3　综合管控应用的工作领域、主要任务和关键职业技能

工作领域	主要任务	关键职业技能要求
1.进度管控体系创建	1.1 项目结构体系设置	1.1.1 理解企业项目分解结构（Enterprise Project Structure，EPS）的作用与意义 1.1.2 根据企业的业务管理模式与组织结构，设计相符的 EPS 编码及企业项目编码体系 1.1.3 使用系统平台创建与维护 EPS
	1.2 组织体系设置	1.2.1 理解 OBS 的作用与意义 1.2.2 根据进度管控平台应用模式（组织内部应用、跨组织应用、兼顾应用）进行 OBS 的定义与维护 1.2.3 使用系统平台维护相关单位部门人员等基础信息
	1.3 项目计划体系设置	1.3.1 依据项目管理相关规定开展大型复杂项目的计划层级、计划分类、计划范围、计划责任要求等设置 1.3.2 依据进度管控平台与专业应用结合情况设置专业实施计划与项目进度计划对应关系 1.3.3 使用系统平台管理企业及项目相关计划管理文档
	1.4 审批流程设置	1.4.1 掌握系统平台流程设置的基本方法与要求 1.4.2 根据不同项目管理要求及系统平台应用模式为相应项目的相关表单配置审批流程 1.4.3 配置跨项目审批流程 1.4.4 对项目审批流程进行审计监督
2.计划执行监控	2.1 项目总体执行概览	2.1.1 根据业务管理需要定义项目组合 2.1.2 使用平台对项目组合内的项目执行情况进行监控 2.1.3 从总体执行情况概览中发现“问题” 2.1.4 使用系统平台的“挖掘、追溯”功能对项目执行情况进行层层分析

续表

工作领域	主要任务	关键职业技能要求
2.计划执行监控	2.2 进度预警	2.2.1 根据系统平台提供的进度预警参数进行具体项目的预警设置 2.2.2 设置系统平台自动进度预警监测功能 2.2.3 利用系统平台的预警监测功能对当前打开的多个项目进行进度监测
	2.3 进度事件管理	2.3.1 依据企业事件管理处置等级建立项目进度事件管理响应等级 2.3.2 根据进度监测结果创建或手动创建进度事件并指定事件处理责任人与处理流程 2.3.3 跟踪督办事件处理过程 2.3.4 根据事件处理结果关闭事件或升级事件等级
	2.4 多级计划嵌套分析	2.4.1 使用系统平台多级计划跟踪功能逐级跟踪计划的分解与对应情况 2.4.2 使用系统平台的多级计划进度更新设置高层计划的计划更新方式 2.4.3 使用系统平台的功能直观地开展多级计划的嵌套对比分析
3.全局重要资源协调	3.1 资源定义	3.1.1 对进度管控相关的企业重要资源、资源角色进行辨识 3.1.2 使用资源及资源角色定义与维护相关资源 3.1.3 为资源设定相应的限量值
	3.2 资源分析	3.2.1 使用资源直方图分析多项目重要资源使用情况 3.2.2 通过分析发现项目间资源冲突现象 3.2.3 使用资源统计汇总功能在不同的 EPS 层级或相关项目组合汇总统计人工、主要实物工程量等资源实际值 3.2.4 在多项目环境下使用资源计划与实际对比分析功能
	3.3 跨项目进度协调	3.3.1 根据资源分析情况指导具体项目通过调整相应作业的进度安排解决资源冲突 3.3.2 根据项目对企业战略的重要性确定资源在项目间安排的优先次序 3.3.3 依据均衡生产的原则指导具体项目对企业关键稀缺资源的合理使用
4.最佳实践管理	4.1 进度管控要素评价	4.1.1 对进度管控要素（WBS、标准作业过程—网络计划片段、进度评价方法、作业工期与资源预算、计划管理体系标准等）有全面的了解 4.1.2 组织对已完工项目的进度管控情况进行评价 4.1.3 发现相应项目进度管控工作的优点
	4.2 最佳实践保存	4.2.1 使用系统平台的业务模板功能保存相关进度管控要素中的结构化数据 4.2.2 使用系统平台的文档模板功能保存相关制度与体系文件 4.2.3 使用系统平台的网络计划保存功能保存标准作业过程及作业工期与资源预算 4.2.4 使用分类功能将相应的最佳实践进行标注
	4.3 最佳实践维护	4.3.1 根据系统平台的项目数据积累及已完成项目的后评价情况适时对最佳实践进行维护管理 4.3.2 定期组织对企业项目最佳实践进行评价 4.3.3 依据项目最佳实践评价结果对相应模板进行管理，以保证最佳实践的适时与适用性

续表

<table>
<tr><th>工作领域</th><th>主要任务</th><th>关键职业技能要求</th></tr>
<tr><td>4.最佳实践管理</td><td>4.4 最佳实践利用</td><td>4.4.1 为最佳实践利用设置访问权限
4.4.2 依据条件搜索企业最佳实践
4.4.3 使用模板应用功能在具体项目中利用最佳实践
4.4.4 使用计划导入功能在项目计划过程中导入标准作业过程网络片段</td></tr>
<tr><td rowspan="5">5.进度管控与专业管理融合</td><td>5.1 进度与设计管理结合</td><td>5.1.1 使用统一的项目 WBS 对设计工作进行管理
5.1.2 将设计图纸（图集）与采购/施工相应工作包关联
5.1.3 将图纸（图集）审批/批准过程与进度测量有机关联
5.1.4 将设计变更与进度计划相关作业关联
5.1.5 根据关联结果分析判断设计工作计划与相关专业（采购、施工）的进度冲突</td></tr>
<tr><td>5.2 进度与采购管理结合</td><td>5.2.1 使用统一的项目 WBS 对采购工作进行管理
5.2.2 将采购订单与设计/施工相应工作包或作业关联
5.2.3 将采购过程与进度测量有机关联
5.2.4 根据关联结果分析判断采购工作计划与相关专业（设计、施工）的进度冲突</td></tr>
<tr><td>5.3 进度与成本管理结合</td><td>5.3.1 基于统一的项目 WBS 开展项目成本（投资）管理
5.3.2 基于相应 WBS 的完成百分比进行工作包的进度支付管理
5.3.3 结合 WBS 的完成百分比及进度计划进行投资完成情况分析
5.3.4 结合进度及工作包的实际支付进行项目赢得值分析与预测</td></tr>
<tr><td>5.4 进度与质量管理结合</td><td>5.4.1 将质量检查检验工作计划与进度实施计划有机关联
5.4.2 依据质量检查检验结果标示相关作业的质量情况
5.4.3 依据项目 WBS 汇总质量检查检验结果
5.4.4 依据项目质量分解结构（QBS）开展质量评定工作</td></tr>
<tr><td>5.5 进度与 BIM 模型结合</td><td>5.5.1 通过 WBS 与作业将进度计划与工程 BIM 模型元素对应
5.5.2 根据进度计划安排展现工程建设过程
5.5.3 通过工程 BIM 模型与进度计划结合的动态分析，发现进度计划存在的冲突与不合理之处</td></tr>
</table>

3.3　进度管控数字化应用的若干专业特征

虽然关于进度管控的知识、流程、技术、工具及相关标准都并不缺乏文献阐述，但是在将知识、标准和技术落实到具体的应用时，进度管控的运用形态或专业表征会因项目大小不同、项目所处的阶段不同、项目环境条件不同、组织对专业运用的要求不同而不尽相同，甚至于可用“千差万别”来形容。实际上，作为一门项目或组织管控的业务，进度管控与其他管理业务一样，存在其业务管控本身的通则或要素技能。因此，在千差万别的应用中存在“是否蕴含专业特征？”“每一专业特征深度如何？”等问题。我们经常见到用横道图这一工具来表示进度计划，但是如果从专业的角度而言，“能画出一个横道图”并不等同于“具备了任何进度管控的专业能力”。这一点，如用财务管理的形态来类比，就恰当不过了。“随意填出一份资产负债表”并不等同于“具备了任何财务管理的专业能力”。类似于财务管理，有其管理通则和要素技能，专业人员要掌握这些技能并适度运用，至于运用深度需根据企业具体情况酌情而定。进度管控也一样，有其业务通则和要素技能。是否熟练掌握这些业务通则和要素技能并能灵活酌情运用，体现了业务管理者是否具备相应的专业技能。

为简明扼要、抓大放小起见，现将最能凸显进度管控专业特征的技能表征罗列如下，并予以理据性阐述，希望能为进度管控专业与否起到核心界定指标的参考作用。

3.3.1 是否运用了关键路径法技术

1. 目的和作用

（1）CPM 最大的作用是遵循事理逻辑顺序或人为设置的步骤顺序，将要完成的工作任务在时序上做出安排，以预测（按这种安排）整个项目估计的完工日期和总工期，同时厘清哪些路径构成了关键路径（这些路径上的任务的工作时间安排没有“余地”，任何既往的延误都会迫使后续赶工，否则总工期无法保障），哪些路径则是非关键路径（这些路径上的任务的工作时间安排有一些“余地”，在这些“余地”内稍有延误不至于导致项目总工期的延误），从而达到明辨任务的轻重缓急、有的放矢的目的。

（2）利用 CPM 时，还可根据项目的实际情况，将项目的“阶段性控制点”“合同里程碑日期”“接口日期”或“其他限制时间”等置入 CPM 的任务上，表达“该任务的执行有时间条件的情况存在”，以便 CPM 计算时综合考虑这些情况，使得 CPM 关于总工期的计算结果更符合客观现实的要求。

（3）CPM 是实现项目时间统筹、界面管控的最根本的基础性手段，因而也是进度管控的基础性技能。离开 CPM 的应用，计划无据可依，进度管控的核心基础也就丧失了。或者说，任何项目或组织的进度管控都需要基于一个“时间管理引擎”来展开，而这个“时间管理引擎”通常就是 CPM 的运用。

（4）在多级计划的进度管控环境下，在某一级计划上应用了 CPM，更上层级的计划与进度都可实现“上滚联动”的效果，这在复杂项目或组织级进度管控方面能起到极为重要的核心基础作用。

2. 专业技能的体现

（1）利用 CPM 可让计划与进度管控的工作具象起来、动态起来，专业表征明晰起来，避免计划是静态的，任务之间是不关联的，进展过程中无法知晓“前面的工作提前/落后对后续工作有无影响”的死计划。

（2）能否定位出关键路径、非关键路径，是 CPM 专业技能是否具备的最主要的体现。

（3）掌握了 CPM 的算法原理，了解两组时间（最早时间/最晚时间）含义，了解时间“余地”（浮时）的种类及其独有或公有属性。

（4）掌握了在 CPM 构成的网络计划上，通过不同“限制条件”加载的方式，实现把一些任务“往前赶”或“往后赶”的技能。

3.3.2　是否运用了工作分解结构技术

1. 目的和作用

（1）如果说 CPM 是提供一种时序上拿捏任务轻重缓急的技能，那么 WBS 是提供一种系统性梳理任务的技能。通过 WBS 在泛空间自上而下层次化地框定项目任务的构成，厘清各条块的组成内容（对象构成/交付物/专业）及其之间的界面。

（2）WBS 是项目范围管理的主要工具。利用 WBS，一方面是为了梳理出完备的工作任务结构，做到不疏漏、不多余；另一方面是结合自身的精细化管理要求，定义一套适用于本项目的管理颗粒度，在项目组织中形成一套统一的项目管理单元对象标准，以便通过责任矩阵给予不同的管理层级以不同的管理颗粒度定位意识。

（3）WBS 分支的层级多少取决于精细化管理的细度要求，因此并不是层级越多越好，而是适用即好。可以根据项目的进展迭代 WBS，使之更符合于现实的精细化管理要求。通常将 WBS 各分支的末端节点称为工作包（WP），且将在 WP 下进一步细化的工作称为“任务”。将“任务”置入 CPM 网络计划进行时序上的进度计算后，由于“任务”源自 WP，而 WP 又源自 WBS，因此，CPM 的计算结果也就“上卷”给 WBS 各层级的节点，使得它们也有了时序上的时间要求信息。

（4）在大型项目或组织级应用多级计划进行进度管控的时候，WBS 奠定结构性进度管控单元的基础，实现统一的口径来论事、统计和汇总。

2. 专业技能的体现

（1）是否采用了 WBS 的真谛，就如同是否具备了系统观的技能。固然，当一个项目本身很小，或项目仅处在相当初期的阶段，或仅是为了勾勒出一个大体的进度计划表式，这些情况下是存在没有必要应用 WBS 的情形。但是，当项目稍显复杂，尤其是不仅仅满足于计划与展示，而是要真实地开展进度管控时，WBS 的应用技能就成为一种专业要求。

（2）是否先入为主主导一个项目采用统一的 WBS，是专业技能的重要表征。一个项目如果没有统一的 WBS，任务管理的统一口径就不存在了，易落入各自发挥、表述不一的境地。在这种情形下，参与单位各自为政，项目上会出现不同的 WBS、不同的定义界面、不同的颗粒度、不同责任层级，整个进度管控会落入由于缺乏基础管理体系与信息共享标准结构而无序的状态。

（3）很多数字化应用软件，并不考虑 WBS 的真实意图，并不引导 WBS 先入为主的管理理念，开放式地设计了“可将任务向上组合形成 WBS”的功能。这些功能在示意性计划制作时，简单实用而尤其受到欢迎，也的确解决了小项目、只有计划要求没有控制要求（如投标阶段、汇报目的）等情形下的工作要求。但是，这些应用多以满足计划展示为目的，大部分并不涵盖进度管控的要义，不能视之为进度管控的重要专业技能。

（4）利用 WBS 的能力不仅是进度管控的重要技能表征，而且也是项目管理能力的重要技能表征。通过 WBS 尤其是将 WP 作为核心支点，实现统筹协调为特征的集成管理；通过 WBS 与费用科目（Cost Account，CA）的关联实现成本计划、执行核算与控制；通过 WBS 与质量验评工作结构（Quality Breakdown Structure，QBS）的关联，实现质量工作计划、执行结果分析与评价等。在数字化时代，进度管控乃至整个项目管理，WBS 对实现数据治理、数据应用、大数据智能的作用是根本性的。

3.3.3 是否运用了赢得值技术

1. 目的和作用

（1）“设定一个目标并对其进行动态的量化管理”可能是所有行为管理的灵魂套路。在进度管控方面也是如此，采用赢得值技术（EVM）实现在时序上对行为活动的动态量化目标管理。EVM 技术要领在于：一是将项目计划开始到计划完工之间的工期范围定义为一个完整的时序；二是将这个完整时序划分为若干个时间片段（检测周期）进行进展盘点与评价（例如，根据项目的紧急程度不同，按每月/每周/每日进行进展检查盘点）；三是这种盘点的评判结果是量化的。

（2）有了基于时序的任务安排，就可利用 EVM 事先计算出“截止到每一周期末计划要求完成的工作量”［也称为“计划值”（PV）］，给执行者预先提供了量化的目标；执行过程中，每完成一个周期，通过采集“过去一个周期实际完成的工作量”并合计出“累计完成的工作量”［也称为“赢得值”（EV）］，就知道了执行结果与计划预期之间的差异关系了，是好是坏一目了然。

（3）虽然有了时序上的任务安排，就可利用 EVM 技术，但是显然，这种时序上的任务安排如果是基于 CPM 技术的话就更完美，也更加符合 EVM 的动态目标管理理念。从这个意义上讲，如果 EVM 的应用是脱离了 CPM 基础，其动态意义和应用效果都会大打折扣。

（4）利用 EVM 原理，可将任何关注的工作内容（只要它存在量化的可能），作为指标对象置入 EVM 进行动态量化管控。这就大大拓展了 EVM 应用方式。例如，在产品设计研发领域，一些企业就引用了 EVM 方法作为人员绩效管控的手段，通过将研发、设计工作任务的多寡统一量化为“标准工时”， 达到对研发、设计工作进行动态量化目标检测与管控的目的。

2. 专业技能的体现

（1）在时序上通过量化的绩效指标、动态的评价方式，大大地增强了进度管控的目的性和可操作性。如果只做计划、不做进度跟踪检测，统筹与管控两张皮自然无法融合，专业的进度管控能力也就无从体现。既然是目标对比的方法，说明有两套数据（甚至更多）进行比较。因此，判断 EVM 专业应用的最基础的表征是 PV 是否来自目标计划，而 EV 是否来自（包含了实际进展的）实录进度计划。

（2）如果只跟踪时间，把“消逝时间占任务工期的百分比”当作“任务完成的百分比”，等于“一切如计划的那样发生”，即“傻瓜进度”，不开展实际情况是否真实性的剖析，属于“得过且过”方式。事实上，大部分情况是实际与计划并不相同，所以“傻瓜进度”模式无助于进度管控目的的实现。

（3）如果采用对进行中的任务“每次盘点时都重估剩余工期”，并加上“消逝时间占任务工期百分比”的做法，比起“傻瓜进度” 其性质上已完全不同，具备了反映实际工期的能力，实际上是无意中把“随时修改的工期”当成了任务的 EVM 指标，属于“边走边看”的做法。由于 EVM 在计算 PV 时是采用目标计划（一般早就冻结存档了的）数据，因此要尽可能避免过于随性的工期重判，否则容易造成 PV 与 EV 的可比性问题，导致计划的严肃性遭创、EVM 的应用失去价值本原的意义。

（4）总体而言，凡是能用工期百分比指代任务完成百分比的情况，基本上只发生在任务与时间存在线性关系的情形。遗憾的是大部分任务并非如此。因此，需要把“时间”与“任务完成百分比”作为两个指标综合起来检测，这样才可对“该做的事情在计划时间内做完了没有？”作为监控要素进行量化动态管控。这也是 EVM 潜在的管理价值之所在，是彰显进度管控专业能力的主要特征之一。

3.3.4　是否运用了检测体系

1. 目的和作用

（1）最核心的目的是能反映出真实的进度，从而提高把控实情、判断准确和针对施策的能力。提出这一应用技能的原因在于，因为缺乏进度检测体系概念的意识，在没有先入为主构建必要的检测方式、进展模型和权重体系的情形下，项目执行过程中的“进度”难免是各自表述的，难以真正反映“进度的真理”，容易导致进度管控的基础信息失真，久而久之自然影响进度管控的科学性、权威性和价值认可。

（2）在任务层面，让进度回归于实质的含义，表达的是任务“实实在在完成的工作份①量”。如果任务包含了综合的工作内容，引导用综合的指标来检测进度，要避免将消耗的时间、消耗的费用、交付的实物量等单一指标指代任务的“进度”，导致片面的进度认知。

（3）在项目层面，用定量的、统一的衡量标准来评测各种不同工作任务的“工作份量”，让项目有一个全局的总体进度的统计概念和方法。因为许多项目本身包含了不同性质的工作，它们都是项目的工作，它们的进展都为项目贡献了进度，但是，不同工作之间没有可比性（例如，工程的设计与建安工作都是工程的工作内容，但是设计和建安的进度显然无法用同一个指标来描述）。这个问题只有通过统一的衡量标准（通常称为“权重体系”）来解决。因此，权重体系往往被视为进度检测体系的核心工作。

项目业主更应倡导检测体系的应用，做到既利于项目进展又不落入背离进度的支付风险。

（4）通过权重体系达到项目进展的“称重”目的之外，其他任何需要监视、统计的指标，如消耗的时间、消耗的费用、交付的实物量都可以作为需要统计分析的对象来对待，作为辅助的进度要素来处理。

2. 专业技能的体现

（1）首先是具有给每一个任务确定一个指代进度指标的意识；其次是掌握了四种主要方式（综合、时间、步骤、交付实物量）的自如应用；然后最好还能在计划阶段就能“给进度指标关于任务时间定义一个分布”，以便更好地仿真进度，使计划的可行性提高（PV 的准确性也随之提升）。

（2）运用了权重体系对项目实施了“挖掘真实进度”的理念，避免进度真理的缺失，更重要的是提升进度管控的驾驭能力。权重体系如果是从 WBS 上架构出来的，那是更好的实际能力的体现。因为 WBS 更好地包含了项目范围，更有层级包络关系，从而更有利于形成一个结构化的权重体系，对统计分析裨益良多。

（3）越复杂的项目，越应该采用包含权重体系的检测方法来模拟进度计划和识别真实的进度。否则，必然影响进度管控的效果。对工作内容分类繁多、参与单位众多、分包模式多样的项目而言，不采用权重体系评价进度，没有任何其他方法能做到更科学、更有效。因此，进度检测的方式方法也是进度管控专业能力的重要体现。

3.3.5 是否运用了嵌套多级计划闭环

1. 目的和作用

（1）当项目复杂到一定程度，或者组织级项目管理的时候，通常需要采用层级保障的进度

---

① 将工作分成不同的“份”。

管控模式，即要求“下一级”保障“上一级”、“上一级”实时掌控“下一级”的动态目标管控模式。嵌套多级计划就是实现这一目的的手段。嵌套多级计划打造了不同层级管控项目的“抓手”，构建起“指挥系统”、实现“穿透式管理”的效果。

（2）如果说 CPM 是时序上的统筹手段，那么“CPM+多级嵌套计划”是“时序+层级”的统筹手段。此外，通过线上多级计划的编制、审批流转和下达，助力大型项目或企业级进度管控形成“立体化、穿透式”的进度管控管理模式。

（3）嵌套多级计划通过与企业基本管理流程的链接，可将“进度”渗透给项目和组织的不同层级、不同岗位，是大型项目做好进度统筹管控和组织级项目管理的核心要素做法。

2．专业技能的体现

（1）是实质上的多级计划还是形式上的多级计划，是专业能力特征的主要区别。实质上的多级计划体现为三个特征：一是“自上而下”下达编制、受控；二是“自下而上”进度上卷、预警；三是“线上闭环”整体联动。形式上多级计划通常以“自下而上”形式为多，或为了汇总目的所为，不能完全体现进度管控的目的。

（2）虽然 WBS 已经为项目的工作构建了多级结构层次，但并不是因此没有了多级计划的意义。WBS 以工作内容划分为导向，而多级计划是以组织的管控层级为导向，相互之间很多时候是不一样的。目的不同，作用不同。

（3）如果说 CPM 提供了项目执行层面的“进度引擎”，那么 CPM 加嵌套多级计划就提供了组织级的“进度引擎”。在没有实质性多级计划的情况下，无论是项目还是组织级进度管控，都无法快速做到给不同层级的管理人员以不同颗粒度的、真实的进展分析报告。在这种情形下，对高层而言，只能开会听汇报获取信息，项目的执行情况容易失真，主动指挥、运筹帷幄的效果难以保障。因此，在对复杂项目或组织级开展进度管控时，嵌套多级计划的应用是十分凸显的专业技能表征。

第 4 章
进度管控的流程与规则

进度管控的流程与规则无论是对一家企业还是一个新建项目，都是管理过程中至关重要的环节，是企业或项目进度管控工作成败的关键因素。那么，企业如何建立这些流程与规则，满足进度管控工作的需要，实现企业进度管控的长期发展战略呢？为此，需要从企业层级与项目层级两个层次来分别建立项目进度管控的流程与规则，以满足进度管控工作的不同需求。

4.1 企业（集团）进度管控的流程与规则

4.1.1 企业（集团）进度管控的常规流程

企业管理的基本要义是管人靠制度、管事靠流程。企业（集团）进度管控流程解决的是项目进度管控过程中多项目系统化管理的问题，帮助企业尽快实现进度管控工作的系统化、标准化、统筹化的快速能力提升。对于企业的不同项目，如果有一套系统性梳理过的企业多项目进度管控的标准化方法，就可大幅降低企业管控项目的难度与风险。

企业多项目进度管控模式通常是在较长的实践过程中逐步积累形成并在一定时期内基本固定下来的一系列管理制度、规章、程序、结构和流程等做事方法的总和；是企业多项目进度管控体系方法与文化氛围的体现；是企业长期坚持并不断完善多项目进度管控流程的制度化、规范化、标准化，也是企业做大做强的有力保证。

企业多项目进度管控模式不仅只表现为一些制度、程序文件的存在。鉴于进度管控能力与数字化能力的极度相关性，很多进度管控体系方法的实现、沉淀和提升，离不开企业多项目进度管控系统平台对体系方法的承载与传承。因为不管是什么企业的多项目进度管控，总会涉及多业务板块、多部门参与，每个项目、每个部门的管控流程与管控深度可能很不一样。要将不同项目的管控流程与方法融会贯通，就需要企业有一个一体化的多项目进度管控平台。这样各个部门的多项目数据能够及时、准确、全面地连通并流动起来，每个项目部门的数据都能进入这个管控平台，管理者只用在一个管控平台就能了解企业所有项目的进度动态，节省了与多项目、各部门沟通的时间和精力，大幅提高了进度管控工作中的效率。

通常，企业在进行多项目进度管控的过程中，需要根据自身的组织架构、管理制度、标准程序文件、项目特点等文件整理出符合自身特点的进度管控流程。企业多项目进度管控具体需要做哪些工作，涉及的流程及相关内容如图 4-1 所示。

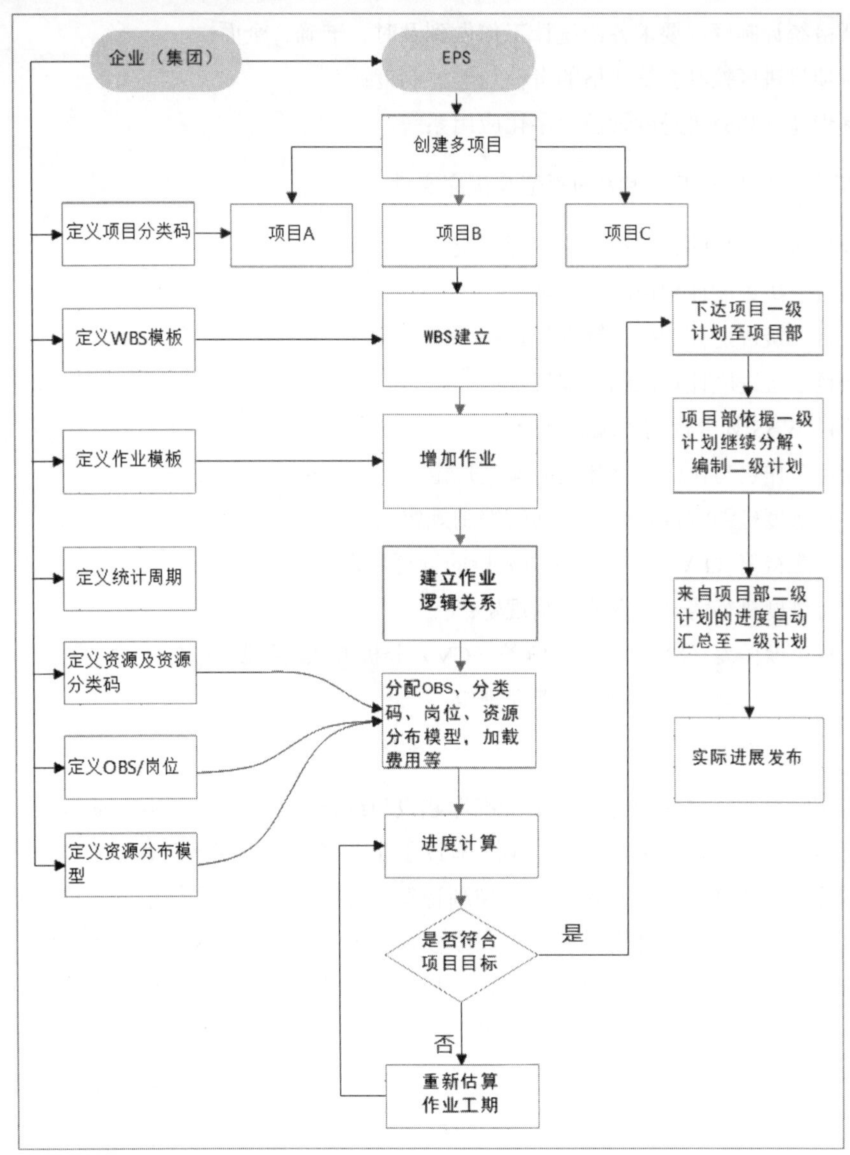

图 4-1　企业（集团）多项目进度管控流程

4.1.2　企业（集团）进度管控的必要规则

为确保企业多项目进度管控工作的规范性和可操作性，明确管理职责，使整个企业的进度管控工作有章可循、高效运行，需要企业规范进度管控工作的运行程序，即对进度管控工作制定必要的规则，并要求相关部门遵循相关规则开展工作。其必要规则包括但不限于以下方面。

（1）建立项目进度控制的总体指导原则。

◎ 总体统筹规划、分步滚动实施、动态监控和调整；
◎ 强调计划的严肃性，分级分层对计划实施责任监督与控制；
◎ 严格统计制度，要求各级统计工作做到及时、准确、全面；
◎ 对项目进度控制实施严格的考核与奖惩制度；
◎ 逐步建立和完善进度管控数字化应用系统。

（2）编制进度管控工作相关的规范与程序文件。

◎ 项目进度计划的分类和分级管理规定；
◎ 项目一级进度计划控制管理规定；
◎ 项目二级进度计划控制管理规定；
◎ 项目三级进度计划控制管理规定；
◎ 项目 WBS 划分规则的编制规定；
◎ 项目工作包与作业进度计划的编制规定；
◎ 项目进度检测测量方法与规则的编制规定；
◎ 项目赢得值（EV）测量基准与分析的管理规定；
◎ 项目进度执行情况报告的编制规定；
◎ 项目进度偏差（SV）和费用偏差（CV）分析方法的编制规定；
◎ 项目进度变更与目标控制的管理规定；
◎ 项目进度控制管理职责与进度目标执行考核的管理规定。

（3）企业（集团）多项目进度计划标准库建设与维护。为更好地开展企业多项目进度管控工作，利于快速搭建各个项目的进度计划，有助于企业多项目进度计划编制工作的标准化、规范化、快速化，需要由企业（集团）进度控制管理部门在进度管控系统中统一搭建项目计划进度模板、项目 WBS 模板、作业模板、步骤模板等。企业在搭建好这些基础数据模板之后，各个项目在编制计划的过程中，就可以依据相关基础数据模板来建立各自项目的计划框架和项目 WBS，进而开展编制作业活动、加载作业步骤、作业属性等内容。当然，这些模板需要不断完善和定期维护，以便与时俱进，满足不同板块、不同项目、不同精细度的发展性需求。

（4）企业（集团）项目进度管控的计划内容与层级划分原则。

1）企业（集团）进度控制部（职能部门）。企业进度管控部门需要同时管理企业所属的多个项目，对具体的项目而言，它们充当着“高层管理者”的角色。在对进度的把控方面，它们不会去关注具体任务计划的细节（例如，每人每天在做什么事情，是开一个会议还是去现场做一个安装步骤的检查？），它们更关注的是项目关键里程碑节点的完成情况，以及对整个项目预期的影响。也就是说，一般是从宏观层次上掌控项目的关键点情况（例如，某个阶段是否结束了？交付物情况怎样？整个项目的关键里程碑控制点是否会推迟达到？等等）。

高层管理者通常会采取流程审批、召开会议评审、通过系统计算偏差、趋势预测等手段进行项目管控。如果缺乏项目进度管控工具的支持，则很难实现。为了达到对项目进度管控"有抓有放"的管理，高层管理者通常需要考虑的项目计划包括但不限于：

◎ 项目关键里程碑节点进度计划；
◎ 项目一级总体网络统筹进度计划；
◎ 内外部关键接口计划（如设计图纸交付计划、设备物资采购与到货计划等）。

2）企业（集团）项目现场指挥部。企业在同一时期可能有多个项目在进行，对应的有多个项目指挥部，责任所属为项目二级进度计划。这些项目计划的内容主要依据项目一级进度计划进行分解，形成项目二级控制性计划。其计划内容综合考虑了整个项目设计、采购、实施之间的接口工作，同时也是指导承包商编制三级实施进度计划的参照执行文件，并按不同时间段进行计划更新、调整后形成月度、周滚动计划。

现场指挥部依据企业总部发布的一级进度计划编制二级进度计划的过程中，若发现一级进度计划与二级进度计划有冲突的情况发生，其上、下级进度计划之间可能存在不合理或者发生矛盾且无法由下级进度计划调整解决的问题，应通过原审批程序及时申请调整上级进度计划，以确保一级进度计划的相关内容在二级进度计划中得以真正落实。当然，也可以采用多级进度计划联动的方式来实现上下级计划之间的关联与自动汇总，在进度管控系统中走审批流程的方式来处理和沟通存在的问题；即通过进度管控系统将一级进度计划的作业活动直接下达形成二级进度计划的 WBS，以这样的方式来实现一级与二级计划之间的嵌套。同时，二级计划在编制过程中自动识别、反馈与一级计划之间存在的计划偏差，确保二级计划起到承上启下的进度管控与协调、指导作用。其二级进度计划的内容包括但不限于：

◎ 项目工作任务范围与 WBS 结构的进一步分解；
◎ 项目具体作业计划活动的划分与项目里程碑的关联；
◎ 项目计划应包含各 WBS 所涵盖作业工作内容的权重分摊比例；
◎ 项目相关作业活动所需的资金优化配置方案，加载后可进行赢得值分析；
◎ 项目合同限制条件、合同规定工艺过程都应正确考虑和反映；
◎ 项目主要设备和图纸需求计划的逻辑关系要与实施作业相关联完整；
◎ 项目作业中应正确反映各种项目作业分类码并与相应作业联系起来；
◎ 项目目标性控制指标（如时间工期、费用预算等）需严格执行上级计划控制内容；
◎ 说明编制项目二级进度计划相关关键作业活动所采取的方针、办法、措施；
◎ 完善落实项目计划任务所对应的责任部门或责任人（系统中对应的 OBS）；
◎ 项目计划任务的阶段划分（设计、采购、实施）及项目各标段任务之间的相互衔接关系；

◎ 编制的项目计划中可能存在哪些问题？出现这些问题该如何应对？需要加以说明，并依据项目计划制订风险预警管理计划，在进度管理系统中设置相关参数的自动预警阈值，实时保持相关作业活动的预警；

◎ 项目计划的进度周期反馈与发布的信息内容，需要严格按照管理规定执行，防止数出多门，产生不同的声音，误导管理决策者。

（5）企业（集团）进度管控部门的职责与监控指标的发布。

◎ 负责组织企业多项目进度管控制度的编制；

◎ 负责对多项目进度管控系统中相关模板数据的定期更新、监督与维护；

◎ 负责对多项目实施进度的定期（周、月）监控，对监控过程中出现的偏差原因进行分析，并决策是否要求采取纠正措施；

◎ 负责通过进度管控系统定期进行项目赢得值分析，并发布分析报告；

◎ 负责组织项目进度计划专题会议，对进度监控存在问题的项目实施重点跟踪、专题分析；

◎ 负责对企业各项目监控过程中涉及的进度相关问题定期的专题检查，并及时向上级汇报；

◎ 负责对企业多项目进度数据通过信息系统的整理、评估、汇总与统一发布工作，并及时将相关信息归档管理；

◎ 负责企业多项目进度管控信息化系统的业务建设与应用数据的维护，促进企业多项目进度管理信息化、数字化目标的实现。

4.2 项目进度管控的流程与规则

4.2.1 项目进度管控的常规流程

项目进度管控包括两大部分的内容，即项目进度计划的制订和项目进度计划的控制。计划是作为行动之前的安排，是对动态环境的不断按预计的方向管理，管理活动是个发展变化的过程。因此，项目进度管控也是 PDCA 不断循环的过程，要求把各项工作按计划、实施、检查、调整的循环流程去开展工作，解决问题，直至项目结束。

通常，在工程项目未开工前，项目计划的编制是依据项目设计图纸资料及合同文件整理出项目到底要做哪些工作，这些工作的 WBS 如何划分，需要结合实施单位的具体情况，逐一安排出完成这些工作的计划时间、详细实施步骤、涉及的相关内容等过程，如图 4-2 所示。

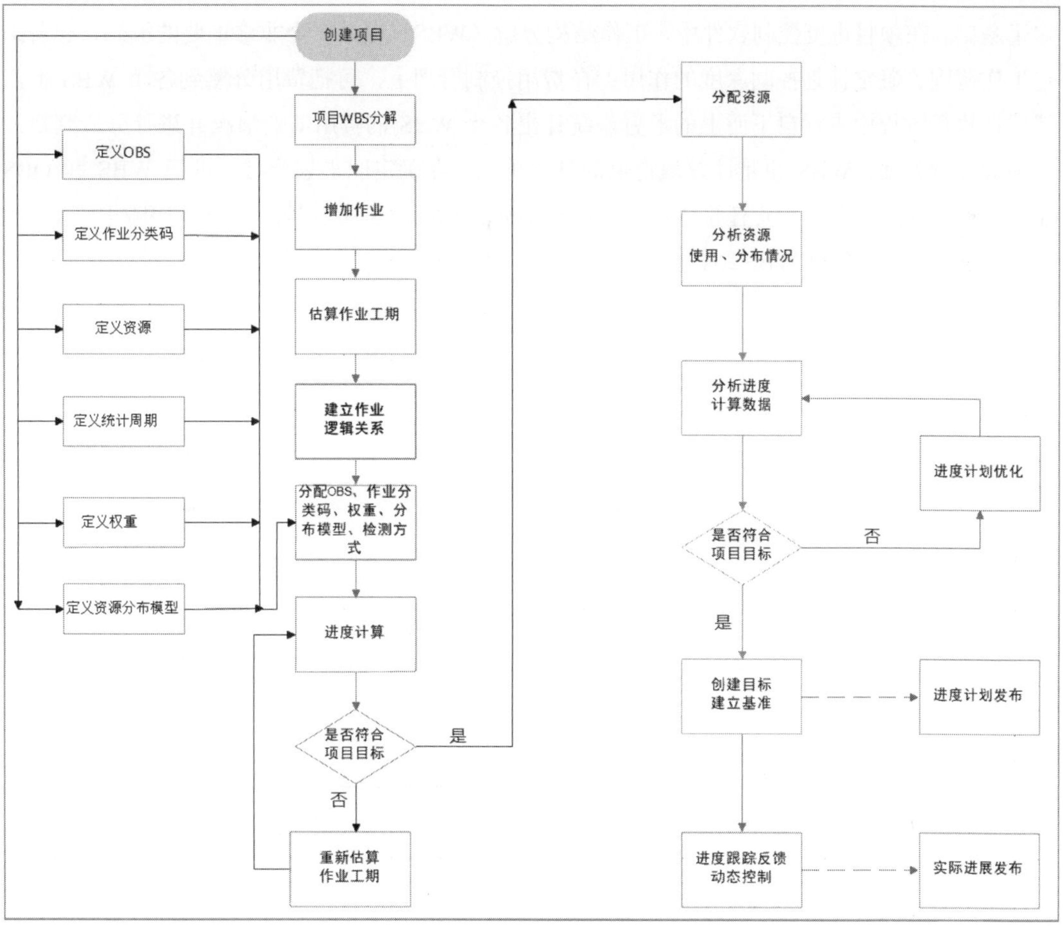

图 4-2 计划制订与控制的常规流程

4.2.2 项目进度管控的必要规则

为保证项目进度管控工作的规范和可操作性，需要事前对进度管控工作制定必要的规则，并遵循相关规则与要求开展工作。其必要规则包括但不限于以下几个方面。

1. 项目 WBS 划分规则

工作分解结构（WBS）是针对单个项目，它是项目范围的一种逐层分解层次化结构编码，并将项目工作内容逐级分解成较小的、较易控制的管理单元或工作包，以便于项目计划的细化与编制、责任的落实与监控。对于未列入工作分解结构的工作将排除在项目范围之外，不属于项目团队的工作。工作分解结构的每一个细分层次表示对项目可交付结构更细致的定义和描述。

WBS 是项目管理众多工作中最有价值的工具之一，它给予人们解决复杂问题的思考方法：解剖麻雀化繁为简，然后各个击破。通过工作分解结构，项目团队得到完成项目的工作清单，从而为日后制订项目计划时的工期估计、成本预算、人员分工、风险分析、采购需求等工作奠定了基础。在项目进度控制软件中，工作结构分解（WBS）也是一个非常重要的编码，起着确定工作范围、确定计划控制深度的作用；在费用控制管理上，可把费用分摊到各个 WBS 上，然后在执行过程中进行自下而上的汇总，统计出各个 WBS 的费用演变情况并进行分析判断；在绩效评价方面，WBS 也是计算赢得值的基本单元；在确定职责划分时，可把 WBS 和 OBS 建立一一对应的关系形成责任矩阵，做到职责清楚。如图 4-3 所示是一个 WBS 编码的示例，图 4-4 是一个工程项目 WBS 结构。

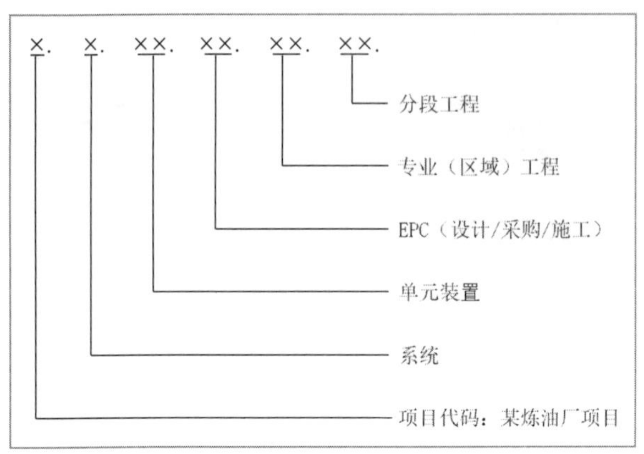

图 4-3 项目 WBS 层次编码结构

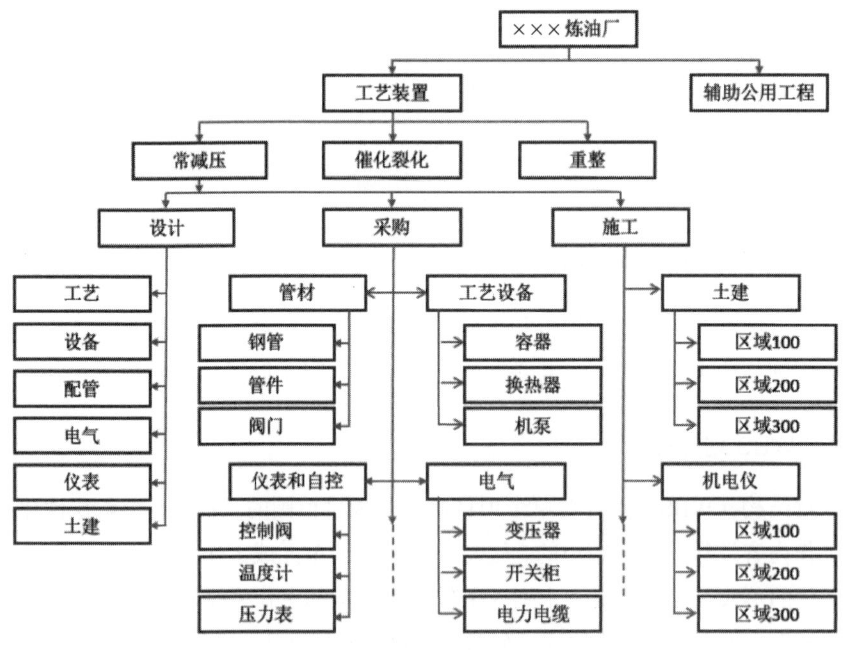

图 4-4 某炼化项目 WBS 层次结构

2．计划层级划分规则

项目进度计划层级体系一般分为四级。例如，在工程领域，一级为项目总体计划（里程碑节点），由项目决策层确定，用于建立项目的总体时间框架；二级为项目控制计划，由建设单位确定，用于明确设计、采购、施工的主要控制点及接口协调；三级为项目执行计划，由各承包商（供应商）根据所承担的任务编制，是项目进度检测的基准；四级为项目作业计划，由作业层根据项目 WBS 编制，用于统计项目进度具体的检测数据，是项目执行计划汇总检测的依据。项目进度计划按照“统一计划、分级管理”的原则进行计划的分解与数据的汇总，最终形成以满足项目控制目标的计划管理体系，如图 4-5 所示。同时，对进度计划编制的内容及深度也需要按照统一规则编制，见表 4-1。

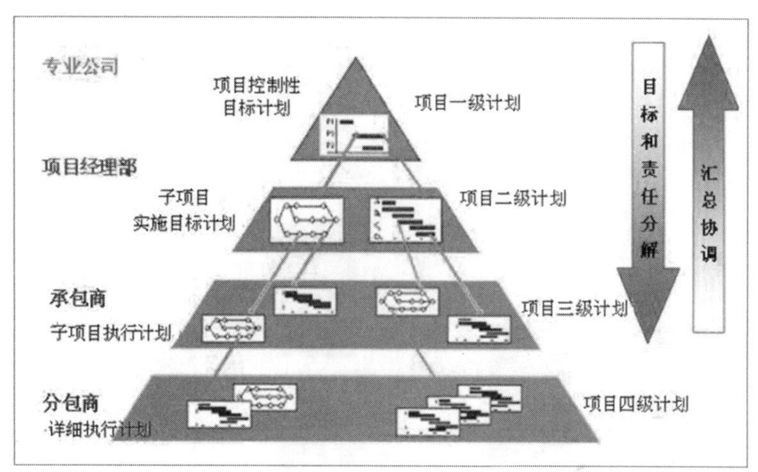

图 4-5 进度计划管理体系

表 4-1 计划编制的规则

级 别	名 称	形 式	内容深度				
			阶段	专业	主项	工作包	工作项
一级	总体进度计划	里程碑+进度横道	√	×	×	×	×
二级	控制进度计划	带部分逻辑的横道+里程碑	√	√	√	×	×
三级	执行进度计划	带逻辑关系的横道+里程碑	√	√	√	√	×
四级	作业进度计划	带逻辑关系的横道+权重+资源	√	√	√	√	√

3. 计划组织与审批流程设置规则

在工程建设领域，按照大型工程项目组织机构及部门业务管理规划，项目进度管控模式通常可分为三个层次：公司领导决策层（项目指挥部）、项目业务管理层和项目执行层。如图 4-6 所示。

（1）公司领导决策层。公司领导决策层可以通过查看一、二级进度计划的执行情况来对整个工程项目的进度进行综合性管理分析与决策，并可以通过项目进度管理软件的网络平台及时掌握整个工程的进度、工程量资源、物资到货、安全、质量等信息情况，及时掌握项目动态，进行综合分析与管理决策。公司领导决策层是项目关键里程碑控制节点的责任者，也是项目一、二级计划审批流程中的最终决策者。

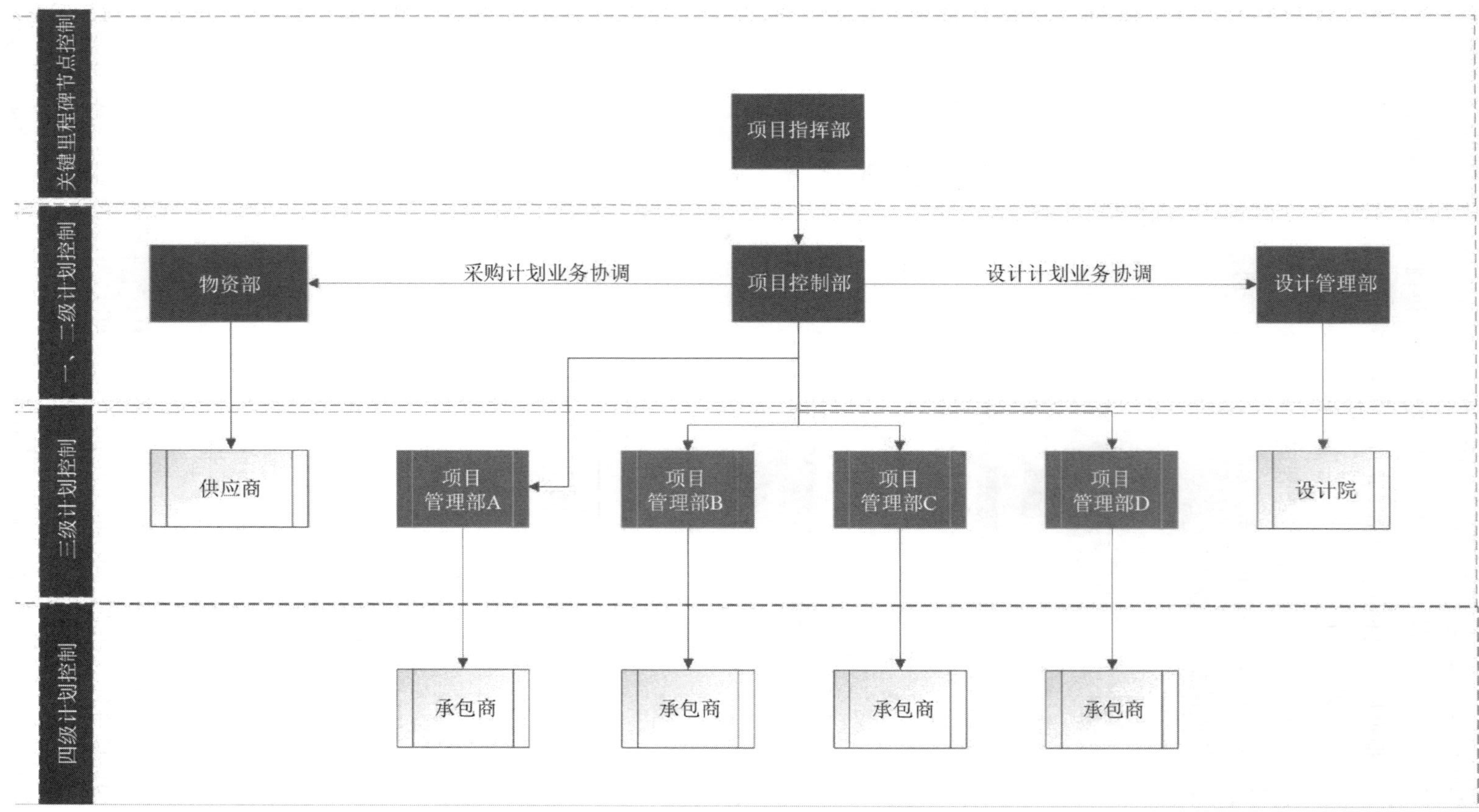

图 4-6 大型工程项目组织机构

（2）项目业务管理层。项目业务管理层主要指项目指挥部下属的有关职能管理部门，主要负责工程进度、成本、合同、安全、质量、协调、信息、人力资源等控制和管理。对现场项目的执行情况进行监督管理，对公司的项目进行总体协调，保证公司的最大利益。同时，项目的进度控制部是该管理层中进度管控环节的主要责任部门，全面负责项目进度的管控与协调。项目业务管理层是二、三级进度计划审批流程中的主要执行者。

（3）项目执行层。项目执行层主要指项目指挥部下属的施工管理部和项目各参建单位、监理单位等，该管理层位于三个管理层次的最底层，是项目进度控制数据的主要来源点。主要负责工程项目详细作业进度计划的编制、实际施工进度的数据跟踪反馈和资源的加载与更新，并负责提供质量、安全、工作联系等信息，是进度控制环节中最关键的执行责任者，也是四级进度计划审批环节的责任者。

4．计划编制的规则

计划编制的规则采用分级计划体系与工作分解结构 WBS 相辅相成，按照项目进展与所掌握的信息由浅入深变化的客观规律来确定，也要考虑到不同的人员层次所关心问题的粗细不一样而确定。即不同层次人员所要确保的计划目标内容的深度是不一样的。同时，对进度计划编制需要遵循一定的基本规则要求，包括以下几方面。

（1）定义工作日历。原则上采用工作日历（法定假日需要提前设定，特别是国庆、春节等长假，一般不设定为工作日）计算工期（在工程建设领域，需特别设定具有冬歇期的项目施工日历）。

（2）定义项目总浮时。通常定义小于或等于零为关键路径；定义项目总浮时大于零小于××天（如 5 天）为次关键路径；作业平均浮时总体控制在一定范围（如 10～60 天）之间。

（3）作业分类码的定义。要能反映作业（工序）的组织管理特征，从不同视角查看与分析数据，满足不同视图的组织、汇总、过滤及编制各种报表图表的输出。

（4）定义逻辑关系。编制采用关键线路法（CPM），必须注明各工作之间的逻辑关系，计划编制的内容应当视计划的种类和级别而定。在工程建设领域，一般应表明以下活动间的逻辑关系：

◎ 工艺数据表与规格书的关系；
◎ 规格书与询价订货的关系；
◎ 设备工程图与订货的关系；
◎ 设备施工图与制造交货的关系；
◎ 制造厂资料返回与设计的关系；
◎ 桩基设计与施工开始的关系；
◎ 设备交货与安装就位的关系；

◎ 材料供应与施工程序的关系；
◎ 土建施工与安装施工的关系；
◎ 安装施工与保温涂漆的关系；
◎ 吹扫试压、联动试车与装置中交的关系。

（5）业主项目计划编制遵循规则与包含的主要内容如下：

◎ 满足计划实现的相关前提条件说明；
◎ 项目工作任务范围与结构分解（WBS）；
◎ 具体作业活动与里程碑；
◎ 目标性指标，如时间进度、质量要求、费用预算等；
◎ 开展计划活动所采取的方针、办法、措施；
◎ 完成计划任务的责任部门或个人（项目管理系统中的 OBS）；
◎ 计划任务的阶段划分及项目各标段之间的相互衔接关系；
◎ 完成相关任务所需的各种计划资源的优化配置方案，即项目实施所需人、材、机等资源的预算分配方案；
◎ 计划实施过程中可能会出现哪些问题，出现这些问题该如何应对？以及制订相关风险管理计划；
◎ 信息的发布与反馈，并制订出一个项目切实可行的沟通管理计划。

（6）项目各参与承包商编制的进度计划，除需要考虑上述规则与内容外，还应包括但不限于：

◎ 计划应包含各自承担的 WBS 所指定涵盖的工作内容，以及各 WBS 所占项目（或单元装置）的权重分摊比例；
◎ 里程碑和竣工日期、合同中间日期、合同限制条件、合同规定工艺过程都应正确考虑和反映；
◎ 工作性质、逻辑顺序应正确考虑和反映；
◎ 主要设备和图纸需求计划要与相应的作业以不同的逻辑关系相联系；
◎ 工程中各作业所对应的主要工程量应以资源的形式加入作业中，以便进行施工强度分析；
◎ 图纸、设备、场地移交等需要 EPC 项目总承包商或项目管理承包商（PMC）协调的辅助事项，要作为作业工序列入网络计划；
◎ 有关安全方面的事项或措施以记事本的形式与相应作业联系起来，或者是加载与安全相关的作业分类码；
◎ 所有启动、调试、培训等合同要求的工作，应作为作业任务放入详细的施工作业计划；
◎ 部分移交或总移交工序应编入详细施工计划；

◎ 最后的退场清理工序应编入详细施工计划。

5．计划的优化与调整规则

项目计划的优化包括对时间的优化和资源的优化。在网络计划中，关键线路控制着项目的总工期，因此缩短工期的着眼点是关键线路。但是，采取硬性压缩关键作业的持续时间来达到缩短工期的目的，并不是最好的办法。在网络计划的时间优化中，不仅包括增加资源缩短工期，还可以通过调整工作的组织措施来实现。其优化的方法与调整规则通常包括但不限于以下五个方面。

（1）将顺序作业（FS）调整为搭接作业。在多个作业活动进行顺序（FS 关系）施工的同时，若紧前工作的部分完成后就开始进行其紧后工作，那么，对于这种作业活动就可以将各工作分别划分成若干个流水段，组织流水作业可以明显缩短工期。即前一道工序尚未完全完成时就提前介入后一道作业的施工，即采用搭接作业的方式（在两道作业之间添加负的作业延时），以确保前后工序在不同的流水段上平行作业，在保证满足必要的施工工作面的条件下，流水段分得越细，前后工序投入施工的时间间隔（流水步距）越小，施工的搭接程度越高，总工期就越短。

（2）对工程项目进行合理排序。如果一个施工项目可以分成若干个流水段，每个流水段都要经过相同的若干道工序，每道工序在各个流水段上的施工时间又不完全相同，如何选择合理的流水顺序就是一个很有意义的问题。因为由施工工艺决定的工作顺序是不可改变的，但哪个流水段在前、哪个流水段在后的流水顺序却是可以改变的，不同的流水顺序总工期会有所不同，我们可以通过多方案比较找出其总工期最短的最优流水次序。

（3）对非关键工序采取延迟开始或延长其作业持续时间。假定现有两项工作（设备基础 A 与厂房 B）平行作业进行施工，A 为非关键工作（有 10 天浮时），完成 A 作业计划需 18 天，B 为关键工作，完成 B 作业计划需 20 天。若规定 B 作业的工期只有 16 天，为了加快关键工作 B，可以采用延长非关键工作的持续时间，而将原分配给 A 作业的人力、物力调到关键工作 B 上去，以达到压缩关键工作持续时间、缩短工期的目的。即把关键工作 B 的作业工期由 20 天缩短到 16 天，这时还可以把 A 工作的持续时间延长（最大限度可延长为 28 天工期），但不影响整个计划的完工。

（4）采取从计划外调集增加资源的方式。因为项目进度计划的总工期是由关键线路的时间长度决定的。因此，要缩短计划工期，必须压缩关键线路，即选择关键线路上的某些有可能缩短施工时间的工序，通过增加资源投入等方法来达到压缩工期的目的。此方法是在不影响其现有作业工作计划安排的基础上额外增加资源调集来达到缩短工期的目的，其弊端是将会增加项目实际成本。

（5）采取对项目长工期作业活动的进一步分解。项目施工活动作业计划在进行时间的优化过程中，对于一些关键作业活动常用进一步将其细分的方法，以便重点加强监督与协调，达到缩短实施工期，满足计划目标之目的。

6. 目标计划的管理维护规则

经过审核确认后的项目进度计划（内容通常包括作业内容、WBS、工程量及相关消耗资源加载、作业代码及工期、逻辑关系、限制条件、作业分类码等），需要作为目标计划进行保存，这是项目各参与方对计划进度控制目标协商一致、共同认可的结果性文件。将全面优化、切实可行的项目计划作为项目控制管理的目标计划，是项目实施目标管理的基础，也是项目各参与方今后计划与进度更新工作开展、责任监控的依据。

如果项目的进度计划安排在时间上看似满足要求，但与此进度安排相适应的资源费用需求（施工强度）超出力所能及的范围，这样的项目计划实际上难以指导生产，会存在很大的进度滞后和费用超支的风险；更不能完全保证项目在满足时间要求的情况下，也能满足费用上的控制要求。因此，目标计划应是综合了时间、资源强度、费用能力等各方面要素都相对可行的项目执行计划安排。

还需要指出的是，即使计划在进度、资源、费用上满足要求，所拟定的施工安排是否发挥了资源费用的最大效能？工程的竣工日期是否有可能提前？是否有更好的施工方案？所有这些都需要通过对项目计划进行深入分析、优化予以解答。即计划的分析不是仅在计划编制时进行，在项目管理过程中更多的是对更新的进度计划参照目标计划进行分析比较，依据保存的项目目标计划来动态监控项目的执行情况。

将全面、切实可行、优化的计划作为项目控制管理的目标计划，是项目实施目标管理的基础。只有这样，项目的目标管理才不会仅仅停留在一些大的控制点和一些定性指标上，项目的目标管理才会更加真实有效。由于有了目标计划（业主和承包商各自认可的控制计划），就可以方便地将现行进度与目标计划进行多层次、多方面的分析比较，从而对造成里程碑点（控制点）和指标差异的原因进行深入分析，找出工程症结所在，并为下一步的计划调整提供依据。在项目管理系统中，可随时将工程的实际进展情况与目标计划要求进行全面比较，以确定当前实际进展与目标计划的差异，逐步纠偏，使得工程始终围绕目标计划来开展，从而更好地控制进度与管理工程。建立项目控制的目标计划（也称基线计划），也是项目在执行过程中计算赢得值的依据。所以，维护项目目标计划是项目管理层与执行层需要共同坚守的规则。

7. 目标计划的调整与更新规则

项目一旦进入实施阶段，及时地进行进度更新是极为重要的。因为有很多因素可导致实际情况与计划产生偏差（进度、资源、费用等），所以必须对项目进展及时更新，以便及时了解与采取措施控制项目的偏差情况。

创建目标计划在工程初期至少要做一次。在工程的进展过程中根据需要也可创建过程的目标计划。通常目标 1 为工程初期创立的目标计划，目标 2 为工程实施过程中根据上一期的进展情况而预测了未来，为了监控未来而建立的“近期”目标计划。现行计划与目标 1 的比较可以发现工程进展与原定目标的差异，即累计情况的好坏；而现行计划与目标 2 的比较主要用于发现工程的相对进展情况，即“近期”现行计划过去一期的好坏。如果工程实际进展与原定目标滞后较大，通过现行计划与目标 2 的比较就能发觉“赶工”的成效，从而进一步确立工作信心，让偏离目标计划 2 的计划作业活动工期与时间得到进一步的修正。

目标计划在项目实施过程中若无重大工程事件，一般不做变动；依据实际情况如果需要调整的，必须遵循项目制定的进度管控流程和规则开展；项目主管领导审核、批准通过后方可调整，最终实现项目的进度控制目标。

8．项目进度反馈与控制分析规则

项目进度的有效控制不仅需要建立目标计划，还需要对建立的目标计划进行实时有效的进展监控。其最有效而快捷的方式是通过项目管理系统来不断进行有关进度数据的跟踪反馈，让系统实时（或定期）给出项目进度执行情况的监控结果指标，以满足项目目标计划的进度分析比较，从而更有效地指导项目进度控制目标的实现。

在项目执行过程中，为规范项目进度数据的及时反馈及周期报告的编制，保证项目数据能够及时、准确、全面地反映项目进度各方面的信息，为项目管理层采取有效的管理措施提供充分的分析依据，其最基础的工作内容就是对项目进度数据的及时采集、反馈与更新。详细作业活动的进度反馈是底层基础数据，其相关进度数据必须进行定期（每周或每月）盘点与跟踪，完整记录作业活动的整个进展情况，以保证项目管理系统数据库中相关的数据得到及时、准确、全面的更新，如实反映作业的实际进展情况，以达到管理层与作业层之间的及时沟通与协调，促进工程顺利开展。定期（每周/每月）盘点与跟踪的具体内容及规则如下：

◎ 获取周期反馈相关作业计划活动内容；
◎ 重新确认计划周期范围内作业的尚需时间（或者期望完成日期）；
◎ 输入已实际开始（或实际完成）作业的实际日期；
◎ 输入作业实际完成百分比（或者工程量百分比、工期百分比，按进度检测办法而定）；
◎ 输入作业实际完成工程量或资源情况等。

在项目管理系统中输入上述基本数据后，提交相关审批流程进行数据的确认审批（例如，工程建设项目领域该数据的审批流程通常为：承包商—监理—业主），以保证数据的真实有效性。该数据需要每周或每月盘点更新一次，以反映各承包商完成过去一周（或一月）项目计划作业活动的实际进展情况。

项目进度控制是一个不断进行的动态控制，也是一个循环进行的过程。实际进度按照计划进度进行时，两者相吻合；当实际进度与计划进度不一致时，便产生超前或落后的偏差。分析偏差的原因，采取相应的措施，调整原来计划，使两者在新的起点上重合，继续按其进行项目活动，并且尽量发挥组织管理的作用，使实际工作按计划进行。但是在新的干扰因素作用下，又会产生新的偏差，项目进度计划控制就是采用这种动态循环的控制方法，不断进行周期反馈、对比分析。其分析的主要内容及规则包括但不限于以下几个方面：

◎ 分析进度偏差的工作是否为关键作业。若出现偏差的工作为关键作业，则无论偏差大小，都对后续工作及总工期产生影响，必须采取相应的调整措施；若出现偏差的工作为非关键作业，需要根据偏差值与总时差和自由时差的大小关系，确定对后续工作和总工期的影响程度。

◎ 分析进度偏差是否大于总时差。若某工作的进度偏差大于该工作的总时差，说明此偏差必将影响后续工作和总工期，必须采取相应的调整措施；若某工作的进度偏差小于或等于该工作的总时差，说明此偏差虽对总工期暂无影响，但它对后续工作可能产生影响，其影响程度需要根据比较偏差与自由时差的情况来确定。

◎ 分析进度偏差是否大于自由时差。若某工作的进度偏差大于该工作的自由时差，说明此偏差对后续工作产生影响，应该如何调整，应根据后续工作允许影响的程度而定；若某工作的进度偏差小于或等于该工作的自由时差，则说明此偏差对后续工作无影响，因此，原进度计划可以不做调整。

◎ 分析当前总体进展出现的偏差对目标计划的影响程度，是否需要采取相关追赶计划的措施等。

为保证项目工期的正点运行，除设计图纸、设备、资金应有保证外，还应该有相应的施工组织措施保障。此外，对与进度目标有直接关联的重大节点，要重点跟踪检查，发现问题及时分析原因并找出对策。必要时，还可以采用一定的经济考核手段如设立关键节点奖惩等，促进关键节点按时实现。在工期控制中应重点做好统计信息工作，以便检查控制的效果，统计工作要对工程建设过程中的各种信息进行实时统计，并在编制统计目标报告时进行分析，以作为项目管理者对项目指挥、决策之参考，其具体内容和相关报告参数可由项目进度报告编制的细则来规范。

第 5 章 进度管控的数字化应用实现

5.1 基本管控应用

5.1.1 计划编制

1．项目定义

（1）项目定义相关资料。项目定义，是对项目管理目标和管理要求的正式确认，是项目团队开展后续各项工作的依据和统一规定，也是项目上级主管机构对项目团队进行绩效考评的依据。

项目定义依据的资料主要包括：

◎ 项目立项阶段，项目上级主管机构所确立的项目目标；
◎ 在项目目标之外，项目上级主管机构所提出的其他项目管理要求；
◎ 基于项目上级主管机构所明确的项目目标和管理要求，项目管理团队所制定的规范项目管理工作的各项规定。

（2）项目定义的主要内容。项目定义的内容比较多，可以包括进度、质量、安全、成本等多个方面，就进度管控而言，主要有：

◎ 为统一项目管理各环节的沟通与交流而需明确的内容，如项目代码、项目名称、项目进度管控组织机构及职责分工、项目主要干系人及沟通协调机制等；
◎ 项目进度管控目标：项目开始日期、项目完工日期、主要的里程碑节点日期、需要特别关注的项目内外部限制条件或要求；
◎ 项目工作制度：项目中可能用到的各种工作日历、软件或工具设置工作日历等。

2．创建项目过程

在正式立项之后，项目上级主管机构会以适当形式任命项目主要管理人员、明确项目管理目标；项目负责人将据此组建项目管理团队、制定相关管理规定，并组织召开项目开工会议，标识项目工作正式全面启动。

运用进度管控系统平台，在适当的企业项目分解结构（EPS）项下，创建项目并初始化相关信息。通过 EPS 结构化的数据规则，可以方便后续众多项目的管理与进一步的数据集成，如图 5-1 所示。

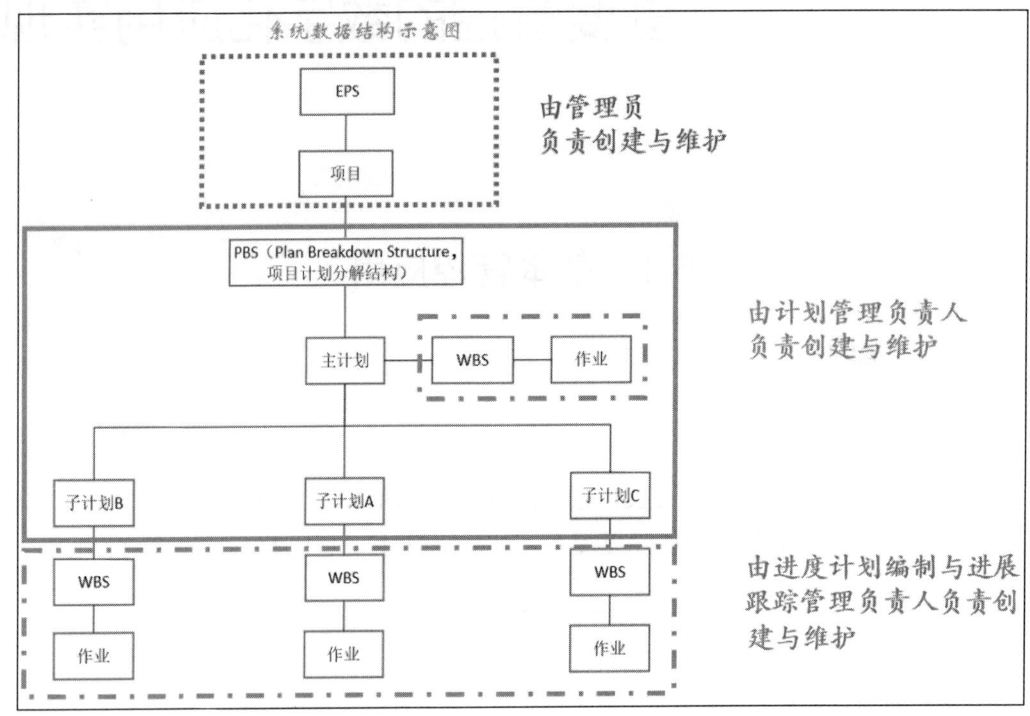

图 5-1 企业项目结构

（1）创建或选择 EPS。EPS 定义如图 5-2 所示。

主页 › EPS定义

+新增 删除 编辑 查看 刷新 上移 下移 左移 右移

	编码	名称
1	shPower	上海普华科技
2	E01	上海总部
3	A01	核心技术研发
4	A02	核心产品研发
5	E02	北京分公司
6	B01	石油化工行业
7	201	建设单位项目管理信息系统
8	202	工程公司项目管理信息系统
9	203	设计院项目管理信息系统
10	204	施工企业项目管理信息系统
11	B02	交通运输行业
12	B03	建筑行业

图 5-2 EPS 定义

（2）在 EPS 项下创建项目，设定项目主要信息：项目代码、项目名称；计划开始日期、要求完成日期；选择项目默认日历等。如图 5-3 所示。此处录入的计划开始和计划完成日期，会作为 CPM 进度计算的起止日期。

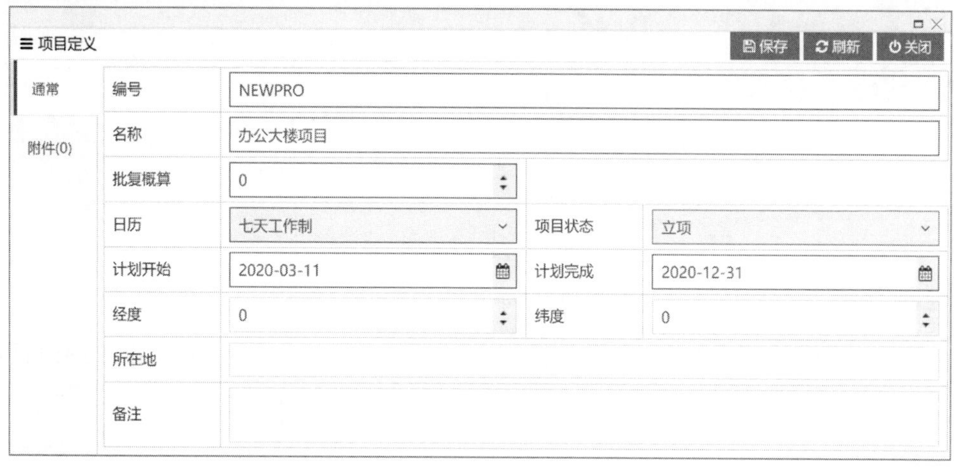

图 5-3　项目定义

（3）创建项目工作日历（创建完毕，即可在项目定义时调用）。

1）新增可用于多个项目的各类工作日历，如图 5-4 所示。

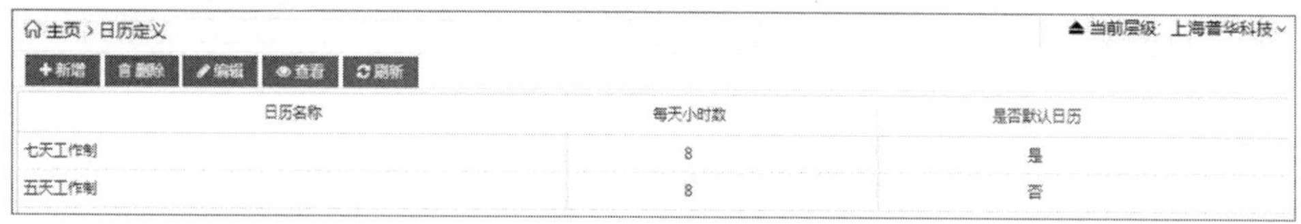

图 5-4　日历定义

2）为日历定义工作日，如图 5-5 所示。

图 5-5　工作日定义

3）为日历定义特定的非工作日，如图 5-6 所示。

≡ 日历定义　　保存　关闭

基本信息　日历设置　例外日期

+ 新增　删除

	特殊时间 △	是否工作
1	20181001	非工作日
2	20181002	非工作日
3	20181003	非工作日
4	20181004	非工作日
5	20181005	非工作日
6	20181006	非工作日
7	20181007	非工作日
8	20181008	工作日

图 5-6　特定工作日定义（1）

4）图 5-7 中，在五天工作制日历基础上，定义了一个周一为非工作日的四天工作日历。

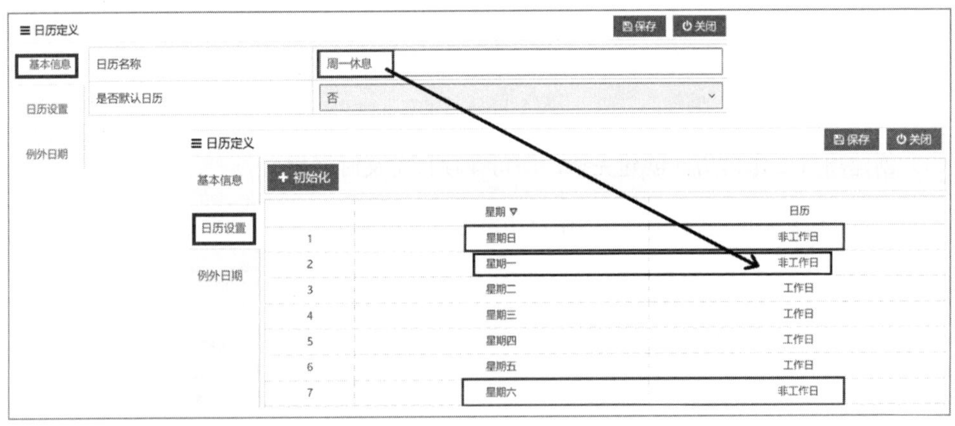

图 5-7　特定工作日定义（2）

3．关键点与注意事项

项目定义过程中确认的项目信息要与制定或发布的规定和要求一致，不能杜撰，而是依据与相关方所签订的项目合同，或者来自项目上级主管机构所发布的文件和指令。这些重要信息经项目组收集、整理后，在正式发布实施前还需提交项目上级进行确认与批准。

在实际工作中，相关信息可能来自多个渠道，甚至互有矛盾，更可能随着项目进展多次变更。所以，此项工作的难点，是需要从众多的项目资料中梳理出正式、全面、准确的相关信息，并在整理后提交权威的管理层级进行确认批准，以确保最终定稿信息的准确性。对于后续可能出现的变更，应有足够的敏感性，并做及时的跟进处置。

4．WBS 编制

常用的 WBS 编制技术与方法，主要有两个。

一是借助专家判断，合理规划分解方法与内容。即收集或征求具备类似项目知识或经验的个人或小组的意见。这种方法是基于相关应用领域、知识领域、学科和行业等的专业知识，而做出的对当前 WBS 内容和分解策略的合理判断。这些专业知识，可以来自具有专业学历、知识、技能、经验或培训经历的任何小组或个人。

二是采用分解的技术。分解，是一种将项目范围和项目可交付成果逐步划分为更小、更便于管理的组成部分的技术，使可交付成果或组件分解为最基本的组成部分，即可核实的产品、服务或成果。WBS 可以采用提纲式、组织结构图或能说明层级结构的其他形式。

WBS 各分支上的最末一个节点称为“工作包”。工作包的详细程度，会因项目的规模和复杂程度不同，而有较大差异。不同的可交付成果可以分解到不同的层次，某些可交付成果只需分解到下一层，即可到达工作包的层次，而另一些则须分解更多层。

工作分解得越细致，对工作的规划、管理和控制就越有力。但是，过细的分解也会造成管理层的额外负担。综合考虑了管理精细化要求和实际管理能力的适度 WBS 细度为最佳。

要将整个项目工作分解为工作包，通常需要开展以下活动：

◎ 识别和分析可交付成果及相关工作；
◎ 确定 WBS 的结构和编排方法；
◎ 自上而下逐层细化分解；
◎ 为 WBS 组成部分制定和分配标识编码；
◎ 核实可交付成果分解的程度是否恰当。

WBS 包含了全部的产品和项目工作，也应包括项目管理工作。通过将 WBS 底层的所有工作逐层向上汇总，确保既没有遗漏的工作，也没有多余的工作，即 100% 规则。

对一些因当前信息不足需待未来才能确认的可交付成果或组件，当前可能无法分解，可待项目管理团队对该部分可交付成果或组成部分达成一致意见后再制定该部分 WBS 的相应细节，即采取滚动式修订的策略。

（1）WBS 成果文档（WBS 结构与工作包说明）。分解的成果，是直至最底层工作包的结构化工作范围，以及经过批准的范围说明书、WBS 和相应的 WBS 词典。

1）项目范围说明书。项目范围说明书是对项目范围、主要可交付成果、假设条件和制约因素的描述。它记录了整个项目的工作范围，包括：

◎ 项目和产品范围；
◎ 详细描述的项目可交付成果；
◎ 项目相关方之间就项目范围所达成的共识。

为便于管理相关方的期望，在项目范围说明书中，可以明确指出哪些工作不属项目工作范围。

项目范围说明书，能使项目团队进行更详细的规划、指导或纠偏团队执行过程，并在出现变更或额外工作时为确认是否超过项目边界提供基准。

项目范围说明书描述要做和不要做的工作的详细程度，决定着项目管理团队控制整个项目范围的有效程度。项目范围说明书也是对范围组成部分的详细描述，这些组成部分可能需要在项目过程中渐进明细。具体包括以下内容（可直接列出或作为参引文件）：

◎ 产品范围描述：将项目章程和需求文件中所述的产品、服务或成果的范围特征进行进一步明确与细化的文件。

◎ 可交付成果列表：为完成某一过程、阶段或整个项目而必须产出的任何独特并可核实的产品、成果或服务能力。可交付成果也包括各种辅助成果，如项目管理报告和文件。

◎ 验收标准说明：对可交付成果通过验收所必须满足的一系列条件予以说明的文件。

◎ 项目的除外责任：识别排除在项目之外的内容。明确说明哪些内容不属于项目范围，有助于管理相关方的期望及减少范围蔓延。

2）WBS 与 WBS 词典。WBS 是指某一项目团队为实现项目目标、创建所需可交付成果而形成的全部工作范围的层级分解。而 WBS 词典，是“模板”的意思，指一套能起基础标准作用的 WBS 组件。做得好的 WBS 词典，不但包含详细描述的项目结构分解，还包括可交付成果列表、历史进度与成本信息的内容。WBS 词典对项目 WBS 提供引用支持的作用。WBS 词典的大部分信息在过程中积累创建，并逐步添加到词典中。WBS 词典中的内容可能包括（但不限于）：

◎ 账户编码标识；

◎ 工作描述；

◎ 假设条件和制约因素；

◎ 负责的组织；

◎ 进度里程碑；

◎ 相关的进度活动；

◎ 所需资源；

◎ 成本估算；

◎ 质量要求；

◎ 验收标准；

◎ 技术参考文献；

◎ 协议信息。

（2）关键点与注意事项。

1）分解方式的非唯一性。例如，工程领域的 EPC 总承包项目，第一层为项目阶段（设计、采购、施工、开车），第二层为单项工程（对带有施工工作的工程建设项目，各行业都有健全的行业施工质量管理规定，其中对单项工程、单位工程、单元工程的分类都有详尽的规定，在 WBS 分解过程中可以直接参照引用），不同的项目，可能采取不同的做法（比如，将第一层与第二层互换）。

2）分解层级的权衡。分解得越细，在后续的管理过程中，就需要投入相应的管理资源去加载、跟踪并监控相关节点和维护相关信息，而越往底层，所耗费的管理资源甚至会以几何级数增长，所以需要特别关注所分解层级与细度的必要性。

3）分解过程的沟通。仍以工程领域的 EPC 总承包项目为例，如果第一层按项目阶段划分，设计、采购、施工、开车相对独立，便于不同的承包商或项目部门的内部管理，比较容易得到相关人员的认同。

但如果项目必须采用按单项工程进行建设与验收的方式，就需要将单项工程（如 1#机组、2#机组、公用工程等）作为 WBS 的第一级。这样，项目阶段只能作为第二层，而且每个单项工程项下都会有阶段性工作的接口，无疑会增加相关工作的不便和管理工作量。因此，加强沟通以达成团队认同十分重要。

5.1.2　作业定义

WBS 编制，只是对项目工作范围进行了层级化的分解，可以当作为管理需要而组织的框架架构，其最底层的工作包对应的是项目交付成果，并非具体的项目活动。作业，才是为完成项目可交付成果所必须开展的具体的项目活动。作业定义，是对项目活动内容进行识别并予以记录的过程。作业定义的方式，是在 WBS 编制阶段形成的工作包基础上，对完成工作包所需开展的活动所进行的进一步分解。

1. 作业定义内容

（1）作业定义的工作成果。作业定义的成果是作业清单，其中列明为完成项目目标所需开展的各项进度活动（作业）。这些作业，将成为对项目工作进行工期估算、计划编排、工作部署、监督和控制的基础。

作业清单中，最好还应包括作业的标识代码与工作范围描述，以及紧前/紧后作业、逻辑关系及提前/滞后量、资源需求、强制日期、制约因素和假设条件等，使项目团队成员清楚知道所需要完成的工作内容及相关信息。这些信息可能随着项目推进过程需要维护与更新。

（2）作业代码。作业代码是作业的标识码，在整个项目中是唯一的。可用于信息检索、数据关联等。

常见的项目进度管控工具软件，通常都支持较长位数的作业代码。因此，在设定作业代码时，可以考虑一定的编码规则，以便相关人员根据作业代码就能大概知晓该作业对应于哪个环节。

比如，一项作业，其代码为 C B1 11 12 13 0010，其中：

“C”代表施工；

“B1”代表 B1 施工标段；

“11”代表单项工程；

“12”代表单位工程；

“13”代表单元工程；

“0010”为作业流水号。

（3）作业名称，即对作业的说明，以文字简洁、含义清晰、不易误解为宜。

（4）作业类型。作业类型有以下几个。

1）任务作业。常规的项目作业，其类型为“任务作业”。任务作业，工期是大于 0 的数字。

2）里程碑作业。在有些项目进度计划中，为显示一些重要的时间节点，会设置一些“里程碑作业”；这些作业并不是具体的活动，只是一个标志性节点，没有工期，即工期为 0。

在工具软件中，对这些作业，只要将其作业类型设置为“里程碑作业”，则其工期自动会变成 0；反之，如果是非里程碑作业，则其工期是无法改为 0 的。

里程碑作业，可以是只有开始日期的开始里程碑，或者是只有完成日期的完成里程碑。

3）WBS 作业。WBS 作业，是将一系列 WBS 码值相同或与该码值同一分支码值较小的作业用一项 WBS 作业来表达。WBS 作业与串集作业功能类似，只是不用连接逻辑关系，但要求作业有 WBS 编码。（注：也可以理解为 WBS 作业将同一分支项下的多个作业在时间轴上进行了合并后形成一种汇总性作业。但是这种汇总只是时间上的重叠性汇总，如果被汇总的作业中存在“工期百分比不关联进度的”，也即“进度与时间不一定成正比”的情况，则 WBS 作业的进度百分比与各项作业的真正汇总起来的进度百分比会不一样。这是很多工具容易误导的地方，需十分注意。）

4）独立式作业。有的时候，对于一道作业可能需要用到多个驱控资源，各个资源可以单独进行工作，只有每个资源都完成所需的时间了，该项作业才可完成。通俗的表达是指作业的工期长短是由这些驱控资源何时投入这项作业中所决定的。这种作业类型通常被称为独立式作业。例如，某设备安装工作中，机械工种的劳动力投入与电气工种的劳动力投入决定了该作业所需的作业工期，由于工作性质，并不要求两个工种同时工作，只要完成各自所需的时间即可。另外，两个工种的作息时间也可不相同。可以将该作业的类型设为独立式作业，这样在进度计算时就会考虑不同的作业性质、作业日历、资源日历，给作业做出一个合理的工期安排。

5）配合作业。配合作业通常用于依赖于其他作业的正在进行的任务，其工期由它的紧前作业和后续作业决定，其逻辑关系连接为开始—开始（SS）与完成—完成（FF）。同时不可以加限制条件或进行资源平衡。

（5）作业工期估算。

1）工期估算的技术与方法。

a.专家判断。通过征求专家意见或接受过相关培训的个人或小组的意见确定工期。

b.类比估算。类比相似活动或项目的历史数据，来估算当前活动或项目所需工期的方法。类比估算，可以针对整个项目或项目中的某个部分进行，也可与其他估算方法配合使用。

c.参数估算。参数估算是一种基于历史数据和项目参数，使用某种算法来计算工期的估算技术。其依据是历史统计数据显示，类似作业或项目的工期，与某些参数存在一定关联关系，可延伸为基于这些参数推导新的作业或项目工期的方法。参数估算的准确性，取决于参数模型的成熟度和基础数据的可靠性。参数估算，可以针对整个项目，也可以只针对项目中的某个部分，还可以与其他估算方法联合使用。

d.三点估算。三点估算，是考虑到估算中的不确定性和风险，采取以多种情景下的估算值进行加权处理后，作为最终估算值的一种方法。

常见的三点估算法包括：

三角分布时，估算工期 $tE=（t_O+t_M+t_P）/3$，

或者 β 分布时，估算工期 $tE=（t_O+4t_M+t_P）/6$。

式中，t_M 指最可能工期；t_O 指最乐观工期；t_P 指最悲观工期。

e.自下而上估算。自下而上估算，也是一种估算工期的方法，通过从下到上逐层汇总 WBS 组成部分的估算而得到整个项目的估算值。如果无法以合理的可信度对活动工期进行估算，则应将活动中的工作进一步细化，以估算具体的工期，然后再向上汇总。

f.数据分析技术。

备选方案分析：用于比较不同的资源能力或技能水平、进度压缩技术及资源使用策略，以便团队综合权衡以确定完成项目工作的最佳工期方案。

应急储备分析：用于确定项目所需的应急储备量和管理储备。在进行工期估算时，要说明是否考虑了应急储备以应对进度方面的不确定性。

应急储备，是包含在进度基准中的一段持续时间，用来应对已经接受的已识别风险。应急储备与已知的未知风险相关，需要加以合理估算，用于完成未知的工作量。应急储备可取活动持续时间估算值的某一百分比或某一固定的时间段，亦可把应急储备从各个活动中剥离出来并

汇总。随着项目信息越来越明确，可以动用、减少或取消应急储备，应该在项目进度文件中清楚地列出何时何处考虑了应急储备的使用。

2）工期估算的注意事项。作业工期估算，是根据作业的可用资源，估算完成其全部工作内容所需工作时间的过程。工期估算，需要结合工作分解与细化一起，并按照以下策略进行：

◎ 按“正常”的人工水平、“正常”的工作时间进行估算，不应按照过高的工作效率和过度的加班措施估算工期；对可能出现的偶发或风险事件，需进行风险识别与风险评估，并按照风险应对策略体现在工期估算之中。

◎ 对每项作业，应进行独立的分析和估算。

◎ 结合项目实际情况，尽可能地参照并采用已经验证过的实际历史数据，宜由职能部门人员或实际参与过相关工作的人员进行估算；对不明确的作业工期，必要时还需按实际情况进行模拟或实测以支持工期估算。

◎ 对工作内容的细度，尤其是底层的工作计划，通常采用“2 周或 14 天”的原则，即每项工作要求细化到能在 2 周内完成。

◎ 工期估算需要结合可使用的资源一起考虑，对关键性的资源，需要在计划中落实其可获取性。

◎ 对特殊作业，必要时还需要进行乐观工期估算（风险大）、最可能工期估算、最悲观工期估算（风险小）。

（6）作业日历。指定作业的工作日历。可供选择的工作日历，在项目定义阶段，集中定义。

（7）作业间逻辑关系。根据作业的特点，作业间的关联性，可按强制性与选择性，以及内部与外部，组合成强制性外部依赖关系、强制性内部依赖关系、选择性外部依赖关系及选择性内部依赖关系四个类别。

在计划编制过程中，可基于这四种类别及其特点，选择合适的作业间逻辑关系：

a.强制性依赖关系（Mandatory dependencies）：又称硬逻辑关系，是法律或合同要求的或工作的内在性质决定的依赖关系，往往与客观限制有关，是必须依照的。

b.选择性依赖关系（Discretionary dependencies）：又称软逻辑关系，基于具体应用领域的最佳实践而建立，尚有可调整余地。

c.外部依赖关系（External dependencies）：是项目活动与非项目活动之间的依赖关系，这些依赖关系通常不在项目团队的控制范围内，类似于客观限制，也需响应。

d.内部依赖关系（Internal dependencies）：是项目活动之间的依赖关系，通常在项目团队的控制之中，可按项目管理需要斟酌落实。

在进度计划编制过程中，作业间逻辑关系的设置极其重要，直接决定了项目计划的合理性和可执行性。作业间的逻辑关系，除了少数为强制性逻辑关系（硬逻辑关系）必须严格执行之外，大多仍属于软逻辑关系。正是这些软逻辑关系，为项目组通过对不同进度安排策略的对比以选择出合理优化的项目进度计划提供了空间和可能。在项目进度计划中，所设置的每一项软逻辑关系，其实都对应着一个进度安排或管理策略，需要有相应的可行性保障措施。

2．里程碑作业定义

作业 A0001——项目启动，其作业类型为开始里程碑，作业工期为 0，只有最早开始与最晚开始日期。如图 5-8 所示。

作业代码	作业名称	原定工期	最早开始时间	最早完成时间	最晚开始时间	最晚完成时间	总浮时	自由浮时
电视剧制作项目		883d	2017-06-01	2019-10-31	2017-06-01	2019-10-31	0d	0d
项目重要里程碑		883d	2017-06-01	2019-10-31	2017-06-01	2019-10-31	0d	0d
A0001	项目启动	0d	2017-06-01		2017-06-01		0d	0d
A0010	项目立项	0d		2017-06-12		2017-06-12	0d	0d
A0020	IP购买合同签订	0d		2017-07-05		2017-07-05	0d	0d
A0030	编剧团队形成	0d		2017-07-17		2017-07-17	0d	0d
A0040	取得《电视剧制作许可证》	0d		2018-01-28		2018-02-14	17d	17d
A0050	制作团队组建完成	0d		2018-02-14		2018-02-14	0d	0d
A0060	发行团队组建完成	0d		2017-11-05		2017-12-31	56d	0d
A0070	作品内部终审成片	0d		2018-12-11		2018-12-11	0d	0d
A0080	取得《电视剧发行许可证》	0d		2019-03-11		2019-03-11	0d	0d
A0090	平台首次播出	0d		2019-04-10		2019-04-10	0d	0d
A0100	项目结案	0d		2019-10-31		2019-10-31	0d	0d

常用　状态　资源　逻辑关系　记事本　步骤　反馈　紧前作业　后续作业

作业代码：A0001　作业名称：项目启动
作业类型：开始里程碑　责任人：　作业日历：七天工作制
WBS：项目重要里程碑

图 5-8　项目开始里程碑

作业 A0010——项目立项，其作业类型为完成里程碑，作业工期同样为 0，只有最早完成与最晚完成日期。如图 5-9 所示。

作业代码	作业名称	原定工期	最早开始时间	最早完成时间	最晚开始时间	最晚完成时间	总浮时	自由浮时
电视剧制作项目		883d	2017-06-01	2019-10-31	2017-06-01	2019-10-31	0d	0d
项目重要里程碑		883d	2017-06-01	2019-10-31	2017-06-01	2019-10-31	0d	0d
A0001	项目启动	0d	2017-06-01		2017-06-01		0d	0d
A0010	项目立项	0d		2017-06-12		2017-06-12	0d	0d
A0020	IP购买合同签订	0d		2017-07-05		2017-07-05	0d	0d
A0030	编剧团队形成	0d		2017-07-17		2017-07-17	0d	0d

常用　状态　资源　逻辑关系　记事本　步骤　反馈　紧前作业　后续作业

作业代码：A0010　作业名称：项目立项
作业类型：完成里程碑　责任人：　作业日历：七天工作制
WBS：项目重要里程碑

图 5-9　项目完成里程碑

在工具软件中，作业类型从作业的详情表中直接选取，选取后，里程碑作业的工期将自动变为0，而网络计划参数需要在进度计算之后才会更新。

3. 创建作业具体步骤

（1）选择包含作业的 WBS，在 WBS 所属项下增加作业。

（2）对新增的作业，录入作业代码、名称、作业类型、工期、紧前和后续作业间的逻辑关系、作业的限制条件等。

（3）录入了以上作业信息之后，选择数据日期，进行进度计算，就能得到初版网络计划，在其基础上优化完善后，即可形成正式的项目进度计划。

创建作业信息如图 5-10 所示。

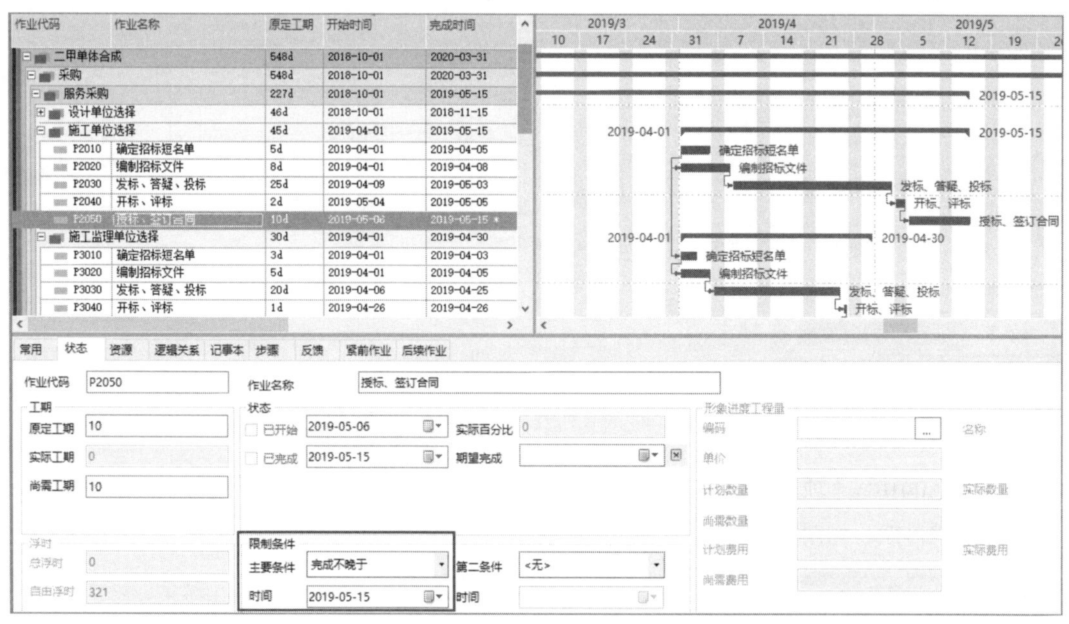

图 5-10　创建作业信息

4. 关键点与注意事项

作业定义工作的重点是细致与严谨，分解方法类似于 WBS 分解，要求“不遗漏、不多余”。

作业颗粒度（细化程度）要根据不同层级计划安排的需要并结合工期估算的便利和准确性综合考虑。工期估算要结合项目实施方案、可用资源、环境条件等因素，并借鉴历史数据或专家经验。

5.1.3　进度安排

1. 逻辑关系检查与使用逻辑跟踪

作业间的逻辑关系直接决定着 CPM 计划网络的计算结果，而作业间的逻辑关系涉及紧前与后续作业，还有不少作业会存在多重逻辑关系；每个逻辑关系都有四种关系类型可选，还有延时值需要录入。录入过程中难免出现数据错误，因此，有必要在进度计算之前进行逻辑关系的检查。

检查可以通过作业的紧前与后续关系的详情表进行核对，如图 5-11 所示。

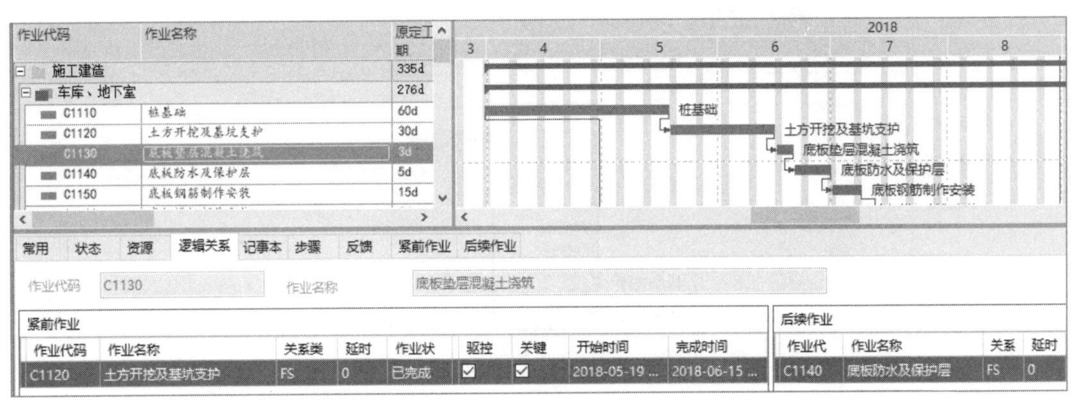

图 5-11　紧前作业和紧后作业

还可以直接通过对逻辑关系的跟踪进行检查，检查过程中发现异常关系，需要手动调整，如图 5-12 所示。

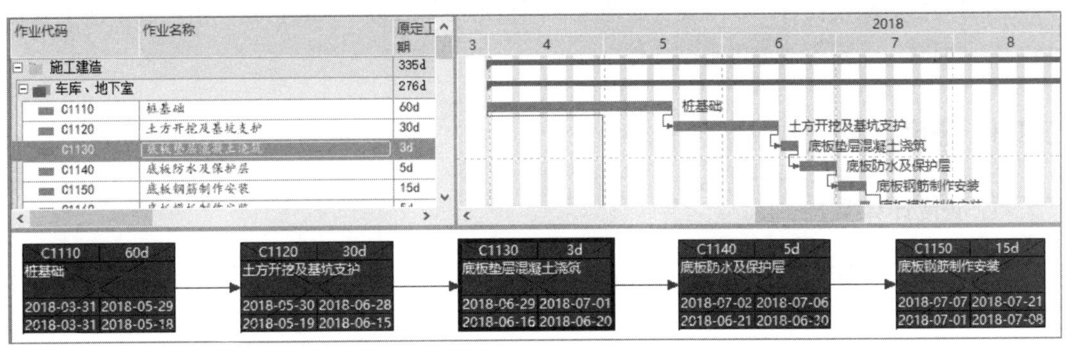

图 5-12　逻辑关系跟踪

2. 作业限制条件类型及使用

在项目进度安排过程中，有些工作可能会因项目要求、外部制约或管理需要，必须在指定的时间点开始或完成，例如：

◎ 一些关键里程碑控制点的时间要求；

◎ 一些采购设备的合同交货日期要求；

◎ 施工标段的工作面移交日期要求；

◎ 根据资金或资源状况，项目团队将一些不太重要的事项做靠后安排等。

这些指定的时点，是项目计划安排时必须优先考虑的限制条件。作业上一旦加载了限制条件，在进行 CPM 计算时“限制条件”会发挥取代计算结果的作用，使指定的时点得以落实。限制条件作用的详细说明请参阅第 2.1.5 节“限制条件的类型与作用”的详细说明。

选择限制条件类型、录入限制日期，如图 5-13 所示。

图 5-13 限制条件类型设置

特别说明：进度安排，尤其是作业间逻辑关系的设置，可能有多种配置方案，而不同的方案对应着不同的进度管理策略，也会导致不同的网络计划计算结果。限制条件的使用重点在于讲究其必要性。通常而言，一定要全面地将合同指定的第三方“接口时点”用限制条件予以表达，与此同时，一定不要滥用限制条件。

5.1.4 进度计算

1. 进度计算操作

进度计算，是指根据作业信息（包括工期、逻辑关系、限制条件、项目开始与完成日期等），按照 CPM 算法，对网络计划进行网络参数计算的过程。关于 CPM 算法原理的详细内容可参阅第 2.1 节“网络计划技术”部分的介绍。

在录入网络计划各作业信息之后，选择数据日期、选择关键路径定义方式，即可进行进度计算，除生成项目计划的各网络参数外，还可对网络计划的内容做出评估报告。如图 5-14 所示。

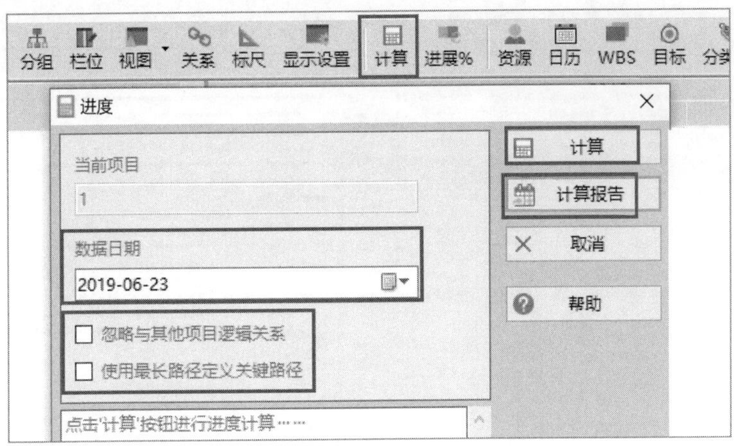

图 5-14　进度计算

2．进度计算成果

对前面的示例，在工具软件中录入作业代码、作业名称、作业工期、作业间逻辑关系之后，经过软件的 CPM 算法计算之后，可以自动得到各作业的六个网络参数，进而得到整个项目的关键路径。软件能提供横道图、概要时标网络图，也可以提供网络图形式，如图 5-15 所示。

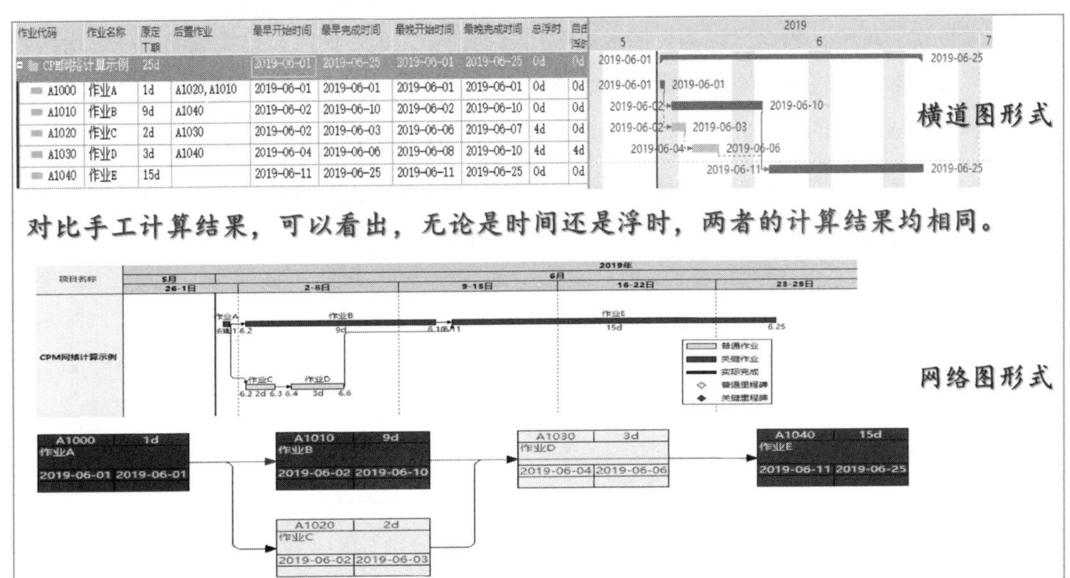

作业代码	作业名称	原定工期	后置作业	最早开始时间	最早完成时间	最晚开始时间	最晚完成时间	总浮时	自由浮时
CPM网络计算示例		25d		2019-06-01	2019-06-25	2019-06-01	2019-06-25	0d	0d
A1000	作业A	1d	A1020, A1010	2019-06-01	2019-06-01	2019-06-01	2019-06-01	0d	0d
A1010	作业B	9d	A1040	2019-06-02	2019-06-10	2019-06-02	2019-06-10	0d	0d
A1020	作业C	2d	A1030	2019-06-02	2019-06-03	2019-06-06	2019-06-07	4d	0d
A1030	作业D	3d	A1040	2019-06-04	2019-06-06	2019-06-08	2019-06-10	4d	4d
A1040	作业E	15d		2019-06-11	2019-06-25	2019-06-11	2019-06-25	0d	0d

图 5-15　不同的网络图样式

通常计划编制成果还可按 WBS 将作业进行分组排列，如图 5-16 所示。

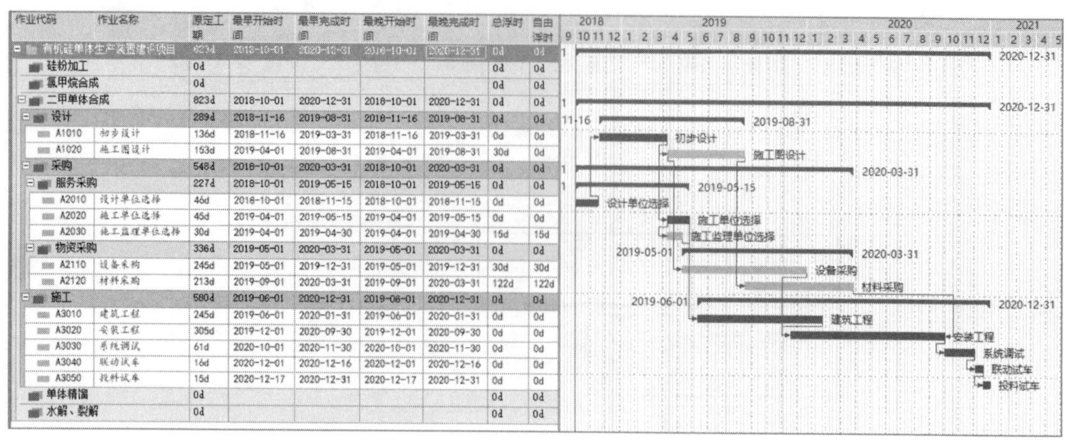

作业代码	作业名称	原定工期	最早开始时间	最早完成时间	最晚开始时间	最晚完成时间	总浮时	自由浮时
有机硅单体生产装置建设项目		823d	2018-10-01	2020-12-31	2018-10-01	2020-12-31	0d	0d
硅粉加工		0d					0d	0d
氯甲烷合成		0d					0d	0d
二甲单体合成		823d	2018-10-01	2020-12-31	2018-10-01	2020-12-31	0d	0d
设计		289d	2018-11-16	2019-08-31	2018-11-16	2019-08-31	0d	0d
A1010	初步设计	136d	2018-11-16	2019-03-31	2018-11-16	2019-03-31	0d	0d
A1020	施工图设计	153d	2019-04-01	2019-08-31	2019-04-01	2019-08-31	30d	0d
采购		548d	2018-10-01	2020-03-31	2018-10-01	2020-03-31	0d	0d
服务采购		227d	2018-10-01	2019-05-15	2018-10-01	2019-05-15	0d	0d
A2010	设计单位选择	46d	2018-10-01	2018-11-15	2018-10-01	2018-11-15	0d	0d
A2020	施工单位选择	45d	2019-04-01	2019-05-15	2019-04-01	2019-05-15	0d	0d
A2030	施工监理单位选择	30d	2019-04-01	2019-04-30	2019-04-01	2019-04-30	15d	15d
物资采购		336d	2019-05-01	2020-03-31	2019-05-01	2020-03-31	0d	0d
A2110	设备采购	245d	2019-05-01	2019-12-31	2019-05-01	2019-12-31	30d	30d
A2120	材料采购	213d	2019-09-01	2020-03-31	2019-09-01	2020-03-31	122d	122d
施工		580d	2019-06-01	2020-12-31	2019-06-01	2020-12-31	0d	0d
A3010	建筑工程	245d	2019-06-01	2020-01-31	2019-06-01	2020-01-31	0d	0d
A3020	安装工程	305d	2019-12-01	2020-09-30	2019-12-01	2020-09-30	0d	0d
A3030	系统调试	61d	2020-10-01	2020-11-30	2020-10-01	2020-11-30	0d	0d
A3040	联动试车	16d	2020-12-01	2020-12-16	2020-12-01	2020-12-16	0d	0d
A3050	投料试车	15d	2020-12-17	2020-12-31	2020-12-17	2020-12-31	0d	0d
单体精馏		0d					0d	0d
水解、裂解		0d					0d	0d

图 5-16 作业分组排列

3. 进度计算设置

（1）在进度计算中，数据日期是安排进度计划的起点日期。对有进展的项目进行进度计算之前，需要明确“数据日期”，以便让软件知晓“进度”与“计划”的分水岭。

在计划编制阶段，项目各项工作还没有开始，数据日期是整个项目的计划开始日期。

在项目实施阶段，数据日期为反馈数据截止日期的第二天。此时，已完成的工作，均按照实际进展数据显示其进度状态；而尚未开始或尚未完成的工作，则按照反馈数据（计算出尚需工期）、未完成工作的逻辑关系及数据日期重新进行后续进度计划的计算。

计算时可选择是否考虑来自其他项目的逻辑关系；可选择关键路径仅是最长路径还是浮时小于等于 0 的路径全标识为关键路径。如图 5-17、图 5-18 所示。

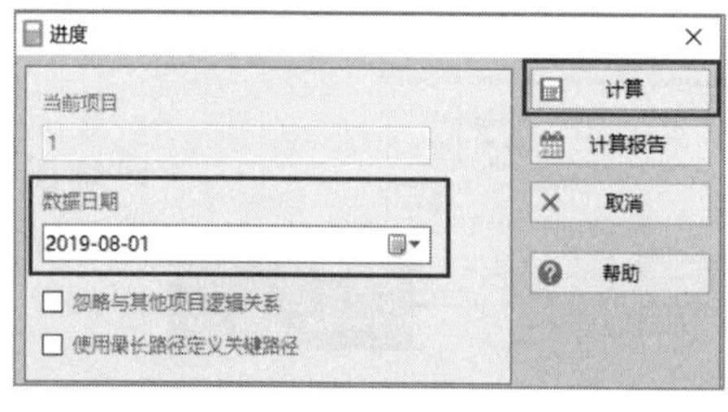

图 5-17 设置计算数据日期

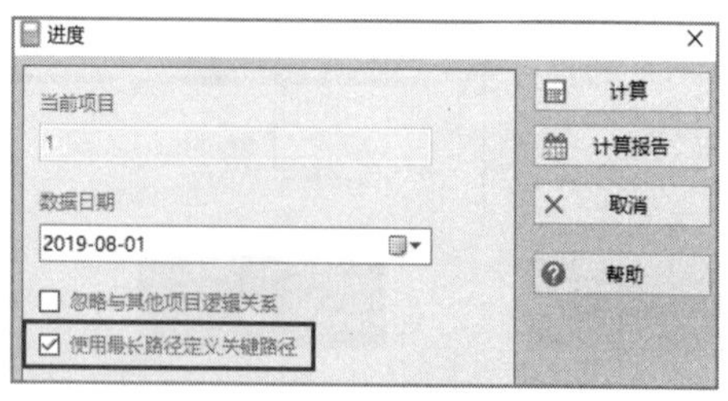

图 5-18 定义关键路径

（2）进度计算报告解读。目前，一些比较先进的工具软件，提供对 CPM 网络计划编制规范性的评估功能，在其生成的进度计算报告中，对一些体现计划编制质量的指标进行检查并给出评价意见。

1）总体情况，如图 5-19 所示。

CPM应用规范性评估报告	
概况	
数据日期	2018-08-31 00:00
预计完工日期	2019-09-30 16:00
总工期	852.00天
作业数量	60
平均工期	45.13天
逻辑关系数量	85
逻辑关系数量/作业数量	1.42
日历数量	1
最小总浮时	0.00天
最大自由浮时	40.00天

图 5-19　CPM 应用规范评估

2）开口作业和限制条件，如图 5-20 所示。

开口作业和限制条件	
开口作业数量	2
开口作业数量/作业数量	0.03
开口作业列表	
M0110	立项启动
M0250	项目结案
限制条件数量	0
限制条件数量/作业数量	0.00
设置限制条件的作业列表	
强制限制条件类型警告：强制限制条件类型应该谨慎使用。	
强制开始限制作业列表	
强制完成限制作业列表	
尽可能晚限制作业列表	

图 5-20　开口作业和限制条件

一个项目，正常情况下，都会有两个开口作业，即开工节点与完工节点。除此之外的其他作业，都应该有紧前和后续作业。

在一个计划中，如果多于两个开口作业，以及逻辑关系数量与作业数量之比小于 1，都需要进行核查。

3）项目最长路径与关键路径。正常的项目计划，不大可能所有作业的时差都相同，因此都会有最长路径，报告能列出路径内各作业的详细清单。如图 5-21 所示的示例中，最长路径的总浮时为零，与关键路径一致。

4）工期与延时分析。对执行级计划，通常会要求其作业工期在 1～2 周之内。虽然，顶层的宏观性总体计划不受此限，但过长的工期，无疑意味着较大的不确定性。

对计划内各作业工期值的统计，能为计划的可执行性判断提供一些参考，如图 5-22 所示。

5）总体评价。对计划中关键路径、开口作业、限制条件及逻辑关系数量等，进行总体评价，如图 5-23 所示。

（3）网络回路消除。网络回路，是指一项活动沿着网络逻辑的后续活动不断延伸，却又回到了自身的一种网络逻辑关系循环。一旦遇到逻辑网络回路，进度计算过程将无法继续，需要预先排除。所以，在进度计算之前，需要排除网络回路。

关键性	
最长路径	
M0110	立项启动
M0170	取得施工许可证
M0250	项目结案
D0110	组建项目团队
D0120	目标地块开发前景研究评估
D0130	可行性研究报告编制及评审
D0140	制订地块竞投策略
L0130	申领建筑工程施工许可证
P0110	设计单位招标选择
P0120	建筑工程施工招标
E0110	修建性详细规划
E0120	初步设计
E0130	初步设计审批
E0140	施工图设计
C0110	场地三通一平
C0120	车库、地下室
C0140	1#楼
C0220	综合验收交付
S0150	项目总结评估报告
关键路径（总浮时小于等于零的作业）	
M0110	立项启动
M0170	取得施工许可证
M0250	项目结案
D0110	组建项目团队
D0120	目标地块开发前景研究评估
D0130	可行性研究报告编制及评审
D0140	制订地块竞投策略
L0130	申领建筑工程施工许可证
P0110	设计单位招标选择
P0120	建筑工程施工招标
E0110	修建性详细规划
E0120	初步设计
E0130	初步设计审批
E0140	施工图设计
C0110	场地三通一平
C0120	车库、地下室
C0140	1#楼
C0220	综合验收交付
S0150	项目总结评估报告

图 5-21　最长路径和关键路径

工期和延时分析			
作业数量	60	延时数量	26
最长工期	305.00天	最长延时	180.00天
最短工期（除里程碑作业以外）	2.00天	最短延时	5.00天
平均工期	45.13天	平均延时	50.23天
工期标准差	70.38天		
工期大于2倍标准差的作业数量	6	延时大于平均工期的数量	9
工期大于28天的作业数量	28	延时大于28天的数量	13

图 5-22　工期和延时分析

CPM合规性报告	
是否存在最长路径	是
原则上讲，每个项目都有至少一条"从开工到完工逻辑关系贯通的"最长路径。发现本计划存在最长路径，这方面通过了CPM应用核查！	
最长路径是否关键路径	是
原则上讲，一个计划的关键路径可以有多条，但是无论如何，最长路径一定是其中一条关键路径。发现本计划最长路径是关键路径，这方面通过了CPM应用核查！	
开口作业和开尾作业的限制条件是否合规	是
一个CPM网络计划，原则上讲，应只有一个开口作业和一个开尾作业，而且它们往往就是开工里程碑作业和完工里程碑作业。诚然，商业软件现在都允许将多个中间的开口或开尾作业编入到计划中，以对应合同的中间日期、其他承包商最迟交付工作面日期、最迟到货日期等等情形，但是，这些中间开口或开尾作业编入计划时，必须采用适当的限制条件予以限制，否则会与CPM应用的初衷相悖。 通常情况下，只要对开口作业设置"开工不早于"限制条件，对开尾作业设置"完工不迟于"限制条件，就可满足绝大部分应用场景的要求。	
发现本项目计划采用了如下非常用限制条件，请予以核查，如非绝对必要，建议删除或用改用其他合适的限制条件。	
逻辑关系数量与作业数量之比	1.42

图 5-23　CPM 合规性报告

进度管理软件通常都可以自动检查并反馈网络计划中存在的网络回路，如图 5-24 所示。对检查出的网络回路，需要人工手动消除，删除导致回路的多余逻辑关系即可。

网络回路

进度计算不能正常进行，存在回路，请检查作业数据并解决回路问题

回路数据

计划名称	作业代码	作业名称
回路：1		
KT01型空调产品研制	A0010	新产品研制立项
KT01型空调产品研制	A2110	产品方案设计
KT01型空调产品研制	A2120	热力学模型样机设计
KT01型空调产品研制	A2130	方案设计评审
KT01型空调产品研制	A1000	新产品概念设计方案
KT01型空调产品研制	A1010	新产品研制计划书
KT01型空调产品研制	A1020	新产品研制立项评审
KT01型空调产品研制	A0010	新产品研制立项
回路：2		
KT01型空调产品研制	A0020	方案设计评审通过
KT01型空调产品研制	A2210	产品技术设计
KT01型空调产品研制	A2120	热力学模型样机设计
KT01型空调产品研制	A2130	方案设计评审
KT01型空调产品研制	A0020	方案设计评审通过

图 5-24 作业回路消除

（4）关键点与注意事项。进度计算的原理和方法，是进度计划编制的基础，是进度管控数字化应用专业人士必须完全掌握的技能。因为，只有掌握这些基础知识，才能准确理解网络计划技术，在遇到进度安排难题时，对网络计划有足够的敏感性，进而找出合理、有效的计划优化路径。

进度计算的结果，是形成项目正式计划的基础。数据日期是计算未开始工作的起点，项目完成日期是用来计算最晚日期组（LS、LF）及时差的依据。这两个日期，直接影响到进度计算的结果，需要特别注意，切不可出错。

5.1.5 关键路径分析

1. 关键路径分析内容

通过网络计算，得到各作业的六个网络参数，是依据编制者提供的项目信息或参数（活动持续时间、逻辑关系、提前量、滞后量和其他已知的制约因素等）所得到的计算结果。这些计算值，能否作为最终的项目计划时间，还需要进行分析。

分析的目的，是从整个项目层面，审核进度计划的合理性、可行性及风险点，平衡各类工作尤其是关键作业的计划策略和执行难度，针对存在的隐患和问题，提前研究解决对策，落实并体现在进度计划之中，进而形成最利于达成项目目标的最优工作计划。

在行业内，默认的项目关键路径，是指总浮时小于等于 0 的作业路径。关键路径上的作业，称作关键作业。在工具软件中显示作业横道时，会将关键作业标识为红色，以提示关注。但如

果整个项目的总浮时都大于 0，按此规则，则无关键路径。此时，通常会将关键路径的定义修订为最长路径。

如图 5-25 所示，计算得出各作业的最小总浮时为 3，按默认规则无关键路径可显示。

作业代码	作业名称	原定工期	后置作业	计划开始时间	计划完成时间	开始时间	完成时间	最早开始时间	最早完成时间	最晚开始时间	最晚完成时间	总浮时	自由浮时
CPM算法练习2		40d		2019-08-01	2019-09-09	2019-08-01	2019-09-09	2019-08-01	2019-09-09	2019-08-04	2019-09-12	3d	0d
X1010	设备采购技术要求	2d	X1030, X1020	2019-08-01	2019-08-02	2019-08-01	2019-08-02	2019-08-01	2019-08-02	2019-08-04	2019-08-05	3d	0d
X1020	土建基础图	5d	X1040	2019-08-03	2019-08-07	2019-08-03	2019-08-07	2019-08-03	2019-08-07	2019-08-12	2019-08-16	9d	0d
X1030	设备采购	28d	X1060	2019-08-03	2019-08-30	2019-08-03	2019-08-30	2019-08-03	2019-08-30	2019-08-06	2019-09-02	3d	0d
X1040	场地清理	2d	X1050	2019-08-08	2019-08-09	2019-08-08	2019-08-09	2019-08-08	2019-08-09	2019-08-17	2019-08-18	9d	0d
X1050	基础施工	15d	X1060	2019-08-10	2019-08-24	2019-08-10	2019-08-24	2019-08-10	2019-08-24	2019-08-19	2019-09-02	9d	6d
X1060	设备安装	10d		2019-08-31	2019-09-09	2019-08-31	2019-09-09	2019-08-31	2019-09-09	2019-09-03	2019-09-12	3d	0d

图 5-25　作业浮时

在进度计算时选择“使用最长路径定义关键路径”，则会将关键作业标识为红色，如图 5-26、图 5-27 所示。

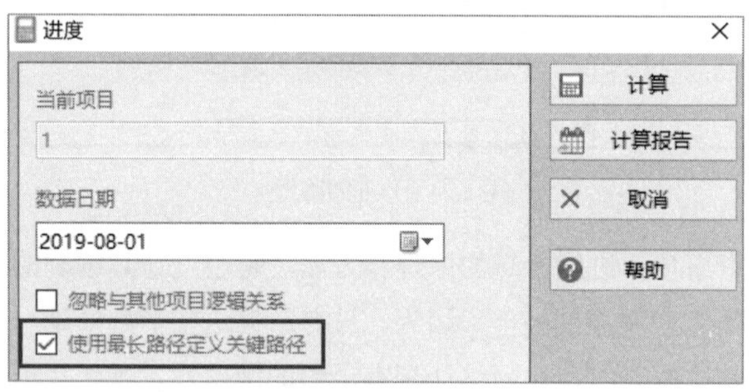

图 5-26　选择最长路径定义关键路径

作业代码	作业名称	原定工期	后置作业	计划开始时间	计划完成时间	开始时间	完成时间	最早开始时间	最早完成时间	最晚开始时间	最晚完成时间	总浮时	自由浮时
CPM算法练习2		40d		2019-08-01	2019-09-09	2019-08-01	2019-09-09	2019-08-01	2019-09-09	2019-08-04	2019-09-12	3d	0d
X1010	设备采购技术要求	2d	X1030, X1020	2019-08-01	2019-08-02	2019-08-01	2019-08-02	2019-08-01	2019-08-02	2019-08-04	2019-08-05	3d	0d
X1020	土建基础图	5d	X1040	2019-08-03	2019-08-07	2019-08-03	2019-08-07	2019-08-03	2019-08-07	2019-08-12	2019-08-16	9d	0d
X1030	设备采购	28d	X1060	2019-08-03	2019-08-30	2019-08-03	2019-08-30	2019-08-03	2019-08-30	2019-08-06	2019-09-02	3d	0d
X1040	场地清理	2d	X1050	2019-08-08	2019-08-09	2019-08-08	2019-08-09	2019-08-08	2019-08-09	2019-08-17	2019-08-18	9d	0d
X1050	基础施工	15d	X1060	2019-08-10	2019-08-24	2019-08-10	2019-08-24	2019-08-10	2019-08-24	2019-08-19	2019-09-02	9d	6d
X1060	设备安装	10d		2019-08-31	2019-09-09	2019-08-31	2019-09-09	2019-08-31	2019-09-09	2019-09-03	2019-09-12	3d	0d

图 5-27　关键路径标红显示

关键路径的总时差，可能是正值、零或负值。

◎ 当总时差为正值时，是由于逆推计算所使用的项目完工日期，要晚于顺推计算所得出的最早完成日期。表示按照关键路径所指示的项目最短工期，项目工作将在预设的项目完工日期之前完成。

◎ 当总时差为负值时，表示按照持续时间和逻辑关系，所计算出的项目最早完工日期，超出了预设的项目完工日期的要求。表示按照当前的逻辑网络数据和信息，项目将不能在要求的时间范围内完成。

通过对具有负时差活动的分析、进而采取对策，有助于快速找到使网络计划符合项目工期要求的突破口。

如将网络路径中的负时差压缩为零时差或正时差，可通过下面几种方法：

◎ 调整活动持续时间，其前提是有可能增加资源或缩减工作范围；
◎ 调整逻辑关系类型，仅针对选择性依赖关系；
◎ 调整逻辑关系中的提前量和滞后量，前提是有可行性；
◎ 调整其他进度制约因素，需要有依据或可行性。

除关键路径外，还有次关键路径也需要重视，虽然其总时差略大于关键路径，但可能差异并不大。一旦在实施过程中出现管控偏差，极有可能出现次关键路径转变成为关键路径的状况。

关键路径分析，持续于整个项目过程。在计划编制阶段，工作重点是计划编制与优化，其目标是得到合理、可行、风险度适中的整个项目工作计划。在进展监控阶段，工作重点转移到了实施保障，确保按目标计划要求推进各项工作；对出现的任何偏差，需要及时分析原因、研究/制定纠偏对策。对策要求具有针对性，强调实际部署与落实，包括工序衔接、方案落实、资源调配、责任到位等。

2．关键路径过滤

对一个大型复杂项目，其计划中的作业数量可能很庞大，如何在众多的作业中尽快找到需要重点关注的关键作业，可以利用工具软件的过滤器功能，通过设定参数进行筛选，如图 5-28 所示。

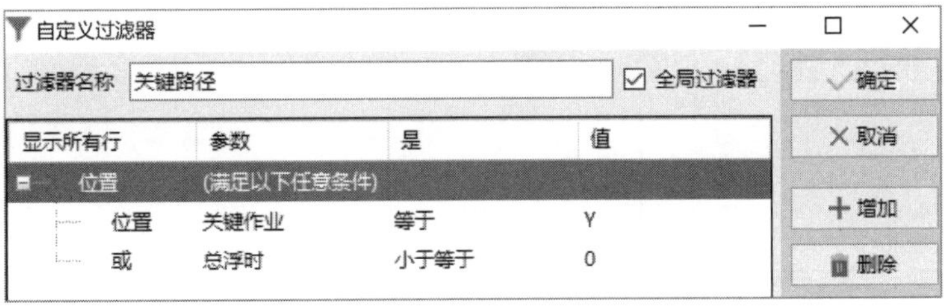

自定义过滤器

过滤器名称　关键路径　☑ 全局过滤器　确定　取消　增加　删除

显示所有行	参数	是	值
位置	(满足以下任意条件)		
位置	关键作业	等于	Y
或	总浮时	小于等于	0

图 5-28　过滤关键路径

过滤后，仅显示出关键路径，如图 5-29 所示。

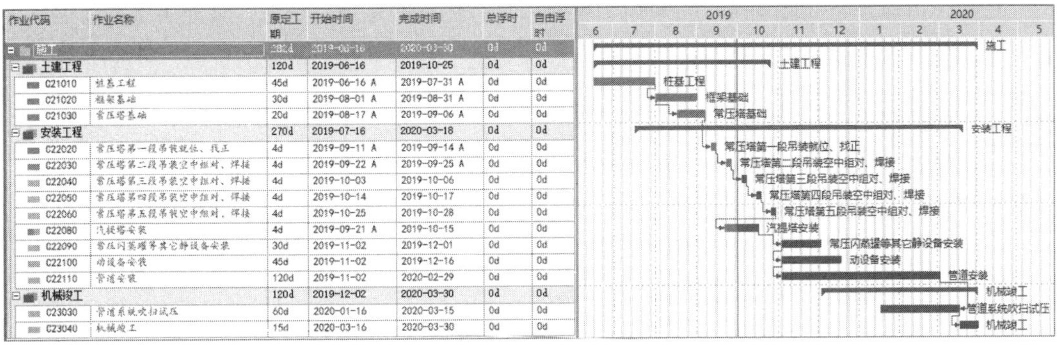

作业代码	作业名称	原定工期	开始时间	完成时间	总浮时	自由浮时
施工		282d	2019-06-16	2020-03-30	0d	0d
土建工程		120d	2019-06-16	2019-10-25	0d	0d
C21010	桩基工程	45d	2019-06-16 A	2019-07-31 A	0d	0d
C21020	框架基础	30d	2019-08-01 A	2019-08-31 A	0d	0d
C21030	常压塔基础	20d	2019-08-17 A	2019-09-06 A	0d	0d
安装工程		270d	2019-07-16	2020-03-18	0d	0d
C22020	常压塔第一段吊装就位、找正	4d	2019-09-11 A	2019-09-14 A	0d	0d
C22030	常压塔第二段吊装空中组对、焊接	4d	2019-09-22 A	2019-09-25 A	0d	0d
C22040	常压塔第三段吊装空中组对、焊接	4d	2019-10-03	2019-10-06	0d	0d
C22050	常压塔第四段吊装空中组对、焊接	4d	2019-10-14	2019-10-17	0d	0d
C22060	常压塔第五段吊装空中组对、焊接	4d	2019-10-25	2019-10-28	0d	0d
C22080	汽提塔安装	4d	2019-09-21 A	2019-10-15	0d	0d
C22090	常压闪蒸罐等其它静设备安装	30d	2019-11-02	2019-12-01	0d	0d
C22100	动设备安装	45d	2019-11-02	2019-12-16	0d	0d
C22110	管道安装	120d	2019-11-02	2020-02-29	0d	0d
机械竣工		120d	2019-12-02	2020-03-30	0d	0d
C23030	管道系统吹扫试压	60d	2020-01-16	2020-03-15	0d	0d
C23040	机械竣工	15d	2020-03-16	2020-03-30	0d	0d

图 5-29　关键路径显示

关键点与注意事项如下：

（1）关键路径是项目计划的主要矛盾，应集中精力进行关键路径分析，有利于对症下药、高效解决项目难题。但也需要注意，关键路径是相对的。首先，如果关键路径上各作业的数据与信息有误，导致非关键路径被当做了关键路径，无疑会造成管理被动；其次，如果执行过程疏忽，次关键路径有可能变成关键路径，尤其是总时差与关键路径差别并不大的次关键路径。

（2）关键路径分析，是一个持续的过程。计划编制阶段，发现并研究关键路径是重点；执行阶段，跟踪与监控关键路径是重点。

5.1.6 资源应用与分析

在计划编制阶段，进行工期估算时，需要进行资源可使用量的分析与使用限量的平衡。在计划执行阶段，需要对实际投入和消耗的资源进行跟踪。一方面，为未来类似项目的管理，积累经验和数据；另一方面，为查找进展偏差原因，进而研究解决措施提供依据。

1．资源定义

资源定义，包括明确资源编号、资源名称、资源类型、资源使用单价及资源使用限量等。常规的资源类型，主要有人工、材料、机械等。如图 5-30 所示。除这些直接资源之外，也可能会将一些统计性的数据如实物工程量等当作资源，以供进度优化与分析之用。

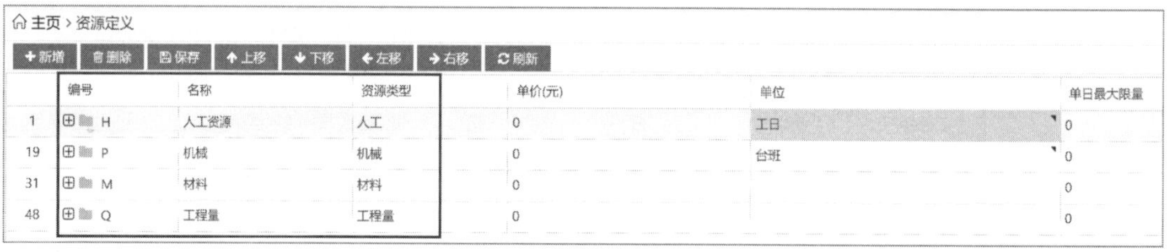

主页 > 资源定义

新增 删除 保存 上移 下移 左移 右移 刷新

	编号	名称	资源类型	单价(元)	单位	单日最大限量
1	H	人工资源	人工	0	工日	0
19	P	机械	机械	0	台班	0
31	M	材料	材料	0		0
48	Q	工程量	工程量	0		0

图 5-30　资源定义

在工具软件中，通常是先创建资源库，然后在作业上进行加载。

资源，可以是全局性资源，可应用于所有项目；还有些是项目资源，只能用于当前项目。市场上功能比较全面的工具软件，大多带有资源功能，但其中有些软件的资源，只能应用于单个项目而无法进行本项目之外的全局性应用，需要注意。

资源使用：计划编制过程中，在作业上加载资源时，可以直接从资源库中调用。可以是宏观的工程量资源，如图 5-31 所示。也可以是精细的人材机资源，如图 5-32 所示。

图 5-31　工程量资源

序号	资源代码名称	资源类型	单价	实际单价	单位	预算数量	预算费用	实际数量	实际费用	尚需数量	尚需费用	主资源
1	钢筋	材料	4000	0	吨	15	60000	15	60000	0	0	否
2	焊工	人工	320	0	工日	12	3840	12	3840	0	0	否
3	钢筋工	人工	260	0	工日	60	15600	60	15600	0	0	是
4	电焊机	机械	30	0	台班	60	1800	60	1800	0	0	否
5	壮工	人工	180	0	工日	60	10800	60	10800	0	0	否

图 5-32　人、材、机资源

2. 资源分析方法与步骤

对于各项作业上所加载的资源，工具会将其按照作业的计划时间进行分布，形成具体的资源使用计划。汇总各作业的资源需求，可以得到整个项目的资源使用状况。

（1）直方图。显示各种资源在项目时间范围内的具体分布情况，以计划值与实际值相对比的柱状图形式体现，如图 5-33 所示。

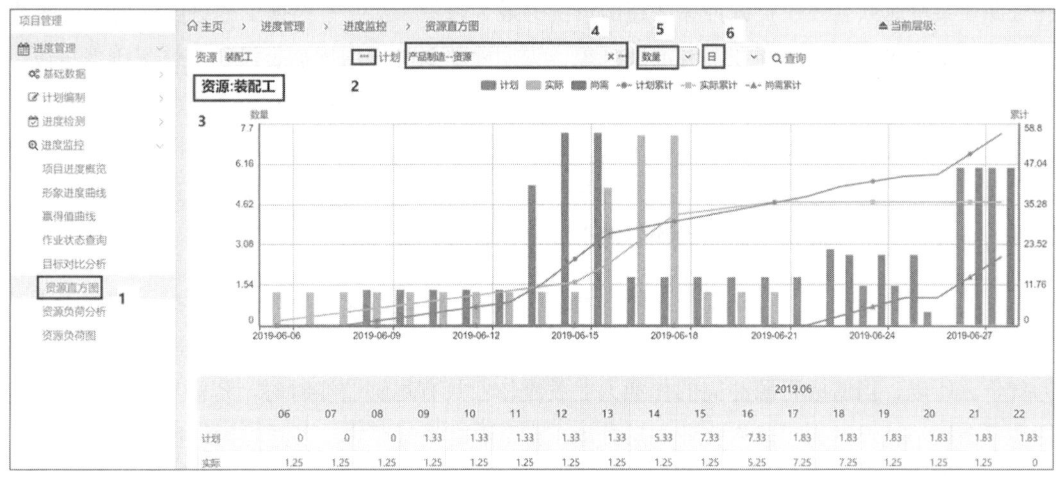

2019.06	06	07	08	09	10	11	12	13	14	15	16	17	18	19	20	21	22
计划	0	0	0	1.33	1.33	1.33	1.33	1.33	5.33	7.33	7.33	1.83	1.83	1.83	1.83	1.83	1.83
实际	1.25	1.25	1.25	1.25	1.25	1.25	1.25	1.25	1.25	1.25	5.25	7.25	7.25	1.25	1.25	1.25	0

图 5-33　资源直方图

（2）资源曲线图，如图 5-34 所示。

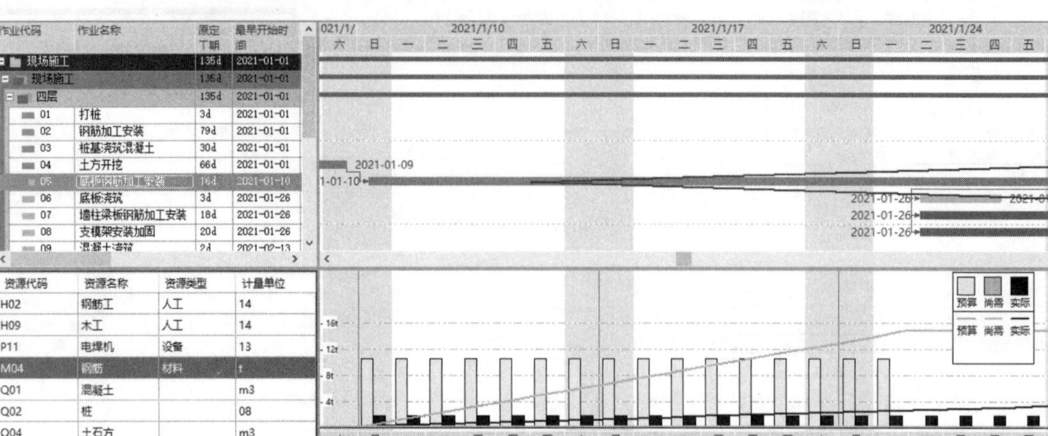

图 5-34 资源曲线图

3. 资源冲突消除

为了便于分析资源冲突与费用管理，可输入资源的限量与单价来分析。资源的单价、限量是对整个工程而言，并且可以分时段给出不同的限量与单价。

通过资源直方图和表格的分析，可以查看按照工程时间进度最早/最晚计划的安排，可能有些资源在某些时候会发生资源冲突（超出资源的最大限量），或者根据工程进度计划安排的费用需求无法满足。计划中存在资源冲突现象，说明除非到时候用增加资源的方法来确保进度，否则整个计划将无法按预期得以开展。此时，如果发现用增加资源的方法是不可能的，就要调整相关作业的计划安排（例如，作业拉长工期、取消同期平行作业的数量等）以消除资源冲突的问题。但是，如果这些造成资源冲突的作业都是关键作业，那么就意味着计划已经没有任何调整的余地，只有在确保工期和增加资源之间做出抉择，如图 5-35 所示。

有的工具软件提供了资源平衡功能，通过平衡可以在不改变工程施工逻辑关系的前提下，通过扯动作业的安排解决资源冲突问题，达到合理利用资源的目的。资源平衡以工期可能延长为代价。所以，当造成资源冲突的作业为非关键作业且有足够的浮时时，资源平衡才会有效。资源平衡以消耗浮时为手段将作业向后扯动，直至浮时消耗至零；当浮时为零后就不再继续向后扯动作业，此时，如仍有资源冲突问题就予以保留，表示在计划完工日期的前提下，资源即使最大限度地被合理应用，仍然有冲突存在。

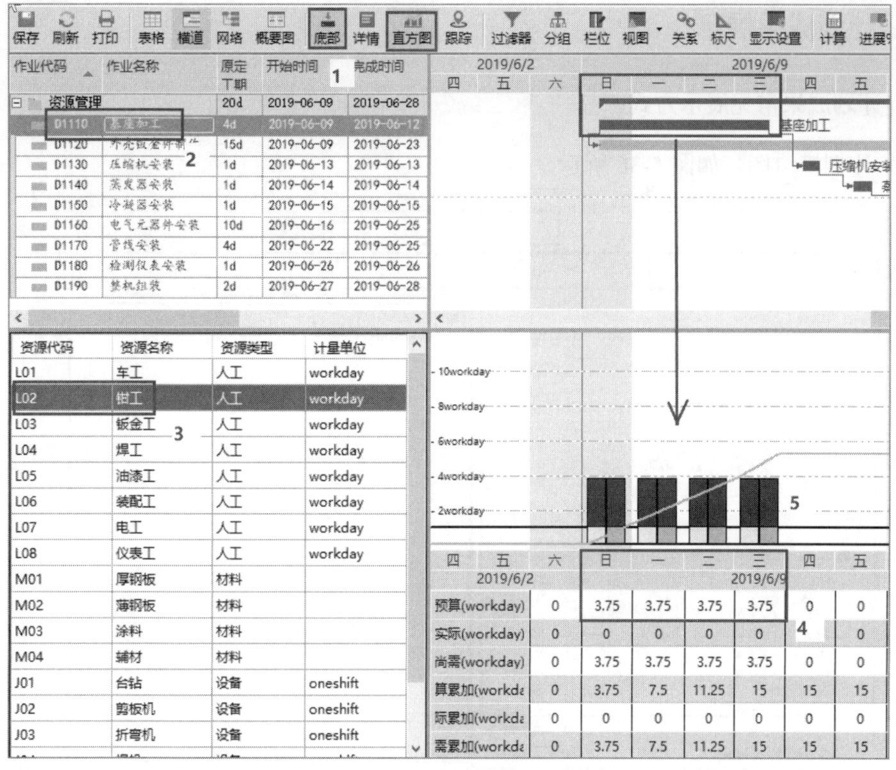

图 5-35　资源冲突消除

资源平衡是一种项目计划分析的辅助手段，不可能依托它解决一切问题。原因是针对一种资源平衡，在执行算法时会忽视其他资源的存在，从而容易造成一种资源平衡而另一种资源却冲突的情况。当项目中资源的重大冲突无法通过资源平衡的手段加以解决时，就需要调整执行组织方案与技术措施。

前推法平衡确定作业在不超过资源限量的情况下作业的最早日期；逆推法平衡确定作业在不超过资源限量的情况下作业的最晚日期。

尽管有多种平衡方法，在实际工作中，常用的是带有时间限制的前推法平衡，以得出满足合同工期、资源相对平衡的进度计划。

4．资源关键点和注意事项

资源是计划执行的保障，进度管控少不了资源管控。

在项目中资源种类众多，如何适度加载与管控资源，需要结合项目特点与管理需要，以及可投入的精力，综合权衡。虽然软件有可能提供了超限资源的平衡功能，但需要人工确认，不能盲目接受。

5.1.7 计划成果展示

1. 计划成果常见展示方式

（1）计划横道图，如图 5-36 所示。

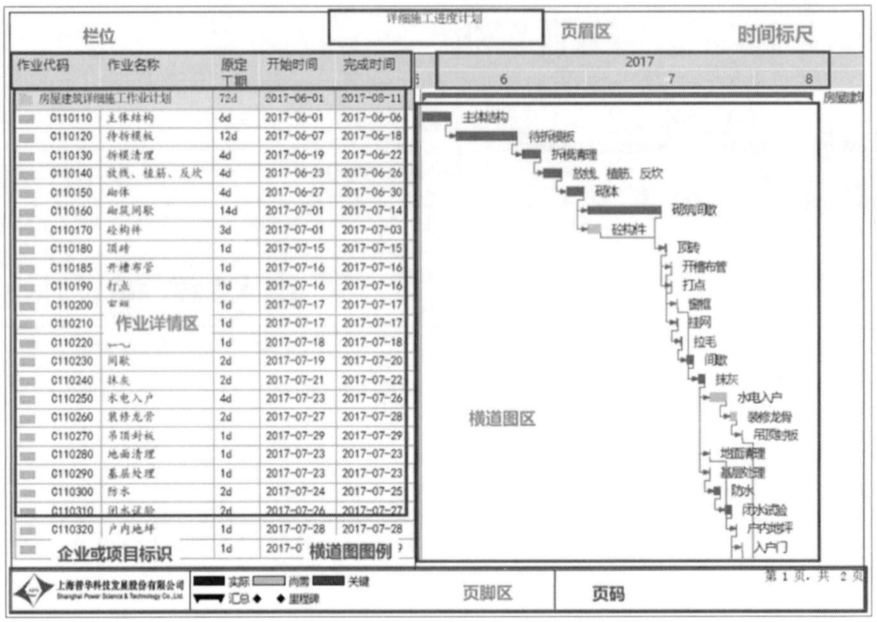

图 5-36　计划横道图展示

（2）时标网络图，如图 5-37 所示。

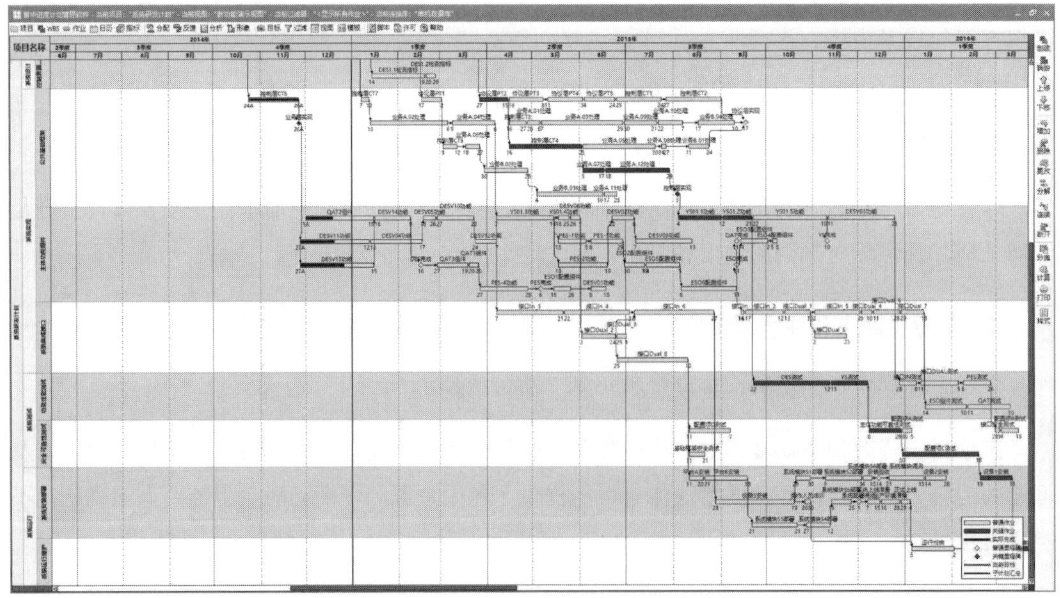

图 5-37　时标网络图展示

2．作业分类码、过滤器、数据组织、视图打印等功能应用

计划文件的主要内容是作业，而不同的项目，作业数量差别会很大，可以从数道到数十万道不等。为方便使用，对其进行合理的内容筛选、内容排序、分组规划和视图布置，是非常重要的。

（1）内容筛选。在工具软件中，提供了内容筛选功能，如图 5-38 所示：

◎ 可以设置多重“与”或者“或”的过滤条件；

◎ 可以从系统数据库中选择参数字段；

◎ 参数取值，可以根据需要灵活设置。

图 5-38　自定义过滤器

在众多的计划内容中，只有符合过滤器条件的作业，才会被显示出来（其他内容只是被隐藏了）。

（2）内容排序。选定了待显示栏位之后，可以按其中的每个字段为依据对整个计划内容进行排序，如图 5-39 所示就是按作业代码进行升序排列后的显示效果。

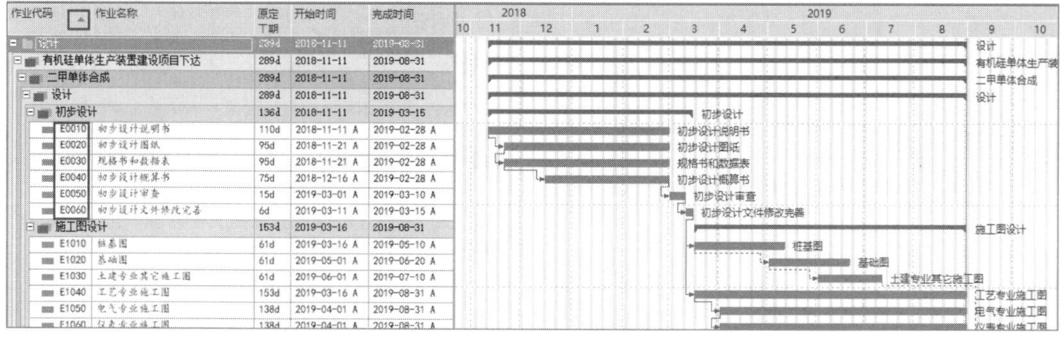

图 5-39　计划作业排序

作业代码，是串联进度计划数据库中各个字段的纽带，具有唯一性，也往往是排序选项。需要注意的是，排序只能在分组内进行，两个 WBS 项下的各作业分别排序；而 WBS 之间的排序则按照 WBS 的排序规则进行。

（3）分组规划。大多数计划都已经规划了合理的 WBS，可按 WBS 进行分组展示。但是，仍然经常需要按其他属性进行分组，比如责任人、工区、专业等。对于这类需求可通过作业分类码予以实现，进行作业分类码定义，并可为每道作业进行分类码赋值，如图 5-40、图 5-41 所示。

主页 › 作业分类码定义

+新增 删除 保存 刷新

	名称	使用范围	长度	是否系统默认
13	质量控制点	全局范围	7	☐
14	责任负责人	全局范围	12	☐
15	责任单位	全局范围	8	☐
16	设计专业	全局范围	7	☐

+新增 删除 保存 刷新 上移 下移 左移 右移

	编号	名称
1	A	张三
2	B	李四
3	C	王五
4	D	赵六

图 5-40　作业分类码定义

子计划	关键	编码	作业名称	原定工期	计划开始	计划完成
☐		R	产品制造-资源	20	2019-06-09	2019-06-28
☐		M2	产品制造--资源	20	2019-06-09	2019-06-28
☐		1	产品样机试制--资源	20	2019-06-09	2019-06-28
☑		D1110	基座加工	5	2019-06-09	2019-06-13
☑		D1120	外壳钣金件制作	15	2019-06-09	2019-06-23
☑		D1130	压缩机安装	1	2019-06-14	2019-06-14
☐		D1140	蒸发器安装	1	2019-06-15	2019-06-15

常用属性　逻辑关系　关联作业　步骤　工作包　资源　计划控制点　分类码　自定义字段

序号	分类码名称		分类码码值
1	责任负责人	B	李四

+新增 删除 +批量新增

图 5-41　分类码赋值

按责任人进行分组，就可以将其所负责的工作内容集中到一起，便于工作部署和进度检查，通过选择分类码分组方式操作后，即可按分组显示结果，如图 5-42、图 5-43 所示。

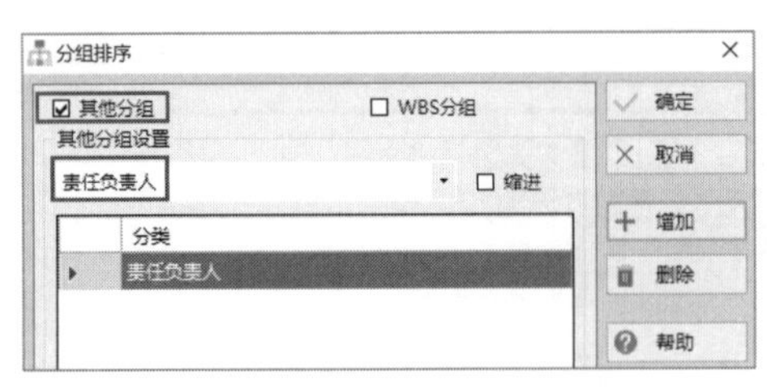

图 5-42 分类码设置

作业代码	作业名称	原定工期	开始时间	完成时间
张三		15d	2019-06-06	2019-06-21
D1110	基座加工	5d	2019-06-09 A	2019-06-13 A
D1120	外壳钣金件制作	15d	2019-06-06 A	2019-06-21 A
李四		3d	2019-06-16	2019-06-18
D1130	压缩机安装	1d	2019-06-16 A	2019-06-16 A
D1140	蒸发器安装	1d	2019-06-17 A	2019-06-17 A
D1150	冷凝器安装	1d	2019-06-18 A	2019-06-18 A
王五		10d	2019-06-19	2019-06-26
D1160	电气元器件安装	10d	2019-06-19 A	2019-06-25
D1170	管线安装	3d	2019-06-22 A	2019-06-25
D1180	检测仪表安装	1d	2019-06-26	2019-06-26
赵六		2d	2019-06-27	2019-06-28

图 5-43 分组结果展示

（4）视图布置。不同需求场景、不同需求对象，对计划文件展示内容的要求，可能完全不一样。所以，可以将不同的图形设置效果保存为视图模板，以便后续调用，如图 5-44 所示。

打开视图

选择	视图名称	项目名称
☐	项目主体计划视图	空调产品研制
☐	项目关键路径视图	空调产品研制
☐	项目进展跟踪视图	空调产品研制
☐	按责任人分组视图	空调产品研制
☐	项目概要网络图	空调产品研制
☐	项目目标对比视图	空调产品研制

打开　取消　删除　导入　导出

图 5-44　视图设置

视图中保存的是显示规则，包括：

◎ 显示内容，如作业过滤器；

◎ 分组方式，按 WBS 分组，或是按某个分类码进行分组；

◎ 显示格式，比如，显示的栏位、字体、颜色；横道设置、时标标尺；打印的页面设置等。

（5）关键点和注意事项。进度管控数字化应用场景下的进度计划文件，其实不是一个常规意义上的文件，而是一个包含巨量信息的庞大数据库。通常不以传统的视图打印方式进行发布，而采用特定格式的电子版文件形式交付。

与打印发布的文件只是极小部分数据不同，电子版文件则提供了完整的信息，所以更便于专业人员的交流与沟通，适合于计划的审查与批准；打印版文件，因其内容直观、针对性强，更适用于工作的沟通与部署落实。而存档的文件，通常会要求同时提交打印版与电子版。

5.1.8　计划执行

1．计划任务下达

计划编制阶段，形成的是项目进度目标计划。目标计划，需要在执行阶段去落实。落实的第一个动作就是计划任务下达。

（1）计划任务下达的通常做法。任务下达，有两种含义。

1）当前已形成的工作计划，其深度尚不足以进行很好的工作部署。此时的任务下达，相对于宏观的工作要求，还需要执行层面按照具体的实施方案做进一步的细化。比如，总包商编排的进度计划，下发给分包商，要求其在满足总包节点要求的前提下，进行细化后落实。

2）当前的计划深度已经满足执行要求，只需单纯地将其下达给执行团队去落实。比如，分包商所编制的执行计划，下达给作业班组去落实。

针对上述两种不同的计划任务下达类型，执行团队所采取的对策，也会有所不同。

第一种情况下，执行团队首先需要编制其执行层级的进度计划，该计划要受下达任务的目标制约，不得迟滞，编制完成后，还需要提交任务下达部门批准；其实，就是先要完成一个执行计划的编制过程。细化的执行计划被批准后，再进行工作落实与监控。

第二种情况下，直接将计划任务进行下达，下达的计划相对于工作指令，计划管理的职责由任务下达部门承担。

对执行层面的工作部署与过程监控，大多采取滚动方式进行执行计划的任务下达。

滚动计划法是一种定期修订未来计划的方法。按照“近细远粗”的原则，滚动制订多个工作周期的工作计划，根据前期计划的执行成效和环境变化情况，不断调整和修订未来的工作计划，并逐期向后移动，把短期计划和中期计划有机结合起来。滚动计划，除体现时间要求外，更强调工作的可执行度。

常用的滚动计划，包括三期的工作内容，即上期、本期与下期；滚动形式，有三月滚动与三周滚动。

本期计划，是执行工作的重点；而列出上期与下期计划，可以让执行人更清晰地了解当期工作安排的来龙去脉，以便更好地完成本期工作目标。掌握上期工作的成效，可以总结经验、思考不足，为做好本期工作提供佐助；了解下期的目标要求，可以提前规划下期的工作部署与资源调配，更能准确知晓本期任务的完成绩效将对下期工作带来的影响。

以一个挖土方工作为例，总工程量为 200 方，计划总工期 10 天，均摊为每天 20 方。

上期进行了 1 天、实际只完成 11 方。为保证项目计划目标不至于迟延，在安排后续计划时，就需要在剩余的 9 天内完成 189 方的工程量，相当于每天 21 方。

虽然日均 21 方的工效，比原计划的 20 方只多出了 1 方，似乎完成的难度不大。但考虑到上期 1 天仅完成 11 方的实际情况，就需要分析其迟滞的原因，如果是场地准备、设备磨合等偶发因素造成的，则后续工作周期尚有追回的机会；但如果是人手不够、设备故障等原因，如不及时采取补救措施，更会加大延误程度。

所以，通过滚动的方式，可以及时发现执行过程中存在的问题，也是便于找到解决问题的有效措施。

（2）作业动态过滤设置。可以通过过滤器，将在滚动时间范围内要开展的工作筛选出来。

1）三周滚动过滤器，符合以下条件中的任何一条：

◎ 开始日期 < DD+21d，而且：作业状态 = 未开始；
◎ 完成日期 < DD+21d，而且：作业状态 = 未开始；
◎ 作业状态 = 进行中。

2）三月滚动过滤器，符合以下条件中的任何一条：

◎ 开始日期 <DD+93d，而且：作业状态 = 未开始；
◎ 完成日期 <DD+93d，而且：作业状态 = 未开始；
◎ 作业状态 = 进行中。

以上过滤条件公式中，DD 为数据日期，随工作进展实时更新；三月滚动中的 93d，可根据不同月度略有调整。

（3）按专业 / 责任人分发。既然滚动执行计划是直接分发给作业执行责任人员的，为方便使用，可对每道作业设置诸如专业或责任人等分类码，通过过滤器，按分类码筛选出每个执行责任人的工作计划，然后进行任务分发。

同样，如果工作计划需要下发给特定的人群，也可以通过设置相应的分类码进行筛选后再下发。

（4）关键点和注意事项。任务下达是计划执行过程中的一个重要环节，是确保计划目标得到有效执行的关键。需要重点把控好两点，即下达的内容和下达的对象。

首先，是需要确认被下达的任务，是基于已正式批准的项目目标计划，并且包含了应该包含的全部内容。否则，即使下达的计划被切实执行，也无法保证项目目标计划能够完成。其次，由于计划内容条目众多，而且涉及的执行人员也不在少数，需要确保任务接受对象是能够对所接受任务负全责的人员。

2. 实际进展采集

（1）作业实际进展采集内容。为掌握项目真实状态，及时发现存在的问题并予纠偏，就需要对工作执行过程进行监控。作为监控的重要手段——进展跟踪，就是及时、真实、完整地收集项目执行过程中各项计划工作的实际进展信息。进度跟踪需在整个项目周期内定期、持续地进行。

所需收集的实际进展信息，主要包括以下内容。

1）各项工作的实际开始与完成日期。

◎ 对按计划在本期正常开始的工作，其实际开始日期、实际完成日期（如尚未全部完成，反馈尚需工期或预期完成日期）；
◎ 对按计划不在本期开始、而实际提前进行的工作，反馈其实际起止日期；
◎ 对按计划应在本期开始、但实际滞后未开始的工作，要分析滞后原因及预计开始日期。如因前导工作滞后导致后续仍维持原计划中的逻辑关系，可以忽略，计划更新计算时，系统会按原逻辑关系计算后得出后续工作计划；如因其他原因造成的滞后，则需确定是持续观望还是研究后续工作的更新计划并予以上报。如果是选择更新计划的模式，实际寻求后续目标计划更替的方式，需要根据项目管理规程执行。

2）各项工作的实际进展程度。

◎ 对已全部完成的工作，其进展百分比为100%；

◎ 对已开始但尚未完成的工作，反馈其实际完成百分比。至于一项工作的实际进展如何计算，需要根据作业的不同类型区别对待，并在项目进展检测系统中明确。由系统根据输入的剩余工期计算出相对于总工期（已消逝工期+剩余工期）的百分比作为工作的完成百分比，抑或采取诸如按实物工程量的完成比例，按达到中期交付物节点的比重等不同方式计算工作的完成百分比均可。

3）资源使用情况：比如，投入的人员、材料、机械、资金等情况。

4）出现的问题及解决措施：实施过程中遇到的问题，如何协调与解决这些问题。

5）尚待解决问题：遗留问题及困难点，可能出现的变更等。

（2）实际进展采集表格或表单，如图5-45所示。

作业代码	作业名称	计划时间		实际时间		期望完成	原定工期	权重	检测方式	上期累计%	累计完成%	尚需工期
		开始	完成	开始	完成							
ISP	信息化系统建设项目											
3	项目实施											
2	工程项目管理信息系统											
3	集成其它系统											
Z3750	与BIM+GIS系统集成	2019-11-01	2019-12-31	2019-11-01	2019-12-31		61.00	16.67	实际	48.00	100.00	0.00
Z3760	与智慧监管平台集成	2019-11-01	2019-12-31	2019-11-01	2019-12-31		61.00	16.65	实际	48.00	100.00	0.00
4	系统验收											
Z4120	第二批系统试运行	2019-11-01	2020-01-31	2019-11-01		2020-01-31	92.00	30.16	实际	32.00	68.00	32.00

图5-45　实际进展采集

（3）关键点和注意事项。进度管理的核心和最终目的就是控制，而控制的依据就是实际进展与目标的持续对比。所以，进展反馈在项目进度管理中占有很重要的作用，需要确保数据的真实准确、及时完整，不可掉以轻心。

3. 资源使用记录

（1）资源使用记录表格或表单。各个项目、各个环节，可以根据需要设置资源数据收集表格（见表5-1）。

（2）实际值采集。可将收集的资源信息录入进度管控系统，如图5-46所示。

表 5-1　资源收集表

序号	WBS	作业代码	作业名称	原定工期（天）	预算费用（元）	人工资源																机具资源									材料资源			
						车工		钳工		钣金工		焊工		油漆工		装配工		电工		仪表工		机具			机具			机具			辅助材料		辅助材料	
						工日	单价（元）	工日	单价（元）	工日	单价（元）	工日	单价（元）	工日	单价（元）	工日	单价（元）	工日	单价（元）	工日	单价（元）	名称	分班	单价（元）	名称	分班	单价（元）	名称	分班	单价（元）	名称	费用（元）	名称	费用（元）
1	A4110	热力学模型样机制作			100,000																													
2		D1110	基座加工	5	10 000	6	400	15	320		300	3	400		280		280		400		320	台钻	5	20	焊机	3	40	打磨机	5	80	厚钢板	980		
3		D1120	外壳板金件制作	15	50 000		400	15	320	48	300		400	5	280	20	280		400		320	剪摸机	9	240	折弯机	12	360	烤漆房	5	2,000	薄钢板	1,000	涂料	6 320
4		D1130	压缩机安装	1	3 000		400	1	320		300	1	400		280	4	280	1	400		320												辅材	760
5		D1140	蒸发器安装	1	5 000		400	2	320		300	2	400		280	6	280		400		320				焊机	2	40						辅材	1 800
6		D1150	冷凝器安装	1	5 000		400	2	320		300	2	400		280	6	280		400		320				焊机	2	40						辅材	1 800
7		D1160	电气元器件安装	10	10 000		400	2	320		300	2	400		280	6	280	15	400		320				焊机	2	40						辅材	1 080
8		D1170	管道安装	3	5 000		400	3	320		300	6	400		280	3	280		400		320				焊机	3	40						辅材	680
9		D1180	检测仪器安装	1	2 000		400		320		300		400		280		280		400	5	320												辅材	400
10		D1190	整机安装	2	10 000	2	400	5	320	2	300	2	400		280	12	280	2	400	2	320				焊机	2	40						辅材	1 320

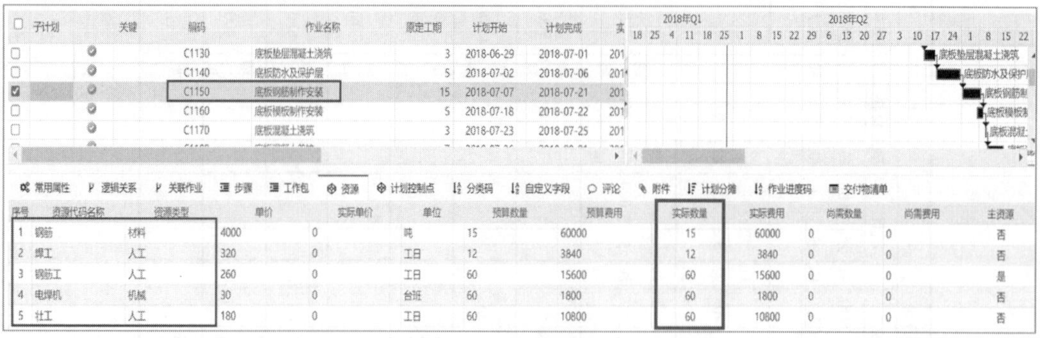

子计划 关键 编码 作业名称 原定工期 计划开始 计划完成
2018年Q1 2018年Q2
C1130 底板垫层混凝土浇筑 3 2018-06-29 2018-07-01
C1140 底板防水及保护层 5 2018-07-02 2018-07-06
C1150 底板钢筋制作安装 15 2018-07-07 2018-07-21
C1160 底板模板制作安装 5 2018-07-18 2018-07-22
C1170 底板混凝土浇筑 3 2018-07-23 2018-07-25
常用属性 逻辑关系 关联作业 步骤 工作包 资源 计划控制点 分类码 自定义字段 评论 附件 计划分摊 作业进度码 交付物清单
序号 资源代码名称 资源类型 单价 实际单价 单位 预算数量 预算费用 实际数量 实际费用 尚需数量 尚需费用 主资源
1 钢筋 材料 4000 0 吨 15 60000 15 60000 0 0 否
2 焊工 人工 320 0 工日 12 3840 12 3840 0 0 否
3 钢筋工 人工 260 0 工日 60 15600 60 15600 0 0 是
4 电焊机 机械 30 0 台班 60 1800 60 1800 0 0 否
5 壮工 人工 180 0 工日 60 10800 60 10800 0 0 否

图 5-46　资源信息录入

（3）关键点和注意事项。无论是纯粹商业性的项目，还是政府民生工程，都要接受经济性考评。所以，对资源的使用，不会是无限制的。

资源限量，指能够提供、实际可用的最大资源数量。可能是瓶颈限制，也可能是经济性要求。只有经过资源限量评估的进度计划，才具有可行性和可信度，见表 5-2。因为任何工作的完成，都需要有资源的支撑，超出资源限量的计划安排，其可实施性将得不到保障。

4．现行计划更新

（1）重新进度计算。在收集到一期进展数据后，录入进度管控系统，系统按照输入的信息（截止到新一轮数据日期的项目进展数据）重新进行 CPM 进度计算，展示相关工作提前、滞后情况，关键路径是否变化，总工期是否有拖延的风险等情况。

（2）进度影响简要分析。重新计算之后，不外乎两种情况：

◎ 如果计算结果显示，后续工作的安排依然能够符合项目总体控制目标要求，则表示还可以继续保持原计划的逻辑思路。此时，计划更新，只是加入了进展数据并重新做进度计算，与原目标计划相比，后续各项工作的时间安排差异不大，可维持原目标推进各项工作。

◎ 如果计算后，结果显示后续工作安排已导致项目总工期超出了项目控制目标要求，则表明项目总工期保障存在风险，需要重新研究后续工作的计划策略，也意味着当前计划有可能需要进行大的调整。此时，是采取继续观望一两个周期还是马上调整后续计划并形成新的执行目标，需酌情而论。

如需进行大的计划调整，着眼点依然是相关工作尤其是关键作业（重新计算后，关键路径可能发生了变化）的工期或者逻辑关系，直至调整后的计划满足需要为止。对所提出的调整方案，前提是要有足够的资源能够保障这种调整具备可实施性，否则，头痛医头，不是有效的解决思路，甚至可能会因错失良机而使问题更加严重。至于工具软件层面，凡是基于数据库的进度管控系统一般都具备多目标并行监控的功能，给管理带来了诸多灵活性；然而，一些文件级的工具，并不支持多目标并行管理的功能，专业人士需知晓这一点。

表 5-2　项目施工进展日报

项目施工进展日报（示例）

项目业主：×××××××××××××公司　　　　报告编号：　ABCD 00-DPR-SI-001

工作内容：现场地质详细勘探　　　　承包商：×××工程勘察院　　　　第 1 页　共 1 页

报告日期：　　　　星期：　　　　天气：晴　　　　气温：　15～26 ℃

现场人工记录

序号	类别	数量	工时
一	管理和后勤人员	4	
1	项目经理	1	
2	技术经理	1	
3	其他管理人员	2	
4	后勤人员		
二	技术工人	25	
5	工长	5	
6	测量工		
7	钻探工	20	
8	其他技术工人		
三	一般工人		
9	力工		
四	当日合计	29	
	间接人工	4	
	直接人工	25	
五	当月累计	87	
	间接人工	12	
	直接人工	75	

现场施工设备和机具记录

序号	类别	单位	数量	使用工时（小时）
一	钻探类设备			
1	钻机	台	5	40
二	运输类设备			

现场停工设备

序号	类别	单位	数量	停工原因
1				
2				
3				
4				
备注：停工原因为“故障”或“闲置”				

完成工作记录

序号	作业编号	钻探深度（米）
1	ZG2-1	18.00
2	ZG2-2	14.50
3		
4		
5		
6		
7		
8		
9		
10		
11		
12		
13		
14		
15		
16		
17		
18		
19		
20		
21		
22		
23		
24		
25		
26		
27		

编制：	审核：	监理：

（3）更新计划下达。正常情况下，进展反馈与计划更新同步，定期进行。更新后，按发布程序下达执行层实施。如计划发生调整，需要根据项目相关管理制度提交审批，只有批准生效，调整后的更新计划才成为新的目标计划。

为方便执行层的理解，更新计划发布下达时，宜做简要说明，介绍与前期目标计划相比所更新的内容、更新的原因及执行过程中需要重视或注意的事项。

5.1.9 进展监控

1. 监控规则制定

（1）内容。进展监控也是项目进度管控的重要一环，最终目的是确保项目进度目标的顺利实现。要想做好此项工作，需要制定明确并切实可行的规章制度，明确规则、制定程序、统一方法。

监控过程，包含以下工作内容。

1）通过进展监控揭示项目真实的推进状态。

统一反馈频率：反馈周期过长，可能会因未能及时纠偏，而导致偏差放大甚至管理失控；过于频繁，也未必能大幅提升管理效果，反而多耗资源。所以，需要根据项目类型、工作内容与管理要求等具体情况而定，通常以“按月”或“按周”为主，定期、持续地进行反馈。

规定工作流程：划分工作岗位，设定岗位职责及工作流程，明确时限要求，并出台考核奖惩制度（比如，未及时反馈，或数据造假等的处罚措施）。

明确责任人：对计划范围内的所有工作，都要分配到相关的责任人，必要时还应明确主要责任人、协作配合人员及临时替代人员。

2）与目标计划进行对比，找出进展偏差的位置及偏差程度。可以将当前状态与目标计划进行对比，反映两者之间的偏差便于进度监控，如图 5-47 所示。

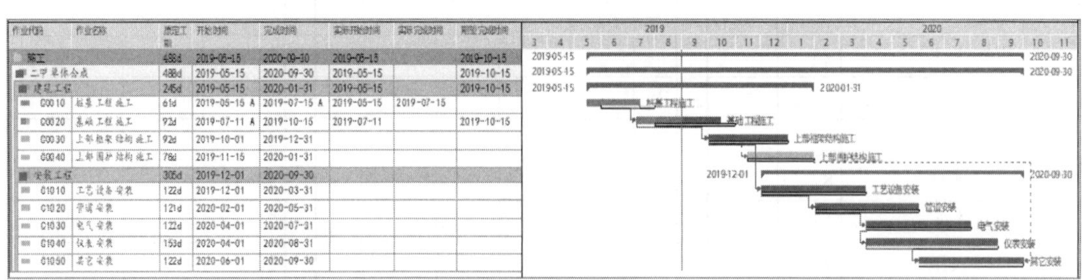

图 5-47　目标计划对比

也可通过报表的形式展示两者之间的偏差值进行监控，如图 5-48 所示。

编码	作业名称	原定工期	完成%	计划开始	实际开始	开始偏差	计划完成	实际完成	期望完成	完成偏差
⊟ YY01	**“雅苑”房地产开发项目**	852	57.10%	2017-06-01	2017-06-01	0	2019-09-30			
⊞ M	**重要里程碑**	852	0%	2017-06-01	2017-06-01	0	2019-09-30			
⊞ D	**前期准备**	153	100%	2017-06-01	2017-06-01	0	2017-10-31	2017-10-31		0
⊞ L	**证照办理**	327	78.60%	2017-09-01	2017-09-01	0	2018-07-24			
⊟ P	**招标采购**	417	99.01%	2017-08-01	2017-08-01	0	2018-09-21			
⊟ 1	**实施单位选择**	417	85.18%	2017-08-01	2017-08-01	0	2018-09-21			
P0110	设计单位招标选择	31	100%	2017-08-01	2017-08-01	0	2017-08-31	2017-08-28		3
P0120	建筑工程施工招标	45	100%	2018-01-15	2018-01-15	0	2018-02-28	2018-02-28		0
P0130	建筑工程监理单位招标	30	100%	2018-01-15	2018-01-15	0	2018-02-13	2018-02-16		-3
P0140	物业管理公司招标	30	0%	2018-08-23			2018-09-21			
⊞ 2	**物资采购**	160	100%	2017-11-05	2017-11-01	4	2018-04-13	2018-05-10		-27
⊞ E	**规划与设计**	147	100%	2017-09-01	2017-09-01	0	2018-01-25	2018-01-25		0
⊟ C	**施工建设**	395	11.64%	2018-03-01	2018-03-01	0	2019-03-30			
C0110	场地三通一平	30	100%	2018-03-01	2018-03-01	0	2018-03-30	2018-03-15		15
C0120	车库、地下室	276	19.49%	2018-03-31	2018-03-31	0	2018-12-31		2018-12-31	
C0130	售楼处	90	11.00%	2018-05-30	2018-05-20	10	2018-08-27		2018-08-31	
C0140	1#楼	305	1.55%	2018-04-30	2018-05-03	-3	2019-02-28		2019-02-28	
C0150	其余各栋楼	293	13.00%	2018-05-10	2018-04-21	19	2019-02-26		2019-02-28	

图 5-48　偏差值监控

3）分析、预测项目未来发展趋势，为纠偏提供依据。

a.时间偏差及趋势预测。以最新的实际进展与已有的逻辑网络，按数据日期重新进度计算后，将会给出按照当前的进度和后续的逻辑网络计划，项目最新的期望完成日期、总浮时等。

b.工程量偏差及趋势预测。利用进展检测体系和赢得值原理，可量化评判项目进展与目标的偏差程度。

常用进度绩效系数 SPI 来表达进度的超前或滞后，SPI = 赢得值 / 计划值。如果就整个项目进程而言，这种偏差具有普遍性，则可用 SPI 反推预测总工期。项目总工期 = 原定工期 / SPI。

（2）形式。企业标准、程序文件和作业手册等。

（3）关键点和注意事项。进度计算，基于尚需工期和逻辑关系，而项目总工期，取决于关键路径。

赢得值分析的 SPI 是指已进展工作与目标要求对比的工效。比如，一项挖方工作，计划工期 10 天，需完成 200 方的工作量，计划每天完成 20 方。进展 2 天后，按计划应该完成 40 方、而实际只完成了 32 方。按赢得值原理计算，进度绩效系数 SPI=32/40=80%，且隐含如果该项工作持续以此工效推进的话，原计划 10 天的工作将需要 10/0.8=12.5（天）。

所以，就此项工作，在确定其后续工作安排尚需工期时，就需要根据当前的实际情况进行分析并做应对落实。

如果执行人员解释确定“可以在剩余的 8 天内完成剩余的 168 方的工作量”，即尚需工期为 8 天。如此，则此项工作的最终完成时间，将与目标计划一致；相应地，重新计算的总工期也会不变。

但如果进度管控人员认为，按照已经进行了 2 天的工作情况看，机具、人员都已经达到了最大负荷，未来的 8 天最多也只能达到当前的工效；也就是说，未来 8 天完成 168 方工作量的说法难以服众，除非投入新的人员与机具。这种情况下，进度管控人员可将尚需工期定为 10 天，一方面通过进度计算查看变更对总工期是否会有影响，另一方面观察下一个周期的工效提升。

总之，通过这些分析与讨论，能更好地聚焦项目存在的真实问题，进而有针对性地落实解决。

另外，如果工效不足的工作不在关键路径上，进度计算可能发现不了隐患，而赢得值却能将其暴露。所以，在监控过程中，两种方法的结果都需要参考，互为补充。

2. 进展分析

（1）进展分析内容与方法。

1）分析内容。

a.重要的工作时间。包括项目总工期和各个重大里程碑事项的节点时间，以及一些能对多项计划工作时间带来影响的内外部接口工作的时间等是否发生了变化。

b.总工期分析。在项目开始时间明确的前提下，项目总工期对应于项目完成时间。完成时间不满足目标要求，属于不能接受的重大进展偏差，需要通过关键路径对比找出偏差点，进而采取措施进行纠偏。

c.里程碑节点分析。即使总工期满足要求，很多项目对一些关键里程碑节点，另有时间管控要求，同样需要逐项检查与分析。

d.内外部接口分析。在项目进度计划中，通常会存在很多跨界面的工作，比如，设备采购工作的开展需要设计图纸与技术要求文件、土建基础施工需要结构图等。这些相互关联的工作，可能并不存在于同一个计划内，也可能以限制条件的形式进行时间约束，在进行进度更新与进展分析时，尤其需要关注这些内外部接口时间的变化情况。

e.提前滞后作业分析。执行过程中肯定会有计划安排工作的提前或推迟，因为计划更新的计算是依据计划作业原有的逻辑关系进行，在这些工作有所提前或推迟后，原有的逻辑关系是继续保持还是应该做出调整，需要进行检查与分析（尤其是严重滞后的情形发生时）。

f.脱序作业分析。脱序是指紧前作业尚未完成而后续作业已经开始的情况，即实际工作的开展脱离了原有的逻辑顺序。对脱序作业本身及其后续作业的时间安排，尤其需要特别注意。

计划安排时，顺序开展的两项工作时间，如图 5-49 所示。

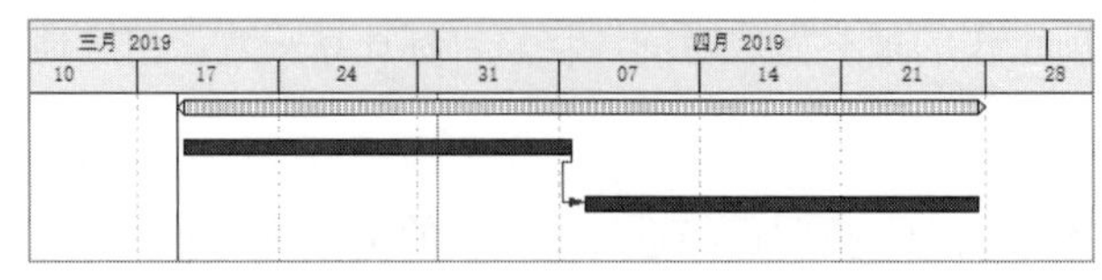

图 5-49　顺序开展工作

如果，执行过程中，在第一项工作没有启动的情况下，第二项工作提前开始了。更新进度计算时，工具软件可能因为采用不同的计算规则而得出不同的后续时间。

一种是维持原有的逻辑关系，系统将工作分成两段，前段已完成部分按实际情况展示，后段尚未开展部分则继续按照原有逻辑关系，如图 5-50 所示。另一种是跨越方式，忽略原有的逻辑关系，如图 5-51 所示。

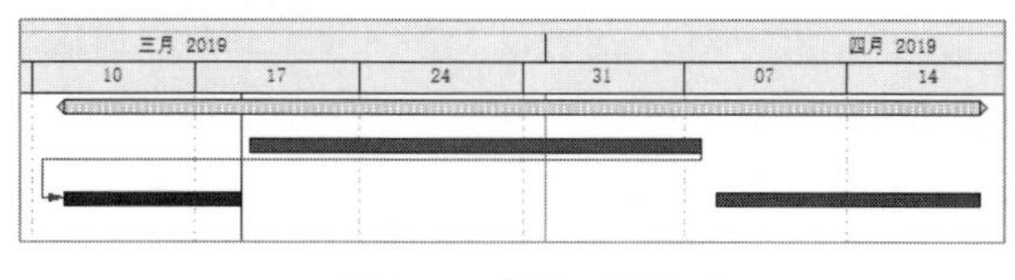

图 5-50　原有逻辑关系

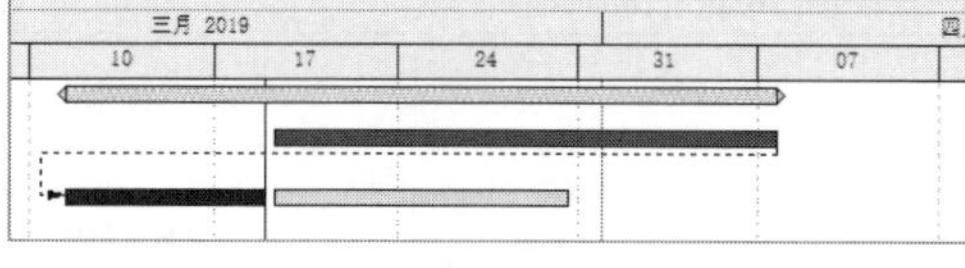

图 5-51　忽略原有逻辑关系

其实，这种情况比较普遍。计划安排时，将 A、B 两项作业设置成 FS 型逻辑关系，可能是一种计划安排策略，比如，出于资源管理需要做出的安排。而在执行时，实际情况可能略有变化，B 工作比 A 工作更早地具备了条件，就见缝插针地将其提前开始。就此案例，计划编制与执行阶段的对策，都是合适的。但对这种工作安排上的变化带来的对后续工作的影响，需要在监控过程中及时跟进，比如案例中提到的计算规则不同的影响，B 工作后续作业的时间安排差异会很大，必要时需要对其中的部分逻辑关系进行调整。

2）关键路径分析。进度更新后，项目关键路径可能仍然不变，也可能已经出现了变化，需要进行对比并做深入分析。

关键路径变化的多数原因，是放松了对非关键路径的关注，导致相关工作的进展滞后。如果这种滞后的程度已经很严重，至少已经完全消耗掉了相关工作原有的浮动时间，需要高度重视。

为避免该状况，在进行关键路径分析时，通常会分析总时差较小的次关键路径。

3）资源分析。资源是计划执行的保障。根据每期收集到的资源使用状况，可以分析当期的资源投入是否达到预期、工效如何，间接地支撑进度提前或滞后的原因。对资源历史数据的汇总分析，可以更客观地指导项目资源调配与工期安排的合理性，也有助于企业重要过程资产的积累，是企业管理实力的体现。如图 5-52～图 5-55 所示，是一个原油储罐施工过程的资源统计结果。

工作内容	计划值			实际完成值		工时(小时)		
	单位	预计工程量	权重(%)	工程量	完成百分比(%)	合计	直接	间接
01 罐组					100.00	271,150	225,599	45,551
01 罐					100.00	48,804	42,077	6,728
(1) 打桩	根	205	50	205	100.00	29,077	24,919	4,158
(2) 凿桩头	个	205	4	205	100.00	1,886	1,230	656
(3) 做桩帽	个	205	4	205	100.00	400	350	50

图 5-52　基础施工过程的工时统计

工作内容	预计值			实际完成工程量	完成百分比(%)	合计工时(小时)	直接工时(小时)	间接工时(小时)
	单位	预计工程量	权重(%)					
01 罐组					72.00	271 150	225 599	45 551
01 罐					100.00	48 804	42 077	6 728
(1) 打桩	*根*	*205*	*50*	*205*	*100.00*	*29 077*	*24 919*	*4 158*
2005/10/12　01DZS001				205		29 077	24 919	4 158
(2) 凿桩头	*个*	*205*	*4*	*205*	*100.00*	*1 886*	*1 230*	*656*
2005/9/16　01CZT001				12		110	72	38

图 5-53　每天数据汇总情况

工作内容	计划值			实际完成值				机械(台班)					工时(小时)		
	单位	工程量	权重(%)	统计工程量	折算单位	折算工程量	完成百分比(%)	卷板机	切割机	普通焊机	横焊机	立焊机	合计	间接	直接
01 # 罐							100.00	2	33	189	4	21	74 035	27 959	45 853
储罐预制			*31.00*		吨	1 908	*100.00*	*2*	*31*	*15*	*0*	*0*	*17 233*	*7 171*	*10 082*
A01 底板中幅板预制	块	154.00	6.5	154.00	吨	408	100.00	0	8	0	0	0	8 474	3 074	5 400
A02 底板边缘板预制	块	40.00	4.8	40.00	吨	79	100.00	0	3	0	0	0	653	320	333
A03 第一节壁板预制	张	21.00	9.7	21.00	吨	153	100.00	0	2	0	0	0	619	429	190

图 5-54　罐体钢板预制过程的资源统计

工作内容	计划值			实际完成值				机械(台班)					工时(小时)		
	单位	工程量	权重(%)	统计工程量	折算单位	折算工程量	完成百分比(%)	卷板机	切割机	普通焊机	横焊机	立焊机	合计	间接	直接
C01 底板安装	吨	486.56	11	486.56	吨	487	100.00	2	0	168	0	0	7 940	2 396	5 544
C02 第一节壁板安装	米	302.20	11	302.20	吨	153	100.00	0	0	36	0	0	342	102	240
C03 第二节壁板安装	米	299.80	7.3	299.80	吨	129	100.00	1	0	48	0	0	494	174	320
C04 第三节壁板安装	米	299.80	3.6	299.80	吨	103	100.00	1	0	48	0	0	560	240	320
C05 第四节壁板安装	米	299.80	3.6	299.80	吨	88	100.00	1	0	48	0	0	510	190	320

图 5-55　罐体钢板组装过程的资源统计

（2）进展分析方法。

1）目标对比法。可用当前计划的参数值与目标计划的对应值进行对比。既可以用横道图的形式直观反映两者之间的偏差，如图 5-56 所示，也可按报表形式展示两者之间的偏差值，如图 5-57 所示。

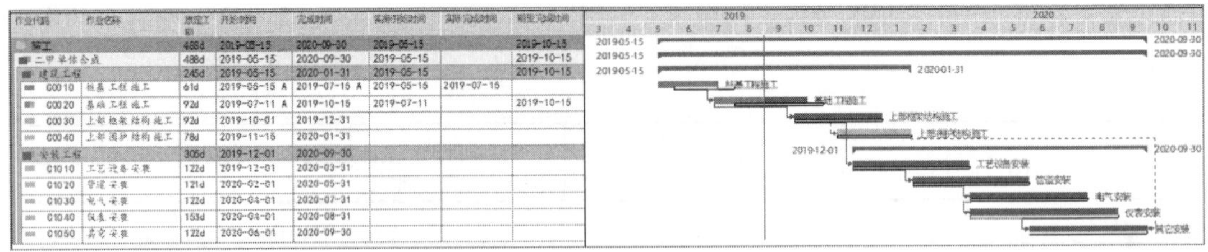

图 5-56　横道图对比分析

编码	作业名称	原定工期	计划开始	计划完成	实际开始	实际完成	目标计划开始	期望完成	目标偏差(开始)	目标计划结束	目标偏差(结束)	完成%	权重%
⊟ C	**施工**	488	2019-06-01	2020-09-30	2019-05-15		2019-06-01		17	2020-09-30		11.71	100.00
⊟ 3	**二甲单体合成**	488	2019-06-01	2020-09-30	2019-05-15		2019-06-01		17	2020-09-30		11.71	100.00
⊟ A3010	**建筑工程**	245	2019-06-01	2020-01-31	2019-05-15		2019-06-01		17	2020-01-31		26.93	43.46
C0010	桩基工程施工	61	2019-06-01	2019-07-31	2019-05-15	2019-07-15	2019-06-01		17	2019-07-31	16	100%	15.94
C0020	基础工程施工	92	2019-08-01	2019-10-31	2019-07-11		2019-08-01	2019-10-15	21	2019-10-31		30.00	36.65
C0030	上部框架结构施工	92	2019-10-01	2019-12-31			2019-10-01			2019-12-31		0%	35.86
C0040	上部围护结构施工	78	2019-11-15	2020-01-31			2019-11-15			2020-01-31		0%	11.55
⊟ A3020	**安装工程**	305	2019-12-01	2020-09-30			2019-12-01			2020-09-30		0%	56.54
C1010	工艺设备安装	122	2019-12-01	2020-03-31			2019-12-01			2020-03-31		0%	45.02
C1020	管道安装	121	2020-02-01	2020-05-31			2020-02-01			2020-05-31		0%	27.87

图 5-57　报表对比分析

而用作对比的目标计划，是计划编制阶段批准发布的项目正式计划及后续因变更等原因进行的升级版本。但有时，为了对比当期计划与此前某一期的执行计划之间的差异，也有根据需要将其他计划作为目标计划的情况，系统级工具软件一般都能灵活调用。

2）前锋线对比。前锋线，是指在时标进度计划上，从检查时刻的时标点出发，用点画线依此将各项工作实际进展位置点连接而成的折线，来直观地比较工作实际进度与计划进度的偏差，进而判定该偏差对后续工作及总工期影响程度的一种方法，如图 5-58 所示。

作业代码	作业名称	原定工期	开始时间	完成时间	实际开始时间	实际完成时间	期望完成时间
⊟ 施工		488d	2019-05-15	2020-09-30	2019-05-15		2019-10-15
⊟ 二甲单体合成		488d	2019-05-15	2020-09-30	2019-05-15		2019-10-15
⊟ 建筑工程		245d	2019-05-15	2020-01-31	2019-05-15		2019-10-15
C0010	桩基工程施工	61d	2019-05-15 A	2019-07-15 A	2019-05-15	2019-07-15	
C0020	基础工程施工	92d	2019-07-11 A	2019-10-15	2019-07-11		2019-10-15
C0030	上部框架结构施工	92d	2019-10-01	2019-12-31			
C0040	上部围护结构施工	78d	2019-11-15	2020-01-31			
⊟ 安装工程		305d	2019-12-01	2020-09-30			
C1010	工艺设备安装	122d	2019-12-01	2020-03-31			
C1020	管道安装	121d	2020-02-01	2020-05-31			
C1030	电气安装	122d	2020-04-01	2020-07-31			
C1040	仪表安装	153d	2020-04-01	2020-08-31			

图 5-58　前锋线进展分析

对于某项工作，实际进度与计划进度之间的关系可能存在以下三种情况。①工作的实际进展位置点落在检查日期的左侧，表明该工作实际进度滞后，滞后的时间为二者之差；②工作实际进展位置点与检查日期重合，表明该工作实际进度与计划进度一致；③工作实际进展位置点落在检查日期的右侧，表明该工作实际进度超前，超前的时间为二者之差。

（3）进展分析实务。

1）目标保存。在工具软件中，可将任何编制完成并经正式批准的项目计划保存为目标计划，如图 5-59 所示。

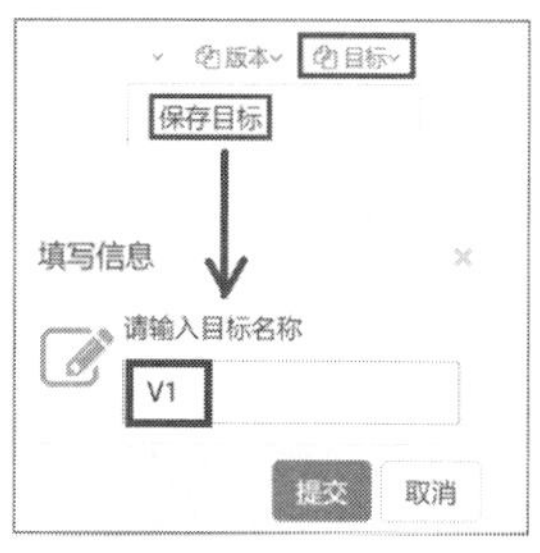

图 5-59　目标计划保存

2）目标调用。对已经保存的目标计划，可以在计划对比时将其调用，并与当前计划进行对比，如图 5-60 所示。

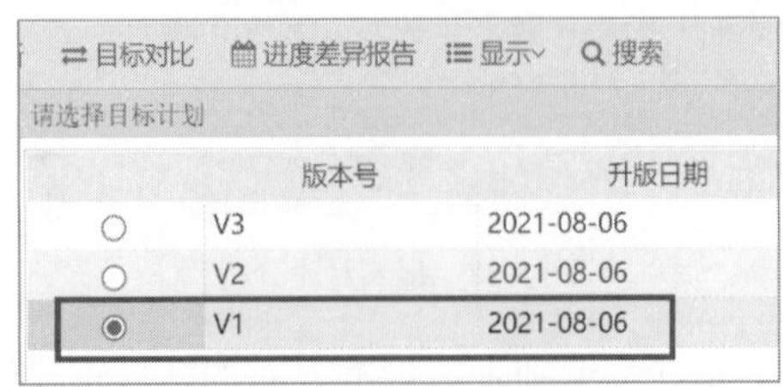

图 5-60　目标计划调用

3）前锋线设置。前锋线加载于横道图上，通过横道图设置控制其是否显示，如图 5-61 所示。但需要注意前锋线判断进度差异的依据设置，如图 5-62 所示。

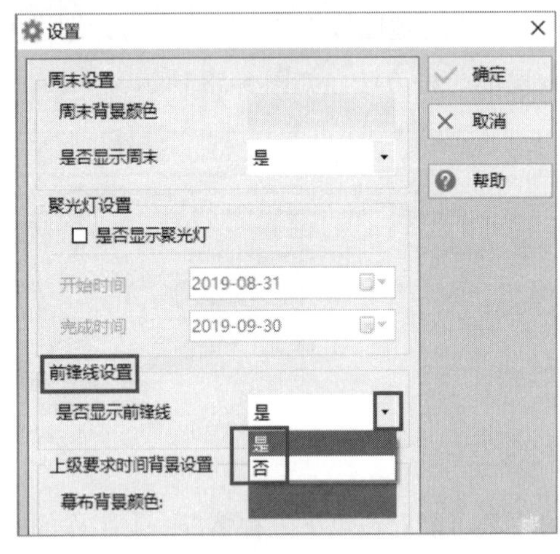

图 5-61　前锋线设置

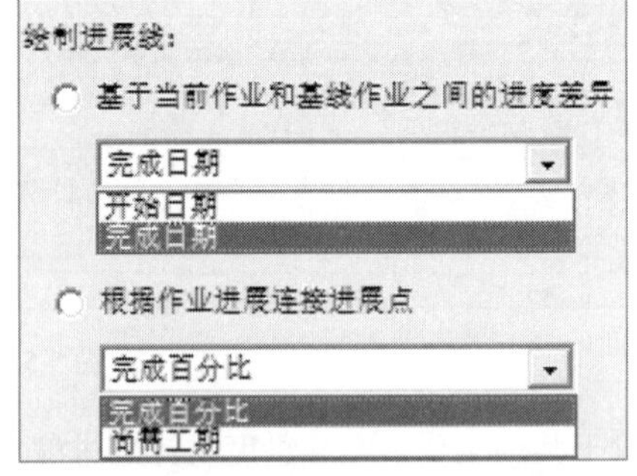

图 5-62　前锋线差异

如果选择完成百分比，需要注意工期完成百分比与实际完成百分比的区别。如图 5-63、图 5-64 所示，A、C 两道作业，原定工期相同，均为 10 天；进展 2 天后，A 完成实际工作量的 30%、C 完成实际工作量的 10%，预计剩余工作均尚需 8 天。

如图 5-64 所示，栏位上列有工期完成百分比与实际完成百分比两列，工期完成百分比按照尚需工期与原定工期计算均为 20%，如果将作业的完成百分比类型设为工期，得到的两道作业的前锋线一致，均与目标计划齐平。

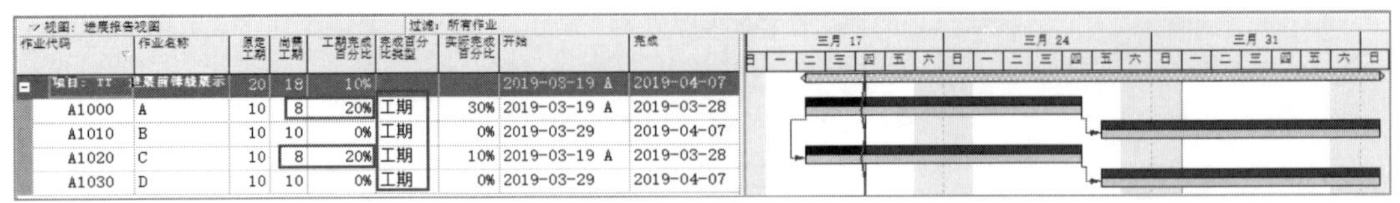
视图：进展报告视图　过滤：所有作业

作业代码	作业名称	原定工期	尚需工期	工期完成百分比	完成百分比类型	实际完成百分比	开始	完成
项目：TT	进展前锋线展示	20	18	10%			2019-03-19 A	2019-04-07
A1000	A	10	8	20%	工期	30%	2019-03-19 A	2019-03-28
A1010	B	10	10	0%	工期	0%	2019-03-29	2019-04-07
A1020	C	10	8	20%	工期	10%	2019-03-19 A	2019-03-28
A1030	D	10	10	0%	工期	0%	2019-03-29	2019-04-07

图 5-63　工期完成百分比

但如果两道作业虽然尚需工期一致，但在已过去 2 天的实际进展不同，将作业完成百分比类型改为实际后，两道作业的前锋线就完全不同了，如图 5-64 所示。所以，进展分析，不能只关注日期，更需要关注实际完成的工作量。

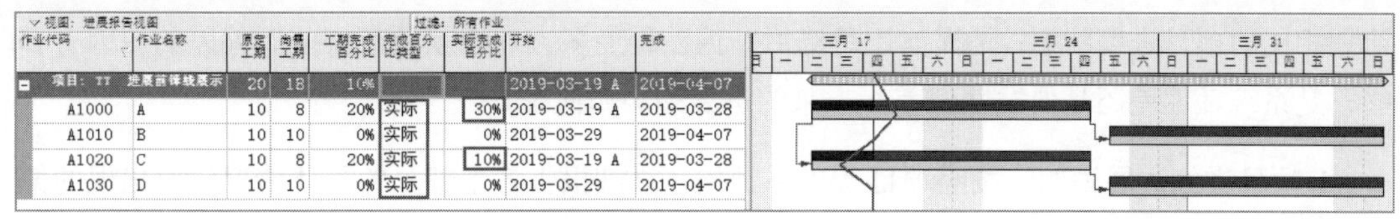

图 5-64　实际完成百分比

（4）分析结论。经过对进展数据与目标计划的对比分析，就可以得到对项目进展状况的一个结论，包括：

◎ 进展正常。各项工作基本都按目标计划推进，偏差很小。

◎ 进展提前或滞后。存在与目标计划的进展偏差。其中包含多种组合的可能，有单纯的提前或滞后，可能是总体进展有提前但单项工作有滞后，或者总体进展有滞后但单项工作有提前。对于这些组合，在研究纠偏措施时，需要针对具体问题做具体分析。

◎ 延期加剧、延期改善。在针对已出现的进展滞后问题的纠偏过程中，为了评估纠偏措施的有效性，在与正式发布的目标计划进行对比之外，通常会将当期计划与前期某个特定计划进行对比。以检查已经发生的滞后经纠偏后是已改善还是更严重。

经过进展分析找出偏差点，紧接着就是查找原因，进而制定纠偏措施。

（5）关键点和注意事项。进展数据真实、完整；进展偏差定位准确；原因分析切中要害；未来趋势预测理据充分。

3. 进度报告编制

（1）项目的报告制度。在整个项目的实施过程中，项目主要干系人会持续、密切关注着项目进展。为使各方及时、准确了解项目真实状态，以便及时协调、解决存在的问题，每个项目都应要求建立定期的进展状态报告制度。

（2）进度报告的主要内容与编制原则。进展报告，以简明扼要、重点突出、图表丰富、反映问题客观、结论明确、措施可行为原则。主要包括以下内容：

◎ 项目工作进展说明；

◎ 与目标计划相对比的状态偏差；

◎ 偏差原因分析；

◎ 计划更新及项目未来趋势预测；

◎ 项目存在的问题及纠偏措施；

◎ 必要的展现项目状况的图表、照片、公文、记录等。

（3）进度报告格式与常使用的图表。

a.项目执行情况综述。概略综述项目总体进展状况，使相关人员快速、宏观地了解与目标计划相比的项目进度状态：是提前还是滞后？偏差程度多大？偏差项有哪些？偏差的原因有哪些？是系统性偏差还是偶发性偏差？未来的进展趋势如何等？

b.项目详细进展说明。按照项目 WBS 结构，详细报告各个部分的具体情况。对出现的偏差，需要分析偏差原因，预测对未来哪些工作会带来影响及影响的程度。

c.存在的问题及采取的措施。根据进展偏差情况，分析并总结存在问题，提出针对性的有效解决对策。

d.附件。以合适的形式，展示报告期内的项目各项进展。包括工作进展、资源投入、资金使用等；反映工作状态或工作成果的进展照片；反映各类验收、报批成果的文件；报告期内发生的各类变更的记录，包括原因说明、变更管理与控制文件、结果描述等；以横道图和表格形式，展示当前进展与目标计划的偏差情况；采取纠偏措施后，未来的项目计划安排。

（4）项目进展报告进度部分示例。进展报告，宜图文并茂。文字用于进展与问题描述，图表用于直观展示进展详情。

1）详细工作进展，如图 5-65、图 5-66 所示。

组包号	组包内容	采购方式	权重（%）	进展（%）	计划日期			实际进展					
					询价/发标	合同签订	运抵现场	询价/发标（5%）	报价/开标（15%）	中标通知（20%）	合同签订（40%）	运抵现场（100%）	当前状态
1期	采购设备/材料：		33.67	100.00									
B01	灯塔钢结构	乙供	0.40	100.00	2006-08-15	2006-09-15	2006-10-20	2006-08-25				2006-10-15	采购完成
C01	输油泵	招标	0.16	100.00	2005-11-10	2006-02-09	2006-09-10	2005-11-10	2005-11-30	2005-12-22	2006-02-09	2006-10-16	采购完成
C02	消防泵组	招标	0.12	100.00	2005-12-15	2006-02-27	2006-06-12	2005-12-15	2005-12-29	2006-02-05	2006-02-27	2006-06-12	采购完成
C03	输油控制系统	招标	0.43	100.00	2006-03-15	2006-07-15	2006-09-15	2006-03-23	2006-04-14	2006-05-11	2006-07-03	2006-12-20	采购完成
C04	消防控制系统、光纤光栅感温火灾报警系统	招标	1.74	100.00	2006-03-25	2006-07-15	2006-09-15	2006-04-01	2006-04-24	2006-05-11	2006-07-03	2006-12-20	采购完成
C05	输油消防系统阀门	招标	1.33	100.00	2006-03-20	2006-07-20	2006-09-30	2006-04-28	2006-05-18	2006-06-26	2006-07-19	2006-12-23	采购完成

图 5-65 详细工作进展（1）

分期	组包号	组包名称	估算费用（万元人民币）	当前状态	完成（%）	计划安排			实际进展					备注
						询价/发标	合同签订	运抵现场	发标	开标	中标通知	合同签订	运抵现场	
									5%	15%	20%	40%	100%	
1期	M01	进口钢板	9,082.50	采购完成	100	2005-05-25	2005-06-10	2006-01-30				2005-06-09	2006-03-05	议标（第一批于2005-09-15、最后一批于06-03-06运抵现场）
1期	M02	国产钢板	9,199.50	采购完成	100	2005-06-15	2005-07-28	2005-11-25				2005-07-28	2005-11-10	自购（第一批2005.09.1[illegible]、最后一批2005-11-10运抵现场）
1期	E01	微机监控设备	95	制造	70	2005-08-27	2006-02-25	2006-03-25	2005-08-24	2005-09-16	2005-10-11	2005-11-23		招标
1期	E02	高低压开关柜	987	制造	80	2005-08-27	2006-02-25	2006-03-25	2005-08-24	2005-09-16	2005-10-11	2005-12-20		招标
1期	C01	输油泵	195.64	制造	50	2005-11-10	2006-03-05	2006-05-14	2005-11-10	2005-11-30	2005-12-22	2006-02-09		招标
1期	C02	消防泵组	146	制造	50	2005-12-15	2006-03-15	2006-05-15	2005-12-15	2005-12-29	2006-02-05	2006-02-27		招标

图 5-66 详细工作进展（2）

2）项目整体进展，如图 5-67、图 5-68 所示。

3）与目标计划的对比，如图 5-69 所示。

编号	名称	计划完成%	实际完成%	差值%	预算值（万元）	计划值（万元）	赢得值（万元）	进度差值（万元）
SI	有机硅单体生产装置建设项目	36.65%	36.22%	-0.43	9939	3642.7	3599.72	-42.98
E	设计	100%	100%	-0.00	1987.8	1987.8	1987.80	0
P	采购	50.86%	50.25%	-0.61	1987.8	1010.97	998.82	-12.15
C	施工	12.29%	11.71%	-0.59	5237.82	643.97	613.14	-30.83

图 5-67　项目计划与实际进展百分比

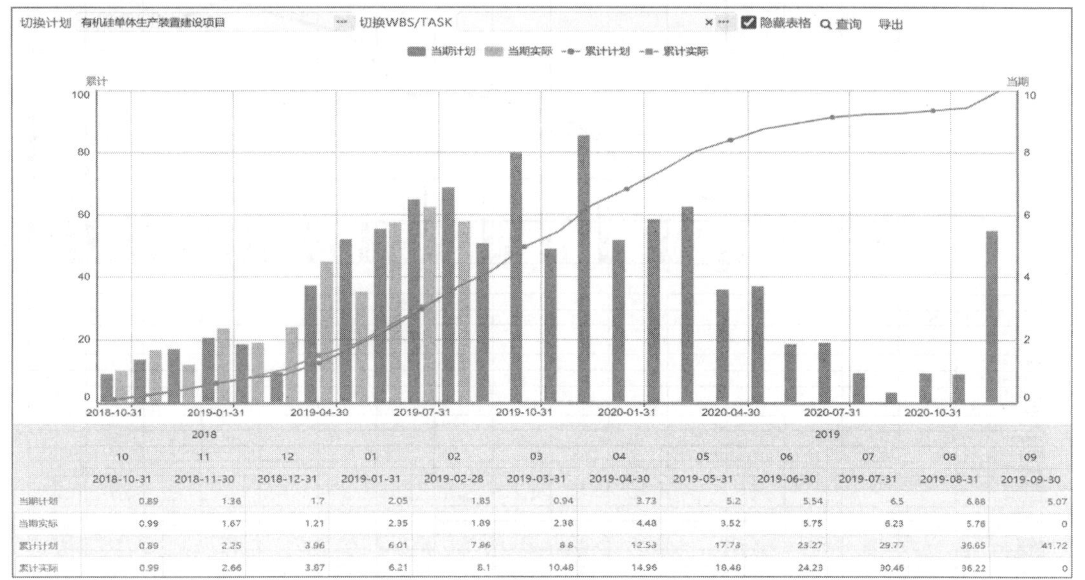

	2018			2019								
	10	11	12	01	02	03	04	05	06	07	08	09
	2018-10-31	2018-11-30	2018-12-31	2019-01-31	2019-02-28	2019-03-31	2019-04-30	2019-05-31	2019-06-30	2019-07-31	2019-08-31	2019-09-30
当期计划	0.89	1.36	1.7	2.05	1.85	0.94	3.73	5.2	5.54	6.5	6.88	5.07
当期实际	0.99	1.67	1.21	2.35	1.89	2.38	4.48	3.52	5.75	6.23	5.76	0
累计计划	0.89	2.25	3.96	6.01	7.86	8.8	12.53	17.73	23.27	29.77	36.65	41.72
累计实际	0.99	2.66	3.87	6.21	8.1	10.46	14.96	18.46	24.23	30.46	36.22	0

图 5-68　项目绩效进展曲线图

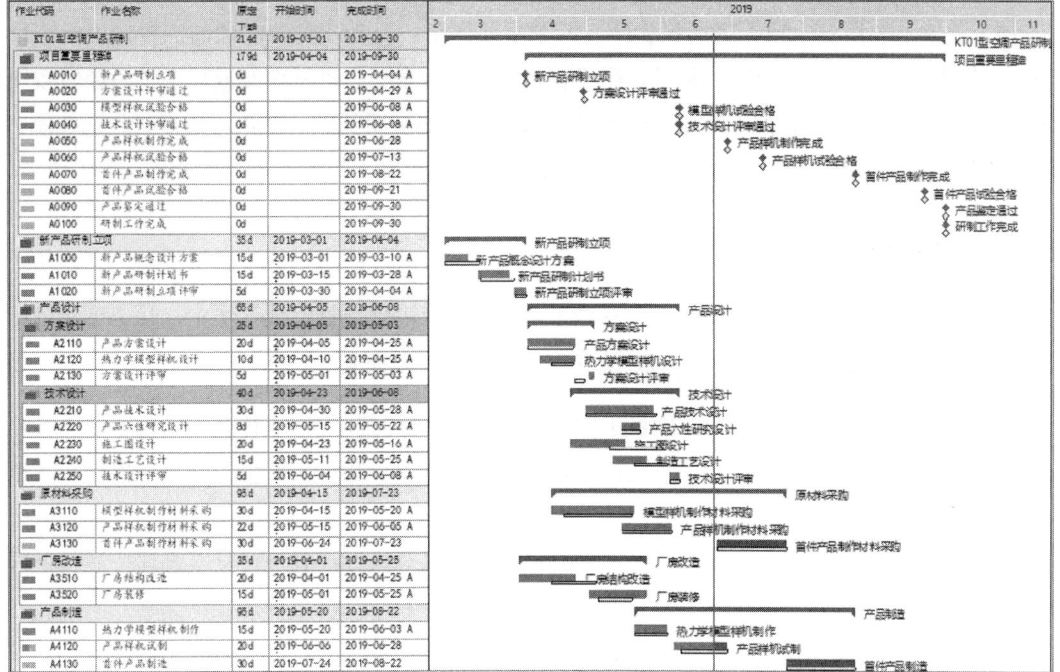

作业代码	作业名称	原定工期	开始时间	完成时间
KT01型空调产品研制		214d	2019-03-01	2019-09-30
项目重要里程碑		179d	2019-04-04	2019-09-30
A0010	新产品研制立项	0d		2019-04-04 A
A0020	方案设计评审通过	0d		2019-04-29 A
A0030	模型样机试验合格	0d		2019-06-08 A
A0040	技术设计评审通过	0d		2019-06-08 A
A0050	产品样机制作完成	0d		2019-06-28
A0060	产品样机试验合格	0d		2019-07-13
A0070	首件产品制作完成	0d		2019-08-22
A0080	首件产品试验合格	0d		2019-09-21
A0090	产品鉴定通过	0d		2019-09-30
A0100	研制工作完成	0d		2019-09-30
新产品研制立项		35d	2019-03-01	2019-04-04
A1000	新产品概念设计方案	15d	2019-03-01	2019-03-10 A
A1010	新产品研制计划书	15d	2019-03-15	2019-03-28 A
A1020	新产品研制立项评审	5d	2019-03-30	2019-04-04 A
产品设计		65d	2019-04-05	2019-06-08
方案设计		25d	2019-04-05	2019-05-03
A2110	产品方案设计	20d	2019-04-05	2019-04-25 A
A2120	热力学模型样机设计	10d	2019-04-10	2019-04-25 A
A2130	方案设计评审	5d	2019-05-01	2019-05-03 A
技术设计		40d	2019-04-23	2019-06-08
A2210	产品技术设计	30d	2019-04-30	2019-05-28 A
A2220	产品六性研究设计	8d	2019-05-15	2019-05-22 A
A2230	施工图设计	20d	2019-04-23	2019-05-16 A
A2240	制造工艺设计	15d	2019-05-11	2019-05-25 A
A2250	技术设计评审	5d	2019-06-04	2019-06-08 A
原材料采购		95d	2019-04-15	2019-07-23
A3110	模型样机制作材料采购	30d	2019-04-15	2019-05-20 A
A3120	产品样机制作材料采购	22d	2019-05-15	2019-06-05 A
A3130	首件产品制作材料采购	30d	2019-06-24	2019-07-23
厂房改造		35d	2019-04-01	2019-05-25
A3510	厂房结构改造	20d	2019-04-01	2019-04-25 A
A3520	厂房装修	15d	2019-05-01	2019-05-25 A
产品制造		95d	2019-05-20	2019-08-22
A4110	热力学模型样机制作	15d	2019-05-20	2019-06-03 A
A4120	产品样机试制	20d	2019-06-06	2019-06-28
A4130	首件产品制造	30d	2019-07-24	2019-08-22

图 5-69　目标对比分析

4）资源统计汇总，如图 5-70 所示。

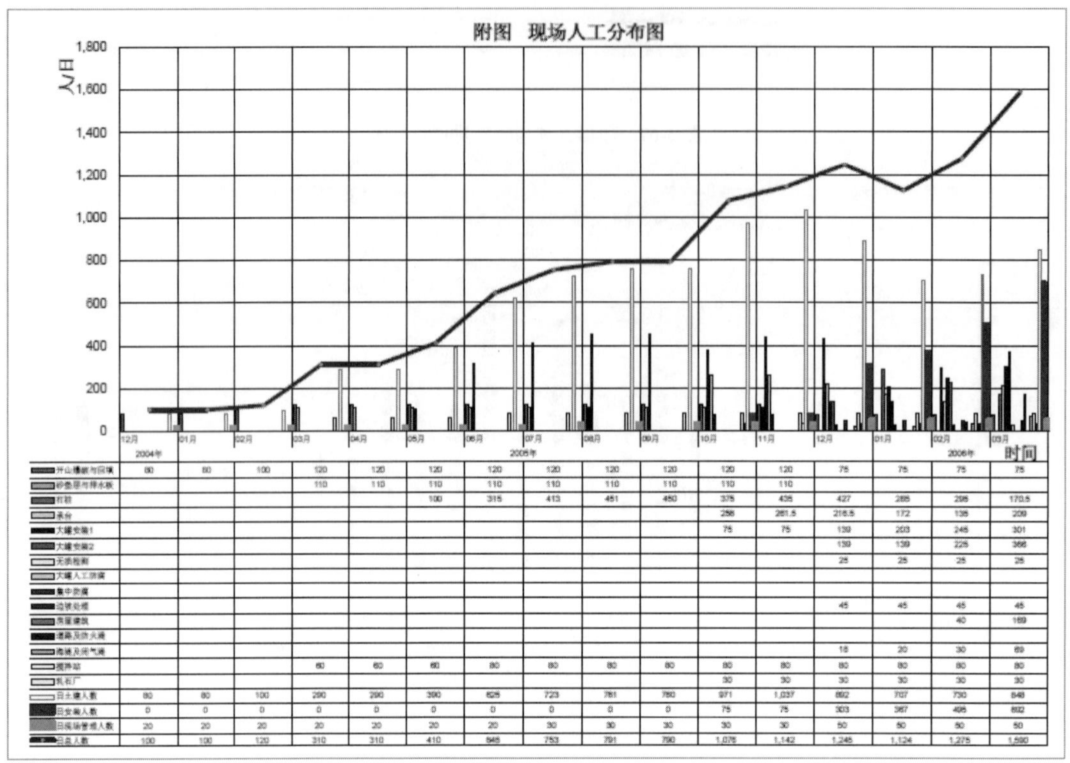

图 5-70 资源统计

5）关键点和注意事项。进展报告，有两个主要作用：一是即时的沟通与汇报，用于项目当前工作所需；二是作为历史的记录，用于存档，供后期索赔、资料调阅或后人学习经验教训所用。理解这两点是做好报告编制工作和项目管理工作的重要基础。所以，进展报告的编制，还是要坚持“简明扼要、重点突出、图表丰富、反映问题客观、结论明确、措施可行”的原则。

5.1.10 目标管理

按照管理大师彼得·德鲁克的目标管理思想，将其应用到项目管理工作中，就是将项目任务转化为项目目标，并按目标管理的方法和程序进行管理和控制。

从进度管控角度，简单而言，项目进度目标就是在什么时间点完成什么工作内容。顶层的进度总目标，可能只是项目的开始与完成日期，或者再包含一些重要的里程碑节点要求。要想完成这些宏观的进度目标，就需要按照计划编制程序进行工作分解与时间安排，形成对总目标具体落实的执行计划。对复杂的项目，在必要时，还可以对执行计划进行分级管理，继续分解形成更下一级的执行计划。

在进度计划的目标管理中，同样要按照目标管理的核心思想与工作方法开展工作，包括：

◎ 目标计划的 SMART 原则、总目标与分目标之间的统一原则等；
◎ 目标任务执行主体明确，职责分工清晰，绩效评价规则量化具体；
◎ 对执行过程持续监控，通过定期报告与例会制度，及时发现、协调并解决存在问题。

1. 计划沟通

（1）目的。编制出一版计划，只能代表完成了一个计划雏形。因为，该计划可能只是少数人部分观点的体现，是否为适合项目特点的最佳方案，能否切实可行，有必要在整个项目范围内广泛征求意见以求得深入共识。计划沟通的目的，就是谋取优化的项目计划，并为未来的高效执行做铺垫。

（2）形式。计划沟通的形式，宜因地制宜、灵活多样。可以是点对点单独交流，也可以是大范围的会议分析与商讨；可以通过打印版的文件发送，也可以直接在工具系统中审阅。

计划沟通，是借助团队智慧，对项目计划进行分析与优化完善，需要团队成员的广泛与深度参与，是一个求同存异、协作担责的过程。

这个过程组织、实施得越好，所形成的进度计划越科学合理与可行。更重要的是，经过充分的沟通与细致探究，可以使整个团队对项目计划的整体状况及制约因素和关键要点有充分认识并达成共识，是后期计划执行工作顺利开展的前提。

（3）根据沟通结果修订计划。虽然在计划编制过程中，通过收集历史数据、求助专家、多方案对比等手段，已经最大限度地反映了计划编制者的努力成果。但是，在计划沟通过程中，基于已成系统的初稿计划，参与审阅者可以有更进一步的思考与理解，加之大范围头脑风暴式的启发与引导，无疑能碰撞出更多更有价值的计划优化策略和实施方案。计划沟通，应该邀请执行层人员参与，可以吸取他们对于计划的优化建议，更重要的是，通过分析与讨论，能使他们更深入地了解项目总体计划，以及执行过程中的把控要点和存在的隐患。

根据沟通过程中达成的调整意见（调整意见可能包括：对某些作业工期的调整、某些作业之间逻辑关系类型或延时的调整等），计划编制人员将其反映到初版计划中，形成一个新的计划版本，该版本计划可以继续下发组织沟通讨论，直至在项目组内就计划内容基本达成一致。

经过充分沟通，达成共识的项目进度计划，可以视为计划编制阶段的正式成果，按照管控规定提交审批。如果有新的审批修改意见，仍需进行调整。

（4）执行层计划确认。执行层对项目计划进行确认，是为了从实施角度评估计划的合理性与可执行度。因为执行层对相关工作的实施方案更了解，对工期与逻辑关系更有发言权。

执行层的确认，可以在组织讨论时邀请他们一起参加，也可以由其单独审核项目计划文件，根据具体项目的实际情况灵活处置，前提是确保得到执行层对计划的认可。

（5）关键点和注意事项。计划编制，不是少数人员的独立工作，需要项目组全员的参与。

计划沟通，是优化项目计划的必要过程，需要高度重视。

计划沟通，不能走过场，忌讳以下几点：

◎ 参与不够。以未来的事情难以预测为借口，不愿意深度剖析。但实际上，对于大多数的项目，是有可参照案例的。即使整个项目缺少参照物，但其中的子过程仍能找到可供对比的历史数据，真正不可预测的部分其实是极其有限的。

◎ 重视不够。计划沟通，其实是对实战过程的演练，演练中暴露出的问题，大概率会在执行中重现。如果演练时都找不到有效对策，指望实战时得到乐观结果，基本上是不可能的。尤其对执行所必需的资源，如果存在保障瓶颈，不早做安排，错过时机可能更难以解决。

◎ 回避矛盾。不少项目，会有上级指示或节点要求，其中不乏执行难题。如何正确对待？回避矛盾肯定不可取。有些要求，是可以变更的；有些要求，虽然没有调整的余地，但可以请求上级给予资源支持。不妨考虑，经过深入的研究与分析，拿出翔实且有说服力的理据，向上级进行专题汇报以取得支持。

2. 计划审批

（1）目的。进度计划的审批，是项目管理组织机构对进度计划中所安排的各项工作内容和时间的确认过程。被批准的进度计划，是对项目组进度管控绩效考核的依据。

（2）方式。传统的计划审批，是将打印出的计划文件，交由各审批人签字批准。随着信息技术的发展，现在都通过管理系统进行电子化审批。审批的内容，可能是打印文件的电子版，也可能是保存于系统数据库中的原始进度计划文件。

纸质签署，方便查阅，但所打印的信息可能有限；系统签署，可以保存计划全部数据，也方便后期调用对比。审批过程，系统也能自动记录留痕。所以，现在信息化程度高的项目，进度计划多以线上方式进行闭环审批。

（3）流程。计划审批流程，与项目类型、管理模式、项目组织机构组成、计划层级等相关，差异极大。由项目组在制定进度管控规则时进行规定并报项目上级机构批准后执行。任何计划，如果进行了升版，都必须按原流程重新审批。

（4）计划须审批的情景。严格意义上讲，任何计划文件，都需要审批。比如：

第一层级的计划，项目进度控制目标，可能是独立的一份计划文件，也可能是某个项目文件中的一部分。来自项目上级，可能以书面签署的文件下发，也可能是以公文的形式下发，是经过批准的可用作项目依据的正式文件。

第二层级的计划，依据项目控制目标，项目组组织编制项目总体进度计划，该计划由参与编制的人员会签以确认其内容，经项目经理审核无误后，提交项目上级及第一层级计划的授权责任人批准。

第三层级计划，是在第二层级计划基础上的细化与分解，可能是设计、采购或施工某个阶段的详细进度计划，根据项目进度计划管理策略确定。比如，设计进度计划，由设计承包商编制、设计经理审核、设计承包商的主管责任人确认后，再上报建设单位项目经理批准。

至于以下层级的计划，其审批流程可能适当简化，但如何简化，需事先得到相关方的书面认可。

（5）关键点和注意事项。计划审批，涉及面很广，为便于审批人员了解项目计划内容，计划编制人员可以文字形式对计划内容和计划策略做出说明，必要时可组织专题汇报会进行沟通，以加速审批过程。

3. 目标计划标识与维护

目标进度计划是经过批准的项目进度模型，包含项目、WBS、作业各个层级工作安排的起止时间，是对项目团队后续工作安排的时间要求，也是评判后续计划执行工作成效的依据。

因其重要性，目标计划一旦确定原则上不允许修改，除非特殊原因或确有必要。对其进行的任何修改，都必须通过正式的变更控制程序进行升版更新，原目标计划及更新后的新目标计划，都要进行归档保存。

目标计划的形成，可以在审批完成后自动保存，如图 5-71 所示。

≡ 计划审批　　保存　刷新　打印

计划审批 / 计划详情 / 版本对比				
	计划编号	C	状态	批准
	计划名称	施工建造		
	计划开始	2018-03-31	计划完成	2019-02-28
	计划版本	V1-20201028	☑ 是否自动保存目标	
	录入人名称	杨	录入日期	2020-10-28

图 5-71　目标计划保存

一个项目，可以根据需要设置多个目标计划。设置目标计划的目的主要是用于对比。即在工作执行过程中，计划的实施效果如何，需要与目标进行对比。而工具软件可以直接调用目标计划并进行相关内容的数据比对，大大提高了工作便利。

刚刚批准发布、尚未执行的项目计划，是最原始的项目目标计划。如未因重大调整进行过升版，则该计划将在整个项目期间一直有效，是统领整个项目进度管控的纲领。

在计划执行过程中，随着工作的陆续推进，进度计划中会不断体现进展信息。根据当期进展与原始目标计划的偏差，项目组会采取一些诸如调整后续工作时间安排的纠偏措施并将其体现于当期计划之中，形成当期的更新计划。这些更新计划，按照进展反馈频率、定期更新发布。

为进展对比需要，在工具软件中，更新计划也可以作为目标计划被保存、调用和对比，但与原始的目标计划相比，两者的权威性、使用范围、约束力等可能是有差别的。

目标计划在保存时，需要给定编号，可以采用诸如版次、内容简述、日期等信息以示区别。比如：目标计划 V1.0-20210608、更新计划-20210809 等。

4. 目标计划应用

以一个简单的单台设备安装项目为例，说明一下目标计划的应用。

（1）项目工作内容。先由设计人员根据用户需求编制“采购技术要求”并出具安装所需的“土建基础图”；然后，采购人员按照“采购技术要求”采购设备，施工人员按照“土建基础图”组织施工；最后，采购人员在现场交付所采购的设备，施工人员组织安装。安装完毕即交付使用，项目结束。作业信息见表 5-3，项目开始日期 2019 年 8 月 1 日，项目要求完成日期 2019 年 9 月 9 日。

表 5-3 设备安装项目作业信息

序号	作业代码	作业名称	原定工期	后续作业	逻辑关系	延时
1	X1010	设备采购技术要求	2d	X1020	FS	0
				X1030	FS	0
2	X1020	土建基础图	5d	X1040	FS	0
3	X1030	设备采购	28d	X1060	FS	0
4	X1040	场地清理	2d	X1050	FS	0
5	X1050	基础施工	15d	X1060	FS	0
6	X1060	设备安装	10d	—	—	—

（2）编制计划。按照上述信息，在工具软件中，编制计划，如图 5-72 所示。

作业代码	作业名称	原定工期	最早开始时间	最早完成时间	最晚开始时间	最晚完成时间	总浮时	自由浮时
目标计划示例		40d	2019-08-01	2019-09-09	2019-08-01	2019-09-09	0d	0d
X1010	设备采购技术要求	2d	2019-08-01	2019-08-02	2019-08-01	2019-08-02	0d	0d
X1020	土建基础图	5d	2019-08-03	2019-08-07	2019-08-09	2019-08-13	6d	0d
X1030	设备采购	28d	2019-08-03	2019-08-30	2019-08-03	2019-08-30	0d	0d
X1040	场地清理	2d	2019-08-08	2019-08-09	2019-08-14	2019-08-15	6d	0d
X1050	基础施工	15d	2019-08-10	2019-08-24	2019-08-16	2019-08-30	6d	6d
X1060	设备安装	10d	2019-08-31	2019-09-09	2019-08-31	2019-09-09	0d	0d

图 5-72 计划编制

（3）保存目标计划。经审核无误后，将该计划送审报批并自动保存为“目标 V1”目标计划，如图 5-73 所示。

图 5-73　目标计划保存

（4）工作执行及进展反馈。至 2019 年 8 月 3 日下班时刻止，项目组收集到的进展信息为：X1010——设备采购技术要求，按计划应于 2019 年 8 月 2 日完成。但实际上，该工作推迟了 1 天至 2019 年 8 月 3 日才完成。将该进展数据录入进度管控系统，并按“反馈数据截止日期+1”作为数据日期（2019 年 8 月 4 日）重新进行进度计算。结果显示，按原定计划逻辑，将导致项目总工期将滞后 1 天（总浮时变成了−1），如图 5-74 所示。

作业代码	作业名称	工期	开始时间	完成时间	最早开始时间	最早完成时间	最晚开始时间	最晚完成时间	总浮时	自由浮时
目标计划示例		41d	2019-08-01	2019-09-10	2019-08-04	2019-09-10	2019-08-02	2019-09-09	-1d	0d
X1010	设备采购技术要求	2d	2019-08-01 A	2019-08-03 A	2019-08-04	2019-08-04	2019-08-02	2019-08-02		
X1020	土建基础图	5d	2019-08-04	2019-08-08	2019-08-04	2019-08-08	2019-08-09	2019-08-13	5d	0d
X1030	设备采购	28d	2019-08-04	2019-08-31	2019-08-04	2019-08-31	2019-08-03	2019-08-30	-1d	0d
X1040	场地清理	2d	2019-08-09	2019-08-10	2019-08-09	2019-08-10	2019-08-14	2019-08-15	5d	0d
X1050	基础施工	15d	2019-08-11	2019-08-25	2019-08-11	2019-08-25	2019-08-16	2019-08-30	5d	6d
X1060	设备安装	10d	2019-09-01	2019-09-10	2019-09-01	2019-09-10	2019-08-31	2019-09-09	-1d	0d

图 5-74　反馈数据延迟

（5）进展分析及纠偏对策研究。经项目组研究，在目标计划中设备采购与设备安装之间的逻辑关系为 FS0，可以调整为 FS−1，即在设备到货前 1 天先进行一些必要的安装准备工作，可以抢回耽搁的 1 天总工期，如图 5-75 所示。

作业代码	作业名称	工期	开始时间	完成时间	最早开始时间	最早完成时间	最晚开始时间	最晚完成时间	总浮时	自由浮时
目标计划示例		40d	2019-08-01	2019-09-09	2019-08-04	2019-09-09	2019-08-03	2019-09-09	0d	0d
X1010	设备采购技术要求	2d	2019-08-01 A	2019-08-03 A	2019-08-04	2019-08-04	2019-08-03	2019-08-03		
X1020	土建基础图	5d	2019-08-04	2019-08-08	2019-08-04	2019-08-08	2019-08-09	2019-08-13	5d	0d
X1030	设备采购	28d	2019-08-04	2019-08-31	2019-08-04	2019-08-31	2019-08-04	2019-08-31	0d	0d
X1040	场地清理	2d	2019-08-09	2019-08-10	2019-08-09	2019-08-10	2019-08-14	2019-08-15	5d	0d
X1050	基础施工	15d	2019-08-11	2019-08-25	2019-08-11	2019-08-25	2019-08-16	2019-08-30	5d	5d
X1060	设备安装	10d	2019-08-31	2019-09-09	2019-08-31	2019-09-09	2019-08-31	2019-09-09	0d	0d

常用　状态　资源　逻辑关系　记事本　步骤　反馈　紧前作业　后续作业

作业代码 X1030　作业名称 设备采购

作业代码	作业名称	关系类型	延时	作业状态	驱控	关键	开始时间	完成时间
X1060	设备安装	FS	-1	未开始	☐	☑	2019-08-31 08:00	2019-09-09 16:00

图 5-75　纠偏措施

该纠偏措施及更新计划经上报后得到认可，项目组以此作为后续工作的安排下发执行。同时，为对比本期与下期的工作进展，特将该计划保存为另一个目标版本“更新 V0803”。

（6）目标对比。至 2019 年 8 月 13 日下班时刻，项目组又将收集到的项目进展数据录入系统，并重新按 2019 年 8 月 14 日进行进度计算。其结果如图 5-76 所示。

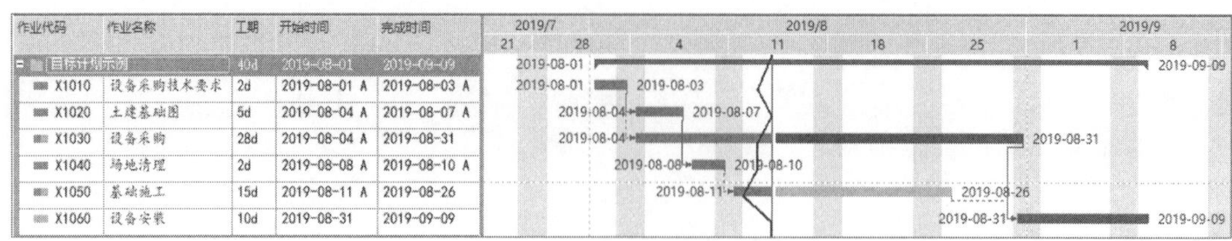

图 5-76 进展更新

虽然，从图 5-76 中可以看出项目完成日期 2019 年 9 月 9 日符合项目目标要求，但详细情况有没有偏差，需要通过与目标的对比。先与“更新 V0803”计划做对比，如图 5-77 所示。

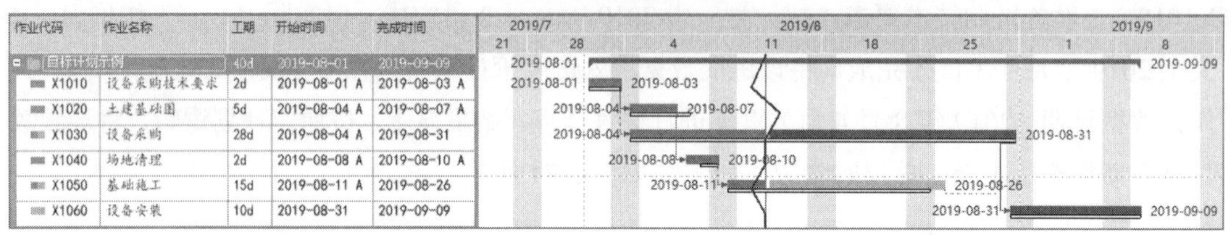

图 5-77 目标的对比分析

◎ X1010——设备采购技术要求，前期就已经完成，所以两者一致；

◎ X1020——土建基础图，更新计划中要求 8 日完成，实际 7 日完成，提前了 1 天；

◎ X1030——设备采购，虽然还未完成但预计 1 天后即可完成，所以两者一致；

◎ X1040——场地清理，提前 1 天开始，多花了 1 天，按时完成；

◎ X1050——基础施工，按时开始、尚未完成，但预计要多花 1 天，因此会滞后 1 天完成；

◎ X1060——设备安装，尚未开始，但预计与计划一致。

从以上数据可以看出，计划工作，难免会有提前与滞后；非关键工作，略有调整，不至于影响总体目标。再与目标计划“目标 V1”做对比，如图 5-78 所示。

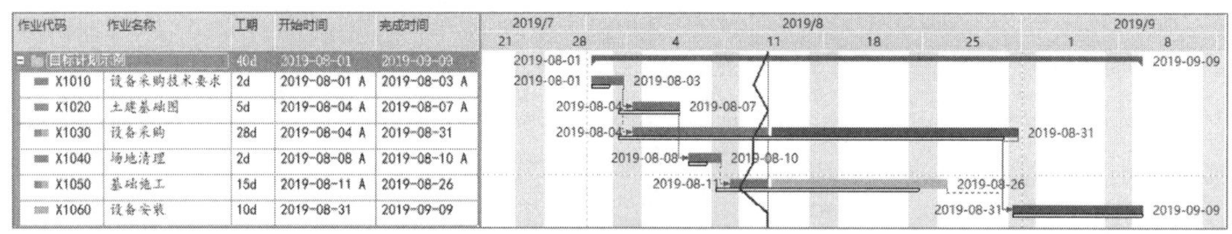

图 5-78 目标对比

◎ X1010——设备采购技术要求，滞后 1 天完成；

◎ X1020——土建基础图，滞后 1 天开始，节省了 1 天工作，按时完成；

◎ X1030——设备采购，滞后 1 天开始，预计滞后 1 天完成；

◎ X1040——场地清理，按时开始，多花了 1 天，滞后 1 天完成；

◎ X1050——基础施工，滞后 1 天开始，预计滞后 2 天完成；

◎ X1060——设备安装，尚未开始，但预计与计划一致。

（7）分析与讨论。以上两个对比，虽然最终的执行结果一致，但过程进展评估结论有不小差异：

◎ 与目标计划的对比，基本都是滞后的现象；

◎ 而与更新计划对比，有提前、有滞后，有滞后改善迹象。

本例只是一个简单的示例，比较容易对比与判断。但对一个大型复杂项目，进展偏差的作业数量会很多，有关键路径上的，也有非关键路径上的，有一般性的工作偏差，也会有里程碑节点进度的偏差，评判与纠偏相对复杂。

另外，目标计划是项目组向上级做工作汇报的依据，项目经理是责任人。而执行计划即更新计划，是执行层向项目经理做工作汇报的依据，执行经理是责任人。从此例中可以看出，对同样的项目总体进展，两个责任人所面对的局面和压力会有比较大的差异。从中是不是可以有一些关于职责、考评方面的思考呢？

5.2　专业管控应用

5.2.1　计划编制——合理性审查

项目计划编制的合理性审查是计划编制完成不可缺少的最后环节，监理和业主更应强调计划审查工作的重要性与严肃性。业主的总体计划是项目工期目标和整体统筹协同的纲领性指导文件，蕴含着业主系统性、科学性的项目组织实施方略。因此，业主内部会同监理一定要严肃认真地审查拟将发布的总体计划。对承包商而言，一旦提交的进度计划得到监理和业主的审查批准，该进度计划就是各方共同遵守的时间依据，也是以后项目索赔与反索赔的重要依据。

实际上，明确进度计划的严肃性，大家都围绕进度计划展开各自工作，也是现代项目进度控制管理的基本前提，没有这个前提，进度控制就会变成一句空话。在项目实施过程中承包商按批准的网络计划实施工程，监理根据该计划监督施工和控制进度，设计按照该进度计划提供施工图纸，业主根据该计划组织资金与设备、物资供应。从确保项目各方在实施过程中的协调一致性角度来说，计划的合理性审查就显得尤为重要。

进度控制是一个系统工程，需要业主/总包方、监理方、设计方、分包方之间的通力协作才能完成。总体计划的安排是否合理，需要建设单位组织项目专家对项目总体进度目标做一个全面的梳理与审查。只有经过严格审查的总体计划，才具有对设计、施工单位依据总体计划要求而编制的执行计划构成合理的约束力和强制执行力。在项目执行过程中，各单位的进度计划按总进度控制要求相互衔接、彼此配合，各按本身的计划实施并对实现所承担的进度目标负责，同时还要接受监理单位的监督控制。具体流程如图 5-79 所示。

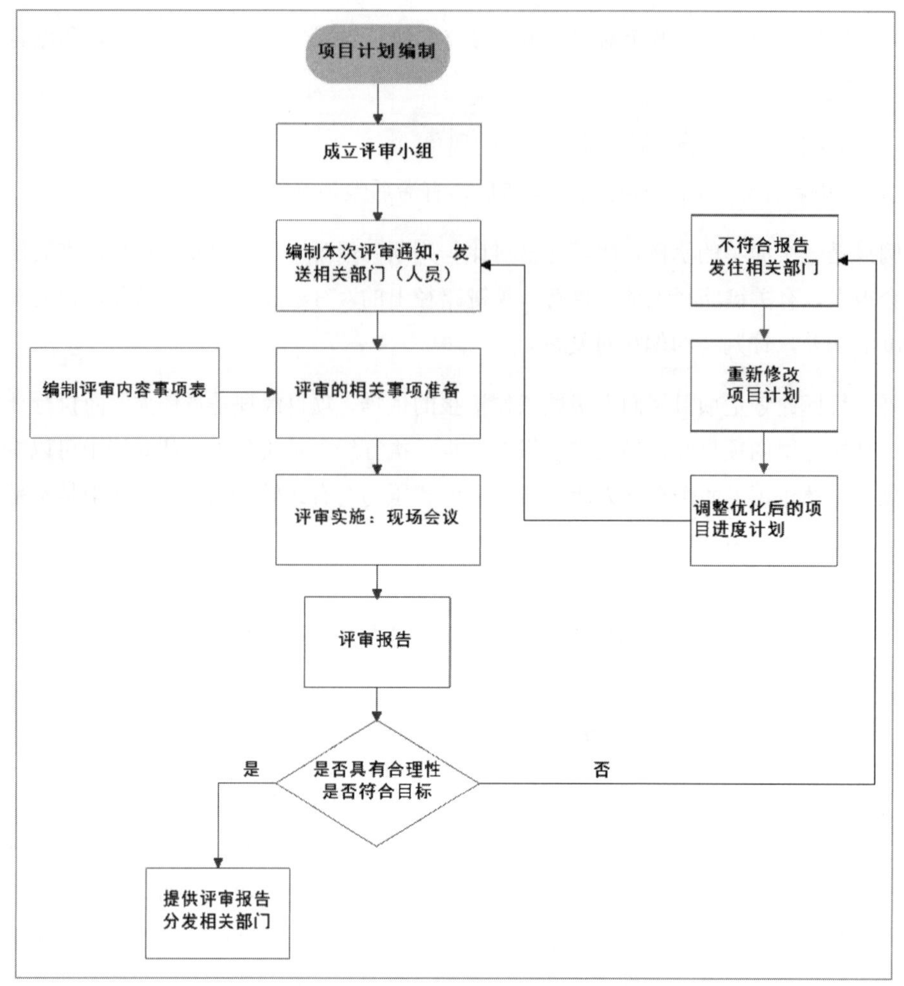

图 5-79　项目计划编制合与性评审流程

1．里程碑进度审查

里程碑是项目中的重大事件，是一个时间点，通常指一个重大可交付成果的完成。编制里程碑计划对项目的目标和范围的管理很重要，同时可以协助范围的审核，给项目执行提供指导。里程碑目标一定要明确，好的里程碑计划就像一张地图指导我们该怎么走。通常是通过建设各方参与的方式来制订里程碑计划，这样可以使里程碑计划获得更大范围的支持。里程碑计划也是完成阶段性工作的标志，不同类型的项目里程碑可以不同，但里程碑在项目管理中的重要意义是相同的。项目里程碑计划是项目各个阶段重要的关键控制点，对里程碑进度计划的审查必须结合整体进度计划的合理性与科学性，并应进行综合考虑（包括但不限于）：

◎ 进度计划要满足项目总体目标要求；
◎ 满足上一级进度计划控制点的要求；
◎ 满足内外部接口协调配合的要求；

◎ 满足各种资源协调使用的要求；
◎ 考虑气候、环境等客观因素的影响；
◎ 计划是否留有足够的调整空隙时间和余地；
◎ 计划中要考虑各个里程碑控制点的均衡性与中间可交付性。

2. 关键路径审查

项目的关键路径就是指从项目开工到完工的最长作业路径。当项目未设定“必须完工日期”或作业的限制条件时，由零总浮时作业组成的、从项目开工到完工的作业链路就是项目的关键路径。关键路径上的作业就是关键作业。也就是说，这些作业非常关键，因为它们中任何一项作业拖工期，则项目就无法在规定的完工日期内完成。同时，关键路径的工期决定了整个项目的工期，任何关键路径上作业活动的延迟，在浮动时间为零或负数时将直接影响项目的预期完成时间。

在项目管理系统中，如果对作业活动设定了各种时间限制条件，会导致关键作业并不一定出现在最长作业路径上，这一点务必掌握。在系统中可设定总浮时小于某一数值的作业为关键作业，或将某些作业人为地设成关键作业，以满足实际要求。这样做对于有些项目的管理会带来一些便利，因为人们往往习惯性地关注总浮时较小的作业，或人为地将一些重点部位的作业作为关键作业来安排。在系统中设定项目的必须完工日期后，通过进度计算后有时会出现负的总浮时，这些带有负总浮时的作业，就是通常所说的项目关键作业，若不加以调整，意味着若按本计划执行，项目将不能按时完工。负浮时的绝对值就是预计工期将要超出的天数，需要在计划的关键路径上压缩掉这些天数，计划方能在必须完工日期前完工 。

一个项目可以有多条关键路径存在。总工期比关键路径总工期略少的一条并行路径被称为次关键路径。我们在项目计划编制中的审查或者实际实施执行过程中，不仅要关注关键路径，也要关注次关键路径。

关键路径是整个项目时间意义上的主要矛盾之所在，是确保项目能否按时完成的关键。关键路径在项目执行过程中会发生转移，主要是因为原本非关键路径上某些工作的拖期造成的。当然，关键路径工作的提前完成也可能引起关键路径的改变。这些改变都是我们在审查关键路径时所必须予以充分关注的。

3. 工作接口（界面）审查

项目工作接口（界面）的审查，主要针对的是同一层次计划级别不同作业之间的接口审查。以大型工程项目的建设为例，通常包括项目前期策划、设计、采购、施工和试运行等几个关键阶段，而不同阶段所包含的工作内容与项目作业活动的划分是不一样的。项目计划工作接口的审查宜从以下两个方面展开。

（1）项目不同时间阶段之间衔接工作的审查。工作接口的审查主要解决的是各个阶段计划之间的接口衔接问题，解决的是作业活动上下游之间文件与实物的按期交付问题。比如：项目前期的环境地质勘查与设计之间的接口、设计与采购之间的接口、设计与施工之间的接口、采购与施工之间的接口、施工与调试运行之间的接口等。这些工作接口如果不能得到时间上的有效衔接，将导致上下游工作接口之间发生时间上的严重失配，从而导致项目计划工期的不合理。通常情况下，项目几个关键阶段工作接口的计划合理性审查是在业主二级计划中开展进行的。业主二级计划作为项目的指导性与控制性计划，重点解决的也是整个项目包括前期策划、设计、采购、施工和试运行等关键阶段之间的接口问题，只有这些阶段之间的衔接问题得以解决，其编制的项目二级控制性计划工期才具有合理性和指导性。

（2）项目同一时间阶段的不同专业衔接工作的审查。项目二级计划合理性审查解决的是不同阶段的工作接口衔接问题。那么，同一时间阶段的不同专业之间，其工作接口进行审查解决的是各个专业之间的接口衔接问题。该工作接口衔接问题的审查一般是在承包商编制的三级进度计划中体现，对承包商依据业主二级计划编制而提交的三级计划合理性审查，主要从各个专业作业工序之间的工作接口衔接计划安排上进行合理性审查（包括设计计划、采购计划、施工计划、调试计划）。审查的内容包括但不限于以下方面：

◎ 审查项目计划的内容是否与合同范围保持一致，防止有漏项；
◎ 项目作业计划工期是否满足甲乙双方合同规定的进度计划要求；
◎ 项目工作日历是否按照项目部的要求统一规定进行设置；
◎ 作业工序加载的限制条件有没有必要，是否正确；
◎ 各承包单位之间的交接点（比如，土建与安装之间的交接点）设置是否足够、正确，其交接时间是否合理，是否满足要求；
◎ 满足计划相关外界条件的要求说明是否可以接受；
◎ 满足不同组织对计划要求加载的“作业分类码”是否正确。

4. 逻辑关系审查

项目计划逻辑关系的审查，主要针对的是承包商编制的三、四级及以下的计划。项目计划编制的作业工序越详细，对其逻辑关系审查的就要更严格。正确识别作业工序之间的联系，严格审查其合理性；审查作业工序逻辑关系的前提基础是对做法顺序及工艺要求的认知，以及承包商对特殊作业工序实施方法的报告。各环节的实施方法应遵从其报批的整体实施组织方法的报告。

审查进度计划时应尽可能识别一些相互联系不大的工序间的逻辑关系，并要求承包商予以说明或修订。同时审查作业各专业之间是否严格按照组织逻辑关系与工艺逻辑关系来区分编排计划；作业工序逻辑关系是否合理、正确、完整，对于部分有搭接逻辑关系的作业其延时是否合理，以及作业工序自由浮时的范围是否具有合理性等。因为不同的逻辑关系会造成不同的延误影响结果，承包商可能会回避自己的问题而利用逻辑关系的设置为其设计索赔依据。因此在审查工序逻辑关系时，应特别注意避免承包商在其中设下的逻辑关系陷阱。把一些不必要的逻辑关系和限制条件尽量删除或简化，以保证参与网络进度计划计算的作业工序时间及逻辑关系是客观合理的。

5. 资源冲突审查

项目计划资源冲突的审查，主要是对承包商所编制的三级进度计划中加载的资源审查。资源可能包括人力资源、施工机具与大型专业设备。资源是进度计划得以实现的保证，如果没有资源配置计划作为后盾，则无法判断承包商能否按计划进行实施，对承包商的计划审查也难以进行。在审查资源配置时，主要是对关键设备及相应的生产率进行审查，特别是关键路径上的施工机具与大型专业设备，人力资源总数投入，以及各专业工种人员之间的搭配比例是否合理。承包商在其投标文件中有拟投入工程的资源计划，是审查承包商进度计划中资源配置的基础。

一般情况下，承包商在投标时对资源的规划，均会考虑人力资源、施工机具与大型专用设备投入的安全系数。如果发现承包商的资源配置计划有可能不能满足其所提供的三级进度计划要求的施工资源时，应要求承包商按其在投标文件中的承诺增加资源以满足进度计划安排的实施要求。对于计划中资源冲突的审查，通过进度管控系统来实现，主要包括但不限于以下几点：

◎ 按计划进度要求，对人力资源总体需求的审查，主要依据承包商投标或合同承诺中的相关人力投入数据，审查累计总量及资源按周或者按月分布的数量是否满足需求，防止资源分布与项目工程进度计划不匹配，出现分布不均，防止某一时期出现资源不够或者窝工现象，如图 5-80 所示；

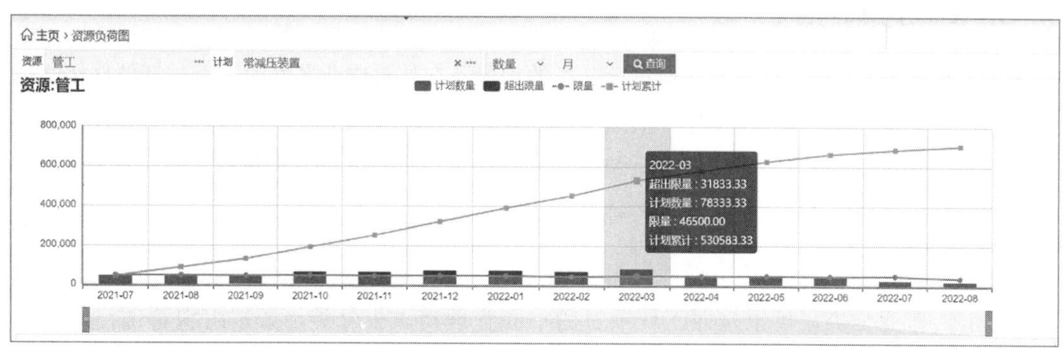

图 5-80 资源负荷图

◎ 按 EPC 计划不同阶段（设计、采购、施工），对投入人力资源不同工种的需求进行审查，主要审查计划中所有作业（工序）已加载资源的单一人员工种负荷情况，审查是否超出已提交资源计划的单一资源最大负荷，以及资源分布的合理性，避免单一资源的浪费或者过度使用；

◎ 审查大型吊装机具、运输设备或者专用工机具的资源配置情况，是否满足总体需求或者出现计划资源的使用冲突；

◎ 审查通过实物工程量强度（将工程量通过资源加载到了作业上），判断这种强度是否符合常规能力现实，是否满足总体需求或者出现超高强度而可能导致无法实现的风险。

5.2.2 计划执行——量化测量

通过对进度计划的编制，计划合理性的审查，得到项目建设各方批准认可的实施计划，接下来的主要任务就是如何执行好已批准的进度计划。编制计划不是目的，实施计划才是根本。进度计划的具体执行，主要通过建立多层次计划管控方式来实现。

建立多层次计划管控方式不仅可以满足不同层级管理者对计划细化程度的要求，还可以落实进度管控所需的“动态调整”的计划编制和控制方法，并实现项目建设各方（项目业主、设计院、监理公司、承包商、供应商）进度控制和评价指标的统一。为此，需要在已有审批可执行项目计划的基础上，进一步完善目标计划与实际进度量化指标检测标准与检测方式的设定。其主要内容包括但不限于：作业分类码的设置、权重点的计算方式、WBS 及作业权重占比的划分、资源/费用的加载、检测周期与作业进度检测方式（按实际、工期、数量或步骤）的确定、作业（工序）责任人的加载等相关内容，以助力计划管控执行更科学、更高质量地开展。

此外，建立多层次计划管控方法，通常需要搭建一个能让项目参与各方共同使用、执行一个标准、统一量化指标与考核的进度管控系统；同时要求参与各方严格做到计划执行过程中对信息反馈的及时、准确、全面。

1. 作业分类码的设置

作业分类码顾名思义就是对作业进行分类的手段，它是对作业属性的扩充与延伸应用。作业分类码主要用于反映作业（工序）的组织管理特征，是对 WBS 分类方式的进一步补充。可满足不同层次项目参与者在进度管控系统中从不同视角查看与分析分类数据，也可用其分类来进行视图的组织、汇总、过滤及编制各种报表图表的输出。

通过作业分类码，可以很方便地组织项目数据信息，查找所关心的项目作业内容及分类数据。通常，作业分类码可以按照工程项目的不同管理需求去分类，如按组织管理结构编码（OBS）、装置单元、系统、区域、合同标段、专业等进行划分。当然，也有些项目在进度管控系统中不采用 WBS 编码，而只用作业分类码来反映工程项目的分类结构。通常情况下，项目的作业分类码是由业主、总承包单位基于对项目结构层次、管理要求与进度相关的作业分类码参数进行通盘考虑而设立的。作业分类码的使用非常灵活，可根据作业组织管理的需求进行定义与加载。

2．作业权重的分配

对项目计划与进度量化测量的最有效方法莫过于权重的引入和应用。权重是指某一因素或指标相对于某一事物的重要程度，其不同于一般的比重，体现的不仅仅是某一因素或指标所占的百分比，强调的是因素或指标的相对重要程度，倾向于贡献度或重要性，是一个综合性指标。

通常，在进度管控系统中，可通过对 WBS 分配权重值构建权重体系。权重系统是一种进度衡量的表达工具，它能够用一个统一的标准衡量与计算进度。对于项目不同性质的工作计划与进度，能够综合到一种量纲来量化表达，有助于深刻地揭示项目计划与进度的真实状况。项目上通常还需要对不同类别实物工程量的计划与进度展开汇总和对比分析，这些不同类别的实物工程量通常与权重体系是不同的论事口径，切莫混淆。

权重值体现的是 WBS 节点或者作业（工序）对整个项目进度的贡献比重。一个工作包（最底层级 WBS）所包含全部作业（工序）的权重值累计等于该工作包的权重值，以此类推。故所有工作包的权重值累计起来等于项目的权重值。

权重体系往往采用自上而下层层分解的方式设定，按项目既定的 WBS 层次逐级分解即可。由于权重在同一层次是一个相对值，因此必须保证同一层次作业（工序）权重值具有可比性，且任一层级的所有权重值之和最好为 1 或 100 或 10 000 为最佳。作业或工作包权重值的计算确认方式通常包括但不限于：

◎ 以项目费用分解为基础来测算并确认权重值；
◎ 以项目计划工期为基础测算并确认权重值；
◎ 以综合因素和经验数据来测算并确认权重值。

设置权重值的主要目的是将进度计划的计划值与实际值进行有效的偏差对比分析。项目进度检测通常划分为两个层次，业主进度检测权重和承包商进度检测权重。本文仅以第一种情况举例，介绍某石化项目如何通过项目费用分解测算得到权重，并在项目进度管控系统中进行权重值的分解与加载。

（1）业主进度检测权重的计算。工程项目不同阶段（设计、采购、施工）权重值的形成，可以参照项目概算或者批准的项目预算费用来确定。项目计划工程师可以依据初步设计概算工程费用的分解，计算出每个主项装置（单元）的概算工程费用（包括设计、采购、施工费用）占整个项目概算工程费用的百分比。以此作为计算业主进度检测权重值的基础，并综合考虑项目工期、关键里程碑、存在的风险等因素对工程进度的影响程度，制定相应的影响系数来加权计算最终整个工程项目各装置（单元）进度检测权重值。

进度检测权重值的影响系数取值原则：

◎ 关键路径工程的权重要大于非关键路径工程的权重；
◎ 施工难度大、复杂的作业（工序）权重要大于简单的权重；

◎ 受外界天气因素影响多的权重要大于受外界影响因素少的权重。

各主项装置（单元）占整个项目的权重计算公式如下：

$$W=\frac{C\times D\times K\times U}{\sum_{i=1}^{n}CiDiKiUi}\times 100\%$$

式中，C 为该主项装置（单元）初步设计概算工程费；D 为工期系数，$D=\frac{\text{单元工期}}{\text{总工期}}$；$K$ 为重要性系数，取值范围 1.0～2.0，原则规定见表 5-4；U 为风险系数，取值范围 1.0～2.0，原则规定如下：

◎ 关键路径上建设单位负责的设计到图、物资到货时间预计存在计划滞后倾向的单元，取 1.2；
◎ 受政府部门协调、地下障碍物较多、地下水位高、同生产或其他单元发生严重交叉、严重影响施工工期等外界不可控因素影响较大的单元，取 1.5；
◎ 同时受多重因素影响的装置单元，取 2.0；
◎ 除上述未涉及的作业（工序），取 1.0。

表 5-4 系数原则

关键路径主装置	一般主装置	公用工程	辅助生产、生活设施
2.0	1.5	1.3	1.2

原则上每个装置（单元）内设计、采购、施工所占整个装置（单元）权重值参照比例：（设计）15%、（采购）25%、（施工）60%的权重比例进行控制分摊，最终按项目划分结构及 WBS 结构（见表 5-5）从上向下分解权重值，自下而上汇总得出整个工程项目按装置（单元）汇总后的 100%权重。在项目进度管控系统中按表 5-5、表 5-6、表 5-7 分别进行“设计”权重值的分摊加载（见图 5-81、图 5-82），“采购”权重值的分摊加载（见图 5-83、图 5-84），以及“施工”权重值的分摊加载（见图 5-85、图 5-86）。

（2）承包商进度检测权重的计算。

1）设计承包商进度检测权重的计算。设计承包商依据某一装置（单元）按设计占比 15%，按表 5-5 相关内容逐级分解的方式计算设计进度检测权重。同时，在项目进度管控系统中实现各级层次计划进度检测权重值的加载。

表 5-5　石化项目某一装置（单元）设计权重占比 15% 分解表（示例仅供参考）

序号	WBS 描述	1		2		3		4		5	
		作业工序	权重（%）	作业工序	权重（%）	作业工序	权重（%）	作业工序	权重（%）	作业工序	权重（%）
D.01	总图（5%）	设计统一规定，预估图纸目录	10	委托资料	10	施工图设计发布施工	80				
D.02	建筑物（5%）	设计统一规定，预估图纸目录	10	委托资料	10	基础图设计发布施工	30	上部结构图设计发布施工	30	建筑图设计发布施工	20
D.03	构筑物（10%）	设计统一规定，预估图纸目录	10	请购文件	10	桩基图设计发布施工	20	基础图设计发布施工	30	上部结构图设计发布施工	30
D.04	静置设备（15%）	设计统一规定，预估图纸目录	10	委托资料	15	请购文件	15	图纸设计发布施工	60		
D.05	机械设备（15%）	设计统一规定，预估图纸目录	10	委托资料	15	请购文件	15	图纸设计发布施工	60		
D.06	工业炉（10%）	设计统一规定，预估图纸目录	10	委托资料	15	请购文件	15	图纸设计发布施工	60		
D.07	工艺配管（15%）	设计统一规定，预估图纸目录	10	委托资料	15	请购文件	15	图纸设计发布施工	60		
D.08	电气（8%）	设计统一规定，预估图纸目录	10	委托资料	10	请购文件	10	图纸设计发布施工	70		
D.09	电信（2%）	设计统一规定，预估图纸目录	10	委托资料	10	请购文件	10	图纸设计发布施工	70		
D.10	自控（5%）	设计统一规定，预估图纸目录	10	委托资料	10	请购文件	10	图纸设计发布施工	70		
D.11	给排水消防（5%）	设计统一规定，预估图纸目录	10	委托资料	10	请购文件	10	图纸设计发布施工	70		
D.12	采暖通风热工（5%）	设计统一规定，预估图纸目录	10	委托资料	10	请购文件	10	图纸设计发布施工	70		

表 5-6 石化项目某一装置（单元）采购权重占比 15% 分解表（示例仅供参考）

序号	工作描述		
1	设备物资采购（包括：静置设备 30%、机械设备 20%、仪表 5%、电信设备 5%及各种型钢 5%、管道 15%、阀门 5%、管件 5%、仪表 5%、电气材料 5%等）		
	作业工序	权重（%）	
1.1	请购文件发出、询价	10	
1.2	技术和商务谈判	10	
1.3	合同签订	10	
1.4	设备/材料出厂	40	
1.5	运输到货	15	
1.6	质检合格	10	
1.7	验收入库	5	

表 5-7 石化项目（某一装置单元）施工权重占比 60%分解表（示例仅供参考）

代码	WBS描述	1		2		3		4		5	
		工序步骤	权重（%）	工序步骤	权重（%）	工序步骤	权重（%）	工序步骤	权重（%）	工序步骤	权重（%）
L	总图										
L.01	场地平整	土方挖填	65	场地找平	25	运输	10				
L.02	道路及铺砌	准备	10	垫层	30	面层浇注	50	最终检验	10		
L.03	排水及排洪沟	准备	10	施工	80	最终检验	10				
A	建筑物										
A.01	建筑物	基础	20	结构工程	40	围护工程	10	门窗工程	10	安装工程	20
C	构筑物										
C.01	桩基	开挖	45	打桩	50	清理、运输	5				
C.02	管桩	桩制作运输到场	15	打桩	80	清理、运输	5				
C.03	钢结构	底/中漆	10	预制	35	焊接安装	40	面漆/防火	10	验收	5
C.04	构筑物	开挖/素砼/截桩	20	钢筋	30	模板	20	浇注	25	回填验收	5
S	静置设备										
S.01	反应器类	基础验收	10	附件安装	10	吊装就位	50	内件安装	15	试压验收	15
S.02	塔类	基础验收	10	附件安装	10	吊装就位	50	内件安装	15	试压验收	15
S.03	热交换器类	安装就位	80	抽芯检查	10	试压	5	验收	5		
S.04	空冷器类	构架	25	管束	50	风机	15	试运	5	验收	5
以下略											

主页 ›　　当前层级：某石化项目

打开计划　保存　刷新　送审　计划分摊　初始化　WBS初始化　费用分摊　汇总　锁定　费用校验　显示　搜索

子计划	编码	作业名称	原定工期	计划开始	计划完成	实际开始	实际完成	期望完成	费用	权重	权重%	检测方式
	SHGC	某石化项目	849	2021-07-01	2023-10-27					4000000000.0(	100.00	
	SHGC.1	常减压装置	849	2021-07-01	2023-10-27					1000000000.0(	25.00	
	SHGC.1.1	设计	320	2021-07-01	2022-05-16					150000000.00	15.00	
	T1000	总图	320	2021-07-01	2022-05-16					7500000.00	5.00	实际
	T1010	建筑物	300	2021-07-01	2022-04-26					7500000.00	5.00	实际
	T1020	构筑物	300	2021-07-01	2022-04-26					15000000.00	10.00	实际
	T1030	静置设备	300	2021-07-01	2022-04-26					22500000.00	15.00	实际
	T1040	机械设备	320	2021-07-01	2022-05-16					22500000.00	15.00	实际
	T1050	工业炉	300	2021-07-01	2022-04-26					15000000.00	10.00	实际
	T1060	工艺配管	300	2021-07-01	2022-04-26					22500000.00	15.00	实际
	T1070	电气	280	2021-07-01	2022-04-06					12000000.00	8.00	实际
	T1080	电信	260	2021-07-01	2022-03-17					3000000.00	2.00	实际
	T1090	自控	260	2021-07-01	2022-03-17					7500000.00	5.00	实际
	T1100	给排水消防	260	2021-07-01	2022-03-17					7500000.00	5.00	实际
	T1110	采暖通风热工	260	2021-07-01	2022-03-17					7500000.00	5.00	实际
	SHGC.1.2	采购	270	2022-01-01	2022-09-27					250000000.00	25.00	

图 5-81　设计权重值分摊（1）

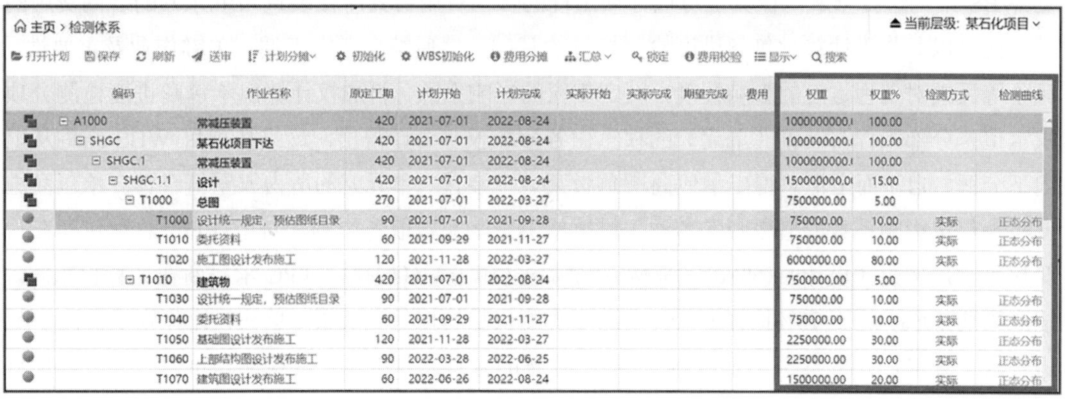

主页 › 检测体系　　当前层级：某石化项目

打开计划　保存　刷新　送审　计划分摊　初始化　WBS初始化　费用分摊　汇总　锁定　费用校验　显示　搜索

编码	作业名称	原定工期	计划开始	计划完成	实际开始	实际完成	期望完成	费用	权重	权重%	检测方式	检测曲线
A1000	常减压装置	420	2021-07-01	2022-08-24					1000000000.(	100.00		
SHGC	某石化项目下达	420	2021-07-01	2022-08-24					1000000000.(	100.00		
SHGC.1	常减压装置	420	2021-07-01	2022-08-24					1000000000.(	100.00		
SHGC.1.1	设计	420	2021-07-01	2022-08-24					150000000.0(	15.00		
T1000	总图	270	2021-07-01	2022-03-27					7500000.00	5.00		
T1000	设计统一规定，预估图纸目录	90	2021-07-01	2021-09-28					750000.00	10.00	实际	正态分布
T1010	委托资料	60	2021-09-29	2021-11-27					750000.00	10.00	实际	正态分布
T1020	施工图设计发布施工	120	2021-11-28	2022-03-27					6000000.00	80.00	实际	正态分布
T1010	建筑物	420	2021-07-01	2022-08-24					7500000.00	5.00		
T1030	设计统一规定，预估图纸目录	90	2021-07-01	2021-09-28					750000.00	10.00	实际	正态分布
T1040	委托资料	60	2021-09-29	2021-11-27					750000.00	10.00	实际	正态分布
T1050	基础图设计发布施工	120	2021-11-28	2022-03-27					2250000.00	30.00	实际	正态分布
T1060	上部结构图设计发布施工	90	2022-03-28	2022-06-25					2250000.00	30.00	实际	正态分布
T1070	建筑图设计发布施工	60	2022-06-26	2022-08-24					1500000.00	20.00	实际	正态分布

图 5-82　设计权重值分摊（2）

2）采购进度检测权重的计算。无论是业主负责的采购，或者是 EPC 总承包商负责的采购，其进度检测权重均按某一装置（单元）计算占比 25%进行分摊权重，并按表 5-6 的相关内容逐级分解的方式计算采购进度检测权重。同时在进度管控系统中实现各级层次计划进度检测权重值的加载。承包商采购进度检测权重值的加载，如图 5-83、图 5-84 所示。

主页 › 检测体系　　当前层级：某石化项目

打开计划　保存　刷新　送审　计划分摊　初始化　WBS初始化　费用分摊　汇总　锁定　费用校验　显示　搜索

子计划	编码	作业名称	原定工期	计划开始	计划完成	实际开始	实际完成	期望完成	费用	权重	权重%	检测方式
	SHGC	某石化项目	849	2021-07-01	2023-10-27				2000000000.00	4000000000.(	100.00	
	SHGC.1	常减压装置	849	2021-07-01	2023-10-27				500000000.000	1000000000.(	25.00	
	SHGC.1.1	设计	320	2021-07-01	2022-05-16				750000000.0000	150000000.0(	15.00	
	SHGC.1.2	采购	270	2022-01-01	2022-09-27				1250000000.000	250000000.0(	25.00	
	T1120	静置设备	200	2022-01-01	2022-07-19				375000000.0000	75000000.00	30.00	实际
	T1130	机械设备	180	2022-02-01	2022-07-30				250000000.0000	50000000.00	20.00	实际
	T1140	仪电设备	150	2022-02-01	2022-06-30				62500000.00000	12500000.00	5.00	实际
	T1150	电信设备	120	2022-02-01	2022-05-31				62500000.00000	12500000.00	5.00	实际
	T1160	型钢	150	2022-03-01	2022-07-28				62500000.00000	12500000.00	5.00	实际
	T1170	管道	180	2022-04-01	2022-09-27				187500000.0000	37500000.00	15.00	实际
	T1180	阀门	120	2022-03-31	2022-07-28				62500000.00000	12500000.00	5.00	实际
	T1190	管件	120	2022-03-01	2022-06-28				62500000.00000	12500000.00	5.00	实际

图 5-83　采购权重值分摊（1）

主页 › 检测体系　　当前层级：某石化项目

打开计划　保存　刷新　送审　计划分摊　初始化　WBS初始化　费用分摊　汇总　锁定　费用校验　显示　搜索

编码	作业名称	原定工期	计划开始	计划完成	实际开始	实际完成	期望完成	费用	权重	权重%	检测方式	检测曲线
A1000	常减压装置	420	2021-07-01	2022-08-24					1000000000.	100.00		
SHGC	某石化项目下达	420	2021-07-01	2022-08-24					1000000000.	100.00		
SHGC.1	常减压装置	420	2021-07-01	2022-08-24					1000000000.	100.00		
SHGC.1.1	设计	420	2021-07-01	2022-08-24					150000000.0	15.00		
SHGC.1.2	采购	325	2021-07-01	2022-05-21					250000000.0	25.00		
T1120	静置设备	325	2021-07-01	2022-05-21					75000000.00	30.00		
T1080	请购文件发出、询价	90	2021-07-01	2021-09-28					7500000.00	10.00	实际	正态分布
T1090	技术和商务谈判	30	2021-09-29	2021-10-28					7500000.00	10.00	实际	正态分布
T1100	合同签订	10	2021-10-29	2021-11-07					7500000.00	10.00	实际	正态分布
T1110	设备/材料出厂	150	2021-11-08	2022-04-06					30000000.00	40.00	实际	正态分布
T1120	运输到货	30	2022-04-07	2022-05-06					11250000.00	15.00	实际	正态分布

图 5-84　采购权重值分摊（2）

3）施工承包商进度检测权重的计算。施工承包商将合同费用按照业主批准的三级进度计划 WBS 结构进行分解，计算出每项分项工程的合同费用占其所在装置（单元）的合同费用的百分比，以此作为计算承包商进度检测权重的基础，然后综合考虑工期、关键作业及重要性、风险等因素对工程进度的影响程度，制定相应的影响系数，再加权计算出承包商进度检测分项权重值；分部工程占装置（单元）的权重由各分项权重合计得出，最终按项目 WBS 结构从上向下分解、自下而上汇总得出承包商所负责某一个装置（单元）的所占权重值合计。承包商进度检测权重影响系数取值原则参考业主进度检测影响系数取值原则。对于 EPC 总承包商在计算权重时，按照（设计）15%、（采购）25%、（施工）60%执行（PC 承包商在计算权重时，按照采购 30%、施工 70%执行）。EPC 进度检测权重均按某一装置（单元）计算施工占比 60%进行权重分摊，并按表 5-7 的相关内容逐级分解的方式计算施工进度检测权重值。同时在项目进度管控系统中实现各级层次计划进度检测权重值的加载（见图 5-85、图 5-86），并形成相关项目装置（单元）的进度计划曲线图。

主页 ›　　当前层级：某石化项目

打开计划　保存　刷新　送审　计划分摊　初始化　WBS初始化　费用分摊　汇总　锁定　费用校验　显示　搜索

子计划	编码	作业名称	原定工期	计划开始	计划完成	实际开始	实际完成	期望完成	费用	权重	权重%	检测方式
	SHGC	某石化项目	849	2021-07-01	2023-10-27					4000000000.	100.00	
	SHGC.1	常减压装置	849	2021-07-01	2023-10-27					1000000000.	25.00	
	SHGC.1.1	设计	320	2021-07-01	2022-05-16					150000000.0	15.00	
	SHGC.1.2	采购	270	2022-01-01	2022-09-27					250000000.0	25.00	
	SHGC.1.3	施工	484	2022-07-01	2023-10-27					600000000.0	60.00	
	T1220	总图	300	2022-07-01	2023-04-26					5000000.00	0.83	实际
	T1230	建筑物	200	2022-07-01	2023-01-16					25000000.00	4.17	实际
	T1240	构筑物	300	2022-08-01	2023-05-27					180000000.0	30.00	实际
	T1250	静置设备	300	2022-10-01	2023-07-27					70000000.00	11.67	实际
	T1260	机械设备	300	2023-01-01	2023-10-27					25000000.00	4.17	实际
	T1270	工业炉	100	2022-11-05	2023-02-12					60000000.00	10.00	实际
	T1280	工艺配管	300	2022-10-01	2023-07-27					160000000.0	26.67	实际
	T1290	电气	200	2023-01-01	2023-07-19					28000000.00	4.67	实际
	T1300	电信	120	2023-02-01	2023-05-31					3000000.00	0.50	实际
	T1310	自控	150	2023-01-01	2023-05-30					30000000.00	5.00	实际
	T1320	给排水消防	120	2023-01-01	2023-04-30					12000000.00	2.00	实际
	T1330	采暖通风热工	155	2022-12-01	2023-05-04					2000000.00	0.32	实际
	SHGC.2	渣油加氢装置	650	2021-07-01	2023-04-11					1500000000.	37.50	

图 5-85　施工计划权重值分摊（1）

主页 > 检测体系　　　　当前层级：某石化项目

打开计划　保存　刷新　送审　计划分摊　初始化　WBS初始化　费用分摊　汇总　锁定　费用校验　显示　搜索

子计划	编码	作业名称	原定工期	计划开始	计划完成	实际开始	实际完成	期望完成	费用	权重	权重%	检测方式
	A1000	常减压装置	438	2021-07-01	2022-09-11					1000000000.	100.00	
	SHGC	某石化项目下达	438	2021-07-01	2022-09-11					1000000000.	100.00	
	SHGC.1	常减压装置	438	2021-07-01	2022-09-11					1000000000.	100.00	
	SHGC.1.1	设计	420	2021-07-01	2022-08-24					150000000.0	15.00	
	SHGC.1.2	采购	325	2021-07-01	2022-05-21					250000000.0	25.00	
	SHGC.1.3	施工	285	2021-12-01	2022-09-11					600000000.0	60.00	
	T1220	总图	100	2021-12-01	2022-03-10					5000000.00	0.83	
	T1220.1	场地平整	100	2021-12-01	2022-03-10					1000000.00	33.33	
	T1150	土方挖填	60	2021-12-01	2022-01-29					650000.00	65.00	实际
	T1160	场地找平	30	2022-01-30	2022-02-28					250000.00	25.00	实际
	T1170	运输	10	2022-03-01	2022-03-10					100000.00	10.00	实际
	T1220.2	道路及铺砌	60	2022-01-01	2022-03-01					1500000.00	50.00	
	T1180	准备	20	2022-01-01	2022-01-20					150000.00	10.00	实际
	T1190	垫层	20	2022-01-21	2022-02-09					450000.00	30.00	实际
	T1200	面层浇注	15	2022-02-10	2022-02-24					750000.00	50.00	实际
	T1210	最终检验	5	2022-02-25	2022-03-01					150000.00	10.00	实际
	T1220.3	排水及排洪沟	45	2022-01-01	2022-02-14					500000.00	16.67	
	T1220	准备	10	2022-01-01	2022-01-10					50000.00	10.00	实际

图 5-86　施工计划权重值分摊（2）

3. 作业资源/费用的加载

作业资源是指一个项目在建设过程中，为完成某些作业活动而需要消耗的人工、材料、机械设备等资源的总称。在一个项目的实施过程中，项目的进度计划是否可行，很大程度上取决于项目的资源是否满足需要。如果资源不受限制的话，编制一个进度计划是一件轻松愉快的工作。然而，要在一定资源限定的情况下，如何更好地编制出一个切实可行的计划就不那么轻松了。如果计划本身就存在资源冲突、资源负荷超过限量或者资金无法足额到位的情况，说明该计划的可行性是存疑的。资源与费用管理的目的，就是既要满足计划进度资源与费用的需求，也要讲究资源与费用的最优化配置。也就是我们通常所说的，项目管理过程中的三大控制（时间、成本、质量）要有一个最佳平衡点。

在编制完成进度计划之后，可以通过把作业需要的人工资源、材料资源、机械设备等资源加载到作业中，为资源和费用分析建立数据基础。任何一个较好的进度管控系统都能根据加载的资源情况，结合项目的进度计划安排，计算出与计划进度对应的资源与费用分布（或者说资源与费用计划）。而根据这些分布所形成的资源柱状图、剖析表及曲线图，就是用来帮助分析资源是否超过限量、费用是否超过资金安排等相关信息。

通常在进度管控系统中，资源类型有三种：人工、非人工（主要为以单位时间计价的机械设备台班量）、材料资源。每种资源均可设置不同单价，通过将资源加载到作业，就可以很快地汇总得到人力资源及其费用计划、机械设备数量及其费用计划、材料数量及其费用计划。不同的承包商资源单价往往不一样，这就要求同一资源具有不同的资源单价功能，以满足不同承包商对资源与费用的管控需求。需要指出的是，在资源与费用的管控方面，业主和承包商的诉求很不相同，故分为以下两种情形予以描述。

（1）业主对资源与费用的加载。业主通常是在不同的层级计划中进行资源和费用加载。资源的加载是在承包商编制的详细作业计划（三级或四级计划）中，而将费用加载在业主自己编制的二级控制性计划中。这两个层级的计划上下之间往往是嵌套的，构成了通常所讲的多级嵌套计划的结构：主计划与子计划。“主计划”通常指业主计划或高层计划，而“子计划”则指承包商计划或执行层计划。

1）业主对资源的加载。对于项目的业主而言，关注的重点是“进度”与所支付费用的匹配或者一致性。这里所指的“进度”，即是指承包商实际完成的交付物合同价值。而对于承包商而言，关注的是尽可能以更低的成本完成项目。所以，业主与承包商所指的成本或费用，由于各自站位不同，而概念完全不同。承包商的实际成本费用不是业务的关注点。业主更希望随时了解和掌握交付物合同价值，所以通常往要求承包商在编制的详细作业计划中加载实物工程量“资源”。这是套用进度管控系统“资源”功能，意欲开展基于可量化交付物的进度评价。

承包商在编制的详细施工作业计划中加载人工、非人工（机械设备台班）、材料资源，其主要目的是在项目执行过程中控制资源消耗的成本费用。当然，对于构成工程项目本身实体的实物工程量，业主及承包商均需要从最低层次计划的作业上进行汇总计划实物工程量、实际完成实物工程量及形象进度的统计分析。

通常情况下，工程项目详细施工计划作业的主要实物工程量加载时，只需分配未定义资源单价的实物工程量资源数量即可。也就是说，对实物工程量以资源方式加载时不必设定资源单价，以避免作业加载多种资源后费用方面出现和承包商消耗性成本资源（人、材、机）重复计费。当然，承包商如果不以加载人、材、机资源的方式来形成预算费用，而是直接以实物工程量资源的加载来形成预算费用，此时也是可以加载实物工程量资源单价的。对于未分配单价的实物工程量加载到承包商详细作业计划的相关资源分配表中，不仅不会影响承包商实际成本费用的统计与分析，承包商也可以统计实际已完成实物工程量的数量，满足双方对计划与实际完成实物工程量进度的控制和统计分析，其作业实物工程量加载方式如图 5-87 所示。

主页 › 计划编制（BS）　　当前层级：某石化项目

打开计划　WBS维护　增加作业　模板增加　删除　保存　刷新　打印　导出excel　送审　任务下达　任务回收　版本　目标　显示　导入　搜索

关键	编码	作业名称	原定工期	计划开始	计划完成	实际开始	实际完成	期望完成	紧前作业	后续作业	权重%	责任人
	SHGC.1	常减压装置	438	2021-07-01	2022-09-11						100.00	...
	SHGC.1.1	设计	420	2021-07-01	2022-08-24						15.00	...
	SHGC.1.2	采购	325	2021-07-01	2022-05-21						25.00	...
	SHGC.1.3	施工	285	2021-12-01	2022-09-11						60.00	...
	T1220	总图	100	2021-12-01	2022-03-10						0.83	...
	T1220.1	场地平整	100	2021-12-01	2022-03-10						33.33	...
	T1220.2	道路及铺砌	60	2022-01-01	2022-03-01						50.00	...
	T1180	准备	20	2022-01-01	2022-01-20					垫层	10.00	...
	T1190	垫层	20	2022-01-21	2022-02-09				准备	面层浇注	30.00	...
	T1200	面层浇注	15	2022-02-10	2022-02-24				垫层	最终检验	50.00	...
	T1210	最终检验	5	2022-02-25	2022-03-01				面层浇注		10.00	...
	T1220.3	排水及排洪沟	45	2022-01-01	2022-02-14						16.67	...

常用属性　逻辑关系　关联作业　步骤　工作包　资源　计划控制点　分类码　自定义字段　评论　附件　计划分摊　作业进度码　交付物清单

序号	资源代码名称	资源类型	单价	实际单价	单位	预算数量	预算费用	实际数量	实际费用	尚需数量	尚需费用	主资源
1	钢筋混凝土	材料	0	0	立方米	500	0	0	0	500	0	是

增加资源　删除

图 5-87　作业实物工程量加载

2）业主对费用的加载。业主除了对承包商实际完成现场的形象进度与实物工程量的关注外，还需要定期关注其所支付的实际工程费用是否超支，或者与承包商实际完成的形象进度与实物工程量是否保持一致。业主费用加载的主要作用与必要性体现在三个方面，即预算费用、计划费用、实际费用。其预算费用与实际费用的加载需要在业主自己编制的二级控制性计划中输入，而计划费用是依据业主二级进度计划按预算费用与目标计划时间周期的关联后自动分摊产生。业主二级进度计划中预算费用的加载方式一般有两种方式，即直接从作业栏位中加载费用，如图 5-88 所示；或从作业资源中加载费用，如图 5-89 所示。无论来自作业栏位加载的费用还是来自资源加载的费用，均可形成整个项目或某一装置（单元）的赢得值计划值曲线（PV），如图 5-90 所示。

主页 › 检测体系　　　　▲当前层级：某石化项目

打开计划　保存　刷新　送审　计划分摊　初始化　WBS初始化　费用分摊　汇总　锁定　费用校验　显示　搜索

子计划	编码	作业名称	原定工期	计划开始	计划完成	实际开始	实际完成	期望完成	费用	权重	权重%
	SHGC	某石化项目	849	2021-07-01	2023-10-27				20000000000.00	4000000000.	100.00
	SHGC.1	常减压装置	849	2021-07-01	2023-10-27				5000000000.000	1000000000.	25.00
	SHGC.1.1	设计	320	2021-07-01	2022-05-16				750000000.0000	150000000.0	15.00
	SHGC.1.2	采购	270	2022-01-01	2022-09-27				1250000000.000	250000000.0	25.00
	SHGC.1.3	施工	484	2022-07-01	2023-10-27				3000000000.000	600000000.0	60.00
	T1220	总图	300	2022-07-01	2023-04-26				24900000.00000	5000000.00	0.83
	T1230	建筑物	200	2022-07-01	2023-01-16				125100000.0000	25000000.00	4.17
	T1240	构筑物	300	2022-08-01	2023-05-27				900000000.0000	180000000.0	30.00
	T1250	静置设备	300	2022-10-01	2023-07-27				350100000.0000	70000000.00	11.67
	T1260	机械设备	300	2023-01-01	2023-10-27				125100000.0000	25000000.00	4.17
	T1270	工业炉	100	2022-11-05	2023-02-12				300000000.0000	60000000.00	10.00
	T1280	工艺配管	300	2022-10-01	2023-07-27				800100000.0000	160000000.0	26.67
	T1290	电气	200	2023-01-01	2023-07-19				140100000.0000	28000000.00	4.67
	T1300	电信	120	2023-02-01	2023-05-31				15000000.00000	3000000.00	0.50
	T1310	自控	150	2023-01-01	2023-05-30				150000000.0000	30000000.00	5.00
	T1320	给排水消防	120	2023-01-01	2023-04-30				60000000.00000	12000000.00	2.00

图 5-88　从作业栏位加载费用

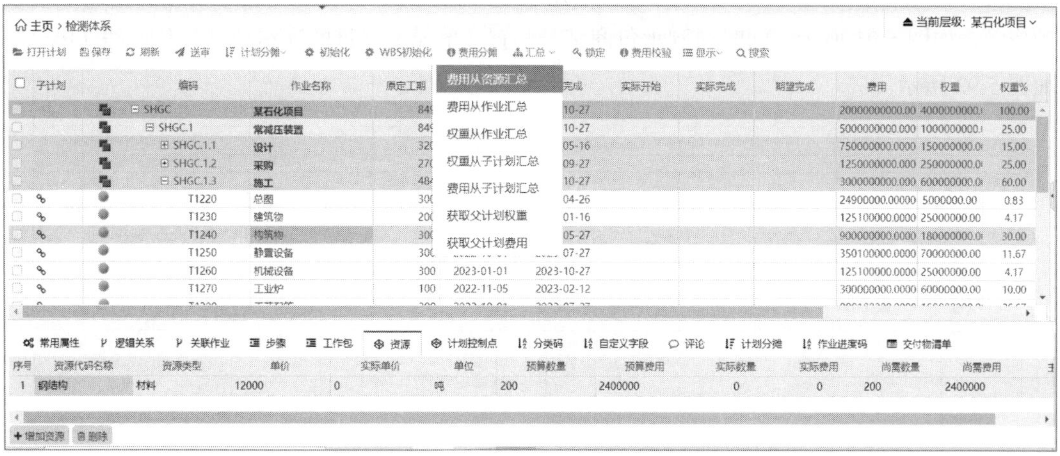

主页 › 检测体系　　　　▲当前层级：某石化项目

打开计划　保存　刷新　送审　计划分摊　初始化　WBS初始化　费用分摊　汇总　锁定　费用校验　显示　搜索

费用从资源汇总
费用从作业汇总
权重从作业汇总
权重从子计划汇总
费用从子计划汇总
获取父计划权重
获取父计划费用

子计划	编码	作业名称	原定工期	计划完成	实际开始	实际完成	期望完成	费用	权重	权重%
	SHGC	某石化项目	849	10-27				20000000000.00	4000000000.	100.00
	SHGC.1	常减压装置	849	10-27				5000000000.000	1000000000.	25.00
	SHGC.1.1	设计	320	05-16				750000000.0000	150000000.0	15.00
	SHGC.1.2	采购	270	09-27				1250000000.000	250000000.0	25.00
	SHGC.1.3	施工	484	10-27				3000000000.000	600000000.0	60.00
	T1220	总图	300	04-26				24900000.00000	5000000.00	0.83
	T1230	建筑物	200	01-16				125100000.0000	25000000.00	4.17
	T1240	构筑物	300	05-27				900000000.0000	180000000.0	30.00
	T1250	静置设备	300	07-27				350100000.0000	70000000.00	11.67
	T1260	机械设备	300	2023-10-27				125100000.0000	25000000.00	4.17
	T1270	工业炉	100	2023-02-12				300000000.0000	60000000.00	10.00

常用属性　逻辑关系　关联作业　步骤　工作包　资源　计划控制点　分类码　自定义字段　评论　计划分摊　作业进度码　交付物清单

序号	资源代码名称	资源类型	单价	实际单价	单位	预算数量	预算费用	实际数量	实际费用	尚需数量	尚需费用
1	钢结构	材料	12000	0	吨	200	2400000	0	0	200	2400000

+增加资源　删除

图 5-89　从资源汇总费用

（2）项目承包商对资源与费用的加载。承包商对资源与费用的加载，通常是在经业主审核批准后的三级或四级施工作业计划中进行，即子计划中加载体现。资源是承包商完成作业活动所必需的人、材、机的投入，也是承包商估算项目预算费用投入的依据，以及实际人、材、机在项目实施过程中资源消耗的成本费用的统计依据。

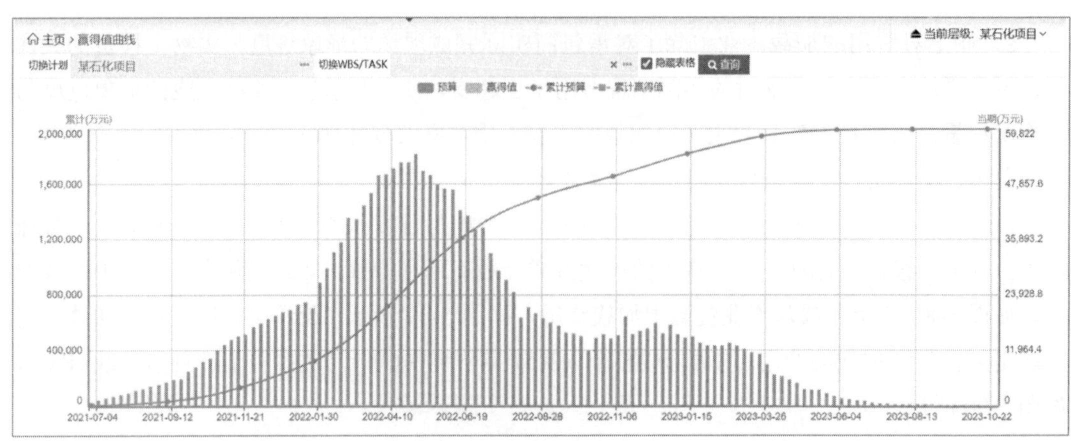

图 5-90　赢得值曲线

资源在加载之前，需要在项目进度管控系统中进行定义。在资源词典对话框里输入资源分类结构、资源代码、资源名称、计量单位，输入相应资源单价及资源限量。资源限量是指单位时间的最大限量，例如，计划单位是天（日），混凝土浇筑最大限量为 1 000 立方米，是指混凝土拌搅运输系统的供应能力或现场浇捣能力为每天最多 1 000 立方米。

承包商在三级计划（或者四级计划）中加载资源后，即可形成以预算数量乘以单价方式产生的作业活动预算费用，承包商加载资源的实际单价乘以实际数量得到实际费用。当然，承包商加载实际完成数量后得到的实际费用具有不同的含义（若按预算单价计算，则得到实际完成预算数量的费用，也就是等于我们通常说的赢得值；若按实际单价计算，则得到实际成本费用，也就是为完成项目进度而实际投入的资源费用）。承包商三级计划（或四级计划）作业中加载的资源，如图 5-91 所示。同时得到承包商某一装置（单元）项目的赢得值计划值曲线（PV），如图 5-92 所示。

主页 › 检测体系　　当前层级: 某石化项目

打开计划　保存　刷新　送审　计划分摊　初始化　WBS初始化　费用分摊　汇总　锁定　费用校验　显示　搜索

子计划	编码	作业名称	原定工期	计划开始	计划完成	实际开始	实际完成	期望完成	费用	权重	权重%
	SHGC.1	常减压装置	438	2021-07-01	2022-09-11					1000000000.	100.00
	SHGC.1.1	设计	420	2021-07-01	2022-08-24					150000000.0	15.00
	SHGC.1.2	采购	325	2021-07-01	2022-05-21					250000000.0	25.00
	SHGC.1.3	施工	285	2021-12-01	2022-09-11					600000000.0	60.00
	T1220	总图	100	2021-12-01	2022-03-10					5000000.00	0.83
	T1220.	场地平整	100	2021-12-01	2022-03-10					1000000.00	33.33
	T1220.	道路及铺砌	60	2022-01-01	2022-03-01					1500000.00	50.00
	T11	准备	20	2022-01-01	2022-01-20					1500000.00	10.00
	T11	垫层	20	2022-01-21	2022-02-09					4500000.00	30.00
☑	T12	面层浇注	15	2022-02-10	2022-02-24					7500000.00	50.00
	T12	[illegible]	5	2022-02-25	2022-03-01					1500000.00	10.00

常用属性　逻辑关系　关联作业　步骤　工作包　资源　计划控制点　分类码　自定义字段　评论　计划分摊　作业进度码　交付物清单

序号	资源代码名称	资源类型	单价	实际单价	单位	预算数量	预算费用	实际数量	实际费用	尚需数量	尚需费用
1	钢筋混凝土	材料	0	0	立方米	500	0	0	0	500	0
2	普工	人工	300		天	150	45000		0	150	45000

增加资源　删除

图 5-91　三级计划作业加载资源

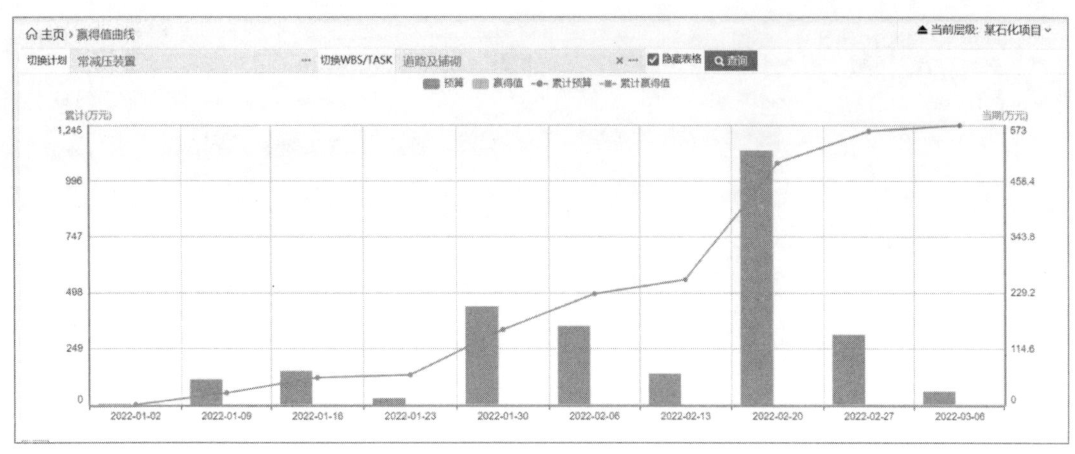

图 5-92　子计划赢得值曲线

4．作业实际进度测量

承包商项目计划编制完成，通过计划合理性审查与资源加载，达到满足业主和承包商对项目进度控制的计划要求后，为便于未来对承包商计划实施进度的目标考核，在进行项目作业实际进度测量跟踪之前，需要先保存建立一个可供对比分析的目标计划。同时，对保存目标计划之后的当前工程计划进行锁定，不再允许用户对当前计划版本进行随意修改，以确保审批计划的严肃性。计划若要修改，需要进行解锁后方可修改，同时通过升级版本和重新进行流程审批后，可以再次进行目标的建立和计划的锁定。为确保项目进度测量跟踪工作的有序开展，通常会按定期进行的方式反馈已完工程作业的实际进度与费用，比如按周、月为一个统计反馈周期。

通常，项目进度管控系统会根据项目本期所下达的计划安排，按项目作业责任人自动筛选出本周（或本月）需要承包商进行进度测量反馈的作业列表，承包商将作业列表中项目的实际进度情况及实际资源与费用情况输入系统后并进行线上提交审批。通过审批流程的反馈数据将签入系统的现行计划中，然后通过计算分析、目标对比等来确定下一周期的计划安排，以及进度计划的调整等内容。

项目进展的周期反馈，在系统中按照项目计划的作业任务责任人进行了绑定，相关责任人直接点击进入进度检测“周期反馈”系统菜单，系统会自动“获取”生成本周期需要进行反馈的计划作业活动，如图 5-93 所示。当然，有些项目因特殊情况，业主和承包商不需要按周期反馈也可以在系统中实现，即采用简单反馈方式。无论哪种反馈方式，在系统中均需要输入作业实际开始日期、实际完成日期（或期望完成日期、或尚需工期）、作业（或步骤）实际累计进度百分比、资源实际完成数量等记录信息，如图 5-94 所示。

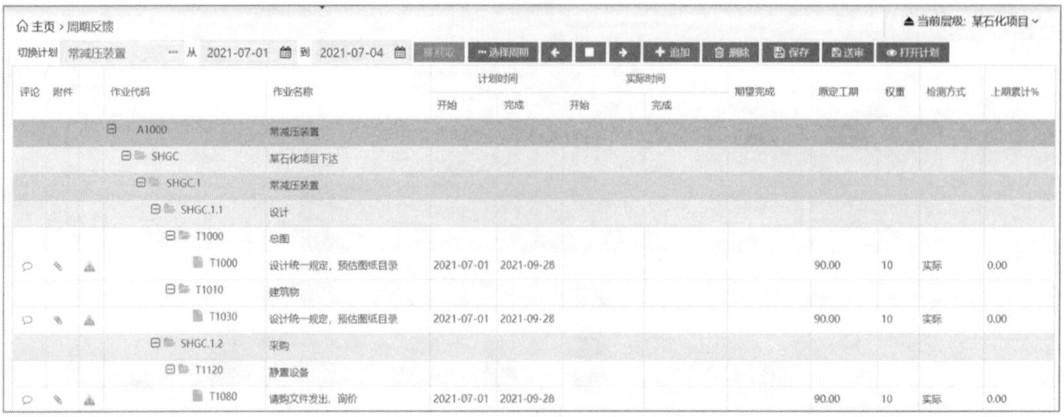

⌂ 主页 › 周期反馈　　▲当前层级：某石化项目

切换计划 常减压装置 ··· 从 2021-07-01 到 2021-07-04 　选择周期　追加　删除　保存　送审　打开计划

评论	附件	作业代码	作业名称	计划时间 开始	计划时间 完成	实际时间 开始	实际时间 完成	期望完成	原定工期	权重	检测方式	上期累计%
		A1000	常减压装置									
		SHGC	某石化项目下达									
		SHGC.1	常减压装置									
		SHGC.1.1	设计									
		T1000	总图									
		T1000	设计统一规定，预估图纸目录	2021-07-01	2021-09-28				90.00	10	实际	0.00
		T1010	建筑物									
		T1030	设计统一规定，预估图纸目录	2021-07-01	2021-09-28				90.00	10	实际	0.00
		SHGC.1.2	采购									
		T1120	静置设备									
		T1080	请购文件发出、询价	2021-07-01	2021-09-28				90.00	10	实际	0.00

图 5-93　本周期作业反馈

≡ 计划反馈　送审　　预览　本期反馈报告　打开计划　保存　刷新

计划反馈　新增　删除

作业

问题

附件(0)

代码	作业名称	计划时间 开始	计划时间 完成	实际时间 开始	实际时间 完成	期望完成	原定工期	权重	检测方式	上期累计%
A1000	常减压装置									
SHGC	某石化项目下达									
SHGC.1	常减压装置									
SHGC.1.1	设计									
T1000	总图									
T1000	设计统一规定，预估图纸目录	2021-07-01	2021-09-28				90.00	10	实际	0.00
T1010	建筑物									
T1030	设计统一规定，预估图纸目录	2021-07-01	2021-09-28				90.00	10	实际	0.00
SHGC.1.2	采购									
T1120	静置设备									
T1080	请购文件发出、询价	2021-07-01	2021-09-28				90.00	10	实际	0.00

图 5-94　本周期作业反馈

5.2.3　计划监控——专业分析

1. 赢得值应用与分析

赢得值分析技术的基本理论及概念在本书第 2 章“进度管控的基础理论与技术”中已经得到了诠释，此处不再赘述。本节赢得值分析法主要从应用角度阐述，以帮助在实际项目应用中及时和有效地分析成本、进度绩效，实事求是地反映项目已经完成的工作，及早地通过系统预警成本、进度差异，以便在情况变坏之前能够采取有效的纠偏措施。当然，赢得值原理的应用也不是万能的，其参数指标与取值方法对于不同行业本身也有局限性，所以并不是说仅通过观察赢得值指标就能完全掌握工程项目的建设运转状况。我们需要在理解和掌握赢得值理论的基础上，进一步将理论与实践相结合而发挥出有效的辅助作用。在赢得值分析方法的应用过程中，需要注意以下几方面的工作。

（1）赢得值指标与现场实际体验可能出现的偏差。赢得值的计算前提是需要有一个完善的进度测量体系，确保赢得值计算数据的基础是可信任的。无论计算赢得值使用里程碑权重百分比还是作业活动进度完成百分比，其计算赢得值都是比较主观的，基于人为划定的权重。很多项目的作业在进行过程中没有很明确的或绝对准确的输出结果，实际完成进度百分比就很难合理地、准确地被测量，测量的数据本身不是一个绝对值。这就可能造成赢得值与实际体验感觉不同的情形。当然，赢得值分析理论原理本身没有问题，或者说，标准没有最好只有更好，没有标准就更不好了。出现赢得值指标与现场实际体验偏差，反过来提醒需进一步反观进度测量系统的仿真性能力。

（2）观察赢得值指标需要从多角度、多层次去分析。在项目使用赢得值技术开展进度控制过程中，由于赢得值理论与原理是以综合度量形式反映项目的完成情况，因此在观察其指标时，不仅要观察项目的总体进度指标情况，还要从不同角度、不同层次去观察和反映其相关指标的执行情况。比如，关键线路上的进度控制状况、赢得值指标、某一装置（单元）专业的指标执行情况等，实际进度落后原因还要具体分析。例如，某一项目有些作业活动权重占比较大，其进度稍微提前一点，就使这个项目装置（单元）获得的赢得值大于计划值；有些作业活动因权重占比不大，进度滞后很多，而且有可能演变为关键路径，其作业活动的赢得值虽然小于计划值，但项目累加得到的整个项目获得的赢得值比计划值大。根据赢得值计算原理，就可以得到项目整体进度提前的结论，其实里面可能隐藏了不少进度隐患，导致项目实际进度执行情况未能从多角度如实反映。要想掌握项目实际状况，还必须将项目中的关键作业与非关键作业分别考虑，从而细致地找到出现问题的关键所在，寻找解决问题的方法。

（3）观察赢得值指标与计划执行率指标的一致性。赢得值指标不仅要分析整个项目的计划执行效率，还要分析计划内的作业活动执行效率与计划外的作业活动执行效率。因赢得值分析技术只针对计划内工作进行监控，对于本期没有计划但实际已经完成的工作，则不能简单应用赢得值指标方法来分析。所以我们做项目实施前应该有一个进度管控的规划与策划工作，严格控制项目范围的随意变更。项目控制人员在批准针对项目范围、作业活动相关资源或成本预算的变更后，需要相应地对项目目标计划做出及时的变更，以便赢得值指标更能合理地反映现场实际。所以在赢得值分析时，最好与范围管理、关键路径法（CPM）、作业分类管理、材料控制、风险管理与预警等一起使用，增加项目赢得值指标分析的多样性，从而为项目更好地服务。

（4）观察赢得值费用指数与价格指数的一致性。在费用管制方面，利用赢得值跟踪项目的实际成本时，项目的实际成本由人工费、材料费、施工机械台班费及其他费用组成。以资源（人、材、机）的实际费用为例，由现场资源实际消耗量乘以实际价格而得到，决定实际成本有资源实际消耗量与其实际价格两个因素，对应成本超支也分为两方面进行分析，一方面是资源的实际消耗量，另一方面是资源的市场价格。同样一个作业活动，资源消耗量的不同反映了承包单位的管理水平，而资源不同时期的价格则反映了承包单位采购部门的市场预测与采购合同谈判的决策水平。如果两者不加区别分析而简单地进行实际成本统计，容易将成本不加说明地计入实际费用，导致赢得值费用指标出现偏差，即费用偏差（CV）。这种做法难免错误地将费用指标出现的偏差归咎于项目执行者，且容易误导项目管理者及决策指挥者。

当然，站在赢得值费用指标计算原理而言的角度，的确出现了偏差，应予以正常反映。需要说明的是，费用偏差（CV）反映的是绝对偏差，结果很直观，也有助于费用管理人员了解项目费用出现偏差的绝对数额，并据此采取一定措施，制订或调整费用支出计划和资金筹措计划。但是，绝对偏差有其不容忽视的局限性。例如，同样是 50 万元的费用偏差，对于总费用 1 000 万元的项目和总费用 10 亿元的项目而言，其严重性显然是不同的。因此，费用偏差（CV）仅适合于对同一项目做偏差分析。而费用绩效指数（CPI）反映的是相对偏差，它不受项目层次的限制，也不受项目实施时间的限制，因而在同一项目和不同项目比较中均可应用。观察费用绩效指数（CPI）的同时，还需要观察另一个指标，即当时的资源（人、材、机）费用价格指数，将两者的指数加以综合分析，就会对现阶段实施绩效情况做出一个准确的、合理的评价，对项目管理者进一步制定有效的改进措施有帮助。总而言之，在统计实际资源消耗的成本费用时，最好实行量价分离。即按照预算价格与实际价格分别得出实际消耗资源的两个成本费用，然后再以两个实际成本费用分别观察赢得值指标，从而更合理地帮助决策者判断项目的执行情况。

2. 进度偏差分析报告

项目进度偏差分析报告是项目进度控制人员对项目在某一阶段执行情况的总体描述，包括编制说明、计划与实际对比、存在的问题、偏差对项目产生的风险、提出改进建议与追赶计划等。项目执行情况的偏差一般可以通过现行计划与目标计划的差异对比视图和图表来实现，也可根据项目管理的实际需要出发，从不同的角度、不同的层次制作各种进展分析视图，并加以文字辅助说明。

前面讲述了如何根据项目的实际进展开展进度反馈、赢得值分析方法的应用，这些如实记录工程进展的数据是编写偏差分析报告的基础。在编制项目进展偏差分析报告的过程中，通过定量的分析比较，如果工程进展顺利，无须特别调整下一阶段的进度计划安排，按照现行计划更新的进度安排即可；如果项目实际进展与目标计划差异较大，可以通过分析，尽早发现症结所在，找出影响项目进度、工程量完成情况及费用的原因，为下一步计划调整及项目重新回到目标计划框架下运行提供管理决策依据。项目偏差分析报告的内容一般包括但不限于以下内容。

（1）项目执行者在实施进度计划管理过程中，应充分重视进度偏差报告的编写工作，偏差分析报告的质量和水平，直接体现了一个项目执行者的进度管控水平，进而体现了一个单位项目管理的水平。一份优良的进度偏差分析报告，至少应当反映出事实真实、数据准确、论证有力、证据充分、利于改进，能为管理层的有效决策提供良好依据。同时也为今后甲乙双方可能出现进度方面的索赔或反索赔事件时，起到作为有力的索赔证据的作用。

（2）在确定的数据反馈周期和规定的时间节点结束以后（如周、月、季度、半年度、一年度等），项目执行者应及时编制相应的进度偏差分析报告，正式提交给上级管理单位、投资方审阅；若是承包商，需提交给业主、总承包商、监理公司审阅。比如《月进展偏差分析报告》应根据各部门、各专业进行工程进展的统计与分析，对目前实施过程中存在的现实问题作出分析，就重大趋向问题进行预测，从而描述未来工程发展的趋势和轨迹，并提出合理化建议及相应措施。

（3）项目偏差分析报告提交的内容应该采用项目管理方的统一格式，其偏差分析报告的内容，随工程的进展和特点而有所不同，但就重要的内容和文字结构方面而论，一个完整的进度偏差分析报告至少应包含但不限于以下几部分内容。

1）项目状态。这部分的内容主要是对截至目前整个项目的现状进行客观的总体描述，从而得出项目的一个总体形象进度。该部分的工作大致包括三方面的内容描述：已经完成的工作、正在做的工作、将要做的工作。在描述项目状态时，要注意准确地运用工程量的具体数字，尽量做到定量与定性分析相结合。

2）偏差状态与原因分析。这部分的内容主要是对目前的项目实施状况与目标计划进行比较，看看哪些作业活动有所提前，哪些作业活动推迟，并对这些提前或推迟的作业活动实施进行评估、展望；重点关注这些作业是否为关键路径上的作业，是否会影响整个目标计划的实现，同时找出引起偏差的真正原因，以及可能存在的问题。

3）需要采取的措施。通过进度分析发现偏差后，报告要作出是否需要采取措施、采取何种措施的说明。具体到是否需要采取措施，要看导致偏差的原因及偏差的大小。如果是自己延误了进度，则应自觉在报告中阐明拟将采取的赶工措施和可能面对索赔事件的认知；若是别人造成了自己的延误，则要求进度顺延并提出必要的索赔主张，阐明拟将制订赶工计划与增加相关资源及费用等来挽回进度落后的局面等。

4）附录部分。常用附录部分来列出进度管控系统做出的各种报表、曲线、图表，以及造成偏差的其他书面证据，以直观的方式来展示工程状态、偏差原因、造成的影响等。当然，还可以附上一些工程实例图片。

5）重点和注意事项。对于一份进度偏差分析报告，如果能涵盖上述各部分内容，应该是比较完备的。但是，如有重大的进度偏差存在，则要特别注意突出重点，准确地阐述核心要点及内容。进度偏差分析报告中的原因分析，以及拟采取的措施是报告的重点部分。原因的分析要有理有据，切忌推测臆断；对于拟采取的措施要合情合理，要以负责任的态度提出。另外，要充分展示进度管控系统中的报表曲线，通过呈现项目实时进展状况，往往能起到事半功倍的作用。

3. 香蕉曲线

项目的网络进度计划，实际上包含了最早和最迟两组开始与完成时间，虽然大家都采用最早时间来安排工作计划。因此，任何一个项目的网络进度计划，都可以绘制出两条曲线：其一是按最早开始时间安排而绘制的S形曲线，称为ES曲线（最早开始曲线）；其二是按最迟开始时间安排而绘制的S形曲线，称为LS曲线（最迟开始曲线）。这两条S形曲线包络后形如香蕉，故由此得名"香蕉曲线"，如图5-95所示。

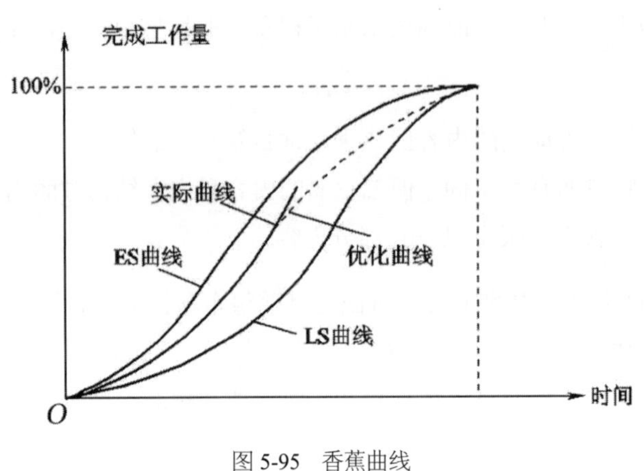

图5-95　香蕉曲线

由于"香蕉曲线"的两条S形曲线都是从计划的开始时刻开始和完成时刻结束，因此两条S曲线是闭合的。在项目的实施过程中，人们经常通过"香蕉曲线"来监测进度的运行状况是否正常。在进度运行理想的状况下，任一时刻按实际进度描绘的点，都应落在"香蕉曲线"的区域之内。当然，如果项目的各项工作均无条件按最早开始时间安排进度，将可能导致项目的成本加大；而如果各项工作都按最迟时间安排进度，则一旦受到进度影响因素的干扰就无回旋余地，必将导致工期的拖延，工程进度风险加大。

4．进度决策中心

项目进度决策中心（或称项目仪表盘），是供管理决策者清晰而快速地查看整个项目的运行情况而设置的。项目仪表盘展示的是汇总性指标信息，如欲进一步了解指标的数据来源依据，可双击指标钻取至下一层更详细的数据来源。通过基本分析发现的问题，如需警示、提醒都可在仪表盘直接进行。

仪表盘的数字是怎么形成的？如同前面介绍进度检测体系时所述。

（1）以项目概算为依据，分配项目各级WBS和作业的权重。

（2）系统根据目标计划和作业的检测曲线，计算出作业在每个检测区间的计划值，逐层汇总得到项目在每个检测区间的计划完成值。

（3）通过反馈作业的实际完成量，应用权重进行逐层汇总，得到项目的实际完成值。

这些数据汇集到平台仪表盘，呈现出项目各项指标运行健康状况，帮助管理者做出合理的指挥决策，如图5-96、图5-97所示。

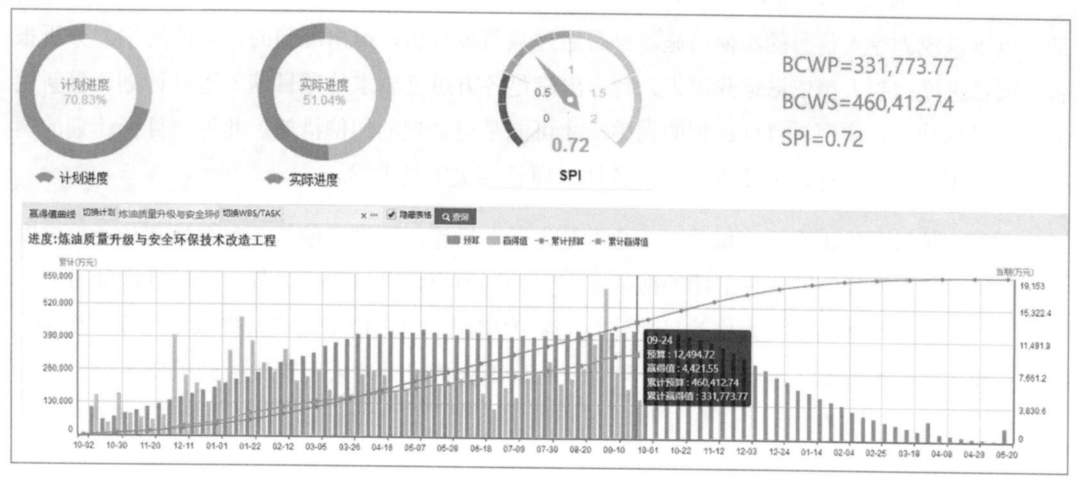

图 5-96　项目决策中心（1）

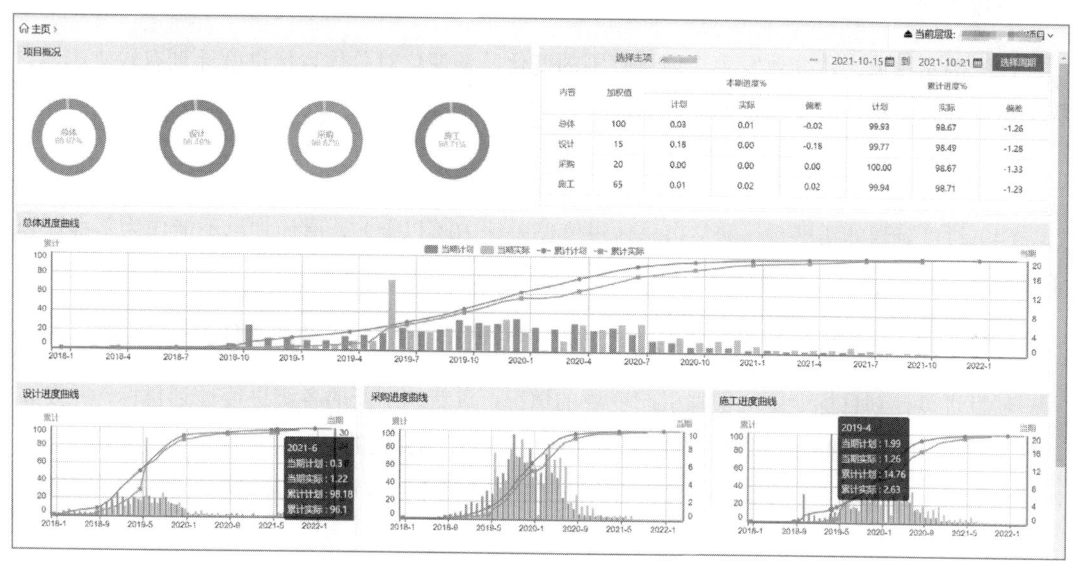

图 5-97　项目决策中心（2）

5.2.4　计划调整——纠偏整改

前面阐述了计划的编制（P）、计划的执行（D）和计划的监控（C）三部分，本节讲述一下计划的调整（A）。进度管控也采用了类似质量管理 PDCA 循环的管理思路和做法流程。

项目在执行过程中影响进展的因素随时都有可能发生，为了对进度实施有效监控，及时掌握现场信息变化，定期对作业活动进度反馈信息进行分析，及时发现其中的影响因素，分析可能产生的结果，然后对已经产生的不良结果和进度偏差及时采取措施观察纠偏效果；必要时还需修正现行计划并协调各方按修正的进度计划开展工作，达到追赶项目目标的目的。

需要说明的是，单纯地修改进度计划中某些作业的工期来缩小进度偏差的方式是不可持续的，也难以成为令人信服的纠偏措施。只有通过赢得值分析，得出准确的、合理的偏差分析报告，项目进度控制人员依据这些报告，制订出满足各方进度要求的项目偏差追赶计划，重新生成新的目标计划，实现对目标计划的调整，才可能是更合理的纠偏措施。此外，目标计划的调整与修改不能随意进行，需要满足一定条件和履行相关审批手续。

项目实施过程中出现进度偏差时，通常是先采取措施纠正进度偏差，而不是立马变更进度计划目标。只有造成关键路径工期的拖延或专业控制节点、里程碑控制节点滞后且这种滞后为不可接收的偏差，才需要采取修改目标计划的整改措施。纠偏措施无非是采取增加投入资源、提高工作效率、加班加点等赶工措施。只有在出现下列情况时才采用整改措施来变更项目的目标进度计划（进度基准计划），包括但不限于以下内容。

（1）有提交完整的偏差分析报告，且该报告中明确提出了有关修改进度计划、制订赶工计划的建议措施。

（2）因某种原因，导致发生了项目范围的变化，该变化对总体目标进度计划有较大影响，极大可能导致目标计划无法按期实现的风险。

（3）发生业主原因导致工期不得不调整与延长的情况。

（4）进度延误非常严重（通常指总体进度偏差达 10%以上），原计划已不能作为基准计划予以执行。

（5）业主或主管部门指令项目进度计划的变更，且通过正式手续和文件下达。

项目进度计划目标变更应根据引起变更的情况，重新编制新的各级进度计划目标，并发布到有关部门，作为后续工作进度控制的基础；项目进度计划变更的经验教训应形成文件，使之成为历史数据与参考标准，供本项目及其他项目使用，达到不断改进、提升进度管控能力的目的。

5.3 综合管控应用

5.3.1 进度管控体系

1. 项目结构体系设置

企业项目结构体系（Enterprise Project Structure，EPS）能反映企业内各类项目的结构分解层次，是企业项目的一种组织形式。EPS 一般表现为树状结构，该结构可以根据公司的需要分解为不同的层次，以满足企业对项目执行情况监控、分析的要求。

EPS 的层次节点可以代表分公司、部门、项目地点、项目类别等，具体项目可以存在于任一层 EPS 节点中，每个节点可以包含多个项目，企业中的每个项目都必须包含在 EPS 节点中。EPS 定义示例如图 5-98 所示。

图 5-98　EPS 定义示例

2. 组织体系设置

组织分解结构（Organizational Breakdown Structure，OBS）是项目组织结构图的一种表达形式，用于描述负责每个项目活动的具体组织单元，通过 OBS 将相关部门、岗位与 WBS 或工作包进行联结，便于项目管理者对项目成员职责、权限进行划分，是将项目各级工作与责任岗位有条理地联系起来的一种项目组织安排形式。

OBS 组织分解结构体现在数字化软件中一般包括企业或项目岗位划分结构的定义、岗位与权限的对应关系设置等工作，如图 5-99、图 5-100、图 5-101 所示。

图 5-99　OBS 结构体系

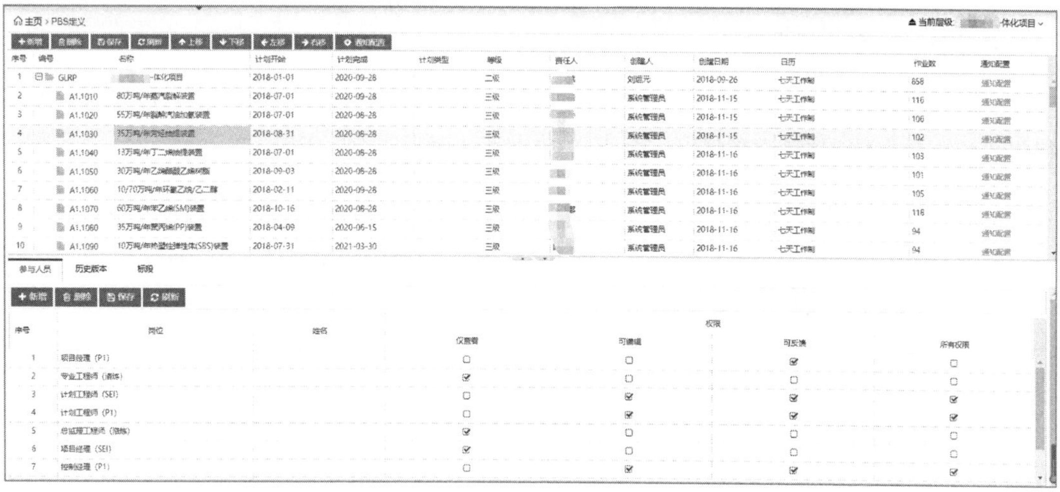

图 5-100　OBS 与计划管理权限对应

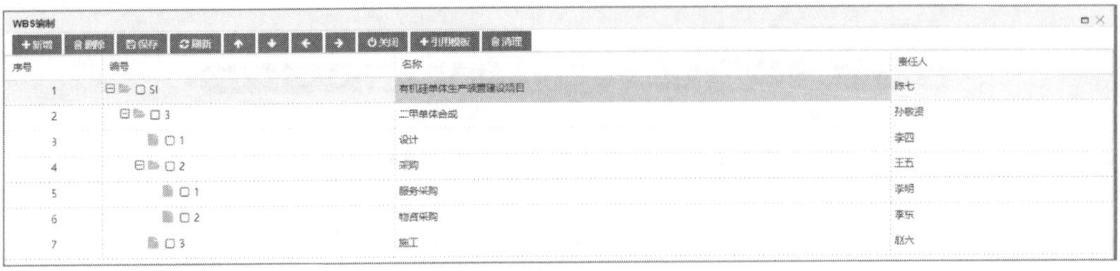
WBS编制
新增
删除
保存
刷新
关闭
引用模板
清理
序号
编号
名称
责任人
1
SI
有机硅单体生产装置建设项目
陈七
2
3
二甲单体合成
孙敬贤
3
1
设计
李四
4
2
采购
王五
5
1
服务采购
李明
6
2
物资采购
李东
7
3
施工
赵六

图 5-101　WBS 权限设置

3. 计划模板设置

计划模板是组织级计划管理知识沉淀的载体，是项目进度管理表转化的手段，通过计划模板的应用可以提高项目编制计划的规范性和编制效率。

计划模板可按业态、项目规模进行分类，具体内容包括 WBS 层级结构、标准作业定义、标准工期、默认逻辑关系、默认权重等要素。项目复用模板后可以根据实际项目情况对 WBS、作业、工期进行调整。

计划模板可以全新创建，也可以由典型项目生成，如图 5-102 所示。

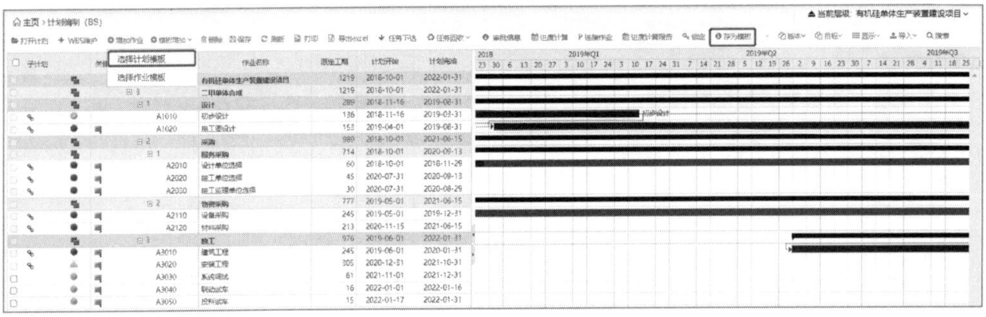

图 5-102　创建计划模板

4. 组织 WBS 模板设置

WBS 模板也是企业计划管理标准化的体现，通过 WBS 模板将各类项目的标准划分方法进行归纳总结，供类似项目进行复用。企业 WBS 模板库如图 5-103 所示。

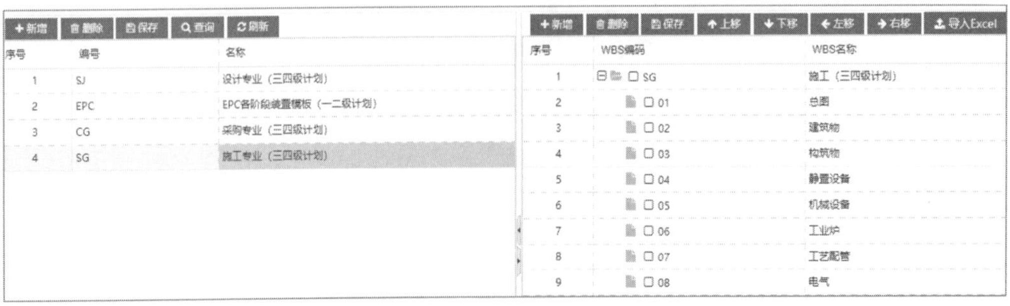
新增
删除
保存
查询
刷新
序号
编号
名称
1
SJ
设计专业（三四级计划）
2
EPC
EPC各阶段装置模板（一二级计划）
3
CG
采购专业（三四级计划）
4
SG
施工专业（三四级计划）
新增
删除
保存
上移
下移
左移
右移
导入Excel
序号
WBS编码
WBS名称
1
SG
施工（三四级计划）
2
01
总图
3
02
建筑物
4
03
构筑物
5
04
静置设备
6
05
机械设备
7
06
工业炉
8
07
工艺配管
9
08
电气

图 5-103　企业 WBS 模板库

如果作为工程建设方或总承包单位，亦可通过发布标准的 WBS 模板，要求参建单位按照统一的 WBS 模板进行计划编制，达到对项目范围、深度统一标准的作用。

5. 计划审批流程设置

计划管理是一件很严肃的事情，项目各级计划往往需要经过项目和公司相关管理人员的审核才能发布，实际进度的填报也需要经过施工方、监理、业主三方确认。数字化平台应用之前，项目计划的提交或发布一般通过公文函件的形式，加盖公司公章进行承诺。实际进度的填报通常通过提交 Word 报表或电子表格，容易造成进度数据的一致性和严肃性不够。

应用数字化平台后，可通过内置业务流程管理（Business Process Management，BPM）的形式，将项目相关各方纳入同一平台，按照岗位权责设置审批流程，在线进行计划审批与实际进度确认。示例流程如图 5-104、图 5-105 所示。

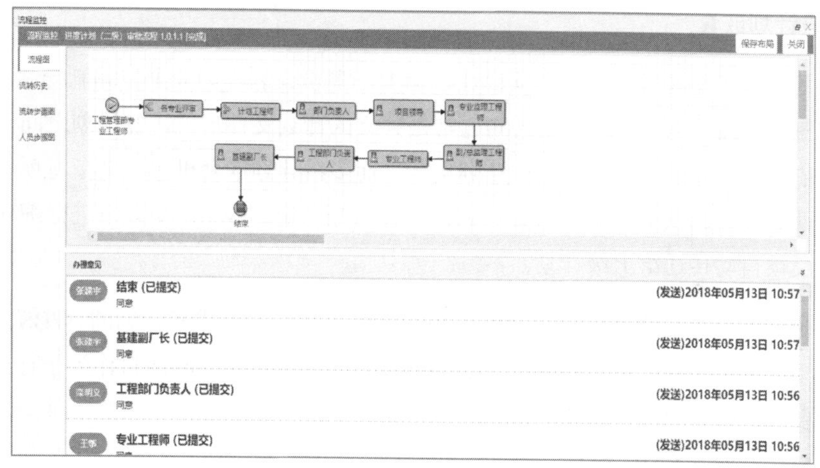

图 5-104　计划发布审核流程示例

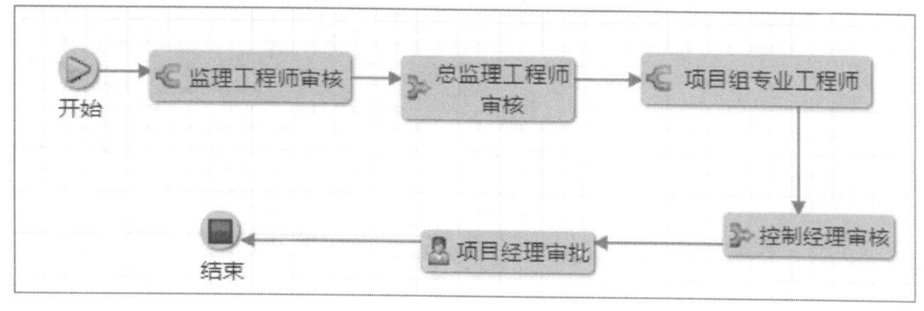

图 5-105　实际进度审批流程示例

6. 计划层级定义

项目进度计划编制是一个自上而下逐级细化的过程，从一级里程碑计划到二级指导性计划、三级控制性计划、四级执行计划，通过计划的逐级分解，可以实现上级管控要求的向下传达，并通过 OBS 体系将各级计划的责任单位与计划联系起来。

在数字化应用中，对计划层级划分的过程可用 PBS 进行描述，针对每一级 PBS，规定其深度、设置其计划类型、计划责任人等，如图 5-106 所示。

+新增 删除 保存 刷新 上移 下移 左移 右移

序	编号	名称	计划开始	计划完成	计划类型	等级	责任人	日历
1	AF1710W	[illegible]电厂EPC总控计划	2016-12-15	2018-12-18		二级	[illegible]	默认日历(七天工作制)
2	AF1710W-E	设计计划	2016-12-01	2018-06-30	E	三级	[illegible]	默认日历(七天工作制)
3	AF1710W-P	采购计划	2015-12-01	2018-08-31	P	三级	[illegible]	默认日历(七天工作制)
4	AF1710W-C1	安徽建一	2016-12-15	2018-08-10	C	三级	[illegible]	默认日历(七天工作制)
5	AF1710W-C3	上海电建	2016-12-15	2018-09-30	C	三级	[illegible]	默认日历(七天工作制)
6	AF1710W-C2	安徽建二	2015-12-01	2018-07-29	C	三级	[illegible]	默认日历(七天工作制)
7	AF1710W-C4	宁煤建设	2017-04-10	2018-06-30	C	三级	[illegible]	默认日历(七天工作制)
8	AF1710W-C5	中铁港务	2016-12-15	2018-04-30	C	三级	[illegible]	默认日历(七天工作制)
9	AF1710W-C6	零星工程	2016-12-15	2018-11-01	C	三级	[illegible]	默认日历(七天工作制)

图 5-106　PBS 定义示例

7. 多级计划嵌套

传统项目进度管理模式下，一个项目往往会编制多份计划。如业主方编制一、二级计划，承包商编制三、四级计划，各级计划之间通常是独立的计划文件形式，各计划之间无法实现联动。业主方依靠承包商报送的报表进行计划更新。而多级计划嵌套机制，是指将项目高层计划与下级执行计划建立起联动关系，下级计划在上级计划规定的 WBS 框架下进行细化，下级计划实际进展反馈自动传递给上级计划。

在数字化应用中，可通过将父计划的作业下达到子计划，形成子计划的 WBS，从而建立起主计划和子计划的关联关系。其中父计划的计划开始和计划完成时间将作为子计划 WBS 的要求开始和要求完成时间，子计划编制过程中，一旦子计划超出父计划的要求时间，系统可实现自动标红提醒，如图 5-107 所示。

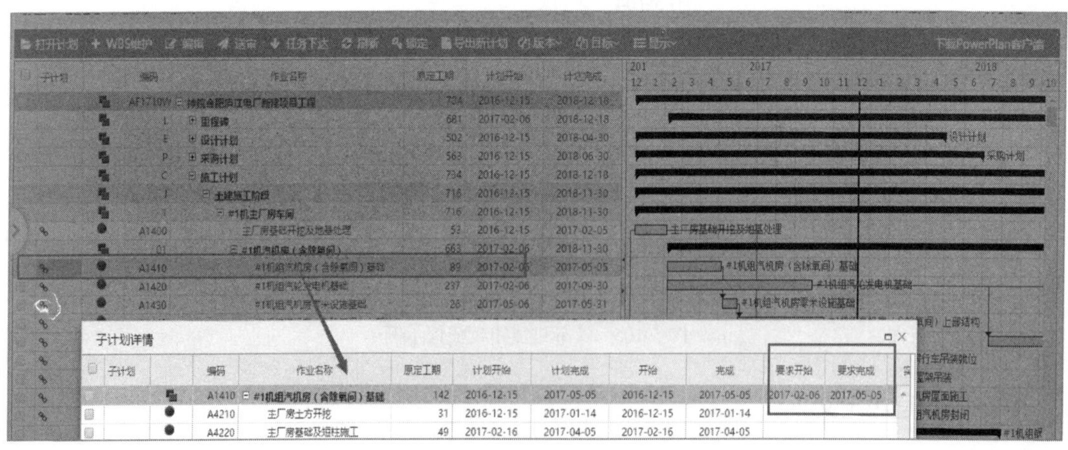

图 5-107　多级计划模式嵌套示例

5.3.2　计划执行

1．进度更新规则确定

大型复杂项目往往有多家承包商，项目进度更新如果没有统一规则，各家更新实际进展的时间不统一，会导致数据日期不统一，进而项目进度汇总数据存在时间偏差。因此对于大型项目，建议项目业主方统一规定进度更新的频次，如规定每周五下班时间作为每周进度更新的统一日期。

通过数字化应用，可预先对进度更新的频次进行统一设定，平台可提供按天、周、双周、月等不同的频率进行进度检测的方式，用户可以根据项目需求自行设定，如图 5-108 所示。

图 5-108　进度检测周期设置

2．资源分布模型加载

为了相对准确地估算每项活动的计划值，需要综合衡量每项任务在其施工期间的资源投入，通过资源投入水平来测算每项作业的计划进度。

应用数字化平台后，可通过定义作业的资源（工作量）分布曲线，并按照曲线数据模型统计周期分解预算工程量，计算每道作业在每个统计周期的计划完成百分比，进而向上汇总得到 WBS 和整个计划的计划完成百分比，形成 BCWS 曲线，如图 5-109 所示。

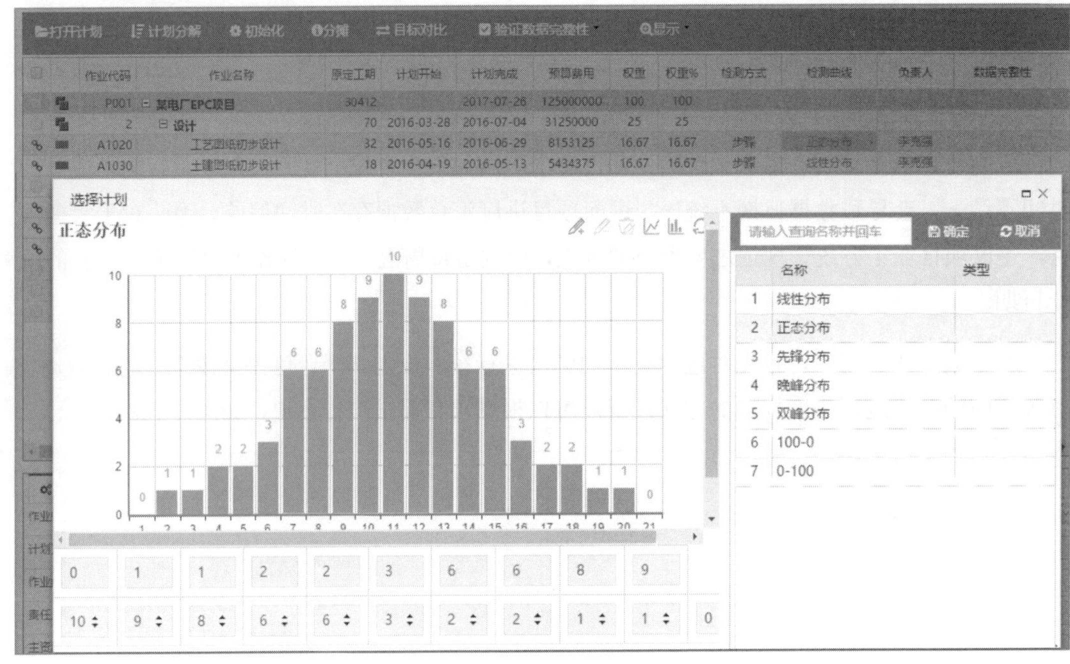

图 5-109 资源分布模型

5.3.3 计划监控分析

1. 进度预警分析

预警分析是进度监控的关键功能之一。通过设置预警值，可以及时触发项目风险，辅助项目管理者做出决策。根据预警层级、对象和周期，进度预警一般包括如下几种类型。

（1）里程碑预警。即对里程碑开始或完成时间设置临界值，在里程碑完成期限即将到达之前进行风险预警，对未按时完成的里程碑进行警示。

（2）关键路径预警。对关键路径作业延迟开始或完成时间进行设置，一旦触发临界值则进行预警，提醒计划负责人某项工作滞后对后续工作产生的影响，以便采取纠偏措施。

（3）指标性预警。对进度完成指标设置预警值，比如 SPI、按时开工率、按时完工率等，达到某一临界值时，则给计划负责人推送消息。

（4）关键任务节点预警。根据活动的重要程度和关注程度，一般会设置公司级、部门级、项目级等不同层级关注的任务，按作业层级进行分级推送。

（5）周期性预警。将项目计划按年、季、月、周进行分解，针对每个周期内的任务进行预警。

数字化平台应用中，一般通过如图 5-110 所示的“预警设置”操作对各类预警触发的临界值和预警消息通知的对象进行设置，然后随着计划的执行反馈，通过数字化平台站内消息、短信、微信等移动端消息推送进行预警，在计划展示界面也会形成红绿灯颜色指示等可视化的表达方式进行预警，如图 5-111～图 5-113 所示。

≡ 预警通知人员　⚙ 通知配置　　保存　刷新　打印　关闭

基本信息　其他人员　预警设置

＋新增　删除

序号	预警情况	是否启用	启用下限值	下限天数	启用上限值	上限天数	预警描述	颜色
1	延期开始的未开始作业	☑	☑	3	☑	5		#faa602
2	延期完成的进行中作业	☑	☑	3	☑	10		#fa4c02

图 5-110　预警设置

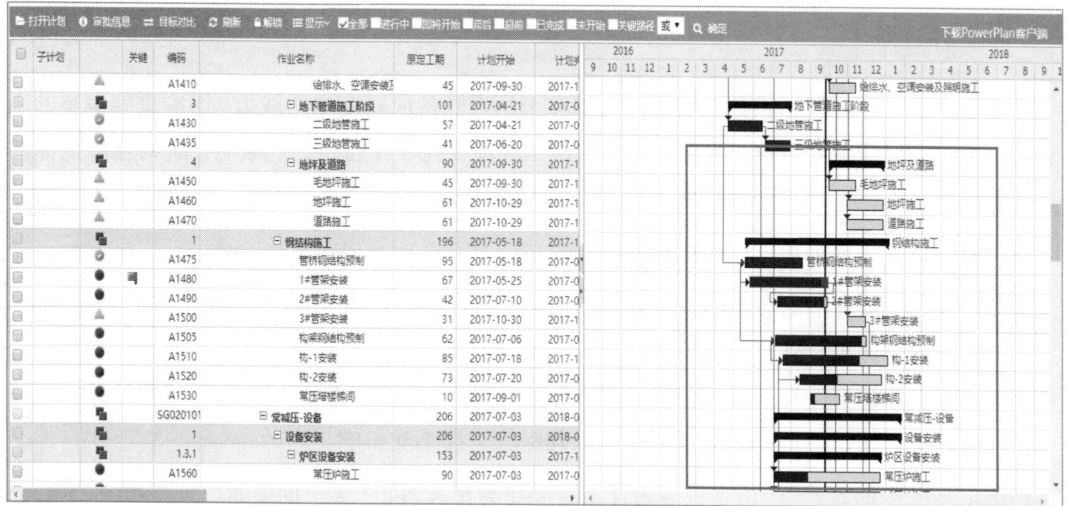

图 5-111　红绿灯及横道图预警

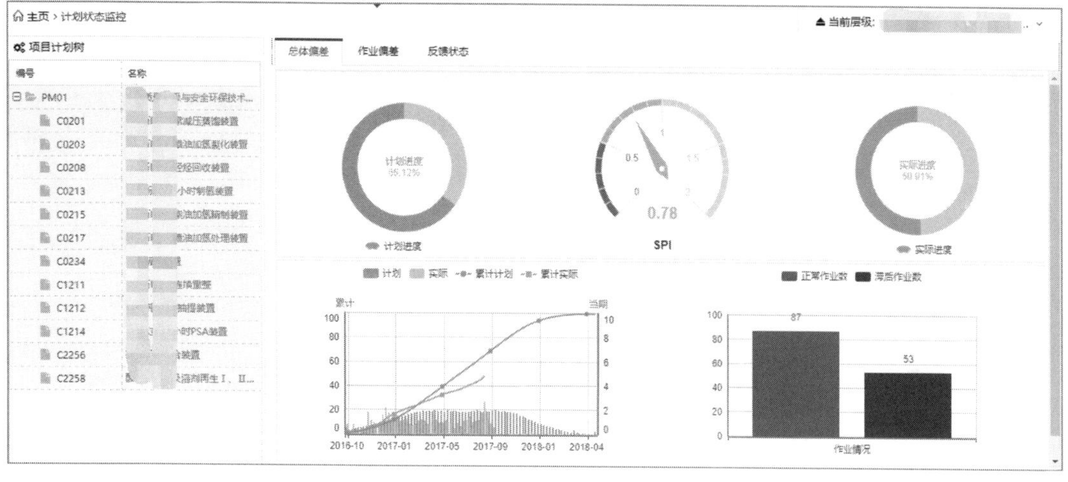

图 5-112　关键指标预警

图 5-113　关键路径预警

2. 进度事件管理

衡量组织计划管理体系是否成熟的关键在于是否具备应对变化的能力。影响进度偏差的因素有很多，诸如业主变更单、内部变更单、施工环境变化、不可抗力因素等，针对何种问题需要何种应对措施，是项目计划管理人员需要掌握的技能。

影响进度的事件发生后，首先要进行客观的记录，然后分析事件的主责方，对工期可能产生的影响，找到最佳的响应策略。例如，如果是甲方原因，是否要求甲方进行工期签证，甚至发起工期索赔；如果是外部环境因素，是否可以与甲方协商，对基准计划进行调整；如果是内部原因，则要分析事件对网络计划的影响，通过逻辑关系找到受影响的活动，重新计算关键路径，采取赶工措施、或调整作业逻辑关系以确保总工期不受影响。

应用数字化平台后，可以将进度事件按时间线索进行登记，为工期索赔提供过程支撑材料。通过进度模拟，对受影响的子网络计划进行分析，如图 5-114、图 5-115 所示。

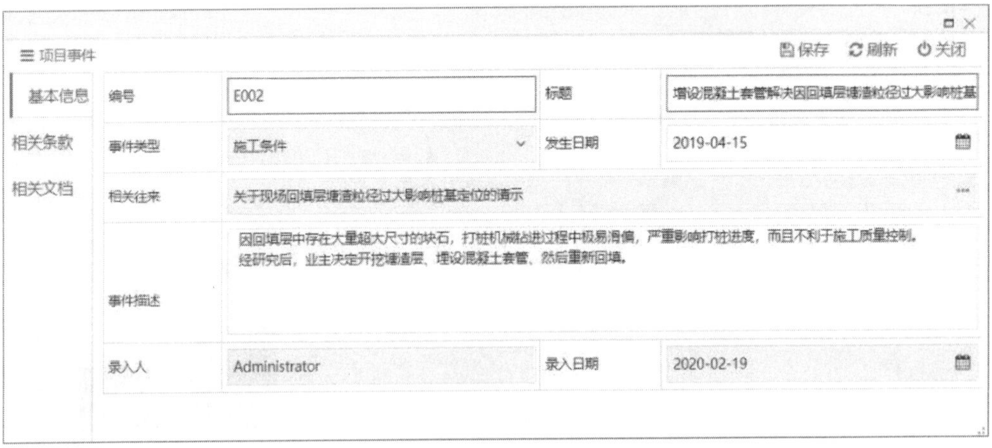

图 5-114　项目事件记录

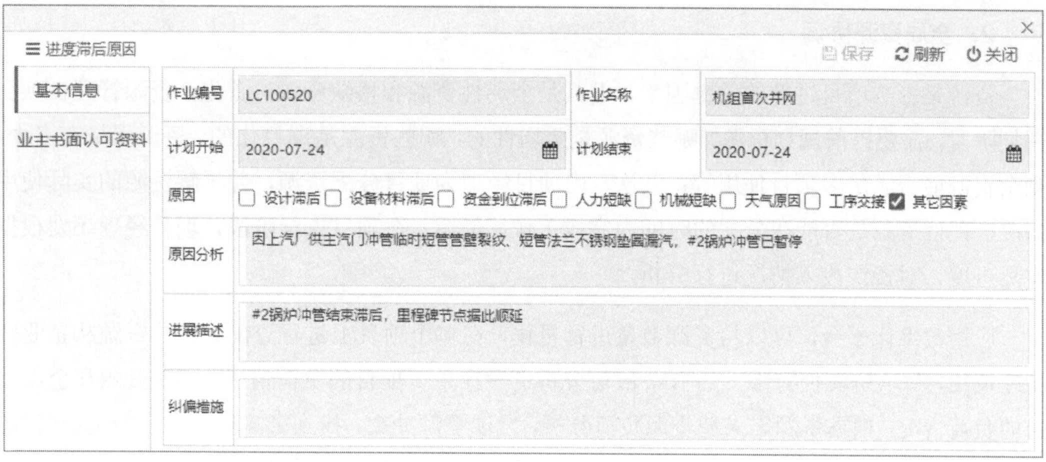

图 5-115　进度偏差原因分析

5.3.4　计划调整与优化

1．统筹计划

大型复杂项目通常有多方参与，对每个参与方而言，其内部相当于一个子项目，各方计划既自成体系又相互影响。管理者最头痛的问题之一便是协调各个子项目之间的接口关系，统筹子项目进度安排，保证工期不被耽误。传统管理模式下，解决此类问题，常规方法是由项目业主方根据工程推进情况，不断召集各方召开协调会议，摸排各方进度，确定未来一段时间各方的作业优先级。由于没有全局性的统筹计划，常常因为工作界面协调不力而影响项目总进度。

应用数字化平台后，可在子项目之间建立逻辑关系，通过跨项目 CPM 算法，形成项目整体关键路径。在当前计划可以查询与之相关联的计划的执行情况。如图 5-116 所示为统筹计划示例。

图 5-116　统筹计划示例

2. 全局资源协调

资源是影响项目进度的关键因素，尤其是全局性资源和稀缺资源。首先，资源管理在项目规划阶段，需要提前规划资源，哪些资源是全局性的，哪些资源是项目化的，资源用量有多少，剩余资源能否满足多项目使用等；其次，由项目经理为项目分配资源，并了解资源的实际使用情况，评估资源是否能在分配的时间内完成工作；最后，在项目执行阶段，项目经理还要根据实际进度，对资源投入情况进行分析。

应用数字化平台，可以将资源数量进行量化，在多个项目上进行分配。由于资源从企业资源库调用，每项资源拥有唯一的ID，故可分析资源在单一项目的负荷情况，稀缺资源在全局项目的负荷情况。根据资源需求和资源负荷分析，发现资源冲突，找到影响项目进度的关键资源，提前进行资源协调。图5-117、图5-118分别为资源直方图和多项目资源冲突分析。

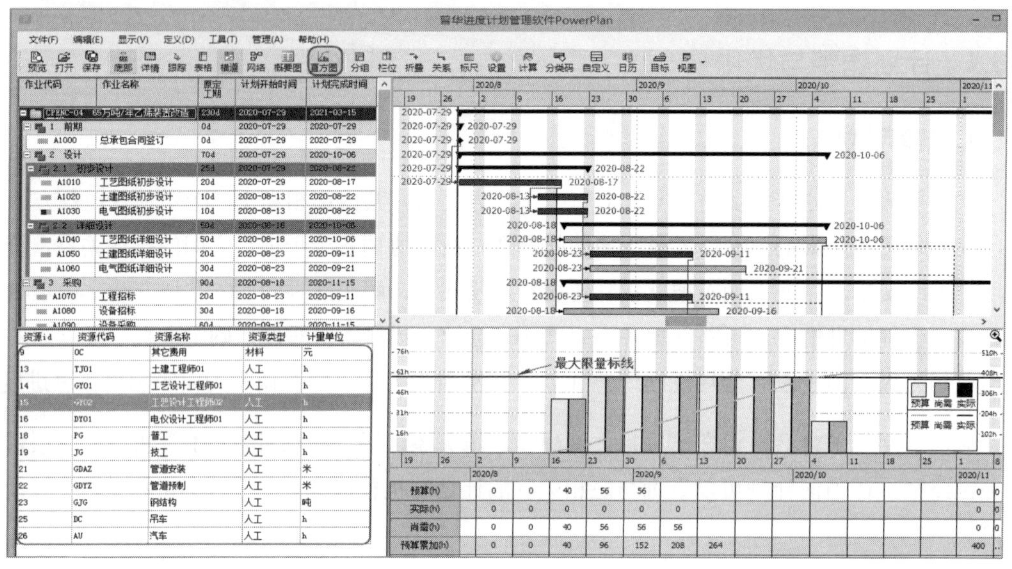

图5-117 资源直方图

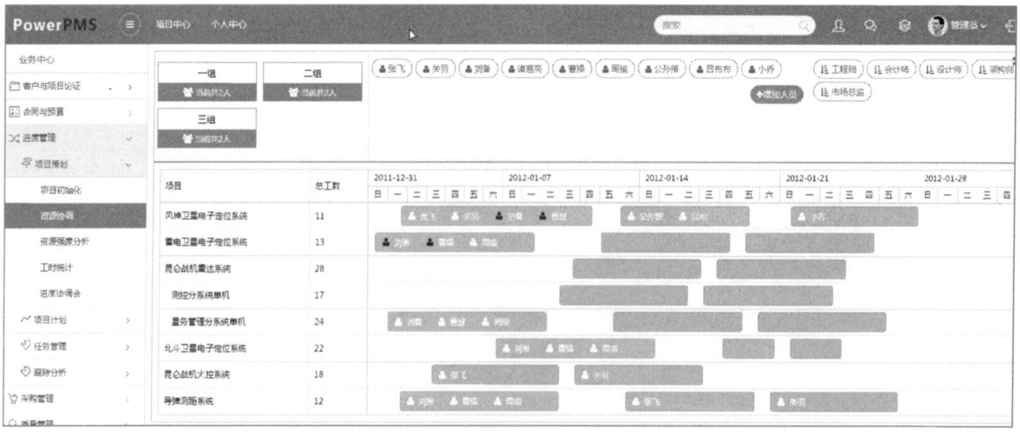

图5-118 多项目资源冲突分析

5.4 企业集约化经营管控应用

5.4.1 进度计划综合管控模型

进度管理是项目管理的核心，是项目管理主线，各项管理活动围绕进度展开。进度计划的统筹协调作用体现在设计、采购、施工等不同阶段计划的串联，采购活动、合同计量支付、质量验收与主进度计划的关联，主进度计划驱动各项业务的开展，各项业务的执行又反过来推动计划向前推进，如图 5-119 所示。

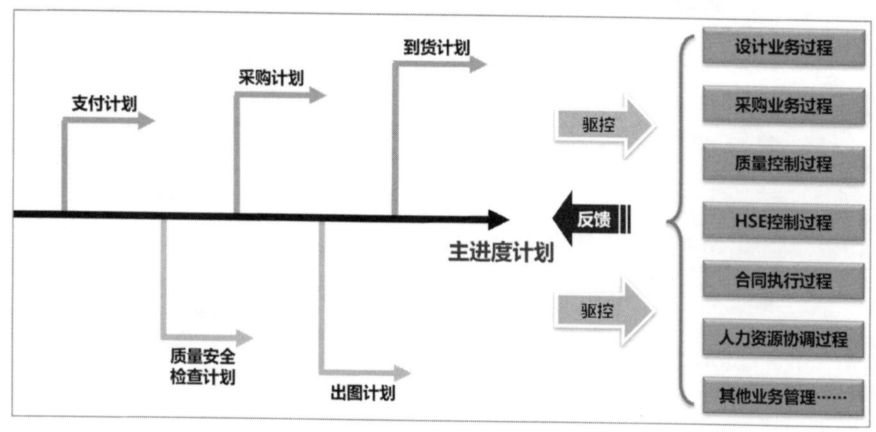

图 5-119　进度驱动管理模型

5.4.2 进度与设计管理结合

根据项目进度计划安排，及施工过程中各工序所需图纸推算出图纸需求计划。图纸需求计划包括图纸清单及图纸最晚交付日期。设计项目经理将图纸需求计划下达给设计部门/单位，设计部门/单位根据图纸需求计划要求，安排设计进度时间计划和设计人员部署，设计进度计划应满足图纸需求计划时间要求，并尽量留有余量，协调充足的设计资源以保证设计计划的执行。

设计进度计划与设计过程结合，设校审业务过程驱动各专业设计进展，设计成果与设计任务自动关联（见图 5-120）。设计经理、设校审人员可通过进度计划获取上游专业提资文件、启动本专业设计工作、发起设计成果校审、上传设计成果。

5.4.3 进度与采购管理结合

采购管理是项目管理中的关键环节，也是影响项目整体进度的重要因素。传统模式下，采购管理部门与工程进度管理职责相对割裂，采购部门对接设计部门、工程部门，接受采购需求，发起采购流程。工程进度部门需要反向询问才能知晓采购进展，不利于全局进度控制。

通过数字化平台应用，可将进度计划与采购业务流程结合，进度计划中的每项活动可对应每个独立的采购包，用采购业务流程节点驱动采购任务的完成，将采购进度节点权重化处理，实现采购进度的量化测量。例如，询价单发出可占采购包进度的 5%，在采购业务模块完成询价流程后，则采购进度自动更新，如图 5-121 所示。

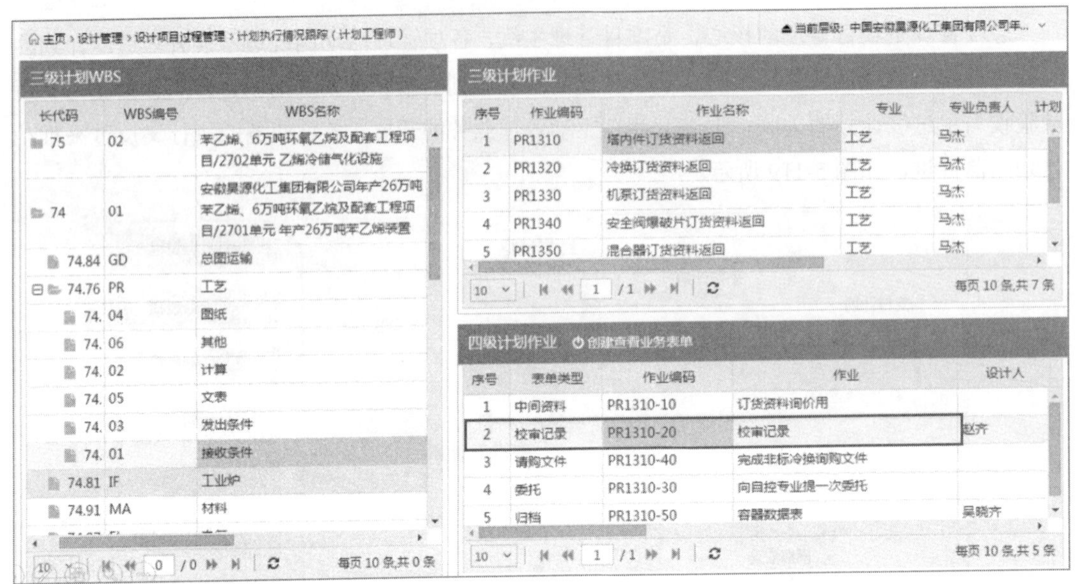

图 5-120 设计进度计划与设计业务流程结合

	1010	80万吨/年蒸汽裂解装置	1185	2018-06-01	2021-08-28	2018-06-14		360796.775555	357224.46
	SJ1010	设计	1185	2018-06-01	2021-08-28	2018-08-01		57156.775555	15.00
	CG1010	采购	909	2018-07-06	2020-12-30	2018-06-14		235334.000000	20.00
	T10120	甲供	696	2018-07-06	2020-05-31	2018-06-14	2020-08-25	35973.000000	35973.00
☐	T1000	动设备	579	2018-10-30	2020-05-30	2018-06-14	2020-06-25	30179.000000	30179.00
☑	T1010	静设备	395	2019-01-01	2020-01-30	2018-11-05	2020-04-30	5794.000000	5794.00
☐	T1020	第三批	696	2018-07-06	2020-05-31	2018-07-06	2020-08-25		
☐	T2030	裂解炉燃烧器	342	2019-06-25	2020-05-31	2018-12-24	2020-08-25		
☐	T2040	一类离心泵	342	2019-06-25	2020-05-31	2019-03-27	2020-08-25		
	T10130	乙供	772	2018-11-20	2020-12-30	2019-01-02		199361.000000	199361.00
☐	T1040	钢结构	184	2019-08-30	2020-02-29	2019-05-01	2020-08-05	10832.000000	10832.00
☐	T1050	动设备	499	2019-01-31	2020-06-12	2019-01-02	2021-01-07	5046.000000	5046.00
☐	T1060	静设备	534	2018-12-30	2020-06-15	2019-01-02	2020-12-10	53513.000000	53513.00
☐	T1070	工业炉	394	2019-02-28	2020-03-27	2019-03-16	2020-12-03	41055.000000	41055.00
☐	T1080	工艺管道	641	2019-03-15	2020-12-14	2019-01-02	2020-12-22	26389.000000	26389.00

常用属性　逻辑关系　关联作业　步骤　工作包　资源　计划控制点　分类码　自定义字段　评论　计划分摊　作业进度码　交付物清单

序号	☐	步骤	权重	权重%	完成百分比	已完成
1	☐	接收采购（询价）清单	5	5	100	☑
2	☐	完成技术交流	15	15	100	☑
3	☐	合同签订	10	10	100	☑
4	☐	设备制造	60	60	100	☑
5	☐	到货	10	10	100	☑

图 5-121 进度计划与采购包进度节点关联

5.4.4 进度与成本管理结合

项目投资/成本随进度执行而发生，传统模式下，项目投资控制以概算为控制对象，以合同为控制手段，往往与工程进度脱钩或者联系不够紧密。而实际上，以进度衡量的项目投资完成值，才是比较可靠的。

在数字化应用过程中，工程甲方可将概算分解至 WBS，通过赢得值原理，监控随着项目的进度，项目应完成的投资，如图 5-122、图 5-123 所示。

子计划	编码	作业名称	原定工期	计划开始	计划完成	实际开始	实际完成	费用	权重	权重%
	⊟ 1020	解汽油加氢装置	1155	2018-06-01	2021-07-29	2018-06-01		20458.045550	20255.48	100.00
	⊟ SJ1020	设计	1155	2018-06-01	2021-07-29	2018-06-01		3241.045550	15.00	15.00
	⊟ T28680	基础设计	395	2018-06-01	2019-06-30	2018-06-01	2019-05-30	1215.390000	1215.39	40.00
	T2000	总图	395	2018-06-01	2019-06-30	2018-06-01	2019-05-30	6.350000	6.35	0.52
	T2010	建筑物	395	2018-06-01	2019-06-30	2018-06-01	2019-05-30	56.400000	56.40	4.64
	T2020	构筑物	395	2018-06-01	2019-06-30	2018-06-01	2019-05-30	206.470000	206.47	16.99
	T2030	静置设备	395	2018-06-01	2019-06-30	2018-06-01	2019-05-30	216.350000	216.35	17.80
	T2040	机械设备	395	2018-06-01	2019-06-30	2018-06-01	2019-05-30	144.280000	144.28	11.87
	T2050	工业炉	395	2018-06-01	2019-06-30	2018-06-01	2019-05-30			
	T2060	工艺配管	395	2018-06-01	2019-06-30	2018-06-01	2019-05-30	214.520000	214.52	17.65
	T2070	电气	395	2018-06-01	2019-06-30	2018-06-01	2019-05-30	164.050000	164.05	13.50
	T2080	电信	395	2018-06-01	2019-06-30	2018-06-01	2019-05-30	18.490000	18.49	1.52
	T2090	自控	395	2018-06-01	2019-06-30	2018-06-01	2019-05-30	138.710000	138.71	11.41
	T2100	给排水消防	395	2018-06-01	2019-06-30	2018-06-01	2019-05-30	25.060000	25.06	2.06
	T2110	采暖通风热工	395	2018-06-01	2019-06-30	2018-06-01	2019-05-30	24.710000	24.71	2.04
	⊟ T28690	详细设计	941	2019-01-01	2021-07-29	2019-01-01		2025.655550	1823.09	60.00
	T2000	总图	486	2019-01-01	2020-04-30	2019-01-01	2020-04-15	9.530000	9.53	0.47
	T2010	建筑物	486	2019-01-01	2020-04-30	2019-01-01	2020-05-20	84.600000	84.60	4.18
	T2020	构筑物	486	2019-01-01	2020-04-30	2019-01-01	2020-05-20	309.710000	309.71	15.29
	T2030	静置设备	486	2019-01-01	2020-04-30	2019-01-01	2020-05-20	324.530000	324.53	16.02
	T2040	[illegible]	[illegible]	[illegible]	[illegible]	[illegible]	[illegible]	[illegible]	[illegible]	[illegible]

图 5-122　任务与概算结合视图

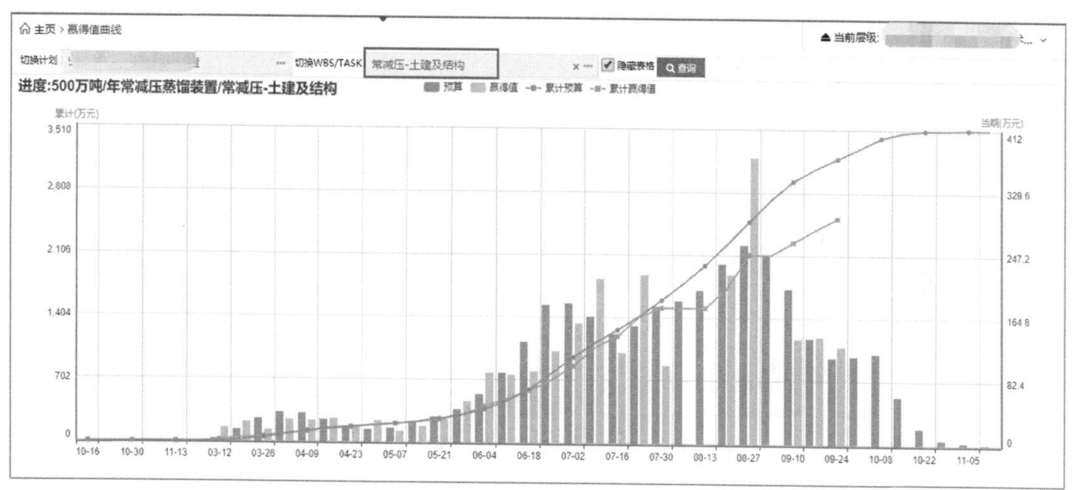

图 5-123　项目赢得值曲线

对于工程乙方而言，可将进度与 BOQ 清单结合，实现工程计量与任务完成的驱控关系，加载工程量情况对应的总包价与分包单价、预算数量等信息，根据实际周期反馈实际工程量完成情况，实现合同计量支付与进度的联动、成本归集与计划的联动，如图 5-124、图 5-125 所示。

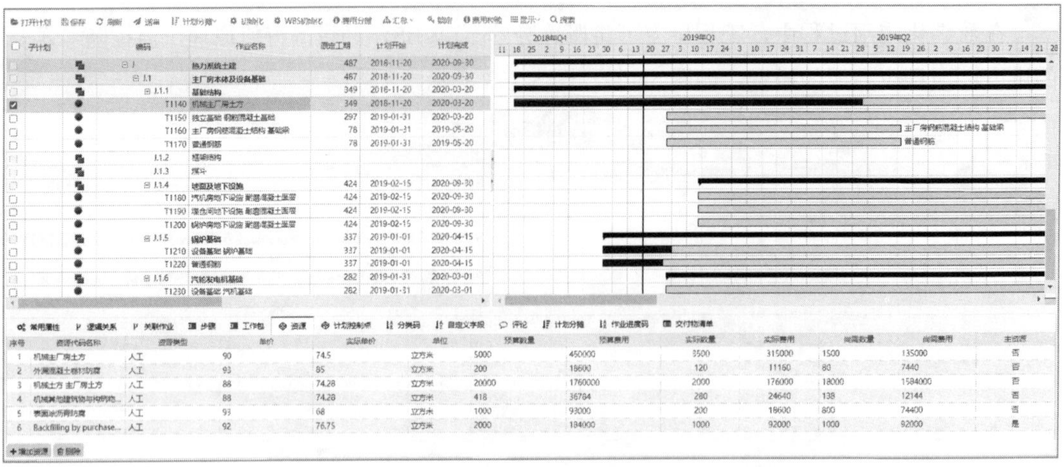

图 5-124　BOQ 与 Activity 关联

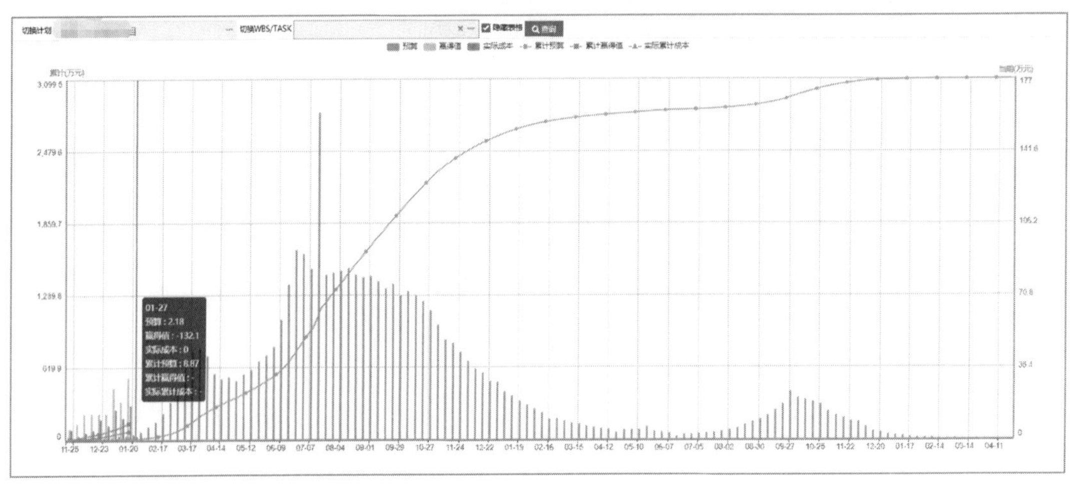

图 5-125　赢得值分析图（PV、EV、AC）

5.4.5　进度与质量管理结合

质量验收计划与工程进度计划密不可分，将单位、分部、分项工程结构的质量验评划分结构与工程 WBS 划分进行关联，可以形成由主进度计划派生出的质量验收计划，如图 5-126、图 5-127 所示。

工程验收通过后，可自动反映在进度计划中，驱动相关联的任务项。

图 5-126　QBS 与进度结合示意

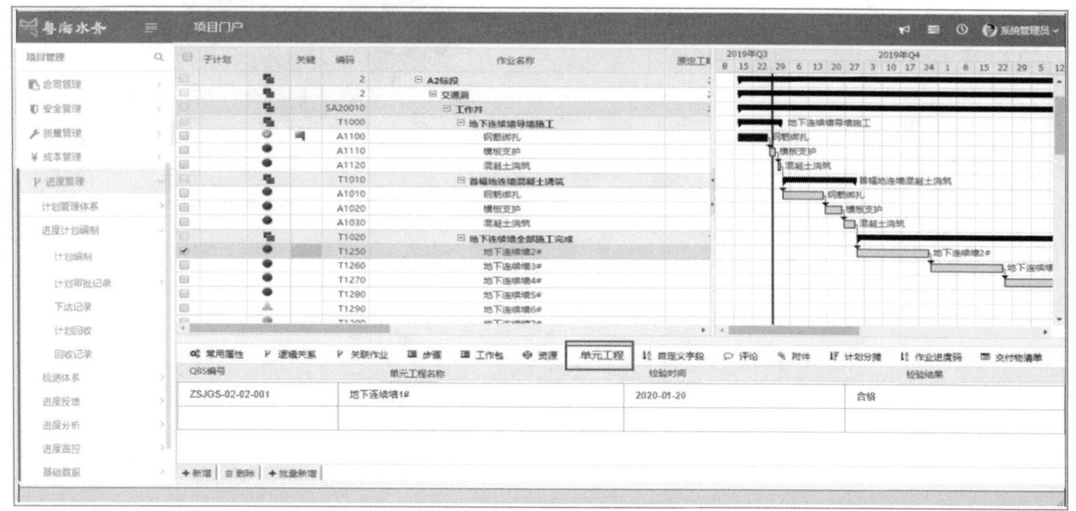

图 5-127　进度与单元工程结合

5.4.6　进度与 BIM 模型结合

BIM（Building Information Modeling）技术是一种应用于工程设计、建造、管理的数据化工具，通过对建筑的数据化、信息化模型进行整合，在项目策划、运行和维护的全生命周期过程中进行共享和传递，使工程技术人员对各种建筑信息做出正确理解和高效应对，为设计团队及包括建筑、运营单位在内的各方建设主体提供协同工作的基础，在提高生产效率、节约成本和缩短工期方面发挥重要作用。通过 BIM 模型可实现工程进度的可视化、虚拟化、精细化管控。

在数字化应用场景中，计划编制完成并绑定模型构件后，可以根据计划开始时间、计划结束时间对项目进行虚拟建造模拟（计划/实际），同时，在模拟过程中可将计划编制时添加的人员、材料、机械、工程量按照时间周期以数据分析报表的样式呈现；另外，随着项目实际进度进展反馈，平台根据项目计划开始与实际开始对比、计划结束时间与实际结束时间对比，形成计划模拟与实际进度的对比分析，通过构件着色展示进度完成情况；同时系统还可以自定义时间段和播放速度对计划进行 4D 模拟，使项目管理人员可以随时根据计划查看项目当前施工进度情况，如图 5-128 所示。

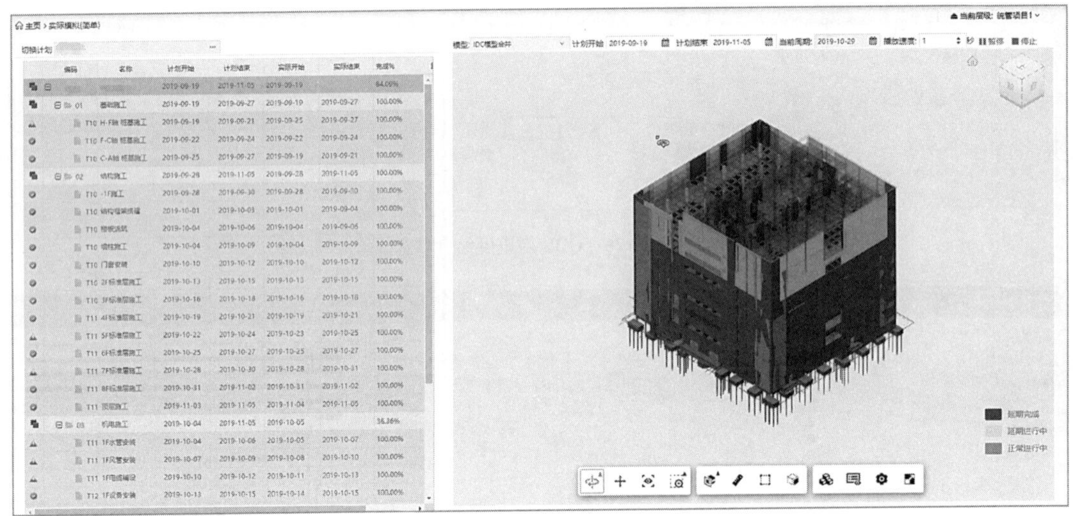

图 5-128　4D 进度模拟

第6章 进度管控数字化应用训练

6.1 按需开展仿真训练

耳听千遍，不如手过一遍。为方便院校、企业/组织和个人开展进度管控仿真训练，将这些实用的业务通则和专业技能尽快传递给青年人才，武装他们的职业技能，上海普华科技发展股份有限公司（简称“普华科技”）结合自身在项目管理领域近三十年的服务和实施经验，自主研发了面向院校的工程项目管理仿真实训平台 PowerEdu、面向企业组织的工程项目管理技能实训平台 PowerPMP、用于计划快速编制与展示的 PowerHighlight 及企业多级计划管控平台 PowerPPE 等产品，总结提炼组织项目管理尤其是进度管控的实战经验，形成不同行业的模拟实训案例，实现快速培养掌握项目管理理论并具有专业实操能力的青年人才的目的。

普华科技推荐的“进度管控专业方法的 IT 实现”策略，是一套完整的进度管控仿真训练方案，供读者参考。根据训练方式与训练目标，实训方案分成三个部分，如图 6-1 所示。

（1）个人进阶式训练。训练方式，是以个人身份独立进行训练内容的全部操作，由浅入深地仿真模拟体验项目进度管控的全流程，进而熟悉、理解、巩固相关专业理论知识和技术，并积累和提升实战工作技能。

训练内容，从入门到专业、从单一到系统，个人进阶式训练分为三个层次阶梯性展开。

◎ 计划展示目的应用训练：快速编制一个计划并予以亮丽展示；
◎ 个人工具式应用训练：个人利用工具全揽项目进度管控的应用；
◎ 系统式综合应用训练：组织环境利用系统进行进度管控的全景应用。

（2）团队多角色训练。在完成个人训练并基本掌握项目进度管控基础技能之后，以多人团队的形式，模拟实战工作环境中的不同角色，通过分工协作，共同完成整个项目的进度管控工作。与个人训练不同，团队模拟重点训练组织级进度管控的认知与实现方法。

（3）团队竞争式训练。由多个团队同一时间分别完成相同的项目任务，通过对比各团队的训练结果、耗用时间及开放式的情景问题解决方案，评价各团队应用管控技能的水平。

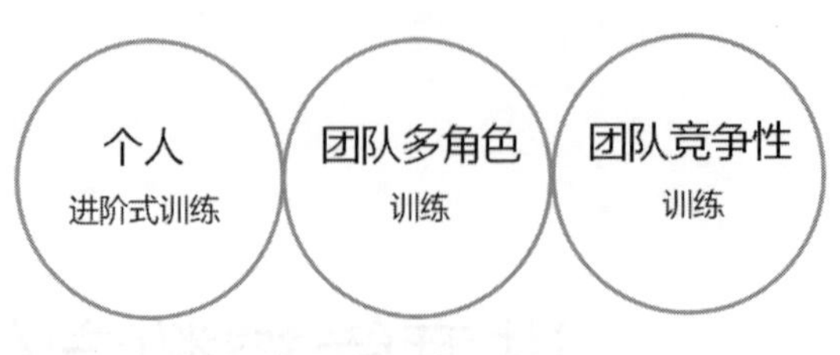

图 6-1 实训方案的三个部分

6.2 实训环境 PowerEdu 平台简介

PowerEdu 是一个服务于高校，集项目管理实训课程设计、实训课程布置、实训过程操作、实训结果打分、实训教学记录管理于一体的“互联网+”平台。主要的功能包括：进度管控、成本管理、合同管理、采购管理为核心业务场景的模拟练习，并将不同业务在逻辑层面进行了贯穿集成。PowerEdu 提供单人训练、团队训练和多团队竞争性训练三种形式，以满足不同的技能获取需求，提供多种类型的实验课件以丰富、拓展学生对不同行业应用的认知能力，帮助他们提升共性和个性兼备的综合技能。

6.3 仿真实训的过程管理

6.3.1 指导老师端管理过程

PowerEdu 指导老师端实训管理流程图如图 6-2 所示。

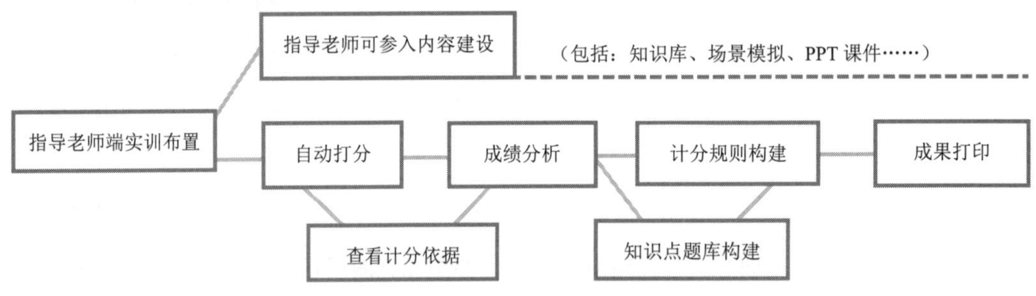

图 6-2 PowerEdu 指导老师端实训管理流程图

指导老师可以在平台上创建院校或自我专属的实验课程；每一个业务单元，普华科技都将提供不同行业背景的、深浅程度不同的、个人与团队兼备的实战情景模拟实验课程设计；助力工程管理和项目管理教育走上“互联网+”创新模式。

◎ 内容建设。PowerEdu 平台提供老师自创自用或分享创建的教学资料和实验课程设计到平台，并可根据专业的教学计划制定专属的场景模拟案例上传到平台，供班级学生进行仿真训练。

◎ 自动打分。平台提供案例题库，指导老师可按课程内容的设置选择最适合的仿真案例供学生训练，当学生完成训练并提交作业后，指导老师可以通过一键打分功能，将所有参与训练学生的成绩，按组/人从高到低排列。指导老师还可以设置情景问答题进行主观的评值，以了解学生们相关知识掌握的程度和实践水平。

◎ 成绩分析。平台可快速统计学生的成绩和分值，并可定位到每一个分值的正确和错误位置，并可查看计分的依据和规则，可辅助指导老师全方位管理学生日常学习情况，以便有针对性地调整和优化相关的课程教学计划。

◎ 计分规则构建。指导老师可以根据自身的教学计划，重构平台预设的计分依据和规则，以便制订出更符合专业整体教学计划的方案。在学生自评环节设置的知识点题库，指导老师也可按课程内容和理论知识范围，构建自我专属的知识点题库，以加强学生理论知识掌握的针对性。

◎ 成果打印。平台提供学生作业成果的打印、调阅和存档功能，并可将作业详情、开课信息、学生信息等作为标注说明加载到成果内容中，以方便指导老师对学生仿真训练的结果进行存档和调阅。

6.3.2 学员端的训练运用

PowerEdu 学生端仿真实训模拟流程图如图 6-3 所示。

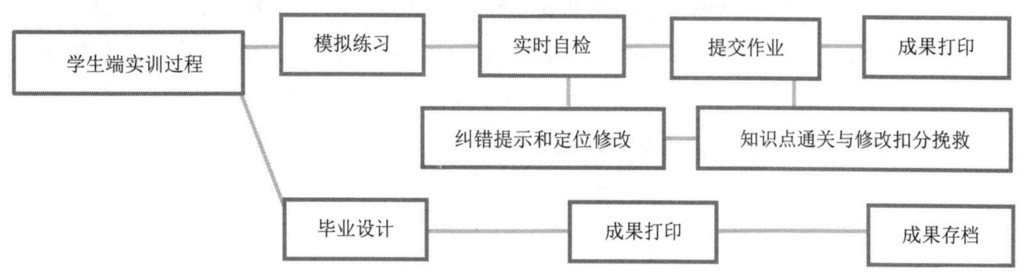

图 6-3　PowerEdu 学生端仿真实训流程图

学生可以在平台上根据指导老师开通的课程，仿真训练项目管理的过程，获得真实的职场体验。通过可自我设计的情景模拟、角色模拟，激发训练过程中的创意，提升学以致用的实际操作能力。

◎ 模拟练习。学生通过指导老师分配的账号，登录平台开展相应的仿真模拟训练，将核心项目管理理论知识转变为实践应用的步骤、方法和动手能力。

◎ 实时自检。在仿真模拟过程中，学生可随时对练习过程中的作业进行自我检测，在回答相关的知识点问题并通关后，可将作业与答案进行对照，分析和定位当前作业的正确和错误之处，以便后续调整和优化作业过程。

◎ 提交作业。学生在模拟过程中，如存在已经完成的作业有需要修改的情况，可以通过撤销提交—重做作业的形式修改作业，并在指导老师下课前重新提交作业，作业会同步更新到指导老师端用于老师打分等操作。

◎ 成果打印。已经完成的作业，学生可以按指导老师的要求进行作业成果的打印，并可将作业详情、开课信息、学生信息等作为标注说明加载到作业内容中，以方便自己和指导老师对作业的存档和调阅。

◎ 毕业设计。学生在训练的过程中，除引用平台提供的仿真案例外，还可以设计和创建项目，帮助学生对不同行业的进度管控内容和全过程有比较全面的了解，熟悉有关规范、规则和工具书，为今后进入职场打下基础，同时通过毕业设计的理论联系实际的技能操练方式，提升解决实际工程问题的能力。

6.4 PowerEdu 工程项目管理仿真实训平台的运用

正确理解平台中的各个功能设置是开展训练的前提。本小节介绍 PowerEdu 工程项目管理实训平台各功能模块的运用方法。

6.4.1 指导老师平台的运用

1. 登录

指导老师在浏览器输入 www.pmcloudlab.com 后，在显示的首页中，点击“登录”按钮，即可登录到平台中开展相应的实训课程，如图 6-4 所示。指导老师可依托平台进行学生账号创建、仿真训练开课、学生作业评分、错题定位与分析、作业成果打印和调阅等。平台积累了众多不同行业的教学课件和仿真训练案例，指导老师可以在平台自行下载使用。

图 6-4　PowerEdu 指导老师端课程管理界面

2. 学生管理

在项目管理仿真实训中，通常需要针对不同年级的学生多次开展适合的仿真训练课程。因此，平台提供指导老师一键生成学生账号的功能，即所有学生的账号由指导老师在开课时自动创建，只需要在学生管理的界面，按照平台提供的模板表格一键导入，就可以将导入平台的信息生成有效的学生训练账号，如图 6-5 所示。

学号	姓名	邮箱	手机号	分组名称	院系名称	专业名称	年级	班级名称
001	张立丰	zhangyifeng@163.com	13822222222	1	工程管理	项目管理	2019	1
002	李仁值	zhangerfeng@164.com	13822222222	1	工程管理	项目管理	2019	1
003	张涛	zhangsanfeng@165.co	13833333333	1	工程管理	项目管理	2019	1
004	王鲸玉	zhangsifeng@166.com	13844444444	1	工程管理	项目管理	2019	1
005	李明红	zhangwufeng@167.co	13855555555	2	工程管理	项目管理	2019	1

图 6-5　PowerEdu 学生账号建立图例

6.4.2　学生平台的运用

1. 登录

学生依据指导老师分配的账号登录到云平台。在浏览器输入 www.pmcloudlab.com 后，在显示的首页中，点击“登录”按钮，即可登录到平台中开展相应的仿真训练。学生登录后的界面如图 6-6 所示。

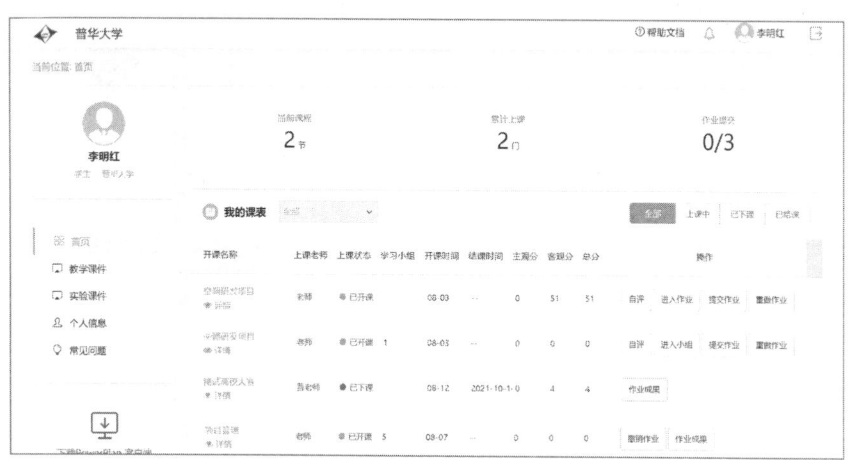

图 6-6　PowerEdu 学生端登录首页

2. 课程管理

学生登录平台后，进入课程管理首页的界面，本界面可显示截至目前指导老师已开通课程的情况。状态栏中显示：当前指导老师开通的课程数量、本人参加的课程累计数及作业的提交情况。在“我的课表”中显示所有需要参加的课程信息，提供个人和团队两种方式供学生开展实训。

（1）个人完成整个仿真训练，如图 6-7 所示。

图 6-7　学生端个人训练课程管理

◎ 课程名称。在课程名称“详情”处下载老师在当前课程配置的实训案例题完成训练，如图 6-8 所示。

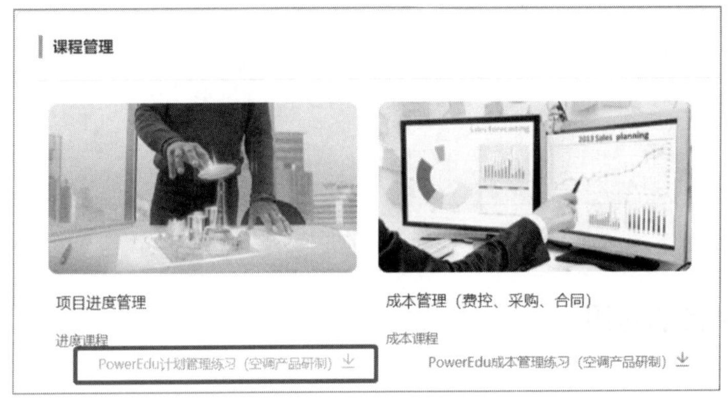

图 6-8　PowerEdu 学生下载老师布置的训练作业

◎ 自评。在仿真训练的过程中，可通过“自评”功能，回答课程相关的理论知识点并通关后，可将自己的作业与题库中的答案进行对比，定位和分析错误之处，并进行修正和优化，如图 6-9、图 6-10 所示。

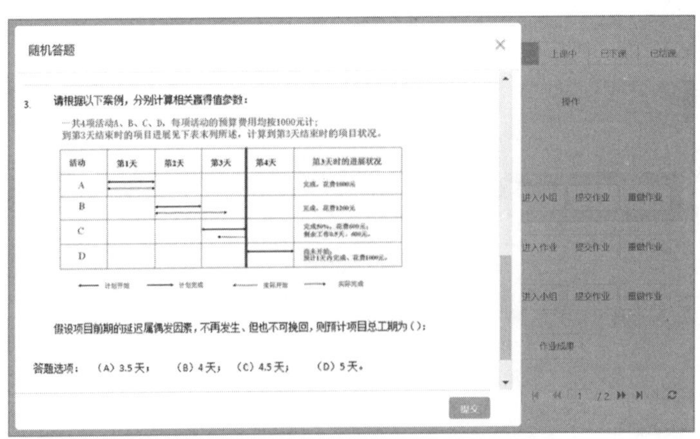

图 6-9　PowerEdu 学生自评的知识点问答题

	分组	细项	评分描述	状态	详情
⊞项目成本管理					
⊟项目进度管理					
17	多级计划体系	计划体系建立	PBS定义是否正确计划名称和结构要吻合	✓	明细
18	多级计划体系	任务发包	父级计划作业要正确任务下达到对应的子计划	✓	明细
19	计划编制	WBS编制	WBS编号、名称和结构要正确	✓	明细
20	计划编制	作业编制	作业编号、名称、类型、工期要正确	✓	明细
21	计划编制	逻辑关系	作业编号、名称、限制条件、逻辑关系要正确	✓	明细
22	计划编制	进度计算	关键路径的作业编号、名称、总浮时要正确	✓	明细
23	进度检测	权重分配	WBS和作业的权重%要分配要正确	✓	明细
24	进度检测	步骤加载	作业的步骤以及步骤权重%要分配要正确	✓	明细
25	进度检测	检测方式	作业的进度检测方式要分配要正确	✓	明细
26	进度检测	费用分摊	WBS和作业的费用要分配要正确	⚠	明细

图 6-10　PowerEdu 学生自评通关后作业分析与错误定位示例

◎ 进入个人。即个人完成整个仿真训练过程，帮助其掌握业务通则和操作技能。

◎ 提交作业。完成整个作业后，点击“提交作业”按钮，指导老师即可对作业进行评分。

◎ 重做作业。如对提交的作业完成情况不满意，在指导老师下课前，可通过“重做作业”功能，选择需要重做的部分，即可清除之前完成的作业，从零开始重做清除部分的作业。

◎ 撤销作业。已经提交的作业，在指导老师正式下课前，可以通过“撤销作业”功能，修改和优化作业内容，并重新提交作业。

◎ 作业成果。平台提供作业成果的打印、查阅和存档功能，可以按指导老师的要求对完成的作业成果进行打印。

学生端作业成果管理如图 6-11 所示。

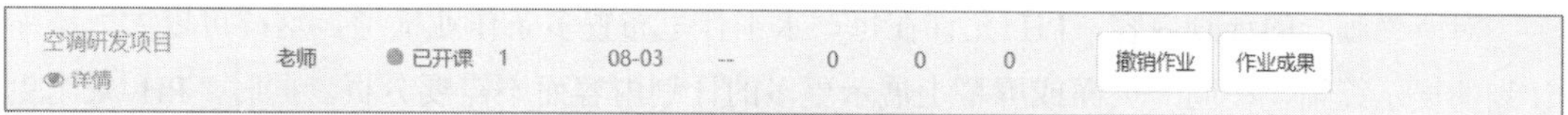

图 6-11　学生端作业成果管理

（2）团队完成整个仿真训练。

◎ 进入小组。在正式开始实训前，由指导老师统筹安排学生按团队（小组）协作的方式，按岗位和职责分工，共同完成整个仿真训练。此时小组成员登录平台后，点击“进入小组”按钮，即可共同完成整个仿真训练，如图 6-12 所示。其他的功能和操作流程与个人模拟训练相同，不再一一赘述。

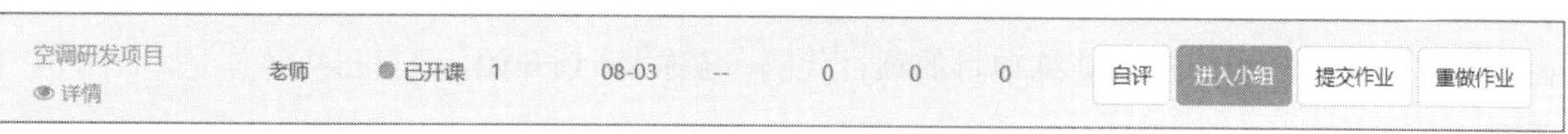

图 6-12　学生端团队训练课程管理

6.5 技能进阶式仿真训练

6.5.1 计划展示目的应用训练

在实际工作中，计划工程师常常需要在项目前期、投标阶段或者工作汇报时，以简洁概要并且外观亮丽的图表展示项目的总体进度计划和进度概览。为此，普华科技专门开发了一款轻量、小巧、灵活但计划编制和展示能力突出的工具软件 PowerHighlight（以下简称 PH），该工具软件有一个极其方便的“画板式”计划编制功能，可由编制人员直接“画”出项目计划（类似于画家在画板上作画），并以概要时标网络图的形式展示。

这样，既方便了计划编制工作，又避免了横道图显示篇幅过长且不便阅读的缺点，更符合国人的展示和汇报习惯，解决了困扰计划工程师的难题。

PH 软件获取方式：可直接在普华云店 yun.powerpms.com 下载使用。

1．画板快速编制计划

PH 软件的“画板”功能，可快速进行：

◎ 按照计划时间，在作业起止时间的对应时标处，画出各个作业的横道；

◎ 连接紧前和后续作业的起点或终点，创建作业间的逻辑关系，支持 SS、FS、FF、SF 四种逻辑关系和任意延时；

◎ 附注说明或插入其他任何必要的信息、图片等。

对所“画”的计划内容，PH 允许在每一水平行里布置多条作业横道，这样可以大大压缩计划的展示篇幅，在同一页面或屏幕上展示更多的计划内容而不需要分页。同时，PH 采用更符合国人习惯的左侧结构化分组布图方式，利于更清晰地展示计划的主要构成、关键路径、分支路径、接口关系、时间缓冲、整体流程、逻辑顺序。

具体的操作步骤如下：

（1）新增项目。

菜单位置：项目—增加。

操作方法：点击左上角“项目”按钮，在弹出的项目对话框中点击右侧的“增加”按钮，在新增加的项目列表中输入训练项目的项目代码、名称、计划开始、项目日历等信息，如图 6-13 所示。

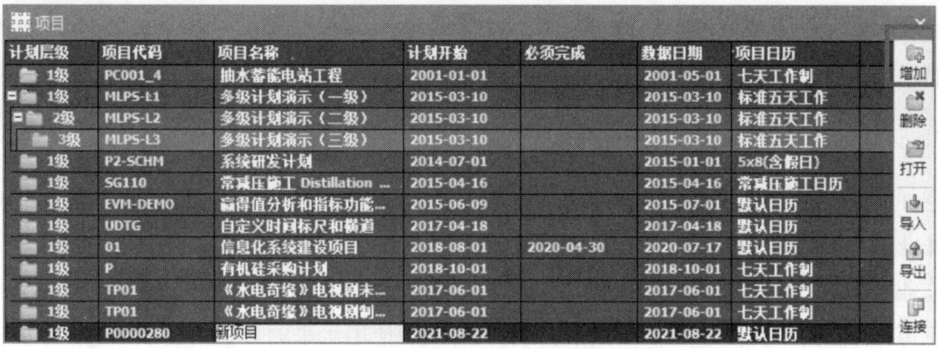

图 6-13　新增项目

注：在项目窗口中可增加、删除、修改、打开、导入和导出当前数据库文件（PowerHighlight.mdb）中的项目。使用快捷键（Ctrl+C 和 Ctrl+V）还可复制选中的项目。

（2）画板快速编制计划。

1）创建 WBS。在 WBS 窗口中可以创建、销毁、修改、移动及复制粘贴 WBS 节点。WBS 窗口中的项目 WBS 树结构是与主窗口时标网络图中的 WBS 层次结构同步并且一一对应的。两个窗口分别采用不同的形式展示当前项目计划的工作分解结构。

菜单位置：WBS—工作分解方式—创建。

操作方法 1：点击上方菜单栏中的“WBS”按钮，在跳转出的“工作分解结构（WBS）”对话框中点击“创建”按钮，在列表中输入案例作业信息中的 WBS 代码、名称等信息，如图 6-14 所示。

图 6-14　工作分解结构示例

操作方法 2：当前项目编制界面，在左侧的 WBS 分解结构中，直接点击鼠标“右键”，在跳转出的属性中选择“创建 WBS”，即可新增、编辑和删除 WBS 信息。

2）计划编制。

增加作业。作业窗口用于编辑打开项目中的作业信息、维护作业之间的逻辑关系、展示和打印作业横道图、执行进度计算等。在左侧的作业表格中，作业活动按 WBS 结构分组，可以选择作业表格的栏位、编辑栏位标题、设置作业的排序方式、设置作业过滤筛选条件、调整行高列宽等；右侧的作业横道区中，依据时间标尺刻度，使用水平的长条来显示每道作业的工期，作业长条之间的连接线和箭头则指示了逻辑关系；最右侧工具栏按钮、右键菜单和快捷键，可对选中的作业进行编辑操作。可在作业表格区增加作业，也可在横道区“画”出作业。在横道图上还可双击编辑作业和逻辑关系的属性、拖拽连接逻辑关系、拖拽横道调整作业的开始完成时间等。

在横道区，可通过下列三种方式快速画出作业横道，如图 6-15 所示。

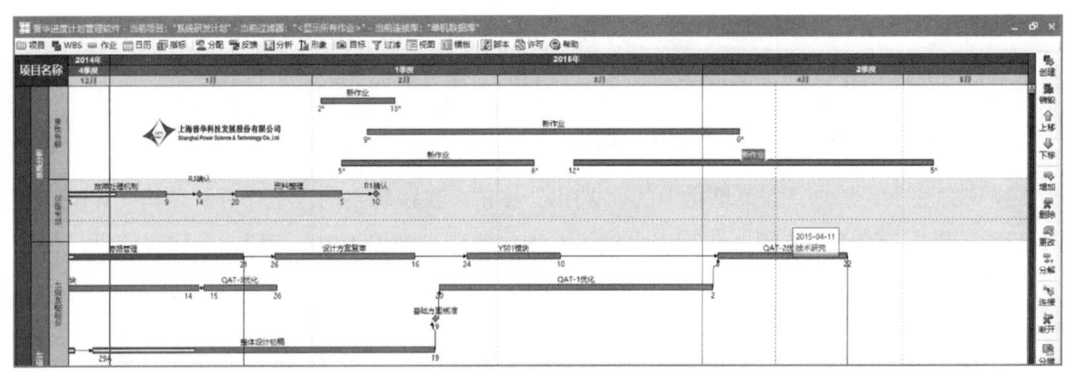

图 6-15　直接画出作业

◎ 在当前 WBS 层级，按住“Alt 键”直接拖动鼠标即可画出作业横道，然后双击“作业”，修改作业代码、作业名称、限制条件等信息；

◎ 选中当前 WBS，点击右侧“增加”按钮，即可增加作业，双击“作业名称”可修改信息；

◎ 在当前 WBS 层级，直接点击鼠标右键，在跳转的菜单中选择“增加作业”。

3）编辑逻辑关系。

操作方法 1：在时标横道区，鼠标移动到作业横道的端点并拖动其到目标横道的端点，即可画出作业之间的逻辑关系，如图 6-16 所示。

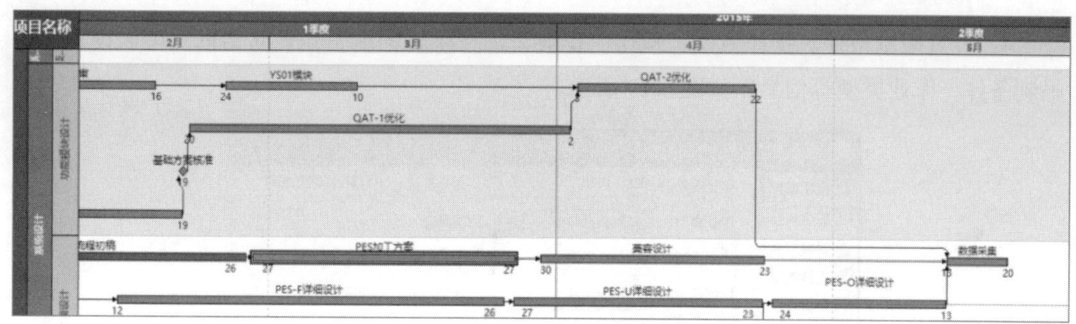

图 6-16　画出逻辑关系

操作方法 2：先选中需要建立逻辑关系的作业后“右击”鼠标，在跳出的菜单中选择“连接作业”，双击逻辑关系线，在跳转的对话框中可以按作业信息设置逻辑关系类型、延时等，如图 6-17 所示。

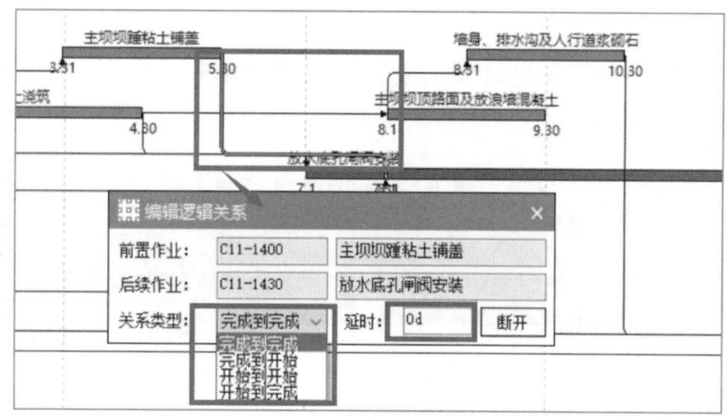

图 6-17　编辑逻辑关系

操作方法 3：双击选中“作业”后右击鼠标，在跳出的“编辑作业”对话框中，选择“后续关系”，再点击“分配”按钮。在跳转的“分配后续作业”窗口中，按照案例中提供的后续作业信息选择后置作业信息后，再点击“分配”，然后再修改类系类型、延时等信息，如图 6-18 所示。

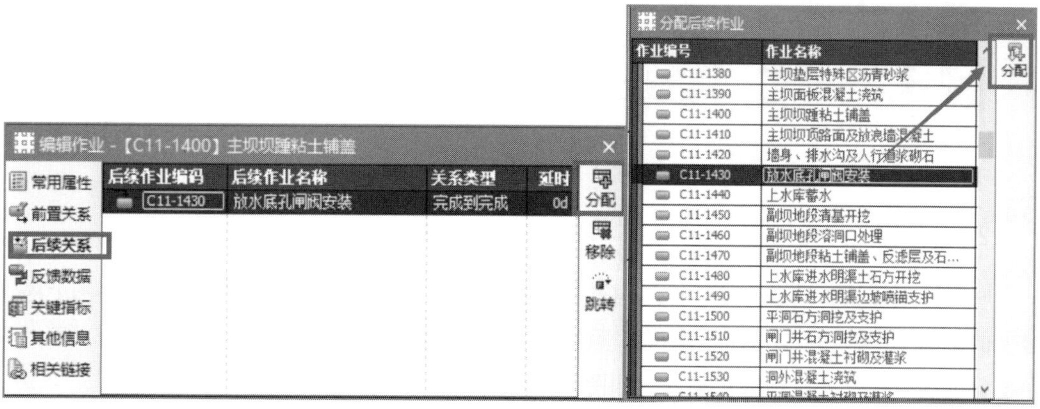

图 6-18　分配逻辑关系

4）设置限制条件。操作方法：双击“作业”，在跳转的编辑作业对话框里可以设置作业限制条件、作业类型等信息，如图 6-19 所示。

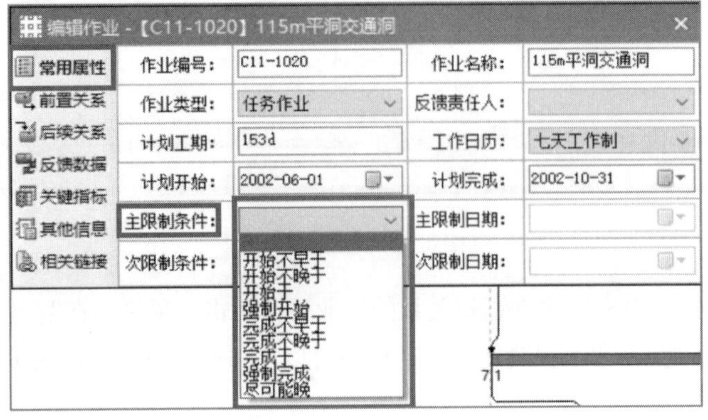

图 6-19 设置限制条件

5）作业查询。操作方法：作业编辑完成后，点击菜单栏上方的“作业”按钮，即可查看作业的详细信息，如图 6-20 所示。

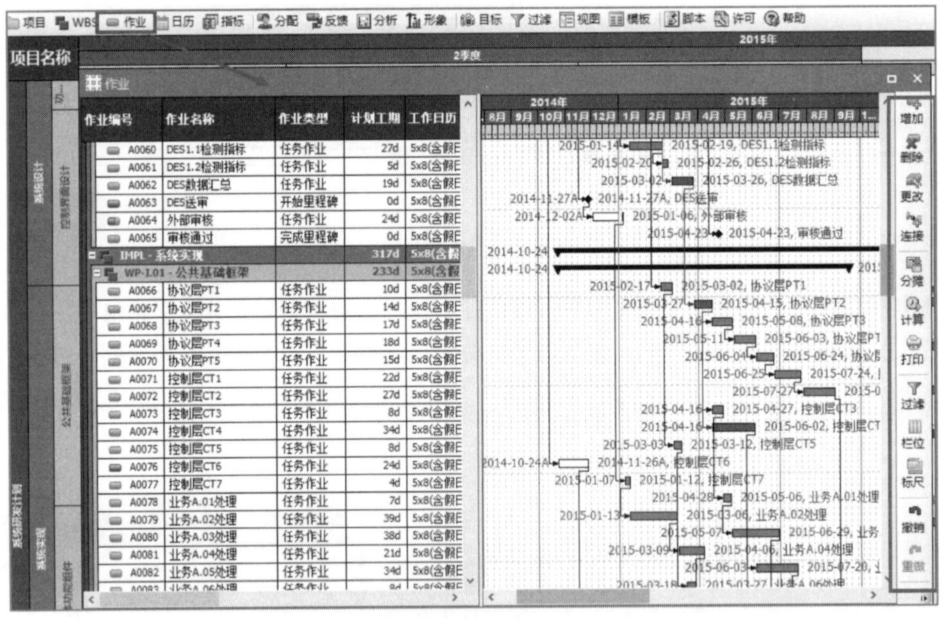

图 6-20 编制计划作业

2．计划图形的优化

时间标尺缩放、横道行宽、行间距等都可手工进一步优化调整。也可在时标概要图上添加必要的说明文字、图表、图形、色块、照片等丰富和美化视图，选中这些附加图文后，可以使用键盘上的方向键或鼠标拖曳移动，如图 6-21 所示。

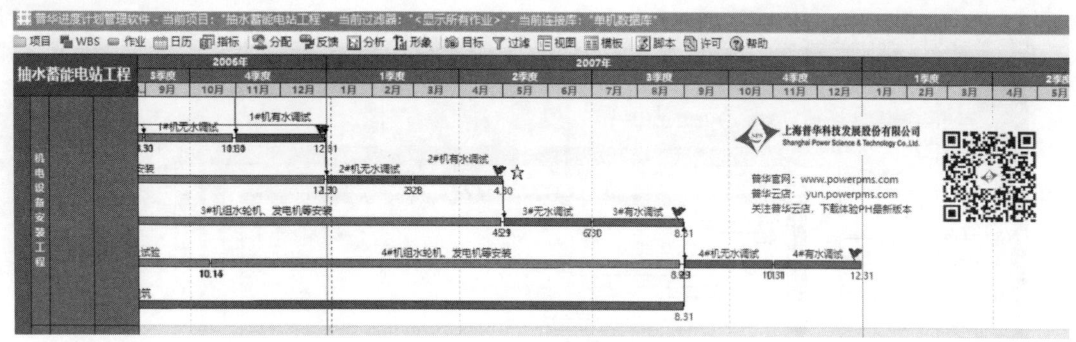

图 6-21　附加图标信息示例

3. 计划成果保存与打印

采用 PH 快速绘制项目的概要时标网络图后，应及时进行成果视图的保存，保存后可打印或输出 PDF 文件。此外，PH 提供概要横道图和仿双代号网络图两种视图显示方法，可根据需要自动切换。

点击菜单栏上方“视图”按钮，即可对当前项目的视图成果予以保存，如图 6-22 所示。

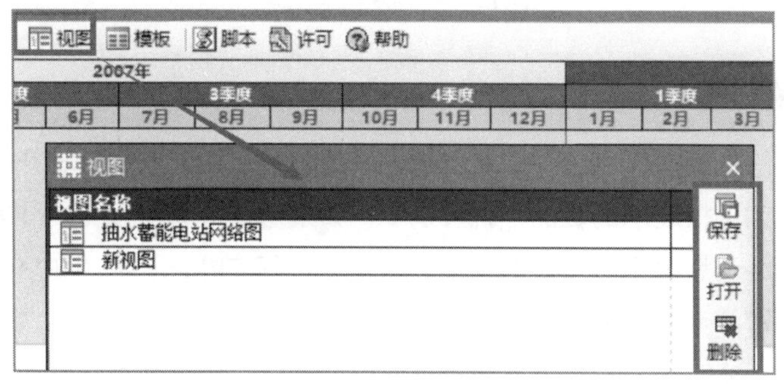

图 6-22　保存视图

点击作业窗口右侧工具栏上的“打印”按钮，即可打印。打印预览窗口中还可以通过附加图文来添加页眉页脚的文字、图片和审批框等内容。点击右侧工具栏“样式”，在跳转的“显示样式”窗口的“横道样式”中选择符合使用习惯的显示方式，并可在此界面中对横道图的高度、颜色、字体样式等进行设置，如图 6-23、图 6-24 所示，图 6-25 为打印预览效果。

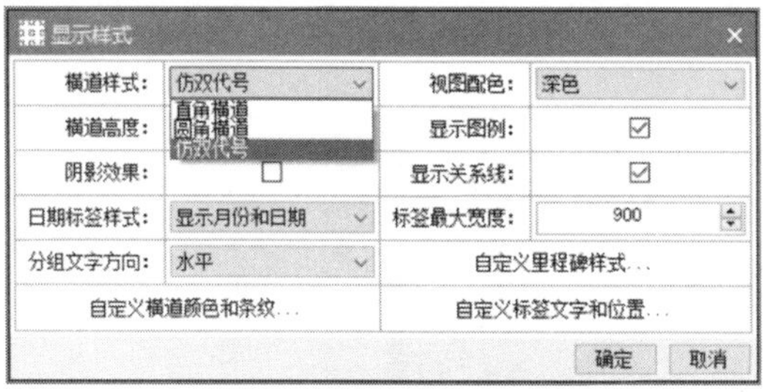

图 6-23　不同显示样式切换

图 6-24　打印页面设置

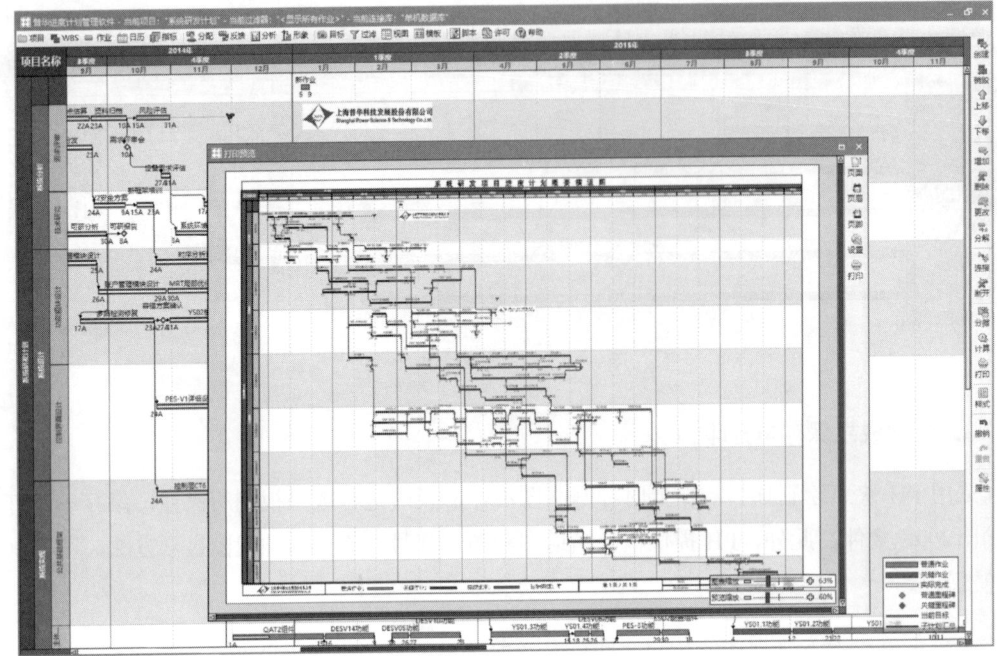

图 6-25　概要横道图效果

4．选择 CPM 计算

通过画板编制的概要性计划，其作业逻辑关系通常只是为了起到示意的作用。如果这种示意性的逻辑关系达到汇报展示的目的，就可以了。如果逻辑关系不仅是为了示意性目的，而且是想起到真实的网络计划中逻辑关系的作用，则需要进行 CPM 计算。CPM 计算后，作业在视图中的位置由于逻辑关系发生了作用而可能被挪动，也即 PH 根据 CPM 关键路径法的网络图拓扑排序计算结果，采用作业的最早日期对作业位置进行了重新排布。如果这种重新排布不能满足计划安排的预期，则需根据具体情况进行调整。调整的办法包括设置作业限制条件、调整工期、修改逻辑关系和延时等等。

菜单位置：计算—进度计算—开始。

操作方法：计划编制完成后点击右侧菜单栏“计算”按钮，在“数据日期”处输入本项目开始日期后点击“开始”，PH 将自动推算每一道作业的最早开始、最早完成时间日期和其他 CPM 参数，如图 6-26 所示。

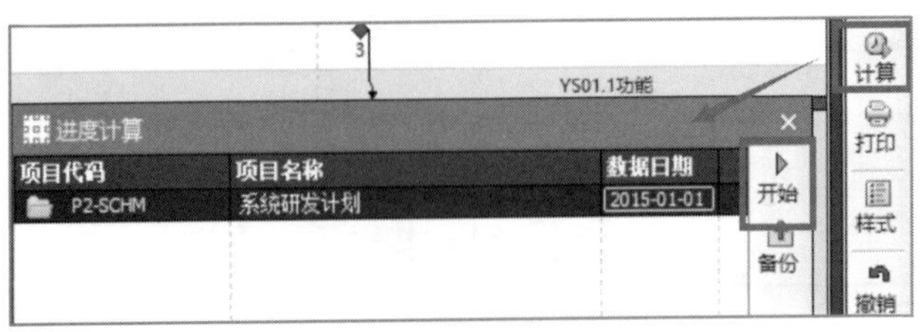

图 6-26　进度计算

5. 导入其他文件形成概要横道图

PH 支持多种计划软件工具（P6、Project 等）文件导入并快速形成时标概要横道图，极大地改进了计划展示能力。此外，导入时还提供多种导入更新选项。

导入其他工具软件操作步骤：点击上方菜单栏中的“项目”按钮，在跳转的项目对话框中点击“导入”按钮，选择需要导入的文件信息后，点击右下角的“打开”按钮，即可将不同格式的文件导入 PH 中，快速形成更符合国人习惯的计划展示方式，如图 6-27 所示。如图 6-28 所示即为导入后的文件形成的仿双代号网络图。

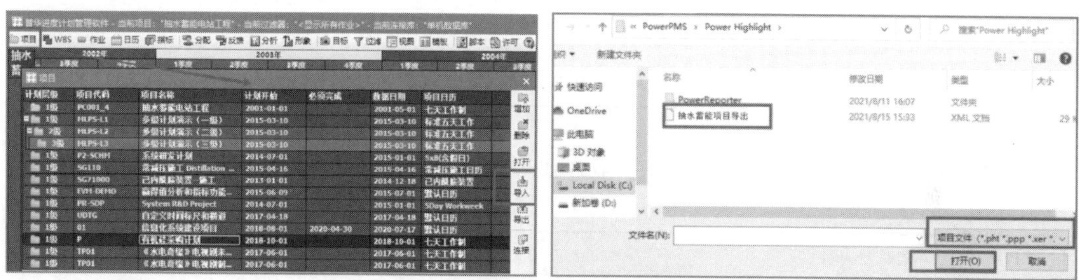

图 6-27　其他工具软件文件导入

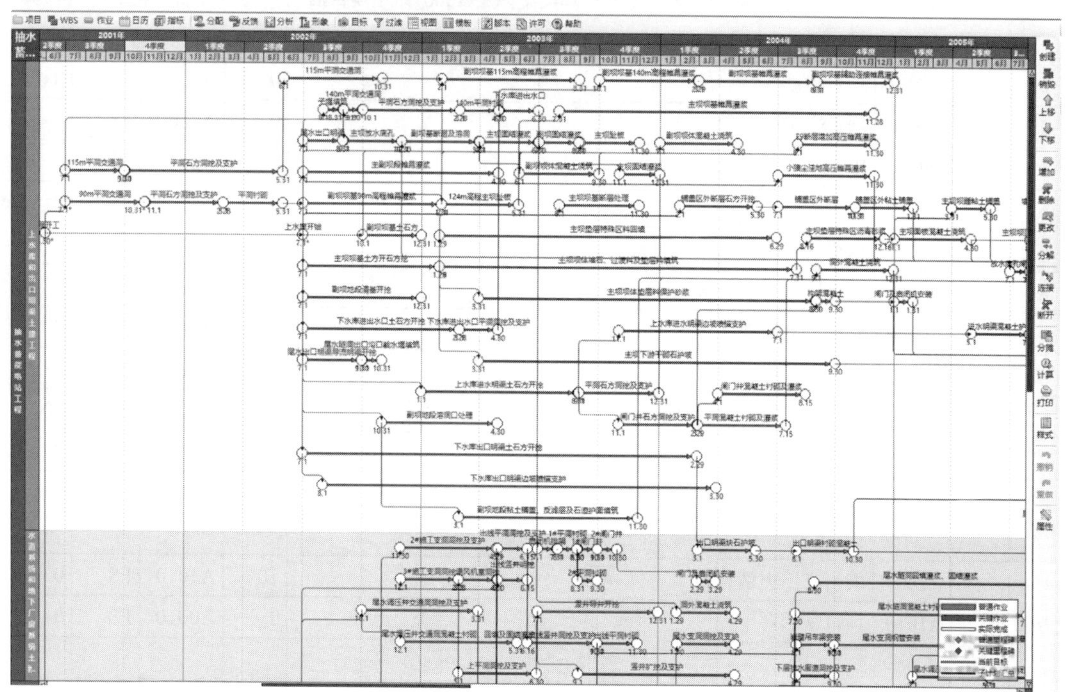

图 6-28　生成双代号网络图

6.5.2 个人工具式应用训练

1. 项目背景信息

一家影视公司在拍摄一部电视剧过程中，项目经理运用 PH 工具对项目进行了进度管控。通过对此项目进度管控过程的仿真训练，助力掌握 PH 个人工具式应用的技能。

仿真训练案例项目计划开始时间为 2017 年 6 月 1 日，计划结束时间为 2019 年 10 月 31 日，全部作业及其逻辑关系见表 6-1（注：作业数量在实际操练时可酌情减少，只要达到技能训练的目的即可）。

表 6-1 案例项目计划作业信息

序号	WBS	作业代码	作业名称	原定工期（天）	后置作业	逻辑关系	延时（天）
1	TP01	电视剧制作项目					
2	M	项目重要里程碑 此 WBS 项下均为里程碑作业，其里程碑类型除“A0001——项目启动”为“开始里程碑”外，其余均为“完成里程碑”					
3		A0001	项目启动	0	A1000	FS	0
4		A0010	项目立项	0	A2000	FS	0
5		A0020	IP 购买合同签订	0	A2040	FS	0
6		A0030	编剧团队形成	0	A3000	FS	0
7		A0040	取得《电视剧制作许可证》	0	A4200	FS	0
8		A0050	制作团队组建完成	0	A4200	FS	0
9		A0060	发行团队组建完成	0	A4400	FS	0
10		A0070	作品内部终审成片	0	A5100	FS	0
11		A0080	取得《电视剧发行许可证》	0	A0090	FS	30
12		A0090	平台首次播出	0	A5200	FS	0
13		A0100	项目结案	0	—	—	—
14	I	项目立项					
15		A1000	编写立项申请材料	10	A1010	FS	0
16		A1010	项目立项评审	2	A0010	FS	0
17	P	概念设计					
18		A2000	IP 资源调研	15	A2010	FS	0
19		A2010	IP 购买申请	2	A2020	FS	0
20		A2020	IP 购买评审	2	A2030	FS	0
21		A2030	IP 购买合同签订	4	A0020	FS	0
22		A2040	编剧团队甄选	10	A2050	FS	0

续表

序号	WBS	作业代码	作业名称	原定工期（天）	后置作业	逻辑关系	延时（天）
23		A2050	编剧团队确认评审	2	A0030	FS	0
24	D	开发策划					
25		A3000	签订编剧合同	5	A3010	FS	0
26		A3010	剧本创作策划	160	A3020	FS	0
27					A3100	SS	30
28					D1010	SS	0
29		A3020	申请《电视剧制作许可证》	30	A0040	FS	0
30		A3100	平台发行策划	40	A3200	SS	0
31					D2010	SS	0
32		A3200	制作策划	176	A3210	FS	0
33					A3300	SS	30
34					D3010	SS	0
35		A3210	制作团队组建完成	1	A0050	FS	0
36		A3300	商务策划	90	A3400	SS	0
37					A4000	FS	0
38					A4300	FS	0
39					D4010	SS	0
40		A3400	宣传推广策划	45	A3410	FS	0
41					A3500	SS	30
42					D5010	SS	0
43		A3410	宣传推广团队组建完成	1	A0060	FS	0
44		A3500	投资策划	60	A4500	FS	0
45					D6010	SS	0
46	D.1	剧本创作策划					
47		D1010	编制剧本大纲（改编方向、故事大纲、人物小传）	20	D1020	FS	0
48		D1020	剧本大纲评审	10	D1030	FS	0
49					D3010	FS	0
50		D1030	中期创作（5～10 集剧本）	20	D1040	FS	0
51					D2010	SS	0
52		D1040	剧本中期评审	10	D1050	FS	0
53		D1050	电视剧拍摄制作备案公示	30	D1060	SS	10
54		D1060	全部剧本创作	75	D1070	FS	0
55		D1070	剧本定稿评审	15	D3040	FF	30
56	D.2	平台发行策划					

续表

序号	WBS	作业代码	作业名称	原定工期（天）	后置作业	逻辑关系	延时（天）
57		D2010	与平台深度沟通	30	D2020	FS	0
58		D2020	达成平台合作意向	10	D4010	SS	0
59	D.3	制作策划					
60		D3010	甄选导演	60	D3020	FS	0
61		D3020	甄选主要演员	60	D3030	SS	20
62		D3030	甄选其他剧组成员	96	D3040	SS	30
63		D3040	甄选制作团队	66			
64	D.4	商务策划					
65		D4010	初步商务合作方案	30	D4020	FS	0
66					D5010	SS	0
67		D4020	与意向客户沟通	60	D6010	SS	0
68	D.5	宣传推广策划					
69		D5010	甄选宣传团队	30	D5020	FS	0
70		D5020	宣传团队确认	15	D3040	FF	45
71	D.6	投资策划					
72		D6010	总体投资方案	30	D6020	FS	0
73		D6020	与意向投资方洽谈	20	D6030	FS	0
74		D6030	签订投资合同	10	D3040	FF	30
75	W	作品创作					
76		A4000	剧本完善	30	A4100	SS	20
77		A4100	发行沟通	30	A4200	FS	0
78		A4200	作品制作	300	A0070	FS	0
79					A5000	SS	30
80		A4300	商务策略落实	120	A4200	SS	45
81		A4400	宣传推广策略落实	90	A5300	FS	0
82		A4500	投资策略落实	120	A4200	SS	45
83	S	作品发行					
84		A5000	平台发行配合	450	A6000	FS	0
85		A5100	发行许可	90	A0080	FS	0
86		A5200	调查监播	60	A5300	FF	15
87		A5300	发行宣推	450	A6000	FS	0
88	C	项目收尾					
89		A6000	权益实现	100	A6020	FF	15
90		A6020	播出后收尾性宣传	75	A6030	FS	0
91		A6030	项目结案	14	A0100	FS	0

2. 训练操作步骤

（1）作业模板。作业模板用于快速搭建项目计划，复用标准计划结构和作业内容、规范计划编制过程。作业模板无疑是很方便的功能，因首次使用时还未创建作业模板，故可先忽略而直接进行下面步骤“（2）定义日历”的操作。

在作业模板窗口中可以创建和编辑作业模板。需要使用模板搭建计划时，点击窗口右侧工具栏中的显示按钮，会将选中的模板添加到主窗口右下角的作业模板工具框中。

菜单位置：模板—作业模板—创建。

操作方法：点击上方菜单栏中的“模板”按钮，在弹出的“作业模板”窗口中，创建作业的模板信息，再点击“创建”，如图 6-29 所示。

作业模板

是否显示	模板名称	默认日历
是	系统分析子网络-模板A	默认日历
是	系统设计子网络-模板D	默认日历
是	系统实现子网络-模板I	默认日历
是	新作业模板001	默认日历
是	新作业模板002	默认日历
是	新作业模板003	默认日历
是	新作业模板004	默认日历
否	System R&D Project - Template	5Day
否	采购计划模板	默认日历
否	施工计划模板	默认日历

创建　修改　删除　显示　隐藏

图 6-29　创建作业模板

点击作业模板窗口右侧工具栏中的修改按钮，可以对选中的模板进行编辑修改。修改模板的界面也是时标网络图，采用灰度配色以区别于主窗口项目计划编制界面，如图 6-30 所示。

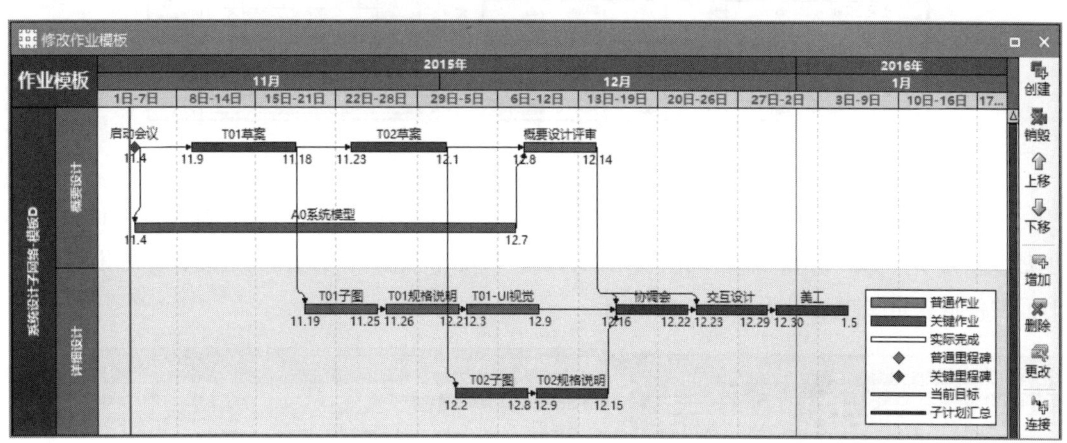

图 6-30　修改作业模板

在主窗口中点击时标网络图右下角红色方块，可以打开作业模板工具框。鼠标拖曳工具框中的作业模板缩略图，可以把模板计划内容拖入当前项目计划中适当位置，模板中的 WBS、作业和逻辑关系等都将成为当前计划的组成部分，如图 6-31 所示。

晋华进度计划管理软件 - 当前项目："系统研发计划" - 当前视图："新功能演示视图"
项目 WBS 作业 日历 指标 分配 反馈 分析 形象 目标 过滤 视图 模板 许可 帮助
项目名称
插入作业模板
确实要插入作业模板吗？
确定 取消
系统分析子网络-模板A
系统设计子网络-模板D
系统实现子网络-模板I
新作业模板001
新作业模板002
新作业模板003
创建 销毁 上移 下移 增加 删除 更改 分解 连接 断开 分摊 计算 打印

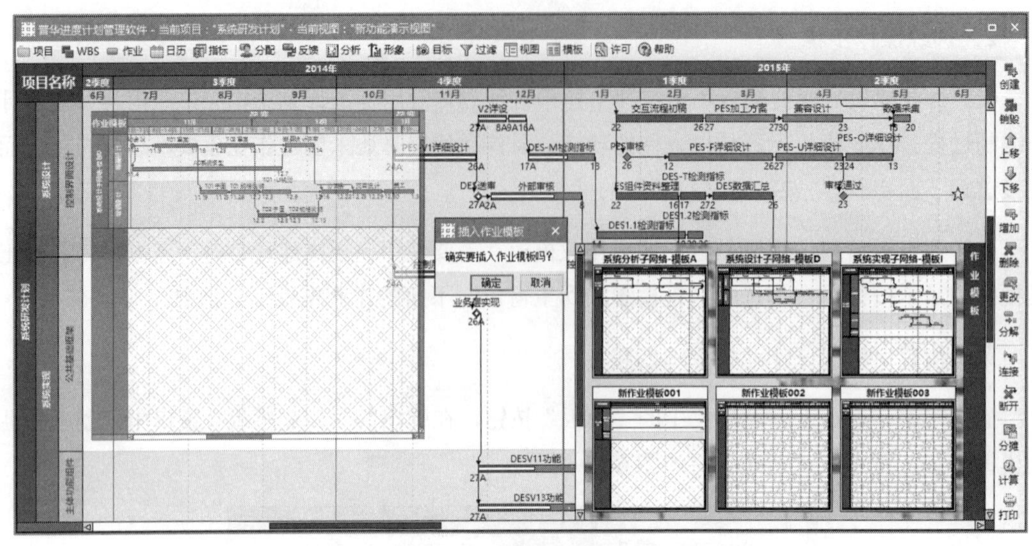

图 6-31 插入作业模板

（2）定义日历。日历窗口用于定义项目和作业上使用的工作日历。使用日工时等栏位对工作小时与工作日等时间单位之间的换算进行设置。

菜单位置：日历—日历。

操作方法：点击日历窗口右侧工具栏中的“修改”按钮，可以修改选中日历的常规周的工作和非工作时间安排，以及增加节假日和例外时段的安排，如图 6-32 所示。

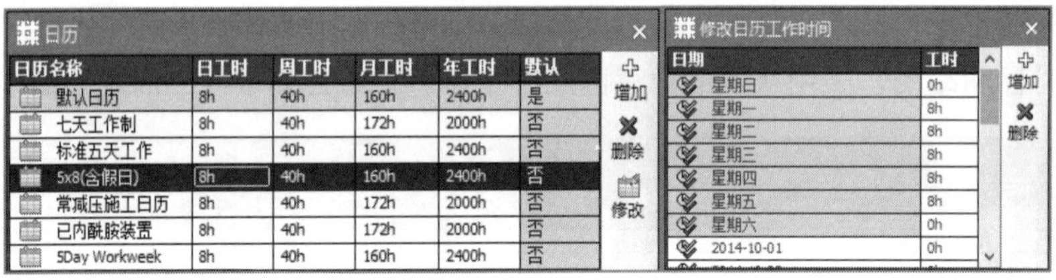

日历
日历名称 日工时 周工时 月工时 年工时 默认
默认日历 8h 40h 160h 2400h 是
七天工作制 8h 40h 172h 2000h 否
标准五天工作 8h 40h 160h 2400h 否
5x8(含假日) 8h 40h 160h 2400h 否
常减压施工日历 8h 40h 172h 2000h 否
已内酰胺装置 8h 40h 172h 2000h 否
5Day Workweek 8h 40h 160h 2400h 否
增加 删除 修改
修改日历工作时间
日期 工时
星期日 0h
星期一 8h
星期二 8h
星期三 8h
星期四 8h
星期五 8h
星期六 0h
2014-10-01 0h
增加 删除

图 6-32 修改日历

日历可以用在每个项目和作业上。项目节点的日历是该项目新增作业时使用的默认日历，也是该项目中 WBS 节点汇总时间所使用的日历；作业节点的日历则作为进度计算时推算作业时间的依据。定义项目日历如图 6-33 所示。

编辑作业 - 【A2000】IP资源调研
常用属性
前置关系
后续关系
反馈数据
关键指标
其他信息
相关链接
作业编号： A2000
作业名称： IP资源调研
作业类型： 任务作业
反馈责任人： Anthoney.Hu
计划工期： 15d
工作日历： 七天工作制
计划开始： 2017-06-13
计划完成：
主限制条件：
主限制日期：
次限制条件：
次限制日期：
默认日历
七天工作制
标准五天工作
5x8(含假日)
常减压施工日历
已内酰胺装置
5Day Workweek

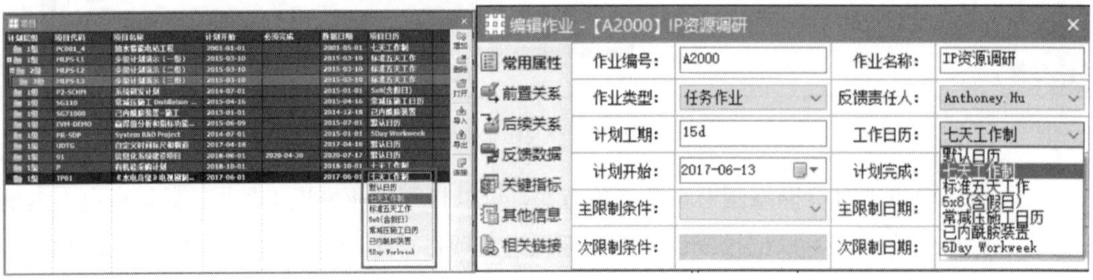

图 6-33 定义项目日历

（3）项目列表。在项目窗口中增加本项目并输入相关信息，如图 6-34 所示。

项目

计划层级	项目代码	项目名称	计划开始	必须完成	数据日期	项目日历
1级	PC001_4	抽水蓄能电站工程	2001-01-01		2001-05-01	七天工作制
1级	MLPS-L1	多级计划演示（一级）	2015-03-10		2015-03-10	标准五天工作
2级	MLPS-L2	多级计划演示（二级）	2015-03-10		2015-03-10	标准五天工作
3级	MLPS-L3	多级计划演示（三级）	2015-03-10		2015-03-10	标准五天工作
1级	P2-SCHM	系统研发计划	2014-07-01		2015-01-01	5x8(含假日)
1级	SG110	常减压施工 Distillation ...	2015-04-16		2015-04-16	常减压施工日历
1级	SG71000	已内酰胺装置--施工	2013-01-01		2014-12-18	已内酰胺装置
1级	EVM-DEMO	赢得值分析和指标功能...	2015-06-09		2015-07-01	默认日历
1级	PR-SDP	System R&D Project	2014-07-01		2015-01-01	5Day Workweek
1级	UDTG	自定义时间标尺和横道	2017-04-18		2017-04-18	默认日历
1级	01	信息化系统建设项目	2018-08-01	2020-04-30	2020-07-17	默认日历
1级	P	有机硅采购计划	2018-10-01		2018-10-01	七天工作制
1级	TP01	《水电奇缘》电视剧制...	2017-06-01		2017-06-01	七天工作制

增加　删除　打开　导入　导出　连接

图 6-34　创建新项目

（4）工作分解结构（WBS）。打开项目后，在“WBS”菜单窗口中增加 WBS 信息，详细操作方式可参见：计划展示目的应用训练—画板快速编制计划—WBS 创建。如图 6-35 所示。

工作分解结构（WBS）

WBS代码	WBS名称
TP01	《水电奇缘》电视剧制作项目
M	项目重要里程碑
I	项目立项
W0002040	新工作分解结构
P	概念设计
W0002100	工作分解（第二层）
D	开发策划
D.TP01.D.A3010	剧本创作策划
D.TP01.D.A3100	平台发行策划
D.TP01.D.A3200	制作策划
D.TP01.D.A3300	商务策划
W0002160D.TP...	宣传推广策划
W0002170D.TP...	投资策划
W	作品创作
S	作品发行
C	项目收尾

创建　销毁　上移　下移　左移　右移　栏位　打印　撤销

图 6-35　创建 WBS

（5）计划编制。WBS 创建完成后，按本案例提供的作业清单编制计划。详细操作方式可参见：计划展示目的应用训练—画板快速编制计划—计划编制—新增作业的三种方式。如图 6-36 所示。

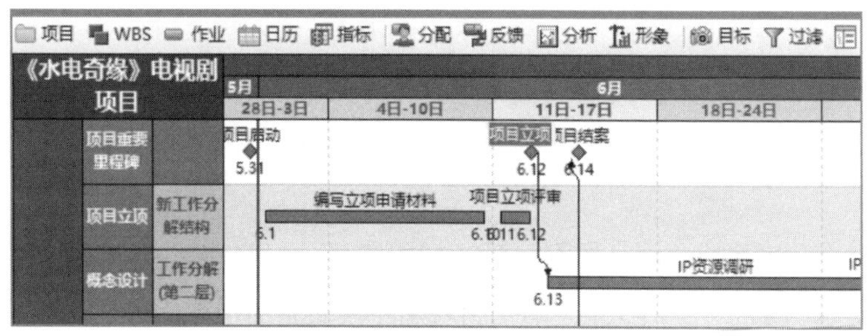

图 6-36　新增作业

限制条件，可以设定作业类型、主要限制条件等信息，详细操作方式参见：计划展示目的应用训练—画板快速编制计划—计划编制—限制条件。如图 6-37 所示。

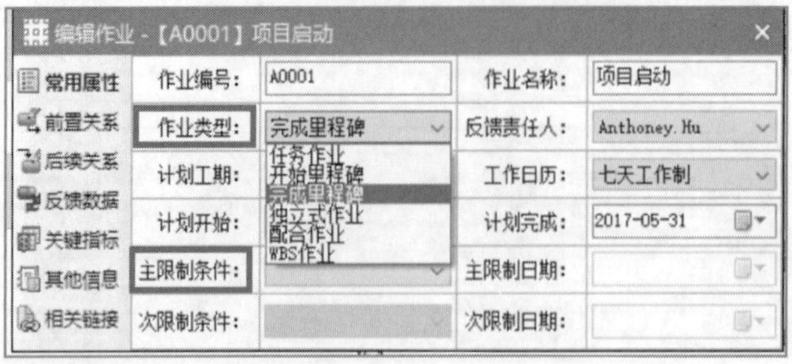

图 6-37　设置作业类型

逻辑关系，可以设定作业之间的逻辑关系、延时等信息，详细操作方式参见：计划展示目的应用训练—画板快速编制计划—计划编制—逻辑关系。如图 6-38 所示。

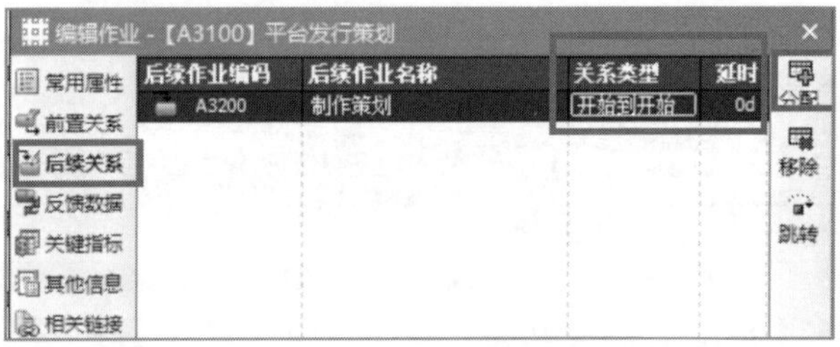

图 6-38　设置逻辑关系

进度计算，选择项目的开始日期，点击“计算”按钮，详细操作方式参见：计划展示目的应用训练—选择 CPM 计算。如图 6-39 所示。注意：数据日期是指安排进度的起点日期。因此，第一次计算时，数据日期是项目开工日期；此后，有了进展反馈数据输入后，数据日期是反馈数据截止日期+1 天。

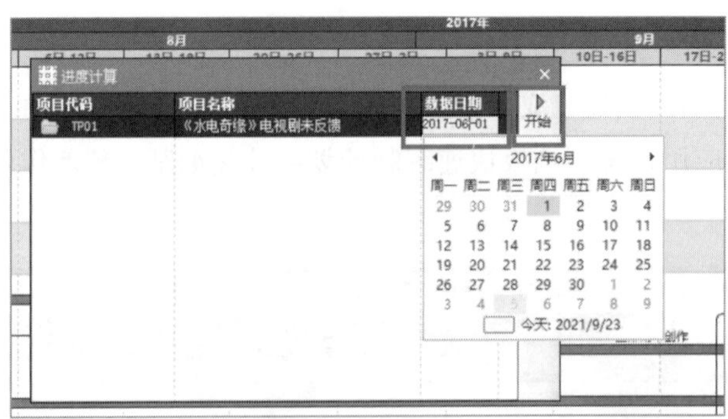

图 6-39　进度计算

（6）责任分配。责任分配窗口的内容类似主窗口的时标网络图，与主窗口不同之处是：责任分配窗口中显示的是每个责任人在当前打开项目中所负责的作业任务，左侧的分组框表示责任人而不是 WBS。在责任分配窗口中可以增加和删除责任人。如图 6-40 所示。

菜单位置：分配—责任分配。

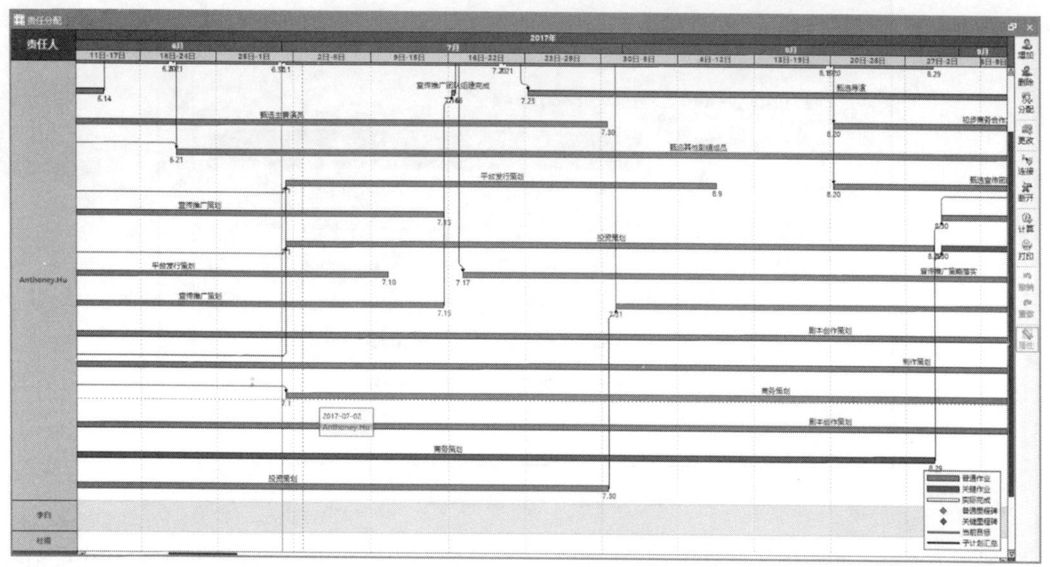

图 6-40　责任人分配

操作方法：点击责任分配窗口右侧工具栏中的“分配”按钮，可以为选中的责任人分配作业任务。一旦将作业任务分配给了责任人，该责任人就可以使用进展反馈模块 Power Reporter（注：该模块会随 PH 打包下载，安装 PH 时会自动安装 Power Reporter，在启动程序“开始”里可以找到 Power Reporter 软件）接收任务列表和填报任务进展反馈单。如图 6-41 所示。

分配作业 - Anthoney.Hu

当前项目的作业

作业编号	作业名称	反馈责任人
TP01 -《水电奇缘》电视剧制作项目		
M - 项目重要里程碑		
A0001	项目启动	Anthoney.Hu
A0010	项目立项	Anthoney.Hu
A0020	IP购买合同签订	Anthoney.Hu
A0030	编剧团队形成	Anthoney.Hu
A0040	取得《电视剧制作许…	Anthoney.Hu
A0050	制作团队组建完成	Anthoney.Hu
A0060	发行团队组建完成	Anthoney.Hu
A0070	作品内部终审成片	Anthoney.Hu
A0080	取得《电视剧发行许…	Anthoney.Hu
A0090	平台首次播出	Anthoney.Hu
A0100	项目结案	Anthoney.Hu
I - 项目立项		
W0002040 - 新工作分解结构		
A1000	编写立项申请材料	Anthoney.Hu
A1010	项目立项评审	Anthoney.Hu
P - 概念设计		
W0002100 - 工作分解（第二层）		
A2000	IP资源调研	Anthoney.Hu
A2010	IP购买申请	Anthoney.Hu
A2020	IP购买评审	Anthoney.Hu

分配
撤回

已分配给【Anthoney.Hu】的作业

作业编号	作业名称	项目编号
A0001	系统需求调研	P2-SCHM
A0002	需求文档整理	P2-SCHM
A0003	需求报告草案	P2-SCHM
A0008	资料归档	P2-SCHM
A0009	功能点估算	P2-SCHM
A0011	风险评估	P2-SCHM
A0001	R1 Appr	PR-SDP
A0002	R1 Docs	PR-SDP
A0003	Draft	PR-SDP
A0008	Archive	PR-SDP
A0009	Func Points	PR-SDP
A0011	Risk Analyse	PR-SDP
A0001	项目启动	TP01
A0010	项目立项	TP01
A0020	IP购买合同签订	TP01
A0030	编剧团队形成	TP01
A0040	取得《电视剧制作许…	TP01
A0050	制作团队组建完成	TP01
A0060	发行团队组建完成	TP01
A0070	作品内部终审成片	TP01
A0080	取得《电视剧发行许…	TP01
A0090	平台首次播出	TP01

图 6-41　责任任务分配

（7）进展反馈责任人。进展反馈窗口中显示当前责任人的反馈单列表、反馈单中的待反馈作业任务，以及每项作业任务的计划和实际时间等详情。接受和回复反馈单有两种方式：邮件方式和文件方式。如图 6-42 所示。

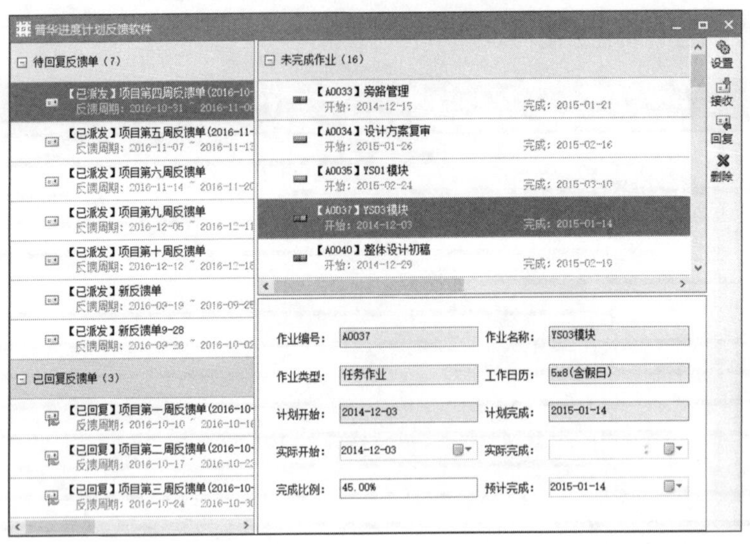

图 6-42　进展反馈模块

操作方法 1：通过电子邮件将需反馈单发送到责任人的邮箱中。如果使用邮件方式反馈项目进展，需要先设置派发和收集反馈单的邮件收发账户信息。如图 6-43 所示。尽量使用专用邮箱账户来派发和收集反馈单，避免反馈单邮件被其他电子邮件客户端软件（如 Outlook 和 Foxmail 等）接收和删除。邮箱账户的 POP3 和 SMTP 服务器参数设置请咨询具体电子邮件服务器提供者。

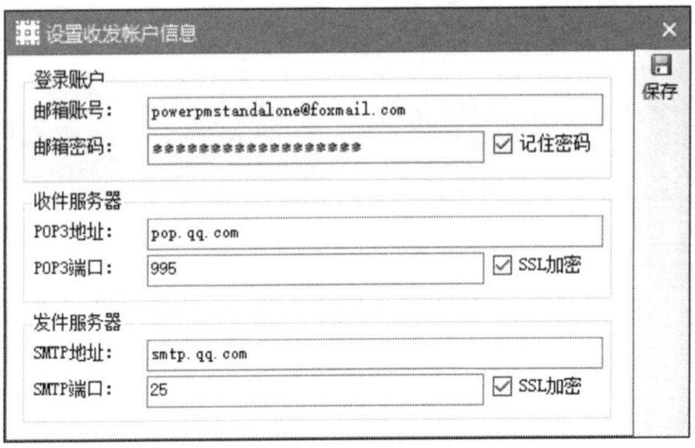

设置收发帐户信息
登录账户
邮箱账号：powerpmstandalone@foxmail.com
邮箱密码：******************** ☑记住密码
收件服务器
POP3地址：pop.qq.com
POP3端口：995 ☑SSL加密
发件服务器
SMTP地址：smtp.qq.com
SMTP端口：25 ☑SSL加密
保存

图 6-43　电子邮件反馈

操作方法 2：通过生成反馈单文件的方式分发给责任人填报。责任人使用进展反馈模块（Power Reporter）来接收和填报反馈单。对责任人回复的反馈单进行审批后可以签入实际进展数据到当前项目计划中。如图 6-44 所示。

（8）进展反馈。计划需要定期进行反馈更新，以便项目负责人掌握项目的执行和进展情况。进度反馈周期即每次对计划执行情况进行跟踪和反馈的时间长度。反馈的周期决定了对计划更新、调整的频率，通常情况下，项目的反馈周期为每周或每月。本工程数据每月反馈。

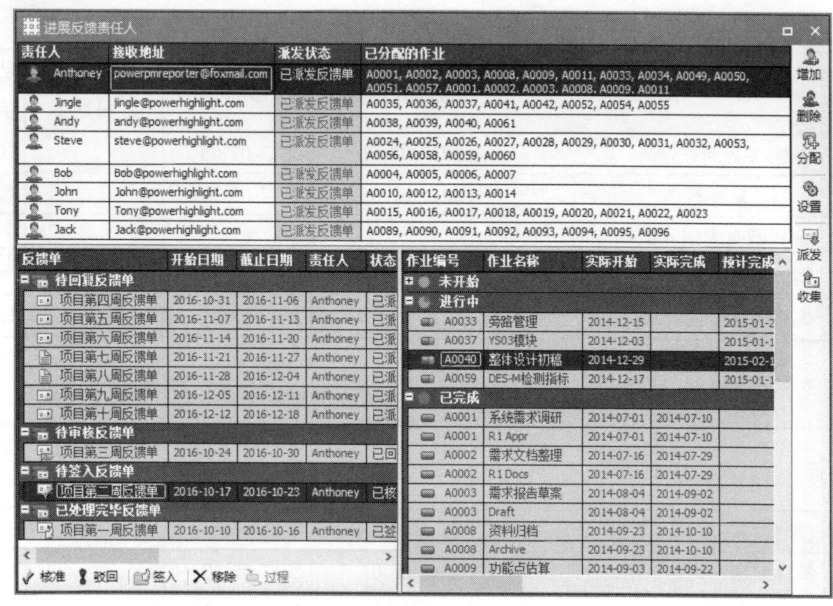

图 6-44　责任任务反馈

为方便起见，现将本案例项目三个周期的反馈单统一列表（见表 6-2～表 6-4）。注意：在实际训练时，必须采用“一期一表”的方式进行每期的进度反馈、签入、计算和分析对比。

表 6-2　项目第一期进展反馈信息

序号	作业代码	作业名称	实际开始日期	实际完成日期	期望完成日期	当期末累计完成百分比
1	第一期反馈数据（截止日期 2017-06-30）					
2	A0001	项目启动	2017-06-01	2017-06-01		100.00%
3	A0010	项目立项	2017-06-12	2017-06-12		100.00%
4	A1000	编写立项申请材料	2017-06-01	2017-06-05		100.00%
5	A1010	项目立项评审	2017-06-06	2017-06-08		100.00%
6	A2000	IP 资源调研	2017-06-09	2017-06-20		100.00%
7	A3300	商务策划	2017-06-01		2017-08-29	36.00%
8	A2010	IP 购买申请	2017-06-21	2017-06-25		100.00%
9	A2020	IP 购买评审	2017-06-26	2017-06-30		100.00%

表 6-3　项目第二期进展反馈信息

序号	作业代码	作业名称	实际开始日期	实际完成日期	期望完成日期	当期末累计完成百分比
10	第二期反馈数据（截止日期 2017-7-31）					
11	A0020	IP 购买合同签订	2017-07-05	2017-07-05		100.00%
12	A0030	编剧团队形成	2017-07-17	2017-07-17		100.00%

续表

序号	作业代码	作业名称	实际开始日期	实际完成日期	期望完成日期	当期末累计完成百分比
13	A2030	IP 购买合同签订	2017-07-01	2017-07-05		100.00%
14	A2040	编剧团队甄选	2017-07-06	2017-07-22		100.00%
15	D1010	编制剧本大纲（改编方向、故事大纲、人物小传）	2017-07-06		2017-08-15	63.00%
16	A2050	编剧团队确认评审	2017-07-23	2017-07-31		100.00%

表 6-4 项目第三期进展反馈信息

序号	作业代码	作业名称	实际开始日期	实际完成日期	期望完成日期	当期末累计完成百分比
17	第三期反馈数据（截止日期 2017-08-31）					
18	A3000	签订编剧合同	2017-08-01	2017-08-10		100.00%
19	D2010	与平台深度沟通	2017-08-01	2017-08-30		100.00%
20	D3010	甄选导演	2017-08-01	2017-08-31		100.00%
21	D1020	剧本大纲评审	2017-08-16	2017-08-25		100.00%
22	D1030	中期创作（5～10 集剧本）	2017-08-26		2017-09-30	14.00%

个人训练时，往往难以模拟多人配合反馈进度的情况，无法采用自动签入的方式，而是采用手工逐条输入反馈单的方式，其操作方法为：双击“作业”，在跳转出的“常用属性”对话框中，选择“反馈数据”，然后按照表 6-2～表 6-4 中的反馈信息一次填写一个周期的作业开始时间、完成时间、期望完成时间等信息，然后进行 CPM 计算，计算时的“数据日期”为表中的“截止日期+1 天”。任务反馈填写如图 6-45、图 6-46 所示。

图 6-45 任务反馈——已完成

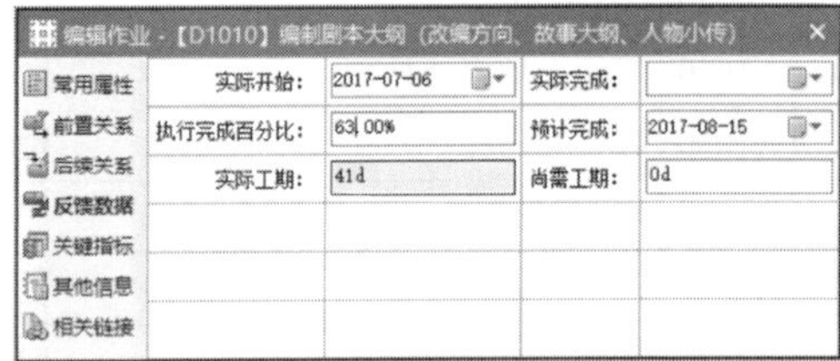

图 6-46 任务反馈——未完成

已经反馈实际进展的作业在横道图中以浅色显示，未完成的作业部分以深色显示，项目管理人员可以进直观地了解项目的进展情况，如图 6-47 所示。

（9）目标计划。目标计划窗口用于为当前打开的项目建立目标计划。每个项目可以创建多份目标计划，把目标计划选择为当前目标后，就可以在时标网络图和作业横道图上进行当前项目计划与目标计划之间的偏差对比分析。如图 6-48 所示。

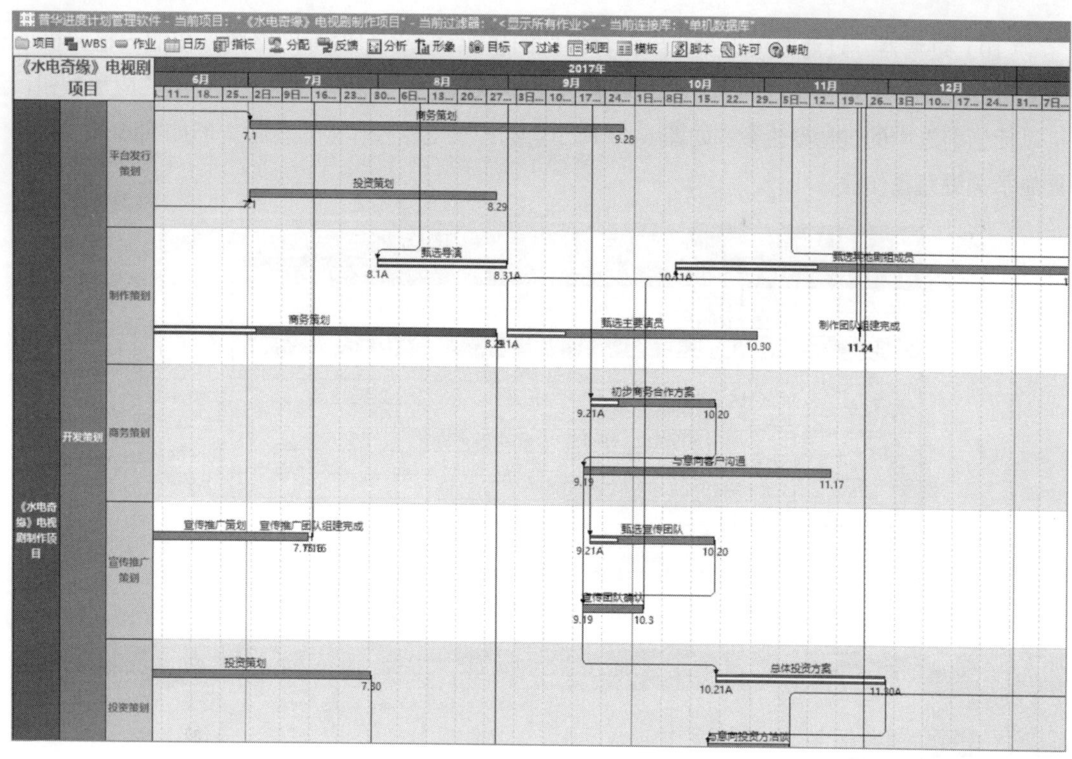

图 6-47　项目进展反馈概要横道图示例

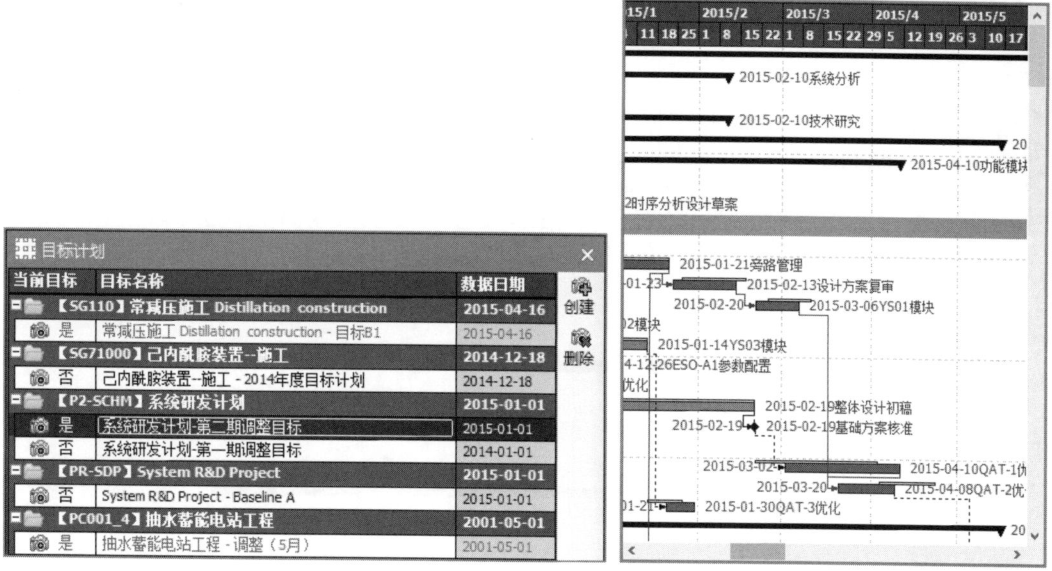

当前目标	目标名称	数据日期
	【SG110】常减压施工 Distillation construction	2015-04-16
是	常减压施工 Distillation construction - 目标B1	2015-04-16
	【SG71000】己内酰胺装置--施工	2014-12-18
否	己内酰胺装置--施工 - 2014年度目标计划	2014-12-18
	【P2-SCHM】系统研发计划	2015-01-01
是	系统研发计划-第二期调整目标	2015-01-01
否	系统研发计划-第一期调整目标	2014-01-01
	【PR-SDP】System R&D Project	2015-01-01
否	System R&D Project - Baseline A	2015-01-01
	【PC001_4】抽水蓄能电站工程	2001-05-01
是	抽水蓄能电站工程 - 调整（5月）	2001-05-01

图 6-48　创建目标计划

当建好项目目标计划并选为当前目标后，时标网络图和横道图上的作业横道上方会出现黄颜色较细的横道，用于表示该作业进展与目标计划中作业的时间要求的差别情况。目标计划实际上是项目某个时期制定计划的副本，创建好的目标计划不会随当前计划的更改而变动。

（10）过滤器。过滤器用于筛选出符合条件的作业，在项目时标网络图、作业表格和横道图上进行显示，不符合条件的作业则被隐藏起来不显示。点击窗口右侧工具栏中的应用按钮，可以使当前选中的过滤器生效。如图 6-49 所示，选择关键路径作业过滤后，即如图 6-50 所示，只显示关键路径作业。

过滤器

当前过滤器	过滤器名称
否	<显示所有作业>
否	<隐藏所有作业>
是	<关键路径作业>
否	<里程碑作业>
否	<尚未完成的作业>
否	<上次进度计算检测到的环路作业>
否	<上次进度计算检测到的环路作业（隐藏空WBS分组）>
否	<隐藏空WBS分组>
否	只显示关键作业并且隐藏空WBS分组
否	已开始和完成的作业
否	二零一五年第一季度工作
否	实际费用超过计划费用45%的作业

增加 删除 修改 应用

图 6-49 过滤器

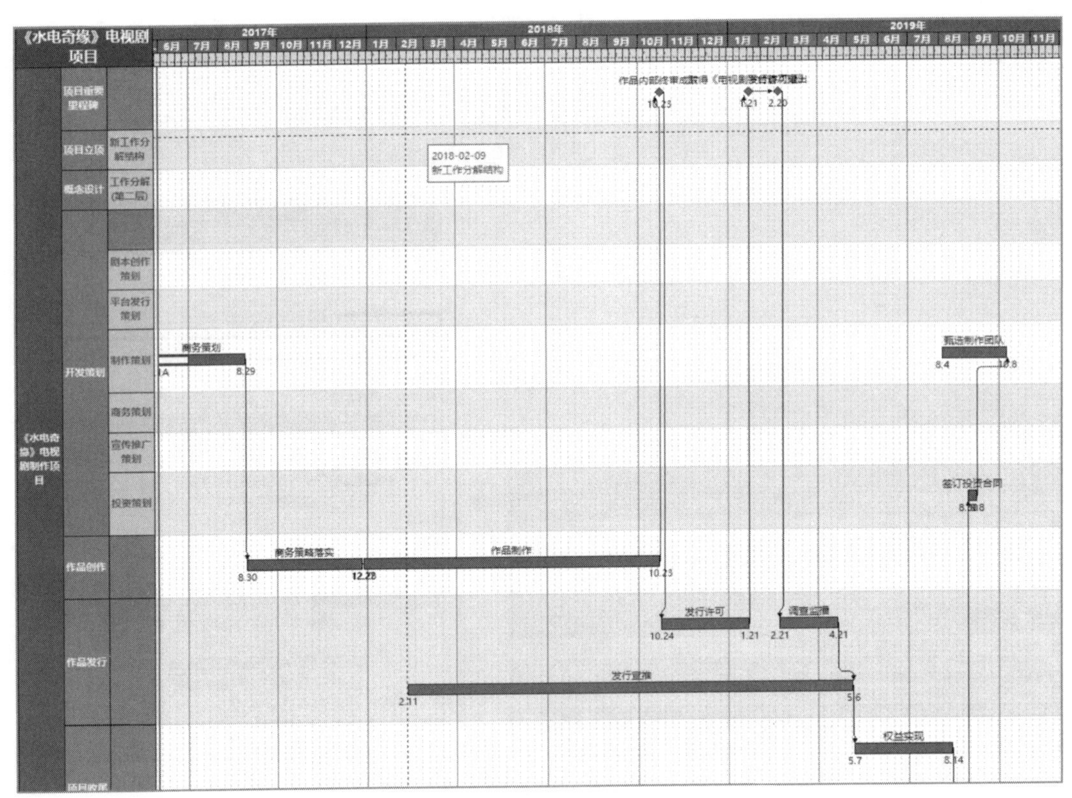

图 6-50 过滤里程碑和关键路径示例

（11）计划打印。打开项目计划直接进行展示和打印，详细操作方式可参见：计划展示目的应用训练—计划成果的保存与打印。如图 6-51 所示即为案例项目训练成果的打印预览效果。

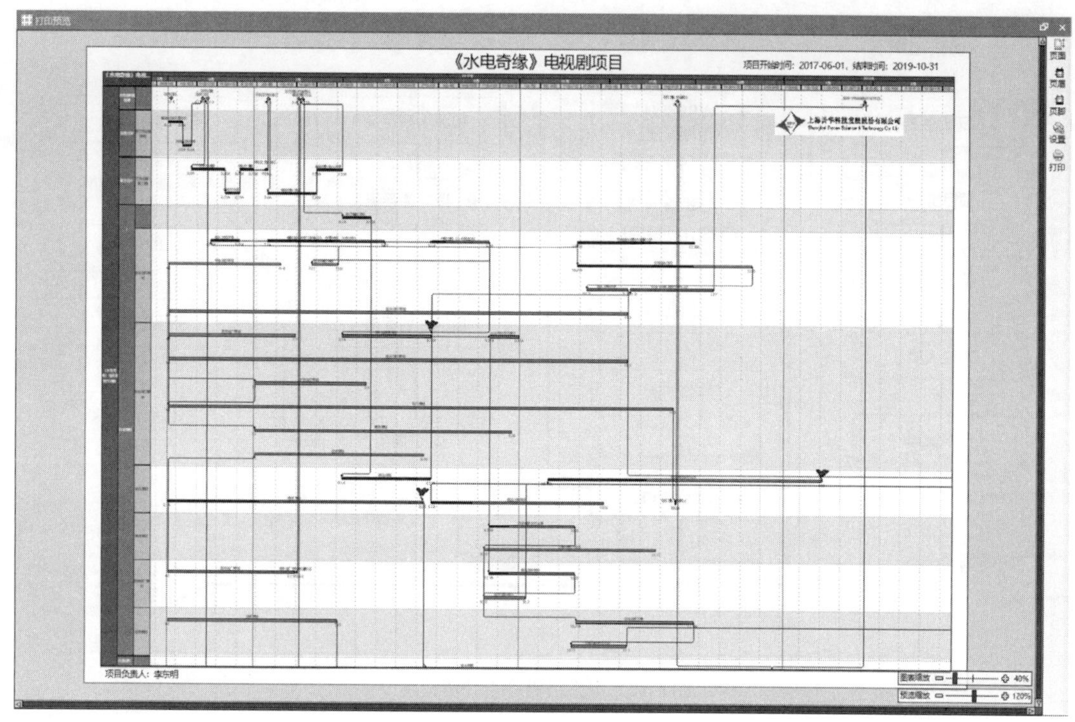

图 6-51　概要横道图示例

6.5.3　系统式综合应用训练

进度管控是一项系统工程。例如，在工程建设领域，项目往往覆盖设计、采购、施工、开车各阶段，需要各单位、各专业、各参建方的协同工作，才能保证项目计划与进度有效地上行下达、协调有序；需要在项目组织环境内，就进度管控模式自上而下统一规划，制定数据规范和操作规则，才能保证项目计划的指导性和进度的真实性。因此，很多情况下，工具软件无法满足这种要求，需要一个成系统的软件来协助开展整个进度管控的工作。

系统式综合应用训练的目的，是通过模拟了解组织环境下开展进度管控的主要过程，以及构成组织级进度管控的要素内容，包括组织管控环境设置、多级计划结构、多子项目计划协同编制、在线审批、在线发布和进度周期反馈等关键工作。这种线上闭环管理的全过程体验，不但促进了掌握进度管控所涉及的工作分解结构（WBS）、关键路径法（CPM）、网络计划审查、目标维护、赢得值技术（EVM）等基本技能，还可以进一步了解掌握大型复杂项目或企业级项目进度管控的体系建设、多级计划联动、进度量化控制、进度动态评测等更高阶的技能。系统式综合应用训练的主要过程，如图 6-52 所示。图中带★标识的工作构成进度管控的“五步法”，它们是做好专业进度管控的充要条件。关于“五步法”的进一步阐述，可参阅由包晓春、李艳刚、戴彬编写的《五步法：计划与进度控制体系方法论》一书。

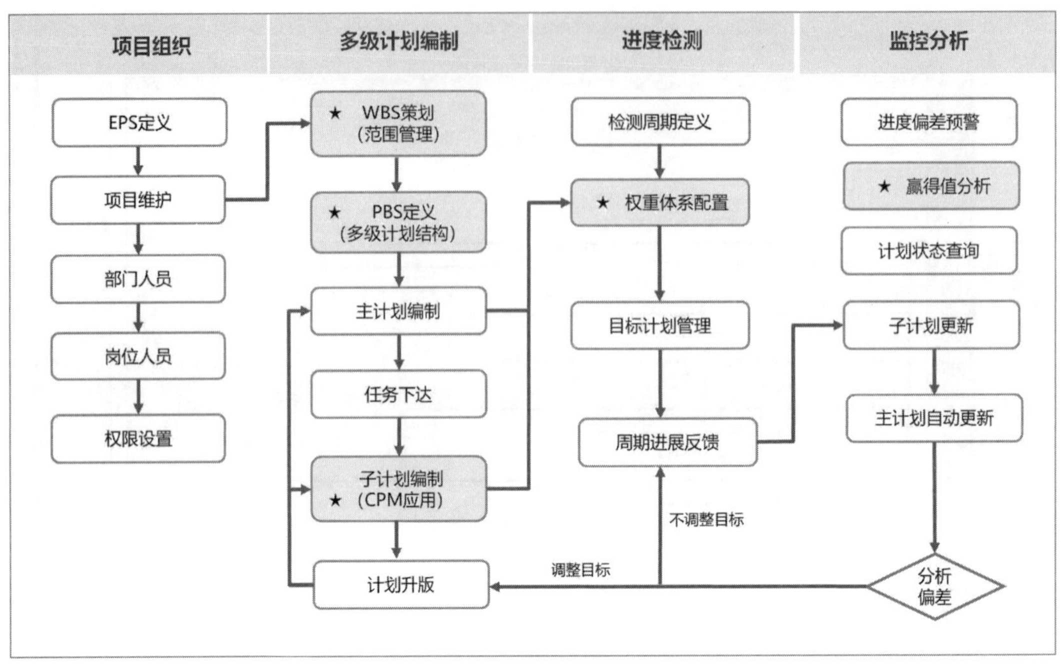

图 6-52 组织级进度管理流程图

此外，进度管控是在时序上对目标计划的不断坚守和持续监督与改进的过程，整个时序上的演变情况如图 6-53 所示。

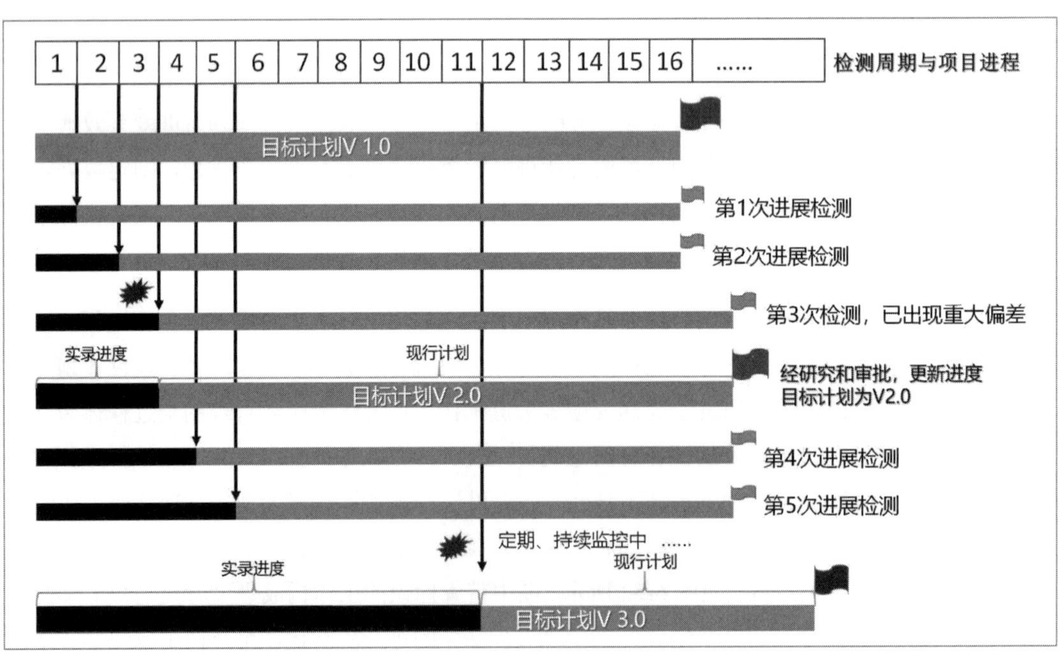

图 6-53 时序上的目标计划管理

1. 案例项目介绍

（1）项目背景。一个空调制造企业，根据客户反馈和市场调研，拟研制一款新型空调产品，产品型号为 KT01。根据该企业产品研发工作管理流程，研发过程主要包含以下相关工作。

1）先由产品经理组织编制研制计划书，报公司评审后正式立项。

2）立项后，由设计部门组织进行方案设计和技术设计，其间也需按公司评审程序组织评审确认。

3）研发过程中，需要完成热力学模型样机、产品样机及三台量产样机的制作和测试。

4）为加快产品研制进度，相关样机的产品设计、原材料采购、加工试制和性能测试等各项工作需要交叉进行。

5）考虑到该产品定型后的批量生产需要，产品研发过程中同步进行现有生产厂房的局部改造，该工作可委托外部施工单位组织实施。

6）研制工作计划于 2019 年 3 月 1 日启动，要求在 2019 年 9 月 30 日前完成各项工作，并通过公司组织的产品鉴定验收。

（2）项目管理组织概况。此项工作涉及的企业内部组织机构及其职责分工如下。

1）研发部，总体负责产品研发全过程的协调和管理。

2）设计部，负责产品设计和技术支持工作。

3）采购部，负责研发过程中设备、材料的采购工作。

4）生产部，负责研发过程中样机的制作和检测工作。

2. 基础数据

主要包括基础模板创建、检测周期定义和资源管理等基础数据的设定，其中基础模板又包含 “WBS 模板”“作业模板”和“步骤模板”。模板具有通用性，可以一次创建、多次重复使用。平台提供企业级 WBS 模板定义功能，可在增加新项目时调用以往创建的 WBS 模板，提升计划编制的效率。

（1）创建 WBS 模板。

菜单位置：进度管理—基础模板—WBS 模板。

操作方法：选择“WBS 模板”功能，即可创建所需要的 WBS 模板条目。点击右侧的“新增”按钮，输入 WBS 的内容并点击“保存”，即可创建不同行业的 WBS 模板作为知识库的积累，在后续计划编制过程中随时调用，如图 6-54 所示。

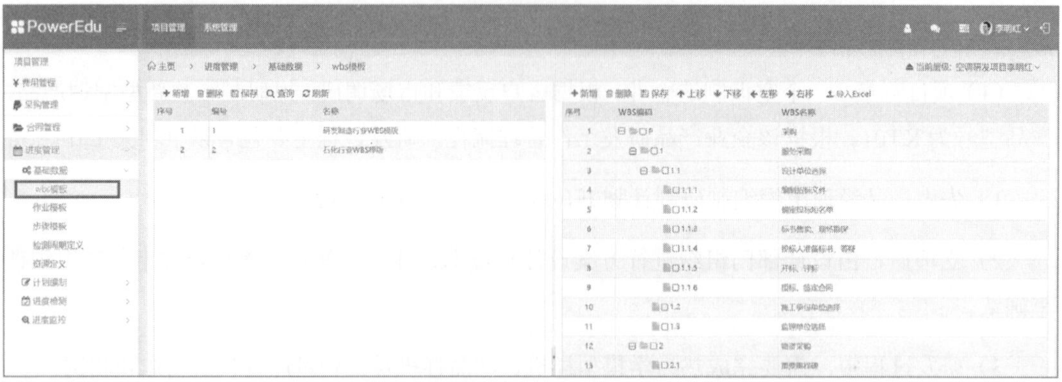

图 6-54　WBS 模板示例

（2）创建作业模板。在 WBS 模板下，可进一步定义作业模板，用于后续调用作业模板快速编制计划。“作业模板”与“WBS 模板”创建方法类似，与 WBS 模板不同之处在于，作业模板是在 WBS 结构之下。

菜单位置：进度管理—基础模板—创建作业模板。

操作方法：点击“作业模板”按钮，在右侧窗口“WBS 模板”中会显示已创建的全部 WBS 模板。点选拟增加作业的 WBS 节点，如“重要里程碑”，然后在右侧窗口点击“新增”按钮，录入作业模板详细内容，最后点击“保存”即可。如图 6-55 所示。

图 6-55　作业模板示例

（3）作业步骤模板。用于定义常用的作业步骤或控制点模板，如图纸设计步骤、长周期设备采购节点、通用的施工工序步骤等，以便在计划编制增加作业时直接引用。

菜单位置：进度管理—基础模板—步骤模板。

操作方法：点击“步骤模板”按钮，在右侧窗口点击 “新增”，录入步骤模板的名称；然后在底部窗口中点击 “新增”按钮，录入具体的步骤内容，再点击“保存”，步骤模板即创建成功，如图 6-56 所示。

图 6-56 作业步骤模板示例

（4）检测周期定义。检测周期决定了项目进度反馈的频率，需要在进度反馈前做好定义，以实现在执行过程中按定义好的周期反馈项目实际进展情况。平台提供了“按日”“按周”“按月”三种不同频率的进度检测方式，案例项目假设“按周”的检测频率。

菜单位置：进度管理—基础模板—检测周期定义。

操作方法：选择检测频率，可选项包括日、周、月；案例项目采取按“周”检测方式；“周开始于”选项用于定义“周”起始日，可为周一到周日的任意一天。案例项目选择统一按“周一”作为“周”的起始日；“拆分”选项，用于应对统计日期有要求的情况，比如，项目月度报告截止日期为每月的 25 日，而检测周期定义为周，每个月的 25 日未必刚好是某个检测周期的最后一天。此时，就需要拆分 25 日所在的那一周，以 25 日为界拆分为两“周”，就可以确保月报与周报的匹配。本案例项目，按默认值，为“不拆分”。

设置好各参数后，点击右上角“保存”按钮，就会在周期列表中显示出当前项目各检测周期的起止时间列表，如图 6-57 所示。

图 6-57 检测周期定义示例

周期的起止日期是依据上述定义自动分配形成的，在实际的进度管控工作过程中，如需对周期的起止日期进行调整，则要对检测周期进行扩充。此时，可对当前的起止范围“追加周期”，在左边“日期选择框”选择拟追加的日期，再点击中间“追加周期”按钮，下边的列表就对应追加出相关的检测周期。如需修改追加的周期，点击“删除”按钮即可。

（5）资源定义。平台提供资源管理功能，通过资源定义，将资源加载到作业，计划阶段可开展资源负荷分析，执行阶段可用于资源用量分析等。

菜单位置：进度管理—基础模板—资源定义。

操作方法：点击“新增”创建新的资源条目，编号、名称、资源类型为必填项。“单价”是指资源的使用成本；“单日最大限量”是对资源受限的规定。系统进行资源分析时，会对资源使用量超出单日限量的时段以红色予以标记，如图 6-58 所示。

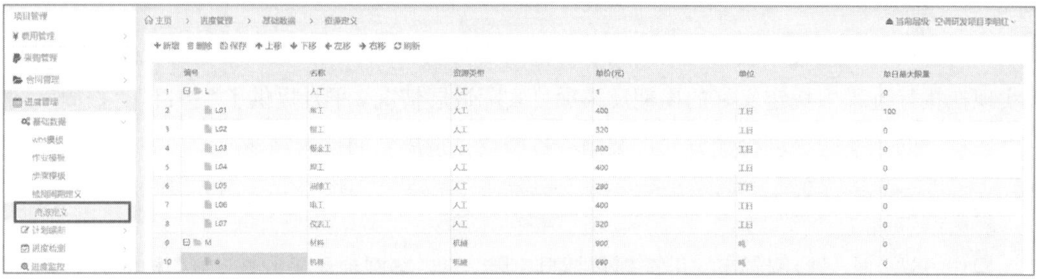

图 6-58　资源定义示例

本案例中资源的应用希望包括以下训练内容：

◎ 创建资源库。定义编码、名称、类别、单价、限量等。

◎ 为作业加载资源。对计划作业，调用资源库中已有资源，核定单价并输入预算数量，还可定义是否为主资源。

◎ 资源使用状况分析。在计划编制时对作业加载了资源，系统通过 CPM 计算后，作业所用资源就会被分摊到各个时间段，并进行汇总，根据汇总的资源负荷图表，就能看出整个计划对各个资源的使用需求、有无超限、是否均衡等。通常基于这些信息，决定是否需对作业的计划时间或资源的使用量进行优化。

◎ 作业的预算费用。可直接由录入的资源预算数量乘以单价计算而得。

◎ 进展反馈。以“数量”为检测方式，录入主资源的实际数量，自动计算出作业的进展百分比。

◎ 进度监控与分析。根据相关图表，对比分析资源的计划与实际使用情况，根据偏差，分析查找项目进展偏差的原因。

3．计划编制

稍微复杂的项目或企业多项目管理，计划一般是由多个主计划和子计划及相互关系组成的多级嵌套计划，其计划的编制过程其实是一个自顶向下的工作目标不断分解和责任分配落实的过程。为了这种组织级项目管理模式的实现，项目或企业都会根据组织环境的复杂程度与管理层级对应的职责关系，做出类似于责任矩阵的计划管控安排。

案例项目的进度计划假设分为三个层面。第一个层面是以项目全生命周期的前期、设计、采购、制作、测试等阶段控制点为基本内容。第二个层面是前期、设计、采购、制作、测试各专业或阶段的主要工作任务。第三个层面是各专业或阶段更细化的、执行层的工作内容。

（1）PBS 定义。PowerEdu 的 PBS，通过主计划和子计划及其相互关系组成的多级嵌套计划的功能，实现了上述责任矩阵式计划管控的目的，如图 6-59 所示。

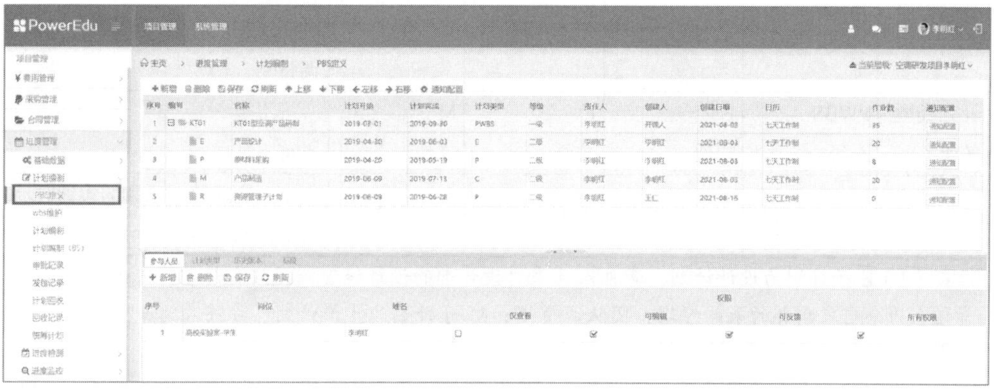

图 6-59　PBS 定义示例

菜单位置：进度管理—计划编制—PBS 定义。

操作方法：

1）选择项目。在右上角的“当前层级”处通过下拉菜单选择所操作的项目。

2）选择 PBS 定义。点击“项目管理”—“PBS 定义”创建 PBS：点击 “新增”按钮，则其下部表格将自动增加一行。创建项目主计划“KT01 型空调产品研制”（个人登录后，系统已有根 PBS 内容，是指导老师在开课时系统自动创建的，可将该根 PBS 作为主计划，单击相应栏位直接修改），点击“保存”按钮予以保存。表 6-5 为空调研制项目信息。

表 6-5　空调研制项目信息

项目编号	KT01	项目名称	KT01 型空调产品研制
计划开始	2019-03-01	计划完成	2019-09-30
计划类型	PWBS（可不填）	等级	一级（可不填）
责任人	来自产品部的产品经理	日历	七天工作制

3）在主计划下分别创建 E、P、M 三个子计划。相关内容参照表 6-6。创建计划的层级和前后位置，可通过上下左右地移动按钮调整，上下移动仅调整各计划的先后显示位置，左右移动则是调整各计划（包括主计划、子计划）之间的上下层级关系。

表 6-6　空调研制项目 PBS 信息

<table>
<tr><th rowspan="2">序号</th><th rowspan="2">标　题</th><th colspan="4">内　容</th><th rowspan="2">备　注</th></tr>
<tr><th>主 计 划</th><th>设计子计划</th><th>采购子计划</th><th>生产子计划</th></tr>
<tr><td>1</td><td>项目编号</td><td>KT01</td><td>E</td><td>P</td><td>M</td><td rowspan="4">主计划的起止时间，建议请按此处内容填写；子计划的起止时间，以各小组最终完成的主计划中计算出的起止时间为准。
在主计划尚未编制又需要该值完成 PBS 定义时，可按主计划的相应时间填写，待主计划编制完成后重新调整</td></tr>
<tr><td>2</td><td>项目名称</td><td>KT01 型空调产品研制</td><td>产品设计</td><td>原材料采购</td><td>产品制造</td></tr>
<tr><td>3</td><td>计划开始</td><td>2019-03-01</td><td></td><td></td><td></td></tr>
<tr><td>4</td><td>计划完成</td><td>2019-09-30</td><td></td><td></td><td></td></tr>
<tr><td>5</td><td>计划类型</td><td>PWBS</td><td>E</td><td>P</td><td>M</td><td>可不填</td></tr>
<tr><td>6</td><td>等级</td><td>一级</td><td>二级</td><td>二级</td><td>二级</td><td>可不填</td></tr>
<tr><td>7</td><td>日历</td><td>七天工作制</td><td>七天工作制</td><td>七天工作制</td><td>七天工作制</td><td>个人完成整个项目的实训时，责任人全部选择自己即可</td></tr>
</table>

注：（1）E 子计划为设计计划，责任人为来自设计部的设计经理，团队成员 B；P 子计划为采购计划，责任人为来自采购部的采购经理，团队成员 C；M 子计划为生产计划，责任人为来自生产部的生产经理，团队成员 D。

（2）因本训练为个人充当多角色完成整个项目的训练，故责任人处均选择本人作为责任人。团队分角色的训练可参见第 6.5.4 节的介绍。

子计划的开始时间和完成时间是由主计划下达的任务确定，在编制子计划的 PBS 开始和完成时间时，可以先预估一个在主计划范围内的时间，待主计划计算完成后，查看相应子计划的开始时间和完成时间，再回到 PBS 中修改子计划确定的开始时间和完成时间。

4）参与人员设定。每个主计划和子计划都需要有相应的参与人员并配置相关的权限后，才可以完成计划的编制等工作；在每个主计划和子计划中配置相应的岗位和人员，配置的权限有：所有权限、可反馈、可编辑、仅查看。在本案例训练时，选择“所有权限”，如图 6-60 所示。

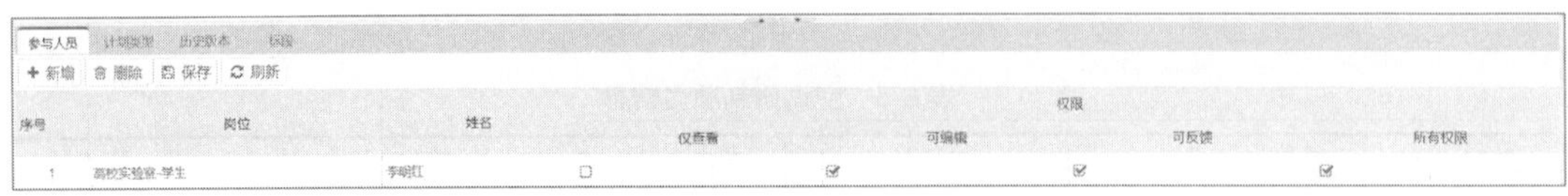

图 6-60　主子计划参与人员权限设置

“责任人”和“参与人员”，用于指定计划的操作用户并设置权限，此处指定的责任人和增加的参与人员可以对该计划进行全权限操作。如在后续练习过程中，遇到某项功能无法操作时，可能就是因为登录的账号无对应的权限，需要检查 “责任人”和“参与人员”的权限配置情况。

（2）WBS 维护。

菜单位置：进度管理—计划编制—WBS 维护。

操作方法：在计划体系树的项目名称列表中选中主计划“KTO 型空调产品研制”后，点击右侧的“新增”按钮，逐层增加该计划的 WBS 并维护其编号和名称，如图 6-61 所示。

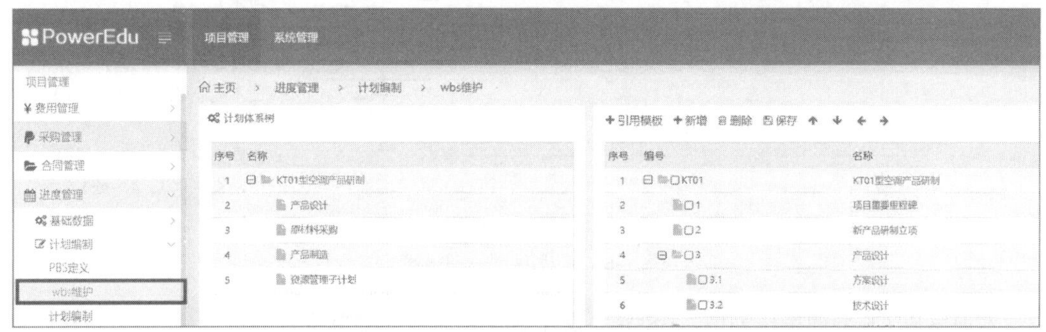

图 6-61　WBS 维护示例

（3）主计划编制。复杂项目和企业级应用通常有数万条作业，且计划工程师编制计划的习惯和方式也有不同。为方便计划编制过程中数据的完整性和流畅性，平台提供两种计划编制方式：一种是下载平台 CS 结构的 PowerPlan 计划编制工具，在客户端编好计划后同步到平台中，通常适用于大型复杂的项目；另一种是 BS 结构下直接通过浏览器编制计划，通常适用于中小型的项目。

CS 的客户端计划编制界面——需要下载、安装并启动计划编制客户端软件，如图 6-62 所示。

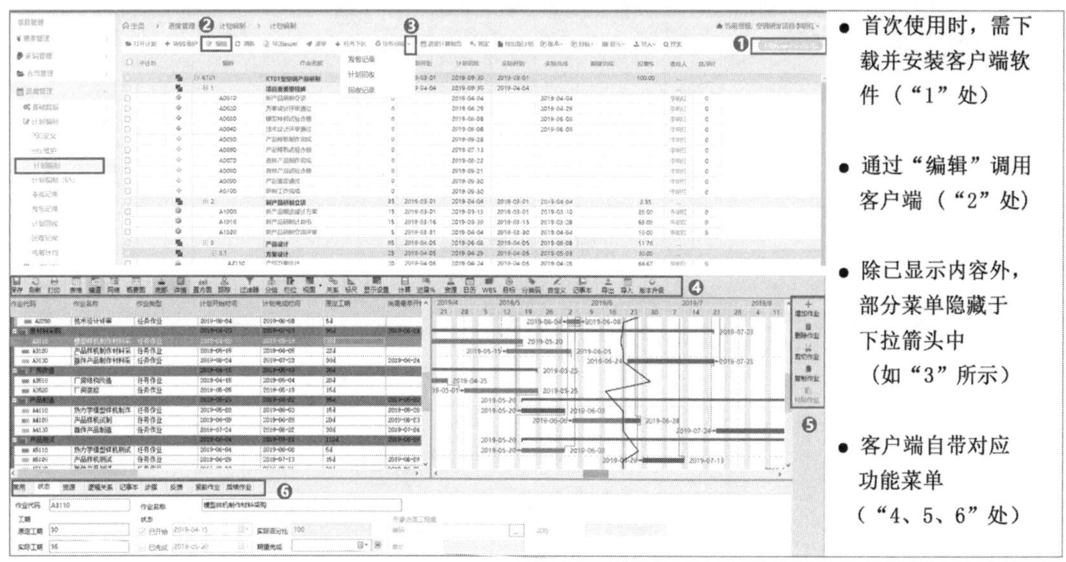

图 6-62　计划编制——CS 端

BS 界面的在线计划编制——对应 BS 界面，即浏览器模式，无须安装客户端插件，如图 6-63 所示。

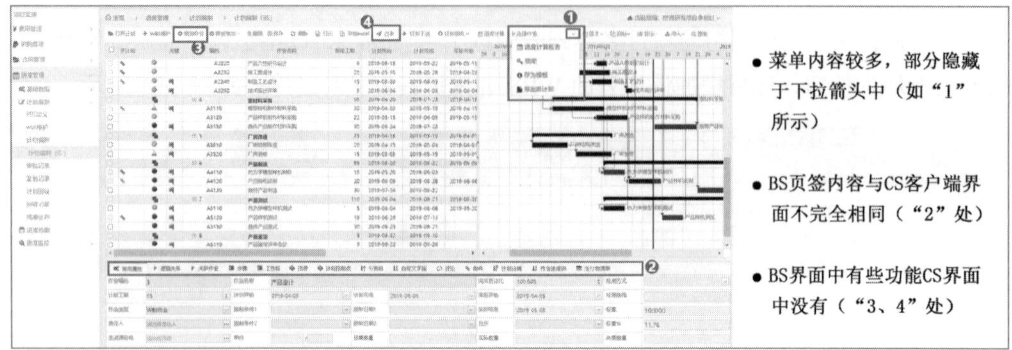

图 6-63 计划编制——BS 端

本训练以 CS 界面操作为例，BS 界面操作请找到对应的菜单位置即可。

菜单位置：进度管理—计划编制—计划编制。

操作方法：

1）打开计划。点击“计划编制”“打开计划”，在弹出的窗口选择主计划“KT01 型空调产品研制”后，点击 “确定”，再点击“编辑”，即进入计划编辑 CS 界面。具体操作如图 6-64～图 6-66 所示。

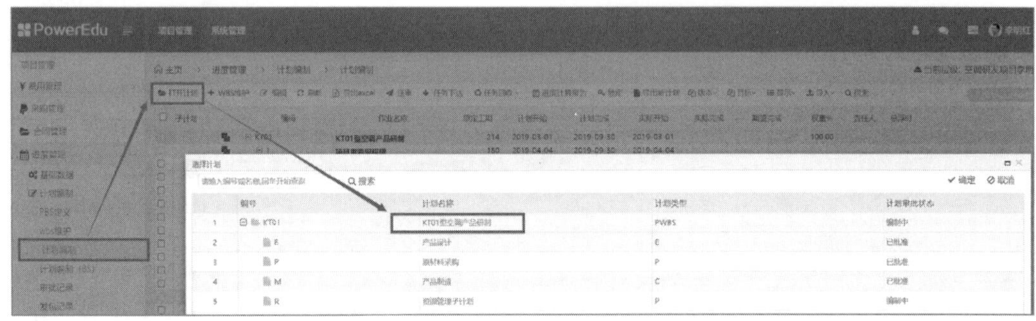

图 6-64 打开计划

图 6-65 编辑计划

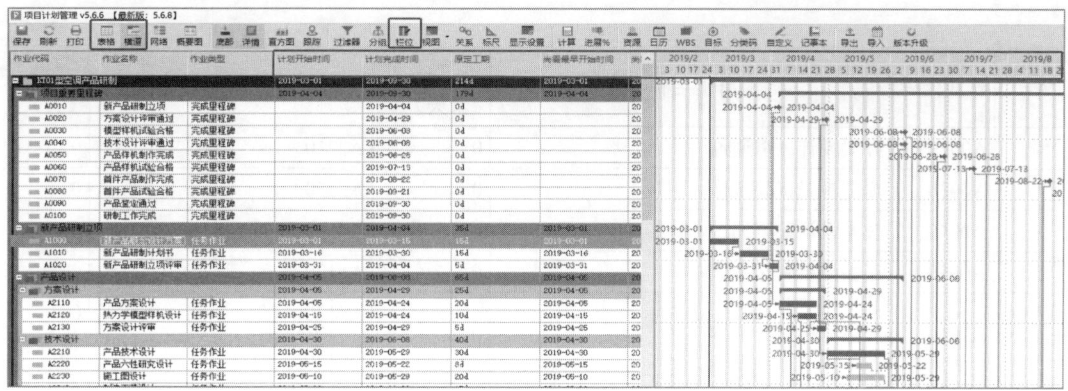

图 6-66　CS 界面的计划作业

“表格”和“横道”两个按钮，控制其下方区域的显示内容。“表格”仅显示左侧作业信息内容，“横道”同时显示作业信息表格和横道。

2）增加作业。点击右上角的“增加作业”按钮，可增加作业的信息、维护作业的名称、作业类型、原定工期、限制条件、逻辑关系等，如图 6-67 所示。

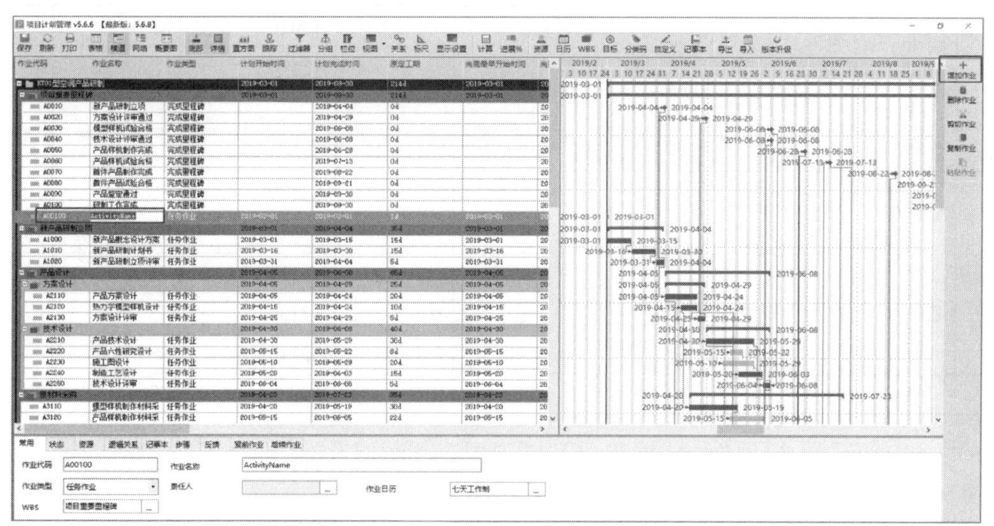

图 6-67　CS 界面计划编制

按表 6-7 所示的信息输入作业的名称、作业类型、原定工期、限制条件、逻辑关系等。

表 6-7　案例项目主计划作业信息

WBS	作业代码	作业名称	原定工期（天）	后续作业代码	逻辑关系	延时（天）
KT01	KT01 型空调产品研制					
1	此 WBS 项下均为里程碑作业，里程碑类型均为“完成里程碑”					
	A0010	新产品研制立项	0	A2110	FS	0

续表

WBS	作业代码	作业名称	原定工期（天）	后续作业代码	逻辑关系	延时（天）
	A0020	方案设计评审通过	0	A2210	FS	0
	A0030	模型样机试验合格	0	A2250	FF	0
	A0040	技术设计评审通过	0	A4120	FS	0
	A0050	产品样机制作完成	0	A5120	FS	0
	A0060	产品样机试验合格	0	A4130	FS	0
				A3130	FF	10
	A0070	首件产品制作完成	0	A5130	FS	0
	A0080	首件产品试验合格	0	A6110	FS	0
	A0090	产品鉴定通过	0	A0100	FS	0
	A0100	研制工作完成	0	—	—	—
2	新产品研制立项					
	A1000	新产品概念设计方案	15	A1010	FS	0
	A1010	新产品研制计划书	15	A1020	FS	0
	A1020	新产品研制立项评审	5	A0010	FS	0
				A2110	FS	0
3	产品设计					
3.1	方案设计					
	A2110	产品方案设计	20	A2120	SS	10
				A3510	SS	10
	A2120	热力学模型样机设计	10	A4110	FS	0
				A2130	FS	0
				A3110	SS	5
	A2130	方案设计评审	5	A0020	FS	0
3.2	技术设计					
	A2210	产品技术设计	30	A3120	SS	15
				A2230	SS	10
				A2250	FS	0
				A2240	SS	20
				A2220	SS	15
	A2220	产品六性研究设计	8	A2250	FS	0
	A2230	施工图设计	20	A2250	FS	0
	A2240	制造工艺设计	15	A2250	FS	0
	A2250	技术设计评审	5	A0040	FS	0
				A4120	FS	0
4	原材料采购					
	A3110	模型样机制作材料采购	30	A4110	FS	0

续表

WBS	作业代码	作业名称	原定工期（天）	后续作业代码	逻辑关系	延时（天）
	A3120	产品样机制作材料采购	22	A4120	FS	0
	A3130	首件产品制作材料采购	30	A4130	FS	0
5	厂房改造					
	A3510	厂房结构改造	20	A3520	FS	0
	A3520	厂房装修	15	A4110	FS	0
6	产品制造					
	A4110	热力学模型样机制作	15	A5110	FS	0
	A4120	产品样机试制	20	A5120	FS	0
				A0050	FS	0
	A4130	首件产品制造	30	A5130	FS	0
				A0070	FS	0
7	产品测试					
	A5110	热力学模型样机测试	5	A0030	FS	0
	A5120	产品样机测试	15	A0060	FS	0
	A5130	首件产品测试	30	A0080	FS	0
8	产品鉴定					
	A6110	产品鉴定评审会议	5	A6120	SS	0
	A6120	资料评审、整理、归档	7	A6130	FS	0
	A6130	产品定型、批量生产批准	2	A0090	FS	0

注：WBS 列标有“ ”标记，表示该作业带子计划。

软件默认代码从 A1000 开始，双击当前作业的栏位即可修改代码、作业名称和工期，操作界面如图 6-68 所示。

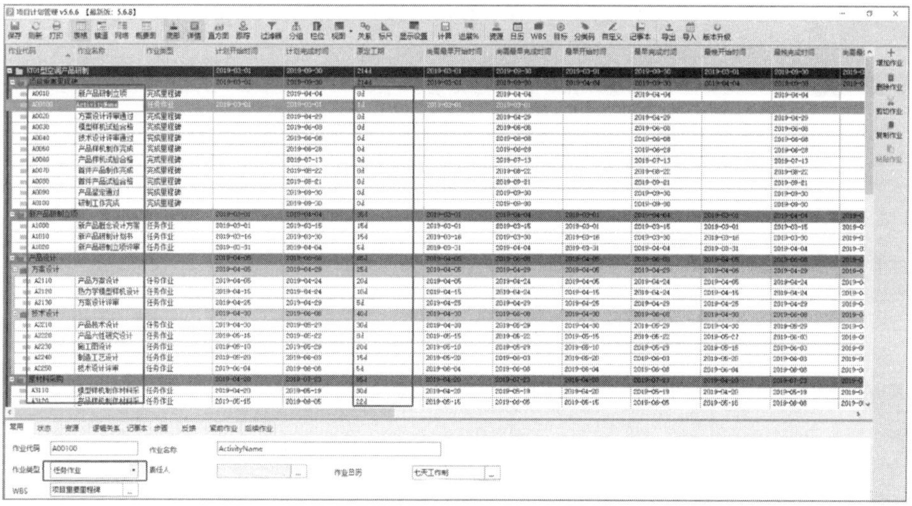

图 6-68 CS 界面计划新增

作业的限制条件操作，如图 6-69 所示。

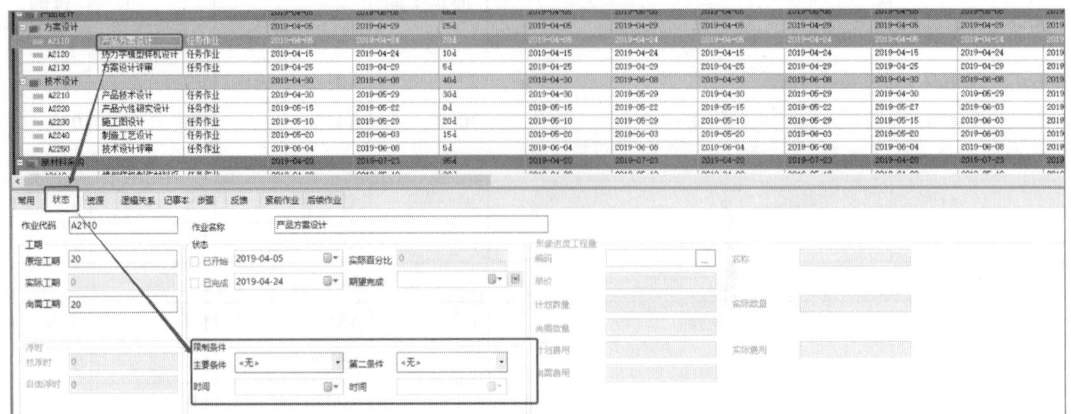

图 6-69　CS 界面计划限制条件

作业之间的逻辑关系操作，如图 6-70 所示。

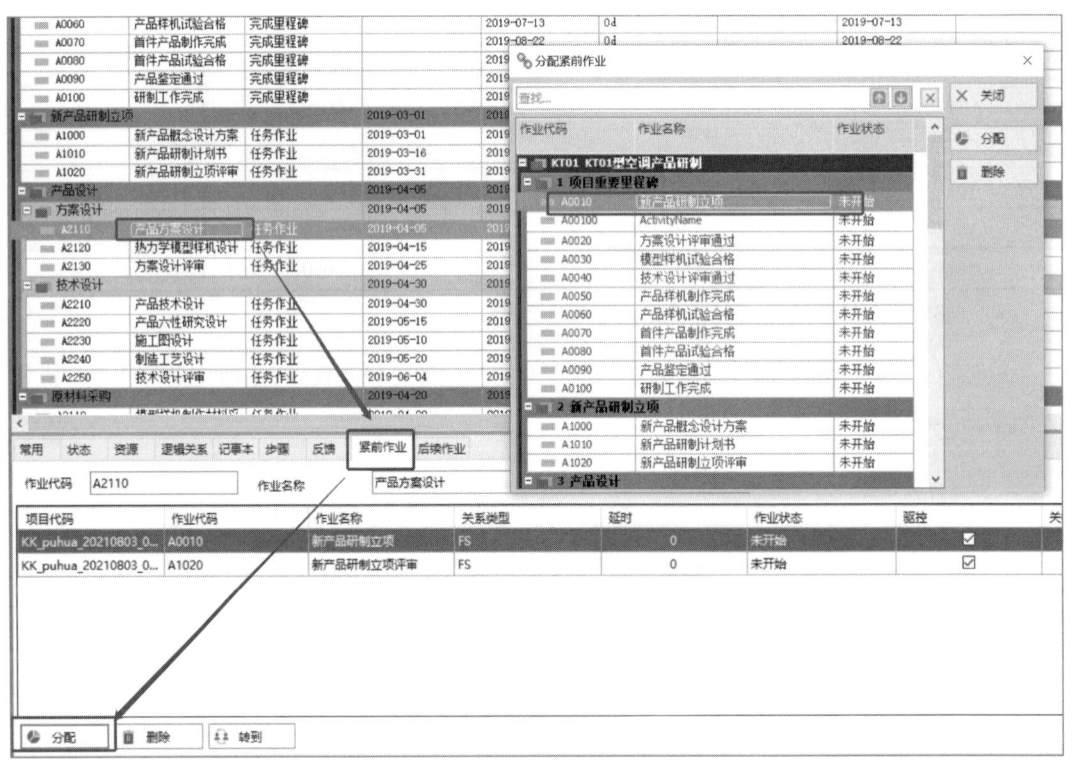

图 6-70　CS 界面计划逻辑关系

分配之后的逻辑关系详细信息显示于下方，可以修改“关系类型”和“延时”，如图 6-71 所示。

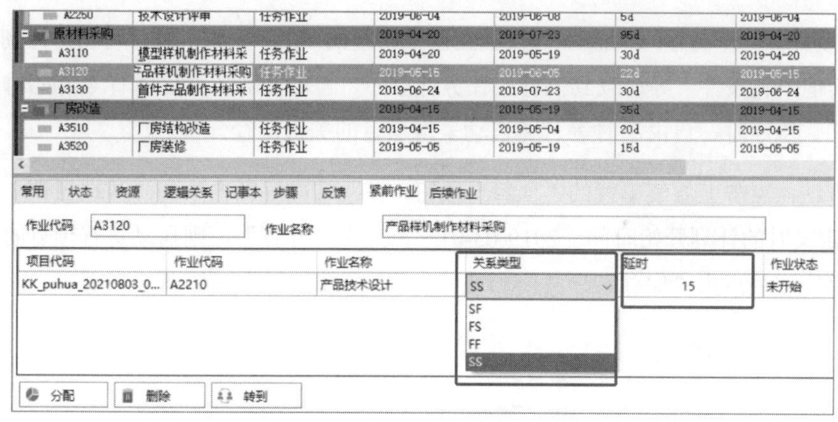

图 6-71　CS 界面关系类型及延时设置

3）编制 WBS。主计划编制确定后，由相关的责任人进行“任务下达”。在编制下级计划时，主计划下达的任务即作为当前子计划的 WBS，如子计划中包含有多个 WBS，可以通过“计划编制”里的 WBS 功能进行增加和修改，使主计划和子计划的作业之间建立控制与协调关系。

操作方法：在软件上方的菜单栏里选择“WBS”，在跳转的 WBS 维护对话框中，可以通过“增加”功能新增 WBS，在编码和名称处按案例内容修改信息。右下角的“ ”图标按钮可以移动 WBS 的层级，如图 6-72 所示。

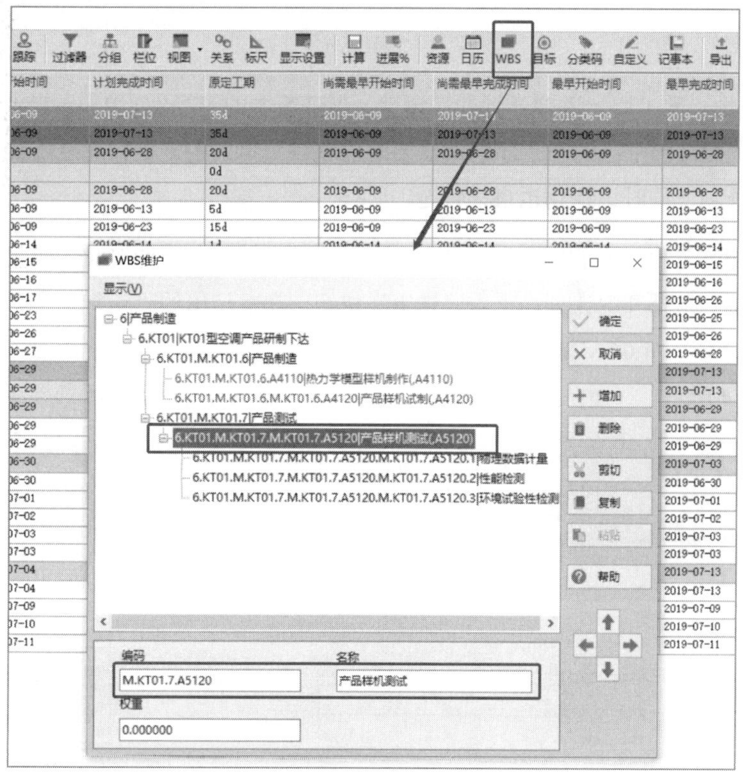

图 6-72　CS 界面 WBS 维护

4）进度计算。平台嵌入了普华科技独立自主研发的 CPM 算法引擎，可将“控制点”“里程碑”“其他限制条件”等加载到执行层任务计划中，自动计算各作业的计划开始时间、完成时间、工期、总浮时、自由浮时等，并自动呈现项目的关键路径。

操作方法：点击上方菜单栏的“计算”按钮，在跳转的对话框中的“数据日期”处输入项目在 PBS 定义时的计划开始时间“2019-03-01”，点击“计算”，则自动进行项目的网络进度计算，计算完成后点击“保存”，关闭当前的 CS 计划编制界面，如图 6-73 所示。

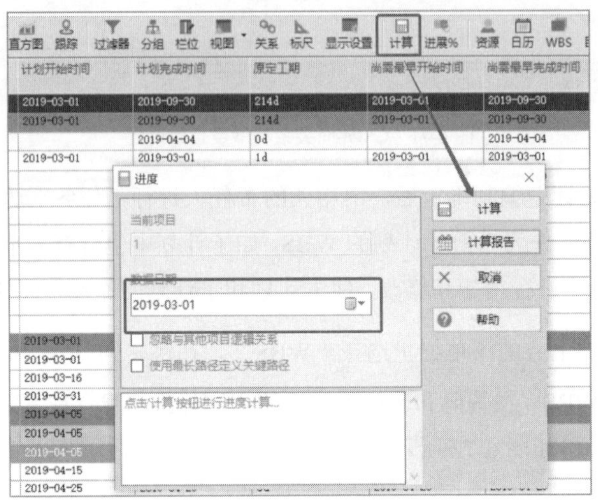

图 6-73　CS 界面进度计算

5）计划审批。为了增加进度计划的严肃性，保证版本的可控性，PowerEdu 集成了计划的在线审批功能。即每个主计划和子计划都需要对应项目负责人的审批，通过审批流程完成后的计划即为目标计划，同时该计划也自动锁定。

在本次案例练习中，由于是个人充当多角色完成整个项目，因此简化了审批的流程，只需要在“计划编制”里打开主计划，点击“送审”按钮，在跳转出的“审批信息”功能框中，输入当前计划的版本“V1.0”，在状态里选择“批准”后点击“保存”，则当前的计划就完成了评审，如图 6-74 所示。（团队分角色练习时，可以体验流程审批的过程。）

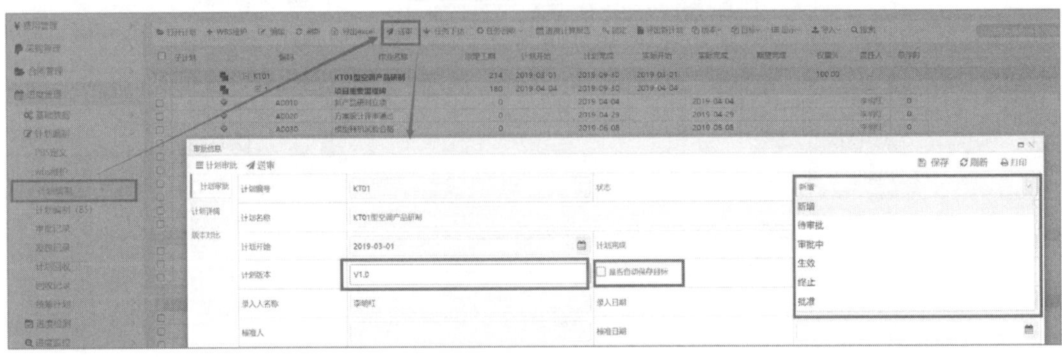

图 6-74　计划审批

6）计划升版。审批后的计划如果后期有修改，平台可以通过当前计划的负责人“解锁”后方可更新为新的计划版本。修改后的计划则按版本先后的顺序保存，所有过程版本均存于平台中备查，如图 6-75 所示。

子计划	编码	作业名称	原定工期	计划开始	计划完成	期望完成
	KT01	KT01型空调产品研制	214	2019-03-01	2019-09-30	
	1	项目重要里程碑	180	2019-04-04	2019-09-30	
	A0010	新产品研制立项	0		2019-04-04	
	A0020	方案设计评审通过	0		2019-04-29	
	A0030	模型样机试验合格	0		2019-06-08	
	A0040	技术设计评审通过	0		2019-06-08	
	A0050	产品样机制作完成	0		2019-06-28	
	A0060	产品样机试验合格	0		2019-07-13	
	A0070	首件产品制作完成	0		2019-08-22	
	A0080	首件产品试验合格	0		2019-09-21	

图 6-75　计划升版

7）任务下达。大型项目通常需要编制四级到五级以上的项目计划，以指导和控制项目的执行过程，并满足不同管理级别把项目始终控制在相应目标范围内的要求。任务下达就是把计划进度的要求（高层级计划或控制点）逐层下达，打造进度管控的“抓手”，构建“指挥系统”。

操作方法：选择需要下达的子计划。勾选当前作业中需要下达给子计划的作业任务后，点击“任务下达”，在跳转的“选择计划”中选择“产品设计”后点“确定”，那么产品设计的子计划就要根据当前下达的作业范围进行进一步细化编制，如图 6-76 所示。（团队练习时，可以更切实地体验计划下达的过程。）

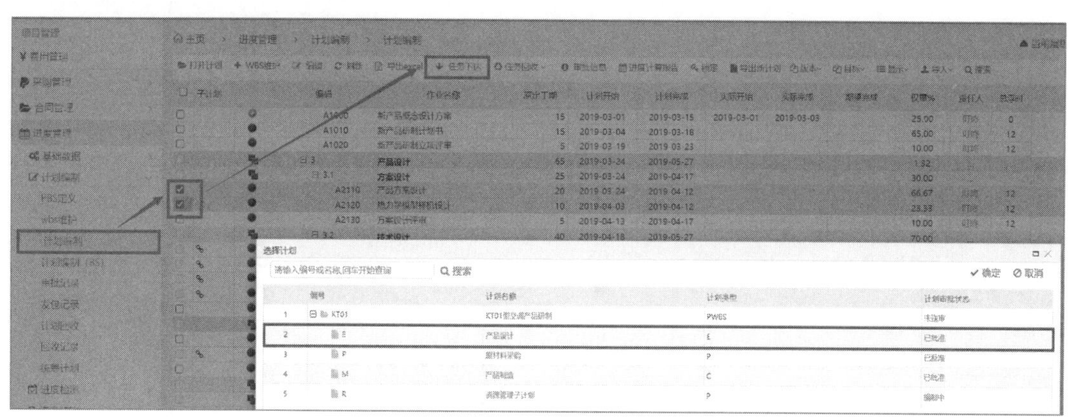

图 6-76　计划任务下达

8）保存目标计划。通过保存目标计划，可将项目的计划进行保存和锁定为目标计划。在项目后续进展中，如有了进展反馈，通过查阅更新后的计划与目标计划进行对比，可以准确掌握当前进度的状态，为制定预防与纠偏措施提供依据。

操作方法：在计划送审时，如果勾选了“自动保存目标计划”，在计划批准后，将自动保存目标计划。如未勾选，可在“计划编制”上方的菜单栏处点击“目标”后选择“保存目标”，在弹出的窗口中输入目标文件名，点击“提交”即可将当前计划保存为目标计划，如图 6-77 所示。

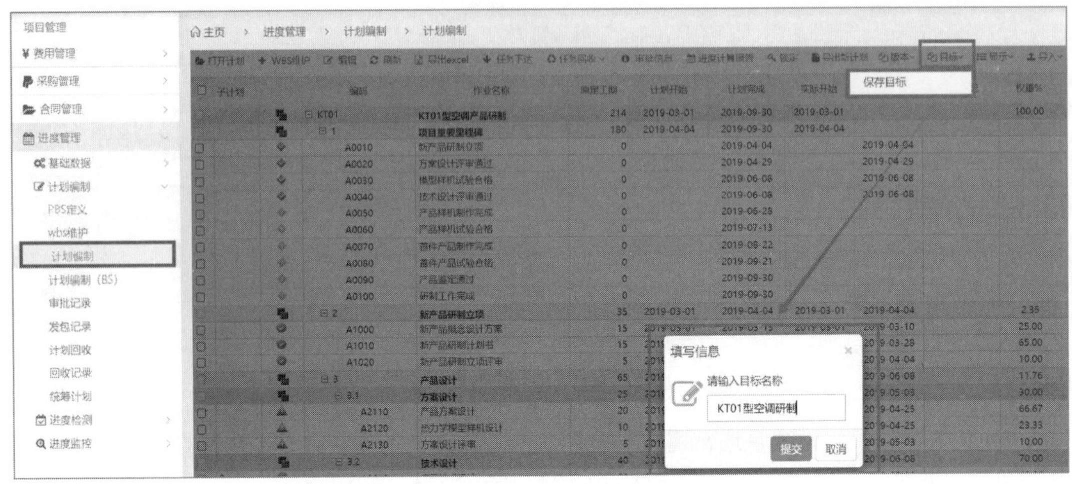

图 6-77 保存目标计划

（4）发包记录。主计划下达任务后，可在“发包记录”里查看到主计划下达给子计划的信息。

菜单位置：进度管理—计划编制—发包记录。

操作方法：如果需要修改下达的任务，可以在右侧菜单栏中选择“编辑”“删除”功能进行操作，也可以点击“查看”按钮，查看下达的子计划详情，如图 6-78 所示、图 6-79 所示。

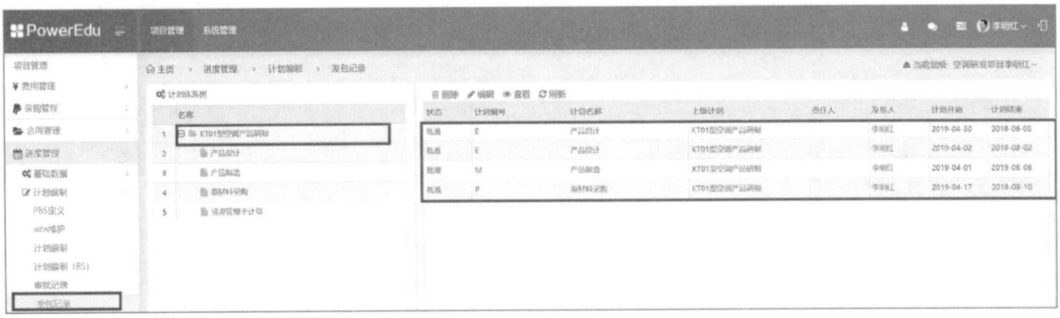

图 6-78 计划发包记录

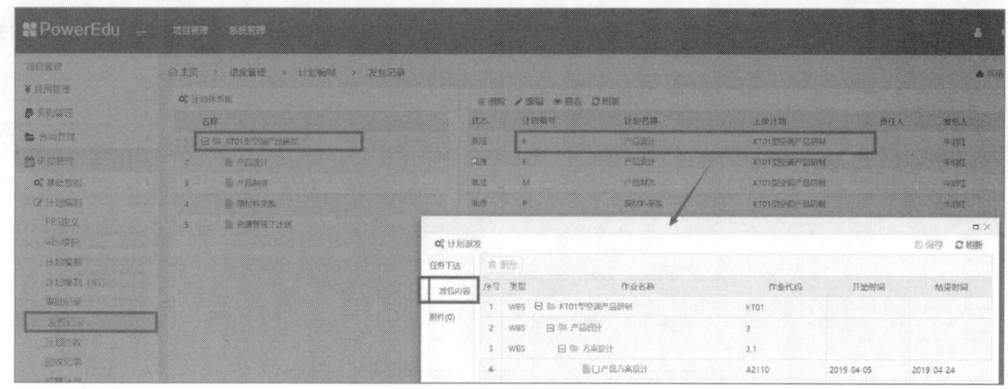

图 6-79　发包计划查看

（5）计划回收。如果任务下达操作失误或是需要修改更换任务执行单位或责任人，可以通过计划回收功能将已下达的任务回收，并重新下达新的任务。

菜单位置：进度管理—计划编制—计划回收。

操作方法：点击“计划回收”功能，在计划体系树中选择需要回收的子计划名称，在右侧的作业编号中勾选需要回收的作业信息，在跳转的对话框中将审批状态修改为“批准”（因属于个人模拟训练，故此处不走流程），然后点击“保存”即可，如图 6-80 所示。

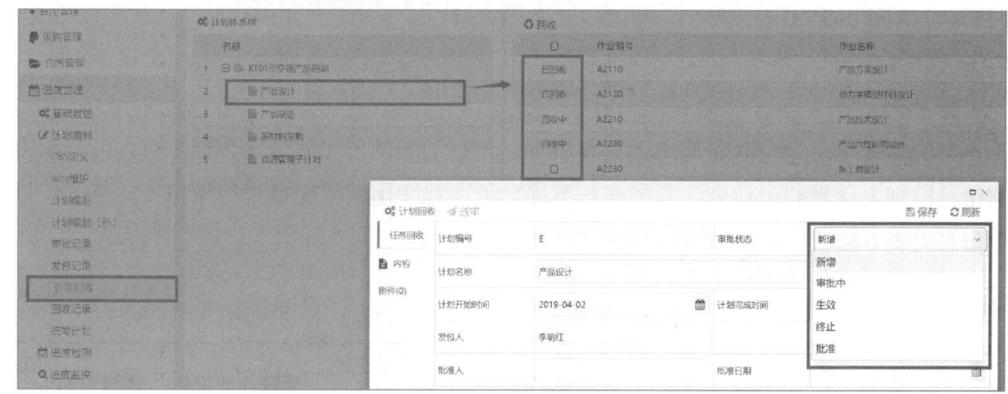

图 6-80　计划回收

（6）子计划的编辑。在本实训项目中，规划了三个子计划，分别是设计、采购、生产，对应由设计经理、采购经理和生产经理三个角色负责编制和后期反馈与维护。子计划的编制方法，与主计划基本一致，在此不再赘述，但需要注意以下几点：

◎ 在子计划编制时，找对并打开相应子计划，进行作业的编辑、计算；

◎ 子计划已经含有从主计划下达的几项任务，这几项任务作为子计划的 WBS 需要进行细化，按子计划作业信息表进行细化。具体操作如图 6-81 所示。

◎ 子计划应满足主计划的时间要求，所以子计划应以其 WBS 的要求（来自上层计划）起止时间作为子计划的起止时间进行控制。否则，因为子计划执行的滞后，会导致主计划目标无法实现。因此，在进度计算之前，需要回到 PBS 中，将子计划的开始时间和完成时间按主计划的规定进行修改，如图 6-82 所示。

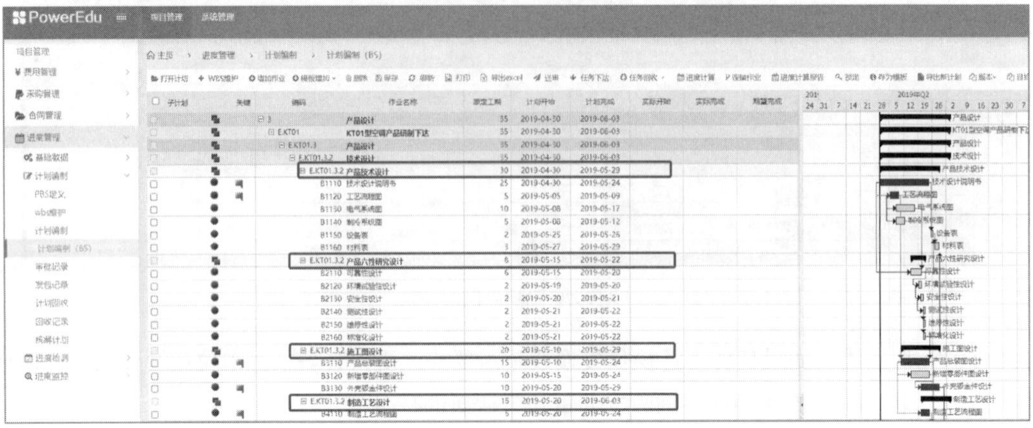

图 6-81　子计划开始完成时间范围

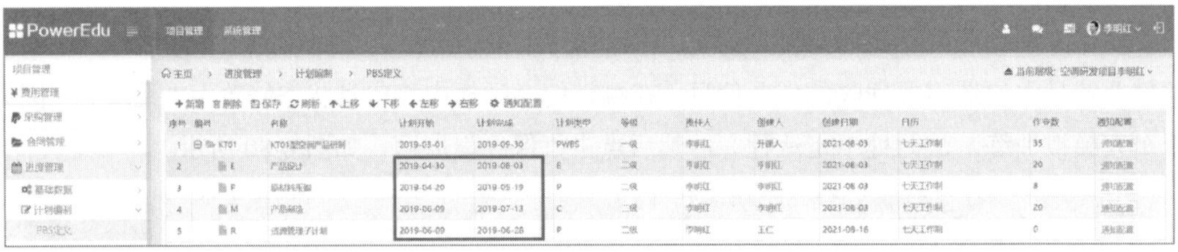

图 6-82　PBS 中定义子计划的开始与完成时间

本案例训练是由一个人完成主计划和所有子计划的编制（团队分角色训练时，可分别由不同的角色编制主计划和子计划，开展任务下达、子计划细化、提交审批等模拟）。各子计划的作业信息见表 6-8～表 6-10。

表 6-8　案例项目设计子计划作业信息

序号	WBS	作业代码	作业名称	原定工期（天）	后续作业代码	逻辑关系	延时（天）
1	E	产品设计					
2	E.KT01	KT01 型空调产品研制下达					
3	E.KT01.3	产品设计					
4	E.KT01.3.2	技术设计					
5	E.KT01.3.2.A2210	产品技术设计					
6		B1110	技术设计说明书	25	B2110	SS	15
7					B1150	FS	0
8					B1120	SS	5
9		B1120	工艺流程图	5	B1150	FS	0
10					B1130	SS	3

续表

序号	WBS	作业代码	作业名称	原定工期（天）	后续作业代码	逻辑关系	延时（天）
11					B3110	FS	0
12					B1140	SS	3
13		B1130	电气系统图	10	B2110	FF	3
14		B1140	制冷系统图	5	B2110	FF	5
15		B1150	设备表	2	B1160	FS	0
16		B1160	材料表	3	—	—	—
17	E.KT01.3.2.A2220	产品六性研究设计					
18		B2110	可靠性设计	6	B2120	FS	-2
19					B1150	FF	1
20		B2120	环境试验性设计	2	B2130	SS	1
21		B2130	安全性设计	2	B2140	SS	1
22		B2140	测试性设计	2	B2150	SS	0
23		B2150	维修性设计	2	B2160	SS	0
24		B2160	标准化设计	2	B3110	FF	0
25					B1160	FF	1
26	E.KT01.3.2.A2230	施工图设计					
27		B3110	产品总装图设计	15	B3130	FS	-5
28					B4110	SS	10
29					B3120	SS	5
30		B3120	新增零部件图设计	10	B4130	FS	0
31		B3130	外壳钣金件设计	10	B4130	FF	2
32	E.KT01.3.2.A2240	制造工艺设计					
33		B4110	制造工艺流程图	5	B4120	FS	0
34					B4130	FS	0
35		B4120	关键件明细表	1	B4130	FS	0
36		B4130	制造工序卡片	6	B4140	SS	0
37		B4140	检验卡片	5	B4150	FS	0
38		B4150	作业指导书	4	—	—	—

表 6-9　案例项目采购子计划作业信息

序号	WBS	作业代码	作业名称	原定工期（天）	后续作业代码	逻辑关系	延时（天）
1	P	原材料采购					
2	P.KT01	KT01 型空调产品研制下达					
3	P.KT01.4	原材料采购					

续表

序号	WBS	作业代码	作业名称	原定工期（天）	后续作业代码	逻辑关系	延时（天）
4	P.KT01.4.A3110	模型样机制作材料采购					
5		C1110	压缩机采购	30	C1160	SS	2
6					C1120	SS	5
7		C1120	冷凝器采购	20	C1130	SS	0
8		C1130	蒸发器采购	20	C1140	SS	5
9		C1140	四通阀采购	15	C1150	SS	5
10		C1150	风扇采购	5	C1360	FF	5
11		C1160	电气元器件采购	26	C1170	SS	4
12		C1170	检测仪表采购	18	—	—	—
13		C1360	其他材料采购	15	—	—	—

表 6-10 案例项目生产子计划作业信息

序号	WBS	作业代码	作业名称	原定工期（天）	后续作业代码	逻辑关系	延时（天）
1	M	产品制造					
2	M.KT01	KT01 型空调产品研制下达					
3	M.KT01.6	产品制造					
4	M.KT01.6.A4120	产品样机试制					
5		D1110	基座加工	5	D1120	SS	0
					D1130	FS	0
6		D1120	外壳钣金件制作	15	D1190	FS	0
7		D1130	压缩机安装	1	D1140	FS	0
8		D1140	蒸发器安装	1	D1150	FS	0
9		D1150	冷凝器安装	1	D1160	FS	0
10		D1160	电气元器件安装	10	D1170	SS	6
11		D1170	管线安装	3	D1180	FS	0
12		D1180	检测仪表安装	1	D1190	FS	0
13		D1190	整机组装	2	D2110	FS	0
14	M.KT01.7	产品测试					
15	M.KT01.7.A5120	产品样机测试					
16	M.KT01.7.A5120.1	物理数据计量					
17		D2110	外形尺寸测量	1	D2120	SS	0
18		D2120	样机称重	1	D3110	FS	0
19	M.KT01.7.A5120.2	性能检测					
20		D3110	制冷性能运行测试	1	D3120	FS	0

续表

序号	WBS	作业代码	作业名称	原定工期（天）	后续作业代码	逻辑关系	延时（天）
21		D3120	制热性能运行测试	1	D3130	FS	0
22		D3130	除湿性能运行测试	1	D3140	FS	0
23		D3140	通风模式运行测试	1	D3150	SS	0
24		D3150	其他性能运行测试	1	D4110	FS	0
25	M.KT01.7.A5120.3	环境试验性检测					
26		D4110	主机材料环境适应性检测	10	D4120	SS	5
27		D4120	高低温耐受性能检测	1	D4130	FS	0
28		D4130	抗冲击性能检测	1	D4140	FS	0
29		D4140	电磁兼容性能检测	1	—	—	—

（7）设置限制条件。对于子计划，其项目开始时间可通过以下几种方法来设置。

1）将其项目开始时间设定为主计划下达的要求开始时间。

操作方法：打开主计划，在主计划中查看下达子计划的开始时间和完成时间，在 PBS 中修改各项子计划的开始和完成时间。编制好子计划后，在“进度计算”时将子项目计算的“数据日期”填写为主计划要求的开始时间。

2）通过设置限制条件的方法来实现。

操作方法：打开子计划，选择子计划的任务作业，在下面的状态栏点击“限制条件”右侧图标，按照案例的要求选择相应类型的限制条件，在“时间”里选择日期，如图 6-83 所示。

本案例的限制条件设置采用第一种方式。PowerEdu 提供了不同行业的仿真模拟训练项目，有不同的限制条件运用方式，如感兴趣可至平台下载相应案例项目训练，或是在自我训练中尝试不同的限制条件产生的效果。

（8）设置作业步骤。在本案例训练中，对采购子计划，部分作业考虑了按步骤进行进度检测，故设置了作业步骤的操作（如已按前文步骤模板所示创建了步骤模板，则可在此处调用模板并根据案例要求进行修改；如未创建模板，可按下述方法新建作业“步骤”）。

操作方法：在打开的采购子计划页面下，点击下方的常用属性工具栏，选择“步骤”页签，点击 “引入模板”或点击 “新增”按钮，按表 6-11 中的信息输入步骤名称和步骤权重即可，如图 6-84、图 6-85 所示。

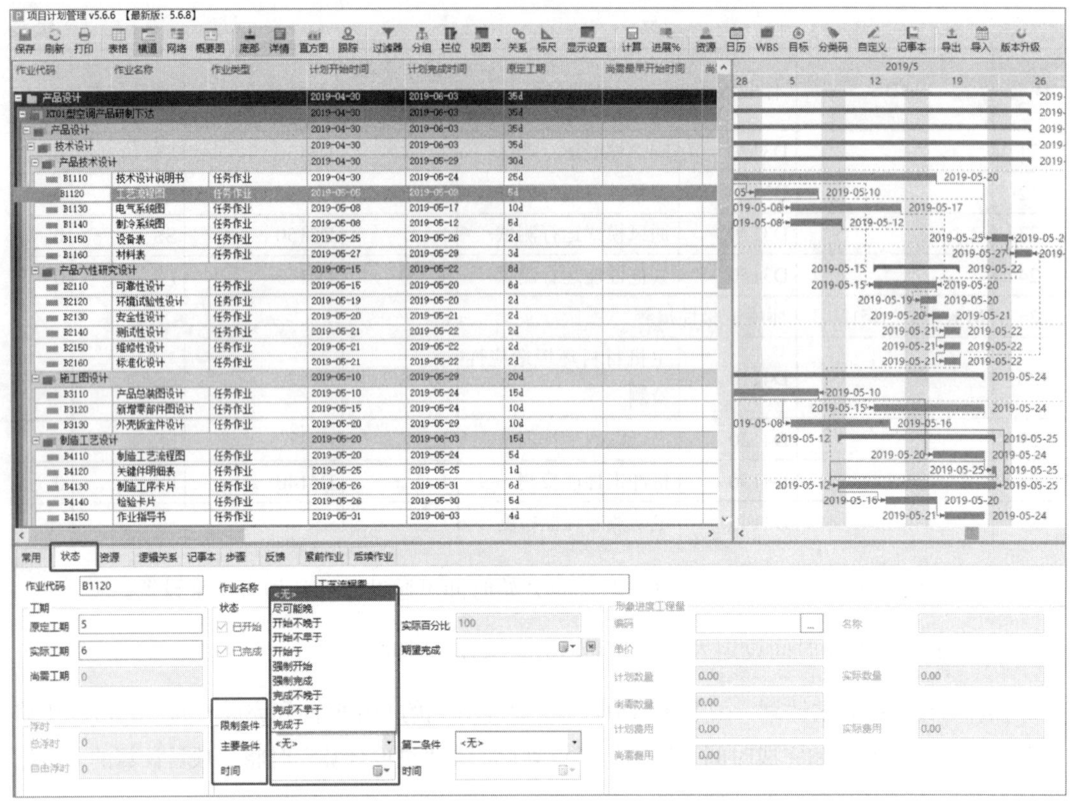

图 6-83　作业限制条件设置

表 6-11　步骤权重比

步　骤	权　重	步　骤	权　重	步　骤	权　重	步　骤	权　重
询比价	20	合同签订	10	生产制造	60	到货验收	10

图 6-84　引用步骤模板

图 6-85　新增作业的步骤

4．进度检测

（1）创建检测体系——主计划：为了准确地测量项目的真实进度，在计划编制完成后，需要针对不同的作业类型构造统一的进度检测体系。检测体系的设置主要有两方面的目的：一是确定用什么指标来更全面、更精确地度量一个作业的进度；二是确定每个作业或一群不同性质的作业的进度对整个项目而言占多少进度比重。前者，常用的指标有实际完成百分比、工期完成百分比、实物量数量完成百分比、预算费用开支百分比、作业步骤控制点完成占比等；后者，则是通过一套统一的权重体系来实现。案例项目的主计划检测体系信息见表 6-12。

表 6-12　主计划检测体系信息

WBS	作业代码	作业名称	预算费用（元）	检测方式	检测曲线	责 任 人
KT01	KT01 型空调产品研制		850 000			项目经理
1	1.项目重要里程碑					产品经理
	A0010	新产品研制立项	0	实际	线性分布	项目经理
	A0020	方案设计评审通过	0	实际	线性分布	项目经理
	A0030	模型样机试验合格	0	实际	线性分布	项目经理
	A0040	技术设计评审通过	0	实际	线性分布	项目经理
	A0050	产品样机制作完成	0	实际	线性分布	项目经理
	A0060	产品样机试验合格	0	实际	线性分布	项目经理
	A0070	首件产品制作完成	0	实际	线性分布	项目经理
	A0080	首件产品试验合格	0	实际	线性分布	项目经理
	A0090	产品鉴定通过	0	实际	线性分布	项目经理
	A0100	研制工作完成	0	实际	线性分布	项目经理

续表

WBS	作业代码	作业名称	预算费用（元）	检测方式	检测曲线	责 任 人
2	新产品研制立项		20 000			项目经理
	A1000	新产品概念设计方案	5 000	实际	线性分布	项目经理
	A1010	新产品研制计划书	13 000	实际	线性分布	项目经理
	A1020	新产品研制立项评审	2 000	实际	线性分布	项目经理
3	产品设计		100 000			项目经理
3.1	方案设计		30 000			项目经理
	A2110	产品方案设计	20 000	实际	线性分布	项目经理
	A2120	热力学模型样机设计	7 000	实际	线性分布	项目经理
	A2130	方案设计评审	3 000	实际	线性分布	项目经理
3.2	技术设计		70 000			项目经理
	A2210	产品技术设计	30 000	实际	线性分布	项目经理
	A2220	产品六性研究设计	10 000	实际	线性分布	项目经理
	A2230	施工图设计	10 000	实际	线性分布	项目经理
	A2240	制造工艺设计	15 000	实际	线性分布	项目经理
	A2250	技术设计评审	5 000	实际	线性分布	项目经理
4	原材料采购		100 000			项目经理
	A3110	模型样机制作材料采购	25 000	实际	线性分布	项目经理
	A3120	产品样机制作材料采购	35 000	实际	线性分布	项目经理
	A3130	首件产品制作材料采购	40 000	实际	线性分布	项目经理
5	厂房改造		250 000			项目经理
	A3510	厂房结构改造	200 000	实际	线性分布	项目经理
	A3520	厂房装修	50 000	实际	线性分布	项目经理
6	产品制造		250 000			项目经理
	A4110	热力学模型样机制作	50 000	实际	线性分布	项目经理
	A4120	产品样机试制	100 000	实际	线性分布	项目经理
	A4130	首件产品制造	100 000	实际	线性分布	项目经理
7	产品测试		80 000			项目经理
	A5110	热力学模型样机测试	20 000	实际	线性分布	项目经理
	A5120	产品样机测试	55 000	实际	线性分布	项目经理
	A5130	首件产品测试	5 000	实际	线性分布	项目经理
8	产品鉴定		50 000			项目经理
	A6110	产品鉴定评审会议	30 000	实际	线性分布	项目经理
	A6120	资料评审、整理、归档	10 000	实际	线性分布	项目经理
	A6130	产品定型、批量生产批准	10 000	实际	线性分布	项目经理

注：加底色的为 WBS 内容。

菜单位置：进度管理—进度检测—检测体系。

操作方法：1）在“打开计划”里，选择主计划“KT01 型空调研制”后点击“确定”，如图 6-86 所示。

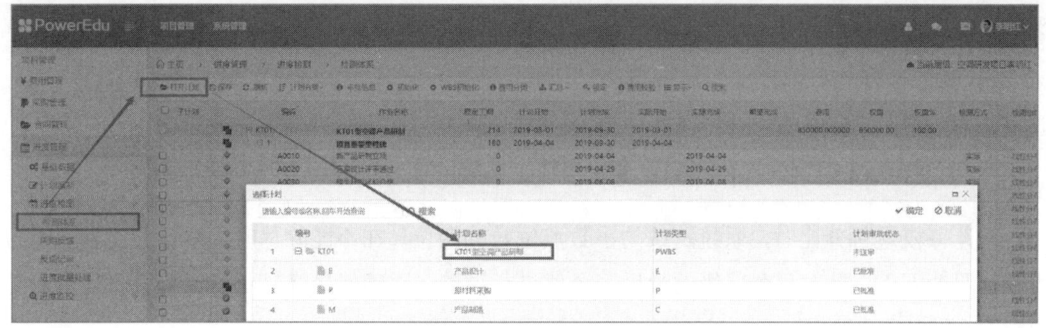

图 6-86　检测体系选择计划

2）先将已确定的各作业预算费用值（见各计划检测信息表，在各项作业后面都列有预算费用值，主计划检测体系信息见表 6-12）输入各作业的“费用”列内（单位为“元”），有两种输入费用的方式。

a.手动：每一道 WBS 和作业的预算费用全部手动输入，如图 6-87 所示。

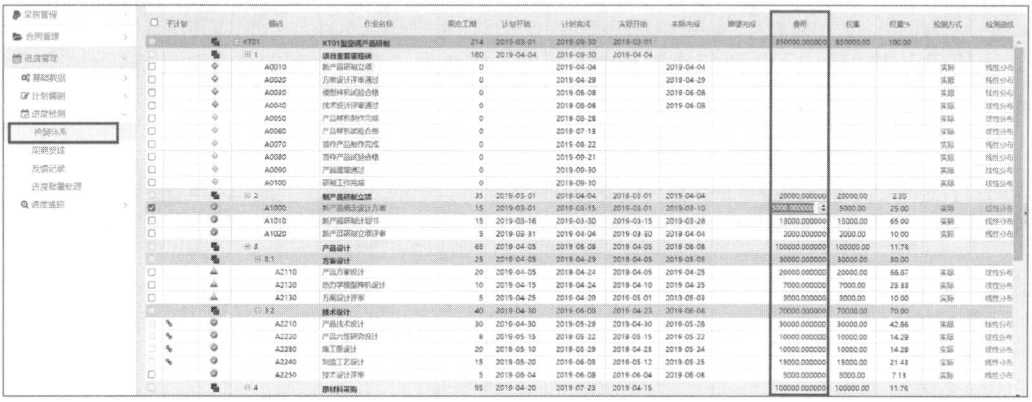

图 6-87　手动输入检测数据

b.自动计算：也可以先只输入作业的预算费用，点击上方菜单栏“汇总”项下的“费用从作业汇总”按钮，让软件自动计算各级 WBS 及整个项目的预算费用，如图 6-88 所示。

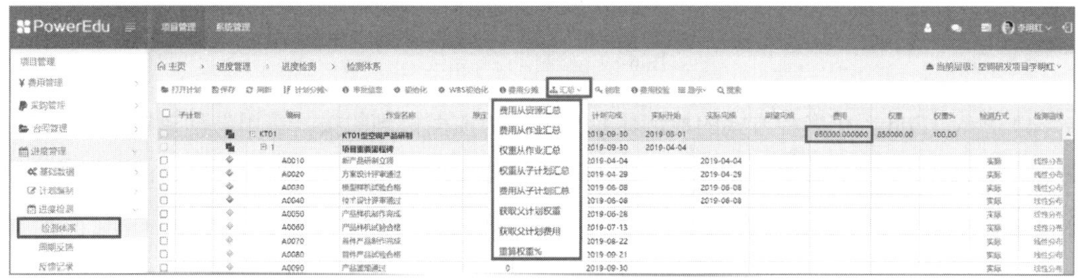

图 6-88　自动计算检测数据

3）点击“初始化”，在弹出的窗口中，对其中的几项内容分别做如下选择。

a.“权重”项，选择“费用”，软件自动将“费用”值复制到“权重”列。同时，计算出权重百分比（按层级统计，每个层级的汇总值都是100%）：

◎ 整个项目的权重百分比为100%；
◎ 相同级别WBS的权重百分比汇总值为100%；
◎ 各级WBS项下所有作业的权重百分比汇总值也为100%。

在计算权重百分比时，系统默认的小数点位数为两位。在不能除尽时，软件会对权重百分比进行四舍五入，并对每个层级的最后一个值进行调整，以确保最终显示的权重百分比合计值均为100.00%。

b.“检测方式”项，选择“实际”（对采购计划中的部分作业，选择“步骤”；作业的检测方式，详见各计划的检测信息表）。

c.“检测曲线”项，选择“线性分布”。

d.“责任人”项，根据具体计划内容分别选择不同的责任人（特别提醒：只有此处指定的责任人，才能在后续环节进行对应作业的进展反馈），本案例中都选择自己作为责任人。

e.然后点击“确定”，“权重”和“权重%”将依据“费用”列的值自动计算。

具体操作如图6-89所示。

图6-89 检测体系初始化

4）PowerEdu提供多种方式的检测体系设置，除前面提到的按“费用”创建检测体系外，还可以按“权重”创建检测体系和“混合”方式创建检测体系。如感兴趣，可尝试不同的检测体系带来的效果。

a.按权重创建检测体系，如图6-90所示。

采取先给定权重然后分摊费用的方式加载检测体系。如果有多级 WBS，则逐一配置。每级之间互不干涉，直至作业层，完整加载权重数据。权重加载完毕，可以通过软件已有的“费用分摊”进行费用的自动加载，如图 6-91 所示。

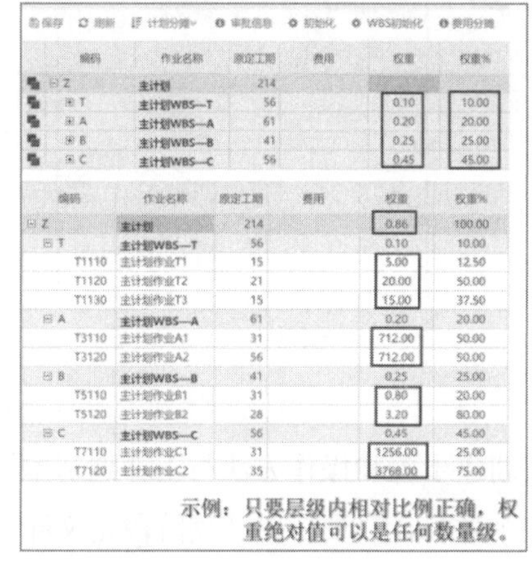

图 6-90　按权重设置检测体系

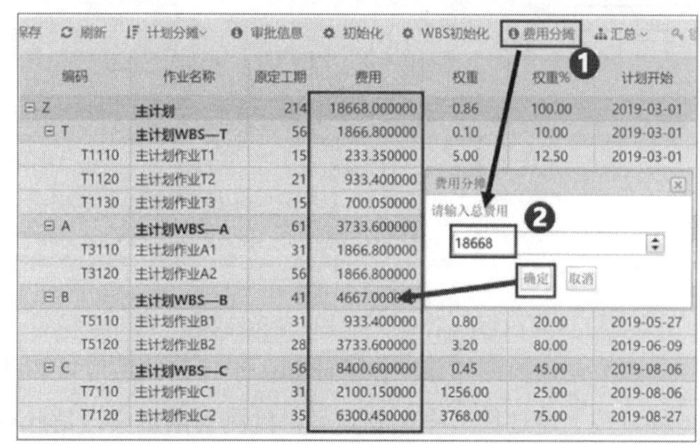

图 6-91　按权重自动进行费用分摊

b.混合方式创建检测体系。通过平台的初始化功能，还可以对权重采取等比、工期、费用的混合检测体系配置，如图 6-92～图 6-94 所示。

◎ 等比——每一条目采用相同的权重（区分 WBS 层级和作业，在同一层级内执行“等比”）；

◎ 工期——以工期为依据，计算权重；

◎ 费用——以费用为依据，计算权重。

如各 WBS 采取不同规则，可通过“WBS 初始化”针对所选择的 WBS 进行不同类型的权重加载。批量加载后，根据需要还可进行手动调整。

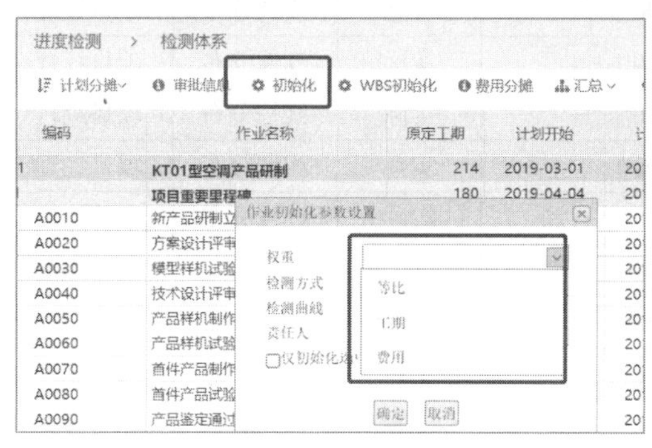

图 6-92　作业初始化

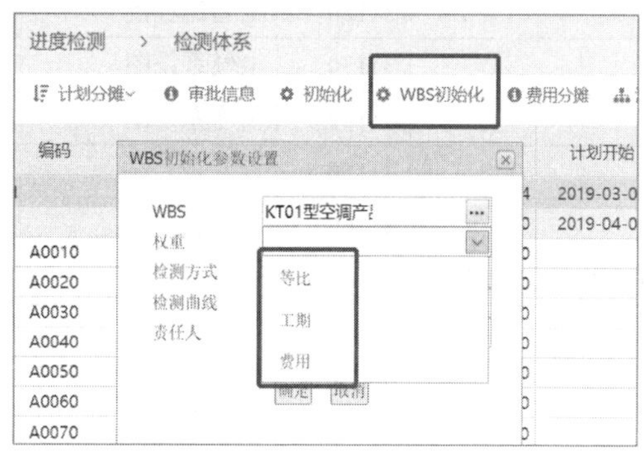

图 6-93　WBS 初始化

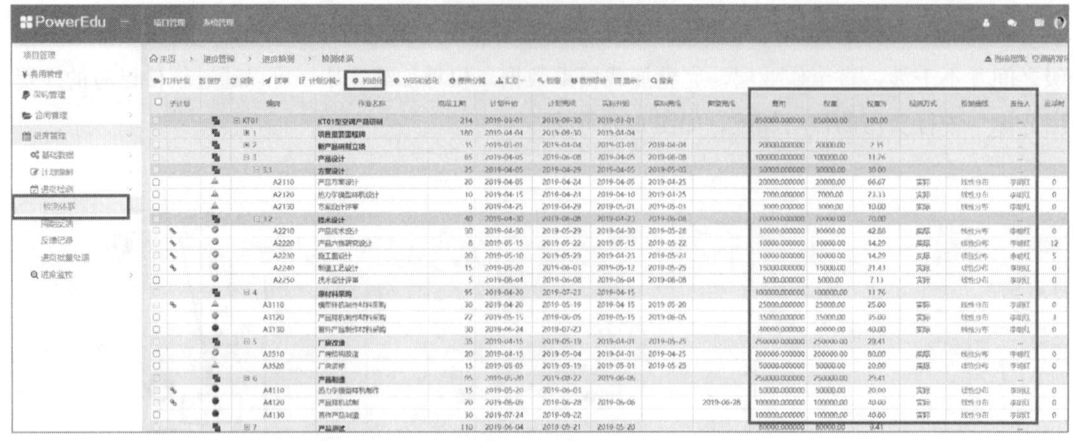

图 6-94　检测体系示例

（2）创建检测体系——子计划：子计划的进度检测体系创建步骤和操作方法与主计划基本一样，按上述过程顺序完成即可。检测周期定义，是针对整个项目，只要在主计划阶段定义即可。各子计划的检测信息，见表 6-13～表 6-15。

表 6-13　设计子计划检测体系信息

WBS	作业代码	作业名称	预算费用（元）	检测方式	检测曲线	责　任　人
E	产品设计		65 000			项目经理
E.KT01	KT01 型空调产品研制下达		65 000			项目经理
E.KT01.3	产品设计		65 000			项目经理
E.KT01.3.2	技术设计		65 000			项目经理
E.KT01.3.2.A2210	产品技术设计		30 000			项目经理
	B1110	技术设计说明书	11 000	实际	线性分布	项目经理
	B1120	工艺流程图	5 000	实际	线性分布	项目经理
	B1130	电气系统图	5 000	实际	线性分布	项目经理
	B1140	制冷系统图	4 000	实际	线性分布	项目经理
	B1150	设备表	2 000	实际	线性分布	项目经理
	B1160	材料表	3 000	实际	线性分布	项目经理
E.KT01.3.2.A2220	产品六性研究设计		10 000			项目经理
	B2110	可靠性设计	3 000	实际	线性分布	项目经理
	B2120	环境试验性设计	2 000	实际	线性分布	项目经理
	B2130	安全性设计	2 000	实际	线性分布	项目经理
	B2140	测试性设计	700	实际	线性分布	项目经理
	B2150	维修性设计	800	实际	线性分布	项目经理
	B2160	标准化设计	1 500	实际	线性分布	项目经理
E.KT01.3.2.A2230	施工图设计		10 000			项目经理

续表

WBS	作业代码	作业名称	预算费用（元）	检测方式	检测曲线	责 任 人
	B3110	产品总装图设计	2 000	实际	线性分布	项目经理
	B3120	新增零部件图设计	4 000	实际	线性分布	项目经理
	B3130	外壳钣金件设计	4 000	实际	线性分布	项目经理
E.KT01.3.2.A2240	制造工艺设计		15 000			项目经理
	B4110	制造工艺流程图	2 000	实际	线性分布	项目经理
	B4120	关键件明细表	1 000	实际	线性分布	项目经理
	B4130	制造工序卡片	6 000	实际	线性分布	项目经理
	B4140	检验卡片	3 000	实际	线性分布	项目经理
	B4150	作业指导书	3 000	实际	线性分布	项目经理

注：加底色的为 WBS。按编码序号向下分解。

表 6-14 采购子计划检测体系信息

WBS	作业代码	作业名称	预算费用（元）	检测方式	检测曲线	责 任 人
P	原材料采购		100 000			项目经理
P.KT01	KT01 型空调产品研制下达		100 000			项目经理
P.KT01.4	原材料采购		100 000			项目经理
P.KT01.4.A3110	模型样机制作材料采购		100 000			项目经理
	C1110	压缩机采购	10 000	步骤	线性分布	项目经理
	C1120	冷凝器采购	15 000	步骤	线性分布	项目经理
	C1130	蒸发器采购	13 000	步骤	线性分布	项目经理
	C1140	四通阀采购	5 000	步骤	线性分布	项目经理
	C1150	风扇采购	2 000	步骤	线性分布	项目经理
	C1160	电气元器件采购	35 000	步骤	线性分布	项目经理
	C1170	检测仪表采购	4 000	实际	线性分布	项目经理
	C1360	其他材料采购	16 000	实际	线性分布	项目经理

注：（1）加底色的为 WBS。按编码序号向下分解。

（2）C1110～C1160 这些作业按步骤进行检测，步骤权重设置如下：询比价——20%；合同签订——10%；生产制造——60%；到货验收——10%。

表 6-15 生产子计划检测体系信息

WBS	作业代码	作业名称	预算费用（元）	检测方式	检测曲线	责任人
M	样机试制		155 000			项目经理
M.KT01	KT01 型空调产品研制下达		155 000			项目经理
M.KT01.6	产品制造		100 000			项目经理

续表

WBS	作业代码	作业名称	预算费用（元）	检测方式	检测曲线	责任人
M.KT01.6.A4120	产品样机试制		100 000			项目经理
	D1110	基座加工	10 000	实际	线性分布	项目经理
	D1120	外壳钣金件制作	50 000	实际	线性分布	项目经理
	D1130	压缩机安装	3 000	实际	线性分布	项目经理
	D1140	蒸发器安装	5 000	实际	线性分布	项目经理
	D1150	冷凝器安装	5 000	实际	线性分布	项目经理
	D1160	电气元器件安装	10 000	实际	线性分布	项目经理
	D1170	管线安装	5 000	实际	线性分布	项目经理
	D1180	检测仪表安装	2 000	实际	线性分布	项目经理
	D1190	整机组装	10 000	实际	线性分布	项目经理
M.KT01.7	产品测试		55 000			项目经理
M.KT01.7.A5120	产品样机测试		55 000			项目经理
M.KT01.7.A5120.1	物理数据计量		5 000			项目经理
	D2110	外形尺寸测量	3 000	实际	线性分布	项目经理
	D2120	样机称重	2 000	实际	线性分布	项目经理
M.KT01.7.A5120.2	性能检测		10 000			项目经理
	D3110	制冷性能运行测试	3 000	实际	线性分布	项目经理
	D3120	制热性能运行测试	2 000	实际	线性分布	项目经理
	D3130	除湿性能运行测试	1 000	实际	线性分布	项目经理
	D3140	通风模式运行测试	1 000	实际	线性分布	项目经理
	D3150	其他性能运行测试	3 000	实际	线性分布	项目经理
M.KT01.7.A5120.3	环境试验性检测		40 000			项目经理
	D4110	主机材料环境适应性检测	10 000	实际	线性分布	项目经理
	D4120	高低温耐受性能检测	15 000	实际	线性分布	项目经理
	D4130	抗冲击性能检测	8 000	实际	线性分布	项目经理
	D4140	电磁兼容性能检测	7 000	实际	线性分布	项目经理

注：加底色的为 WBS。按编码序号向下分解。

平台还有特殊功能，即允许主计划、子计划之间传递费用与权重数据（本案例项目未涉及此功能，有兴趣可登录平台选择其他案例自行练习）。在主计划中，可以将子计划中已有的相关数据按照下达任务的对应关系上传至主计划；同样，在子计划中，可以继承主计划中的相关检测体系数据，如图 6-95 所示。

图 6-95　主子计划承接检测体系

（3）计划分摊。计划分摊，是将已加载的各作业的预算总费用值，按作业起止时间、各检测周期起止时间及设定的检测曲线类型，经过自动计算后分摊到各个检测周期中。计划分摊之后，就能生成并显示出项目计划预算值曲线。该功能在“进度监控”子模块中。“计划分摊”菜单中有以下两个选项。

1）本计划分摊。是指按照当前计划中的作业所加载的检测曲线进行数据分摊。

2）子计划汇总。是指对下达任务，按照其子计划中各项详情作业进行分摊后得到的汇总结果作为该作业的分摊数据，而不采用其在本计划中的分摊信息。

本案例各主计划、子计划均采用“本计划分摊”，点击“计划分摊”按钮，选择“本计划分摊”，则各作业的预算费用值、权重、起止时间等信息将自动计算并分摊到各个检测周期中，如图 6-96 所示。

图 6-96　计划分摊

（4）周期反馈——主计划和子计划。

菜单位置：进度管理—进度检测—周期反馈。

操作方法：在“进度检测”的“周期反馈”子模块，点击切换计划处的“…”按钮，选择需要反馈的计划。本案例中先反馈主计划，然后分别反馈各子计划。点击“选择周期”，在跳转出的周期列表里选择“开始时间”和“结束时间”的周期后点击“确定”，再点击“获取”按钮，平台自动呈现在此时段内有计划安排的相关作业列表，随后根据反馈信息表，录入实际开始时间、实际完成时间或期望完成时间、实际完成%后，点击“保存”，再点击“送审”按钮。只有前一个周期的反馈得到审批完成后，才能进行下一个周期的进度反馈。具体如图 6-97～图 6-99 所示。

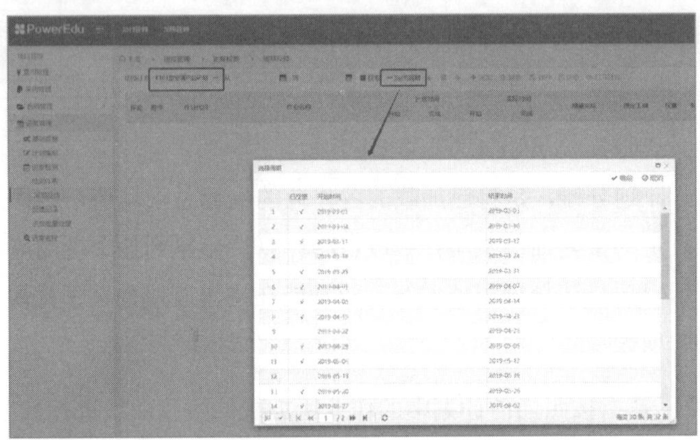

图 6-97 反馈周期选择

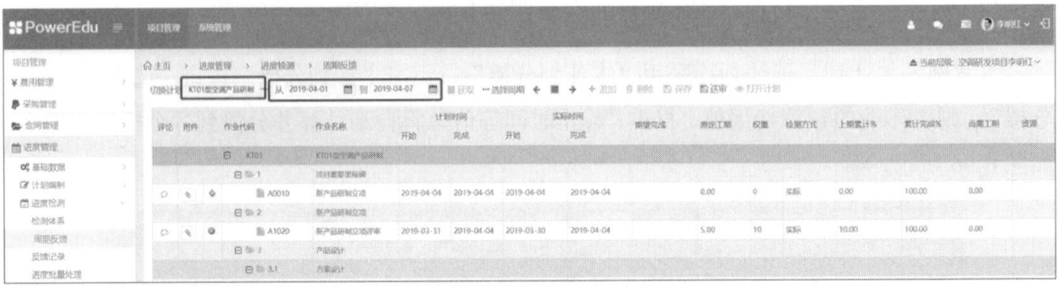

图 6-98 反馈周期获取

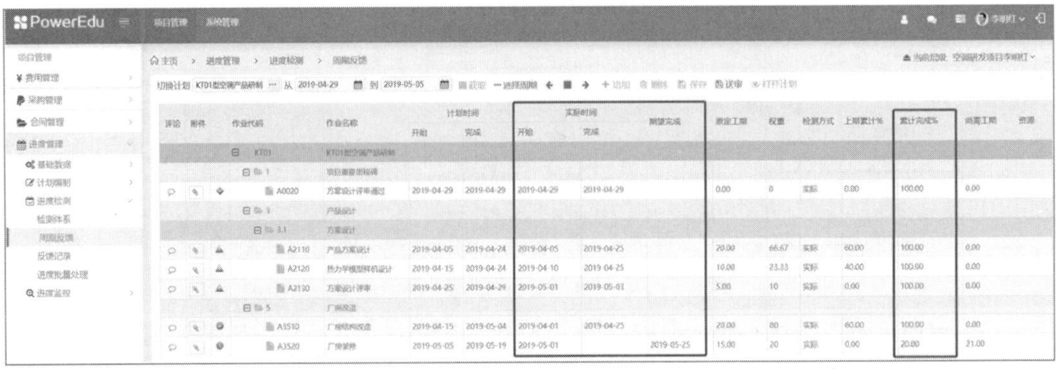

图 6-99 周期反馈

由于篇幅所限，案例项目的主计划和子计划给出了三组反馈数据供练习，分别对应“第一次检测”“第二次检测”“第三次检测”，反馈信息见表 6-16～表 6-18。

表 6-16　第一期进展反馈信息（数据截止日期 2019-04-14）

序号	作业代码	作业名称	原定工期（天）	实际开始日期	实际完成日期	期望完成日期	实际完成（%）
一、主计划进展信息							
1	项目重要里程碑						
2	A0010	新产品研制立项	0		2019-04-04		100
3	新产品研制立项——一级 WBS						
4	A1000	新产品概念设计方案	15	2019-03-01	2019-03-10		100
5	A1010	新产品研制计划书	15	2019-03-15	2019-03-28		100
6	A1020	新产品研制立项评审	5	2019-03-30	2019-04-04		100
7	产品设计——一级 WBS						
8	方案设计——二级 WBS						
9	A2110	产品方案设计	20	2019-04-05		2019-04-25	60
10	A2120	热力学模型样机设计	10	2019-04-10		2019-04-25	40
11	厂房改造——一级 WBS						
12	A3510	厂房结构改造	20	2019-04-01		2019-04-25	60
二、设计子计划：各项工作未到计划要求开始时间，故无须反馈进展信息							
三、采购子计划：各项工作未到计划要求开始时间，故无须反馈进展信息							
四、生产子计划：各项工作未到计划要求开始时间，故无须反馈进展信息							

表 6-17　第二期进展反馈信息（进度数据截止日期 2019-05-12）

序号	作业代码	作业名称	原定工期（天）	实际开始日期	实际完成日期	期望完成日期	实际完成（%）
一、主计划进展信息							
1	项目重要里程碑						
2	A0020	方案设计评审通过	0		2019-04-29		100
3	产品设计						
4	方案设计						
5	A2110	产品方案设计	20	2019-04-05	2019-04-25		100
6	A2120	热力学模型样机设计	10	2019-04-10	2019-04-25		100
7	A2130	方案设计评审	5	2019-05-01	2019-05-03		100
8	厂房改造						
9	A3510	厂房结构改造	20	2019-04-01	2019-04-25		100
10	A3520	厂房装修	15	2019-05-01		2019-05-25	20
二、设计子计划进展信息							

续表

序号	作业代码	作业名称	原定工期（天）	实际开始日期	实际完成日期	期望完成日期	实际完成（%）
11	技术设计						
12	产品技术设计						
13	B1110	技术设计说明书	25	2019-04-30		2019-05-20	60
14	B1120	工艺流程图	5	2019-05-05	2019-05-10		100
15	B1130	电气系统图	10	2019-05-08		2019-05-16	75
16	B1140	制冷系统图	5	2019-05-08	2019-05-12		100
17	施工图设计						
18	B3110	产品总装图设计	15	2019-04-23	2019-05-10		100
19	B3120	新增零部件图设计	10	2019-05-05	2019-05-12		100
20	B3130	外壳钣金件设计	10	2019-05-08		2019-05-16	50
21	制造工艺设计						
22	B4120	关键件明细表	1	2019-05-11	2019-05-11		100
23	B4130	制造工序卡片	6	2019-05-12		2019-05-25	10
三、采购子计划进展信息							
24	原材料采购						
25	模型样机制作材料采购						
26	C1110	压缩机采购	30	2019-04-15		2019-05-15	90
27	C1120	冷凝器采购	20	2019-04-18		2019-05-20	80
28	C1130	蒸发器采购	20	2019-04-25		2019-05-14	90
29	C1140	四通阀采购	15	2019-04-30	2019-05-12		100
30	C1150	风扇采购	5	2019-05-05	2019-05-9		100
31	C1160	电气元器件采购	26	2019-04-18		2019-05-18	70
32	C1170	检测仪表采购	18	2019-04-20		2019-05-14	80
33	C1360	其他材料采购	15	2019-04-25		2019-05-14	90
四、生产子计划：各项工作未到计划要求开始时间，故不需要反馈进展信息							

表 6-18　第三期进展反馈信息（进度数据截止日期 2019-06-23）

序号	作业代码	作业名称	原定工期（天）	实际开始日期	实际完成日期	期望完成日期	实际完成（%）
一、主计划进展信息							
1	项目重要里程碑						
2	A0030	模型样机试验合格	0		2019-06-08		100
3	A0040	技术设计评审通过	0		2019-06-08		100
4	产品设计						
5	技术设计						

续表

序号	作业代码	作业名称	原定工期（天）	实际开始日期	实际完成日期	期望完成日期	实际完成（%）
6	A2250	技术设计评审	5	2019-06-04	2019-06-08		100
7	原材料采购						
8	A3120	产品样机制作材料采购	22	2019-05-15	2019-06-05		100
9	厂房改造						
10	A3520	厂房装修	15	2019-05-01	2019-05-25		100
11	产品制造						
12	A4110	热力学模型样机制作	15	2019-05-20	2019-06-03		100
13	产品测试						
14	A5110	热力学模型样机测试	5	2019-06-04	2019-06-08		100
二、设计子计划进展信息							
15	技术设计						
16	产品技术设计						
17	B1110	技术设计说明书	25	2019-04-30	2019-05-20		100
18	B1130	电气系统图	10	2019-05-08	2019-05-16		100
19	B1150	设备表	2	2019-05-25	2019-05-26		100
20	B1160	材料表	3	2019-05-27	2019-05-28		100
21	产品六性研究设计						
22	B2110	可靠性设计	6	2019-05-15	2019-05-20		100
23	B2120	环境试验性设计	2	2019-05-19	2019-05-20		100
24	B2130	安全性设计	2	2019-05-20	2019-05-21		100
25	B2140	测试性设计	2	2019-05-21	2019-05-22		100
26	B2150	维修性设计	2	2019-05-21	2019-05-22		100
27	B2160	标准化设计	2	2019-05-21	2019-05-22		100
28	施工图设计						
29	B3130	外壳钣金件设计	10	2019-05-08	2019-05-16		100
30	制造工艺设计						
31	B4110	制造工艺流程图	5	2019-05-20	2019-05-24		100
32	B4130	制造工序卡片	6	2019-05-12	2019-05-25		100
33	B4140	检验卡片	5	2019-05-16	2019-05-20		100
34	B4150	作业指导书	4	2019-05-21	2019-05-24		100
三、采购子计划进展信息							
35	原材料采购						
36	模型样机制作材料采购						
37	C1110	压缩机采购	30	2019-04-15	2019-05-15		100

续表

序号	作业代码	作业名称	原定工期（天）	实际开始日期	实际完成日期	期望完成日期	实际完成（%）
38	C1120	冷凝器采购	20	2019-04-18	2019-05-20		100
39	C1130	蒸发器采购	20	2019-04-25	2019-05-14		100
40	C1160	电气元器件采购	26	2019-04-18	2019-05-18		100
41	C1170	检测仪表采购	18	2019-04-20	2019-05-14		100
42	C1360	其他材料采购	15	2019-04-25	2019-05-14		100
四、生产子计划进展信息							
43	产品制造						
44	产品样机试制						
45	D1110	基座加工	5	2019-06-09	2019-06-13		100
46	D1120	外壳钣金件制作	15	2019-06-06	2019-06-21		100
47	D1130	压缩机安装	1	2019-06-16	2019-06-16		100
48	D1140	蒸发器安装	1	2019-06-17	2019-06-17		100
49	D1150	冷凝器安装	1	2019-06-18	2019-06-18		100
50	D1160	电气元器件安装	10	2019-06-19		2019-06-25	20
51	D1170	管线安装	3	2019-06-22		2019-06-25	30

对每一反馈周期筛选出的作业清单，根据上述主计划、子计划的进展反馈表，分别按以下步骤输入实际进展信息：

◎ 当前周期内未启动的作业不需要任何周期反馈的操作。

◎ 当前周期内已经开始且已完成的作业。在“实际时间”的“开始”列输入实际开始时间，在“实际时间”的“完成”列输入实际完成日期，输入实际完成日期后，平台会计算“尚需工期”为0，“累计完成%”会自动计算并显示为“100”。

◎ 当前周期已经开始但尚未完成的作业。在“实际时间”的“开始”列输入实际开始时间，因当前周期内作业尚未完成，所以实际完成日期不填，但需填写“期望完成”的日期。填写期望完成日期后，平台将根据“期望完成”日期与检测周期之间的差值自动计算“尚需工期”。对检测方式为“实际”的作业，在“累计完成%”列输入其“实际完成%”（0～100的数字），“实际完成%”的数值见反馈信息表。反馈信息中“实际完成%”指的是整个作业的累计完成百分比。可能存在当前周期尚未全部完成的情况，此时系统会依此反算当期进展的百分比（将当期累计值减去上期累计值）。在下期反馈时，本期的累计%将自动被显示于“上期累计%”处，故每次反馈只要输入当期的“实际开始时间”“期望完成时间”和“实际完成%”的信息即可。

如图6-100所示为周期反馈汇总。

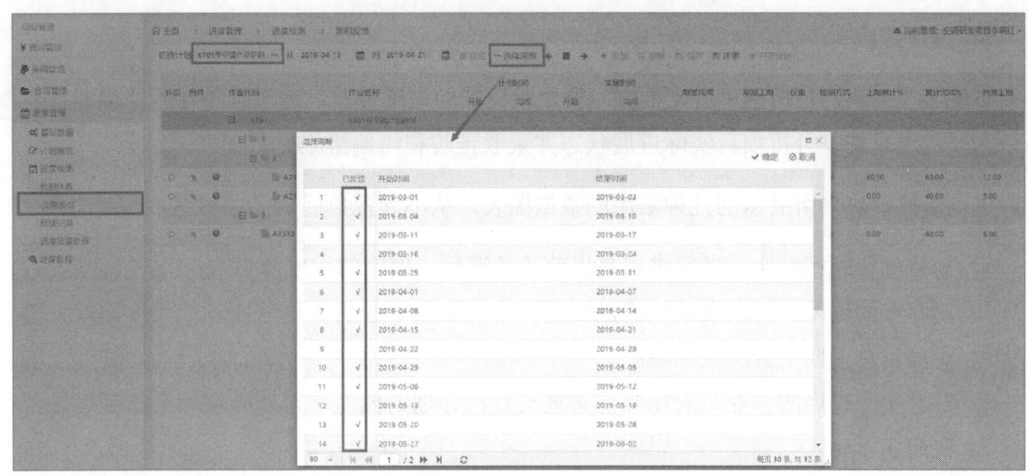

图 6-100　周期反馈汇总

（5）周期反馈审批。因进度反馈的信息对后续的进展状态分析关系重大，为保证进度反馈数据的客观、真实、完整，对所有填报的进展反馈数据都需要进行审批。在进行周期数据反馈后，平台即能给出自动汇总项目进展信息报告，项目管理人员即可从中看出项目是按计划推进还是有滞后或提前情况，进而为采取后续预防或纠正措施提供依据。

操作方法：按周期反馈的流程填写完当前周期反馈的信息后，点击菜单栏上面的“送审”按钮，在状态里选择“批准”。在审批之前，审批人可以通过“计划反馈”跳转的窗口查看数据细节，并可以打开当前周期的计划详情，以保证进度信息的准确性，如图 6-101 所示。

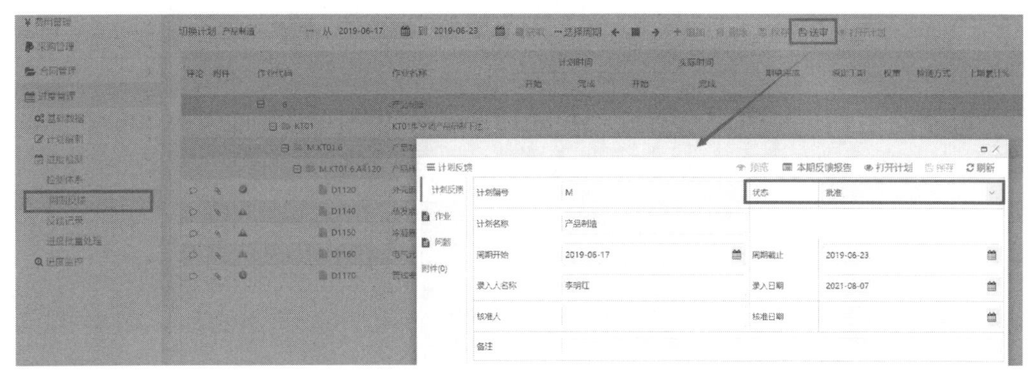

图 6-101　周期反馈审批

注意：数据反馈只能按照周期顺序进行，只有在上一周期的进展数据已被反馈且获得“批准”并进行了进度计算后，才能继续进行下一个周期的数据反馈，否则系统将会弹出以下信息并终止操作，如图 6-102 所示。

该计划最新反馈周期是2019-06-17不允许反馈之前周期的进度!

计划：KT01型空调产品研制,2019-05-06至2019-05-12周期未批准!不允许反馈后续周期!

图 6-102　反馈提示

5. 进度监控

进度监控模块，是根据“进度检测”模块中反馈的进展数据，通过几种常用的进展报告图表，为项目组掌握、分析项目实际进展状态并采取预防和纠偏措施提供支撑。

进度监控模块，所展示的几种常用的数据图表，从不同视角展示了项目进展的状态：

◎ 与目标计划相对比，当前进展是提前还是滞后，偏差的程度有多大；

◎ 对存在的偏差，可以准确地追溯到是由哪些作业引起的，这些作业的具体偏差程度和对项目总工期是否造成影响；

◎ 对有实际进展的作业，对比当前进展与目标计划的偏差，以判断实际工作强度是否存在问题；

依据这些数据和信息，有助于准确地判断出：

◎ 存在的问题是由哪些作业或工作环节造成的；

◎ 是起止时间的问题还是工作强度的问题；

◎ 如未按计划启动，是外界条件导致的滞后还是内部原因引起的；

◎ 虽然按时启动但进展不足，是出现了特殊情况，还是原计划过于乐观或资源不足。

（1）项目中心。项目中心以图表的形式展示项目进度关键指标，可以直观地看出项目的进展情况、计划值、实际值，哪些作业滞后、哪些作业超前，项目的费用是否超支等，并可以根据需要向下层层追溯，发现问题的根源，如图 6-103 所示。

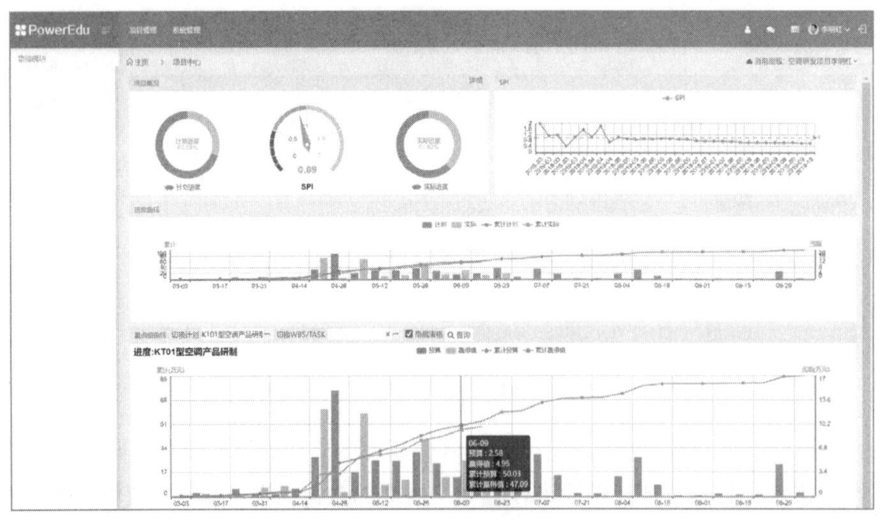

图 6-103 项目中心

菜单位置：项目管理—主页。

（2）项目进度概览。在项目 PBS 结构树下列出了整个项目的计划进展状况和实际执行的汇总结果。

菜单位置：进度管理—进度监控—项目进度概览。

操作方法：点击左侧的“项目进度概览”，在跳转页面中的“选择项目”下选择“空调研发项目”，即可看到该案例项目主计划和子计划的计划完成%、实际完成%、差值%、预算值、计划值、赢得值、进度差值、责任人等信息，如图 6-104 所示。

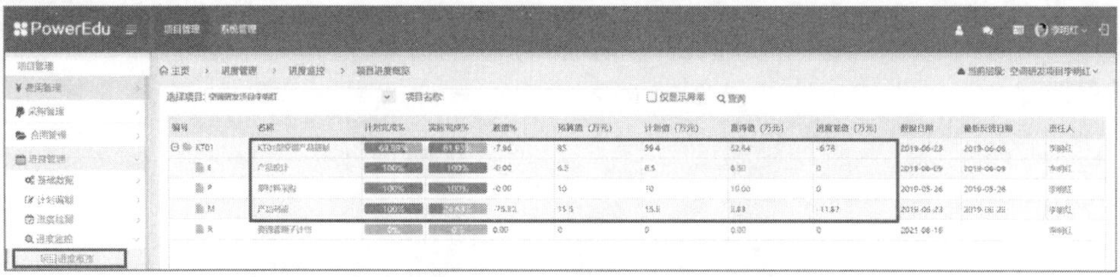

图 6-104　项目进度概览

双击“项目名称”即可打开“当前计划”查看进一步的详细情况，如滞后或超前的计划位置、关键路径是否变化、项目里程碑是否受影响等信息。

（3）赢得值（EVM）曲线。PowerEdu 提供了基于赢得值原理的项目进展监控功能，用于展示项目的计划与进度的执行绩效。

菜单位置：进度管理—进度监控—赢得值曲线。

操作方法：点击左侧的“赢得值曲线”，在跳转的页面“切换计划”处点击“…”选择需要显示的赢得值曲线，可层层向下追溯各级 WBS 的赢得值曲线。如需要了解计划赢得值和累计赢得值的具体数据，还可以在“隐藏表格”处进行勾选是否显示详情汇总表。例如，案例项目的主计划和案例设计子计划的赢得值曲线分别如图 6-105、图 6-106 所示。

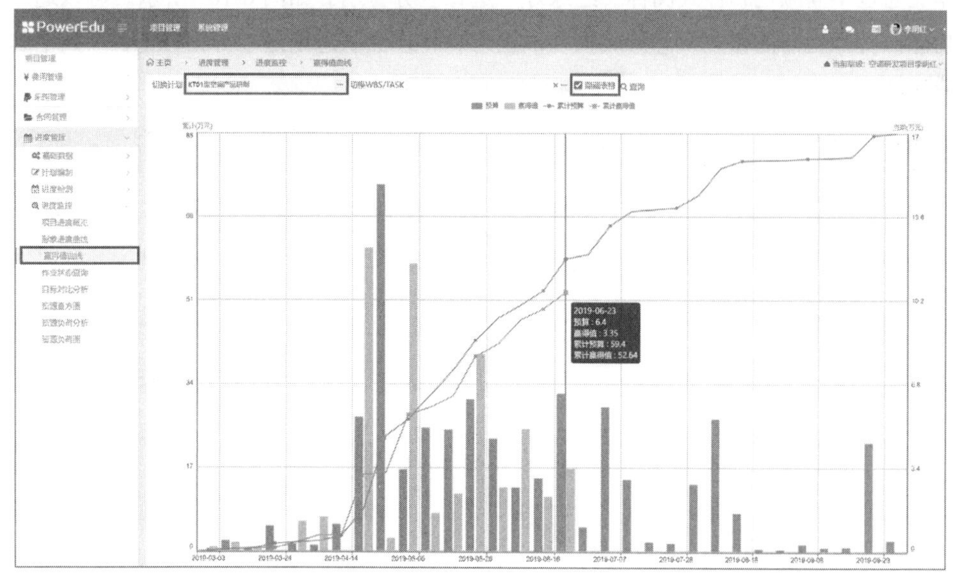

图 6-105　案例项目主计划赢得值曲线

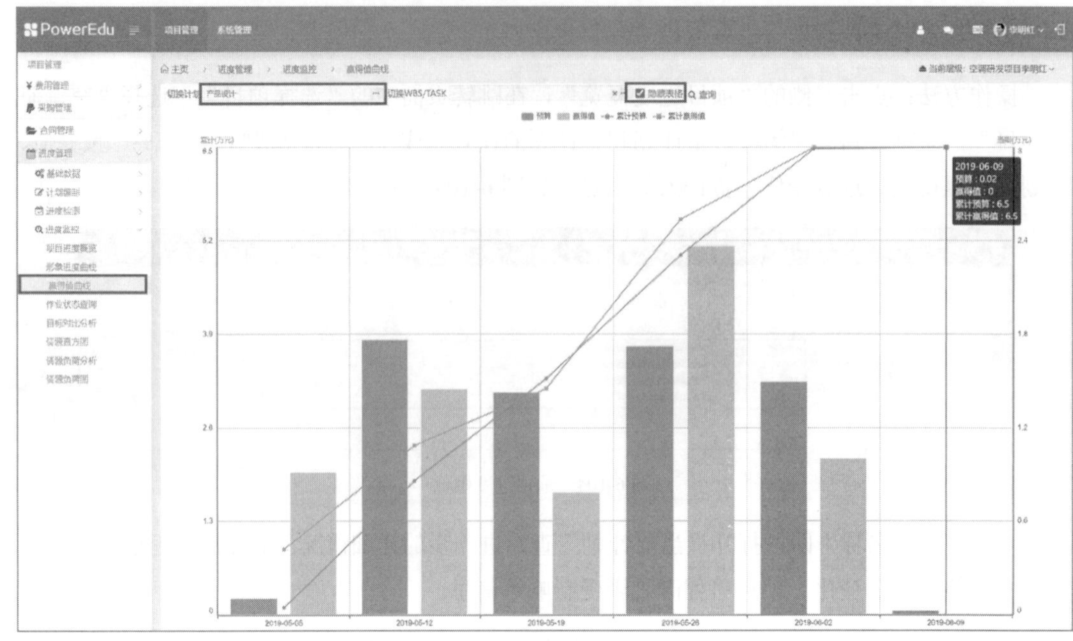

图 6-106　案例设计子计划赢得值曲线

（4）作业状态查询。作业状态查询，列出了项目计划中各项作业的具体进展，可以根据实际进展与计划时间的关系，找出具体滞后或超前的作业内容。

菜单位置：进度管理—进度监控—作业状态查询。

操作方法：点击左侧的“作业状态查询”，在跳转的页面“打开计划”处选择需要查询的计划，即可显示作业的计划时间和实际时间、完成%、权重%、关键路径、里程碑等信息，每一个作业通过不同颜色和样式图标（红绿灯）进行区分警示。如图 6-107 所示。可以通过“打印”功能，打印当前的作业状态形成报告，也可以将作业状态通过“导出 Excel”到电脑进行保存或流转。

图 6-107　作业状态查询

（5）目标对比计划。通过当前版本的计划与目标计划的对比，可以很直观地看出每道作业在执行时发生变更后与前一个目标版本的情况偏差对比。

菜单位置：进度管理—进度监控—目标对比计划。

操作方法：点击左侧的“目标对比计划”，在跳转的页面“打开计划”处选择需要进行目标对比分析的计划，在打开当前文件后，点击 “目标对比”，在弹出的窗口中，勾选作为对比的目标计划后点击“确定”，即可以看到两个版本计划的偏差情况，如图 6-108 所示。

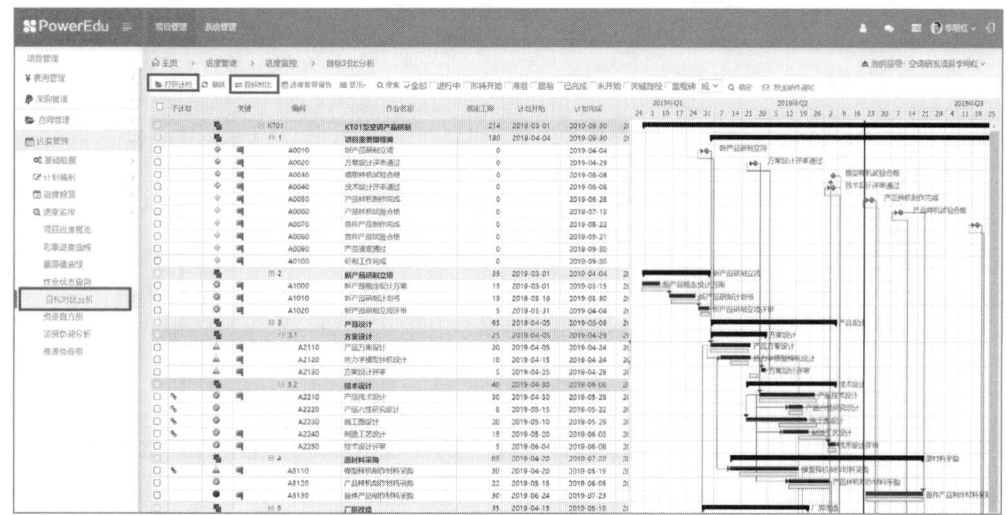

图 6-108　目标对比计划

（6）项目进度差异报告。通过对项目进展关键绩效指标的统计分析，可以大体判断当前项目执行情况的好坏与偏差，至于偏差具体是由哪些作业造成的，可通过“进度差异报告”来揭示，如图 6-109 所示。

图 6-109　案例项目进度差异报告

菜单位置：项目管理—进度管理—进度监控—进度差异报告。

6．训练评分和成果存档

PowerEdu 根据训练形成的结果，会自动予以评分。点击“得分情况”，即可对模拟训练的得分情况进行详细的分析和错误定位，如图 6-110 所示。

	分组	细项	评分标准	评分描述	分数	得分	状态	详情
⊟项目进度管理								
17	多级计划体系	计划体系建立	评判计划体系是否划分正确，完全正确得6分，每错一条扣2分，扣完为止。	PBS定义是否正确计划名称和结构要吻合	6	6		明细
18	多级计划体系	任务发包	评判是否按要求将任务进行分解下达到相应子计划，完全正确得10分，每错一条扣2分，扣完为止。	父级计划作业要正确任务下达到对应的子计划	10	10		明细
19	计划编制	WBS编制	评判WBS结构是否正确，条目数是否正确，每错一条扣1分，本项分扣完为止。	WBS编号、名称和结构要正确	6	3		明细
20	计划编制	作业编制	评判作业名称、类型、工期是否录入正确，每错一条扣1分，本项分扣完为止。	作业编号、名称、类型、工期要正确	10	10		明细
21	计划编制	逻辑关系	评判作业逻辑关系、限制条件是否录入正确，每错一条扣1分，本项分扣完为止。	作业编号、名称、限制条件、逻辑关系要正确	10	10		明细
22	计划编制	进度计算	评判进度计算的数据日期，判断各级计划关键路径作业和浮时是否正确，某级计划关键路径	关键路径的作业编号、名称、总浮时要正确	8	8		明细
合计					200	51		

图 6-110 自动评分和错误定位

PowerEdu 还可对训练的结果进行保存，形成训练档案，供留存、调阅和成果打印之需，如图 6-111、图 6-112 所示。

菜单位置：登录云平台—首页—作业成果—打印。

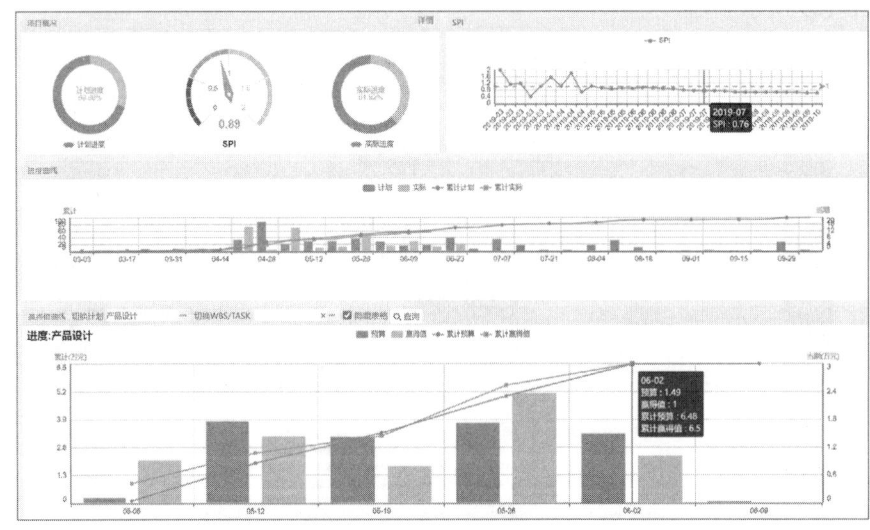

图 6-111 项目中心成果打印

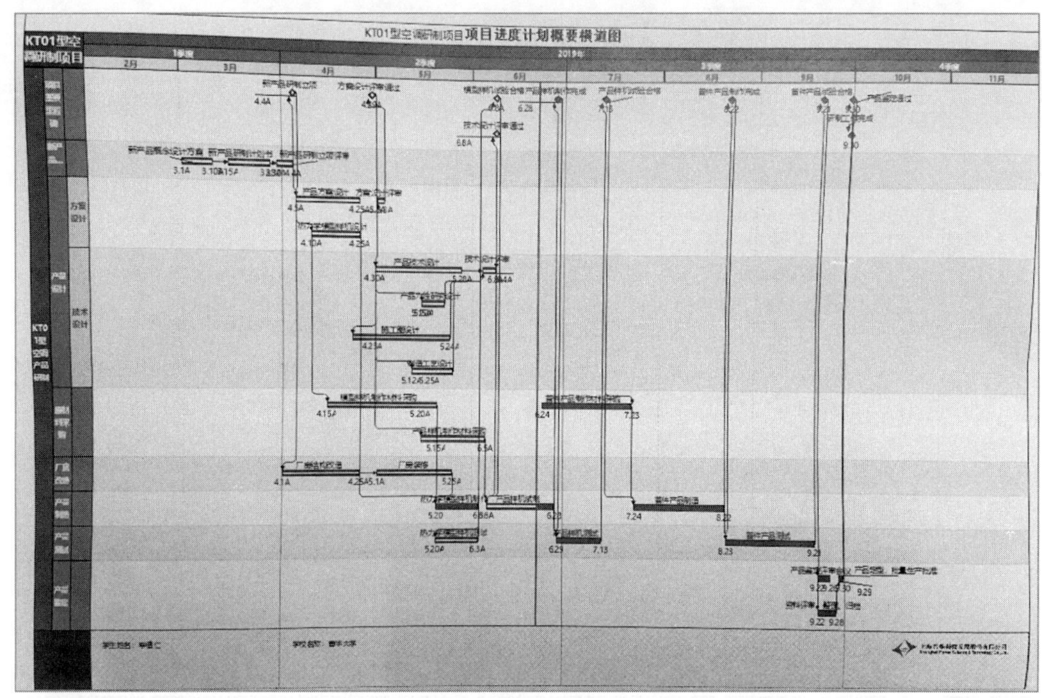

图 6-112　案例项目概要横道图打印效果

6.5.4　团队多角色仿真训练

“团队多角色仿真训练”是指运用 PowerEdu 工程项目管理实训平台，组成四人小组的项目团队，分别模拟不同的角色，共同完成一个项目进度管控业务的操作过程。“团队多角色仿真训练”与“个人全角色仿真训练”最大的不同是，前者需在系统的基础数据方面做好配置，如角色配置、权限配置和流程配置等，否则无法开展团队多角色仿真训练。关于系统配置的具体实现方法可参见第 5.3 节“综合管控应用”的介绍，或咨询普华科技获取协助。我们的联系方式是：Edu@powerpms.com。

1．案例项目基本情况

项目的工作范围大致如图 6-113 所示。

2．建立组织与角色

（1）团队设置。案例中假设四名小组成员分别由业主相关部门与外部参建单位所派遣，见表 6-19。

四名小组成员在项目管理过程中所从事的岗位角色见表 6-20。

（2）岗位职责。对成员的岗位职责进行明确，以便模拟时大家各司其职、协作有序，见表 6-21。

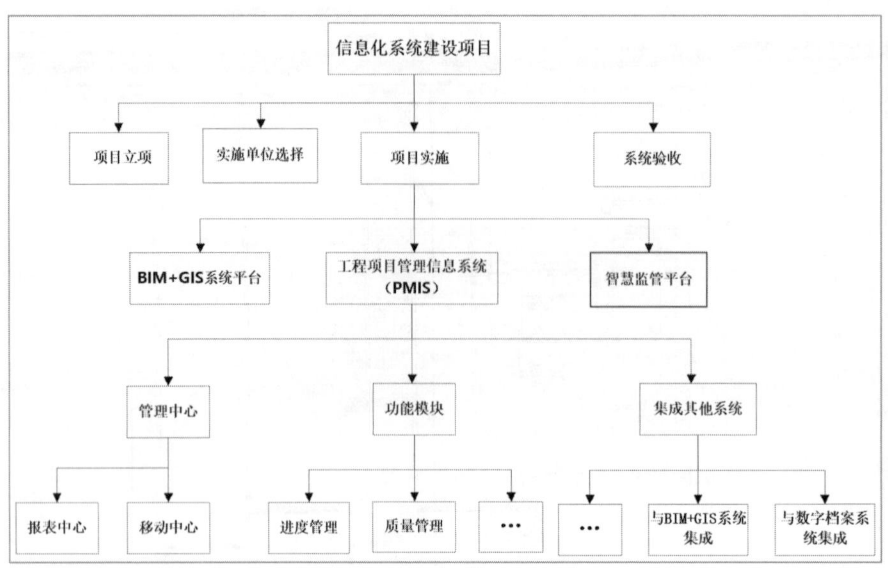

图 6-113　信息化项目案例的工作范围

表 6-19　案例项目组织结构及人员信息

序　　号	部门名称	部门编号	所派人员姓名	备　　注
1	业主信息中心	C1	张立丰	实际训练时以组员的真实姓名替入效果更佳
2	业主采购部	C2	李仁值	
3	BIM 实施单位	B1	张涛	
4	PMIS 实施单位	S1	王鲸玉	

表 6-20　案例项目人员岗位信息

序号	岗位编号	岗位名称	任命人员	工作职责	备　　注
1	M1	项目经理	张立丰	负责项目主计划	实际训练时以组员的真实姓名替入效果更佳
2	P1	采购经理	李仁值	负责承包单位选择子计划	
3	B1	BIM 经理	张涛	负责 BIM 系统建设子计划	
4	S1	PMIS 经理	王鲸玉	负责 PMIS 系统建设子计划	

表 6-21　案例项目岗位职责

部　　门	岗　　位	模拟人员	主要职责	工作成果
业主信息中心	项目经理	成员 A	1．项目团队人员维护 2．创建项目 PBS 结构 3．主计划的进度管理 4．主计划任务下达 5．担任小组组长	1．部门、岗位及人员清单 2．主计划及 E、P、M 三个子计划组成的嵌套网络计划结构 3．已批准的主计划、主计划检测体系、主计划进度监控报表 4．已下达任务作为子计划的 WBS 5．小组总结报告

续表

部　门	岗　位	模拟人员	主要职责	工作成果
业主采购部	采购经理	成员 B	1．编制采购子计划 2．采购子计划的进度管理	1．采购子计划 2．采购子计划检测体系、进度监控报表
BIM 实施单位	BIM 经理	成员 C	1．编制 BIM 实施子计划 2．BIM 实施子计划的进度管理	1．BIM 实施子计划 2．BIM 实施子计划检测体系、进度监控报表
PMIS 实施单位	PMIS 经理	成员 D	1．编制 PMIS 实施子计划 2．PMIS 实施子计划的进度管理	1．PMIS 实施子计划 2．PMIS 实施子计划检测体系、进度监控报表

（3）系统平台的岗位设置。仿真训练时，在“项目生成方式”功能区选择“按组”，则系统自动按团队形式创建实训项目，如图 6-114 所示。设置该功能的目的是考虑到可能有其他团队同时也在使用 Edu 进行团队仿真训练，故需要将不同团队按项目进行隔离区分，让系统识别哪几个人是同一个项目团队的。

图 6-114　团队演练设置

在“学生管理”功能区创建训练账号时，在“分组名称”信息栏里，需将同一团队的四个人采用相同的小组编号，如图 6-115 所示。

然后，在进行团队部门与岗位设置时，相同组号的四人将会自动出现在人员名单中，然后逐一进行角色分工设置，如图 6-116、图 6-117 所示。

学生管理

请输入学号或姓名 ＋新增 删除 下载模板 Excel导入

学号	姓名	邮箱	手机号	分组名称	院系名称	专业名称	年级	班级名称
202102003001	张立丰	yifeng@163.com	1382	1	工程管理	项目管理	2021	1
202102003002	李仁值	zh feng@164.com	13 2	1	工程管理	项目管理	2021	1
202102003003	张涛	zh eng@165.co	13	1	工程管理	项目管理	2021	1
202102003004	王鲸玉	z ifeng@166.com	13 4	1	工程管理	项目管理	2021	1

图 6-115　团队分组规则

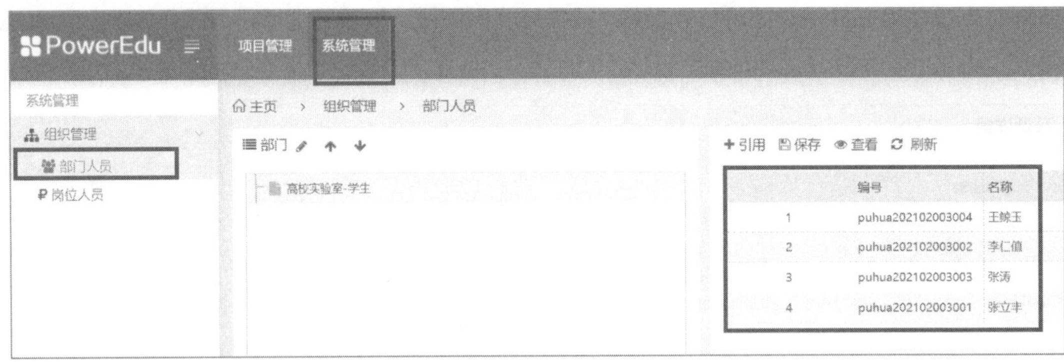

图 6-116　部门人员信息

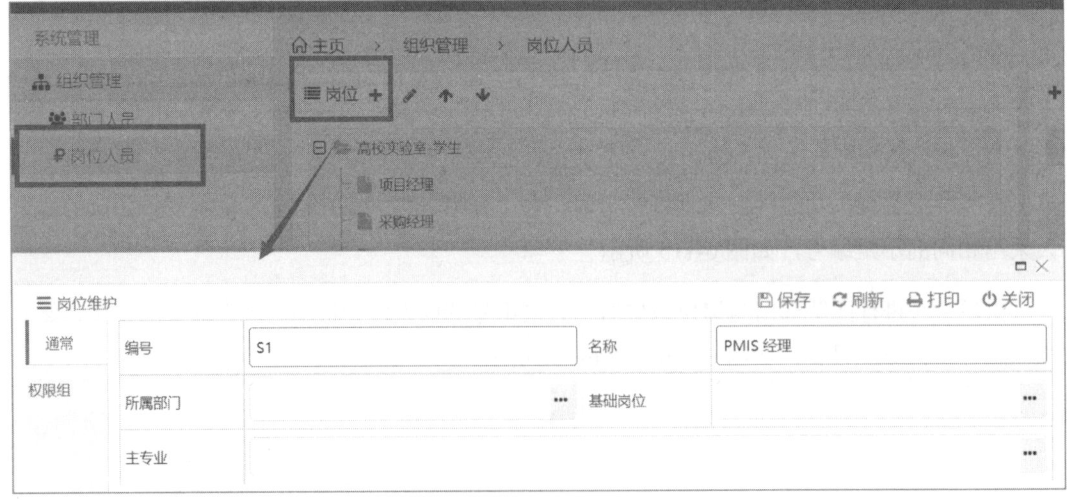

图 6-117　岗位人员配置

3. 流程与权限定义

（1）项目 PBS 配置。本案例项目，采取两级计划管理模式。

1）一级计划为项目主计划，由项目经理组织制订。

2）二级计划为项目子计划，分承包单位选择、BIM+GIS 系统建设、PMIS 系统建设三项子计划分别编制。

与“PBS 定义”相关的各主、子计划信息，统一规定，见表 6-22。

表 6-22　信息化项目 PBS 配置

序号	标　题	内　容				备　注
		主计划	采购子计划	BIM 子计划	PMIS 子计划	
1	编号	ISP	P	B	S	
2	名称	信息化系统建设项目	承包单位选择	BIM+GI 系统建设	PMIS 平台建设	
3	计划开始	2018-08-01				
4	计划完成	2020-04-30				
5	计划类型	PWBS	P	C	C	
6	计划等级	一级	二级	二级	二级	
7	责任人	张立丰	李仁值	张涛	王鲸玉	按团队成员名单修改
8	日历	七天工作制				

（2）项目 PBS 定义。PowerEdu 平台里，在“PBS 定义”功能模块，即可按 PBS 配置的信息进行 PBS 的定义设置。只有在“责任人”和“参与人员”处配置了相关的人员后，该人员才可以对当前计划进行编辑和更新，如图 6-118 所示。

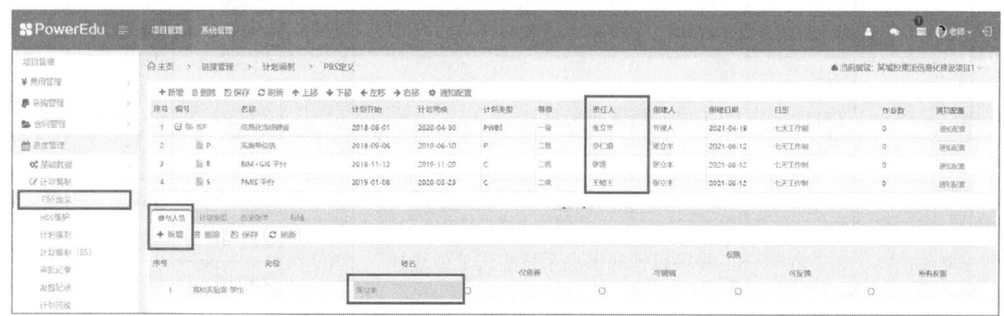

图 6-118　PBS 定义

（3）工作流设置。在进度管控过程中，涉及审批的环节有两个，一个是计划编制完毕后的审批，另一个是进展数据反馈后的审批。

系统允许自定义审批流程，在案例项目中，由四人团队的项目经理审批，如图 6-119 所示。

设置好的审批流程，在进度计划或进展反馈送审时即可调用。

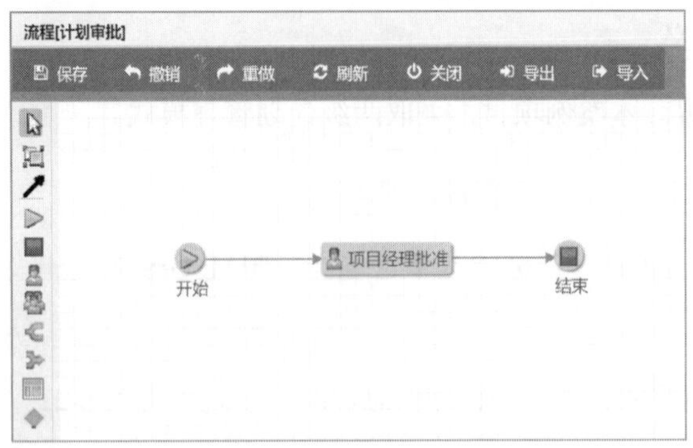

图 6-119 计划审批流程

4. 项目的作业信息

团队模拟训练过程中，计划编制和进度检测等的操作流程与“个人进阶式仿真训练过程”基本一致，此处不再赘述。

（1）主计划作业信息。主计划中的 WBS 和各项作业的相关信息，见表 6-23。

表 6-23 信息化项目主计划作业信息

序号	WBS 编码	作业代码	作业名称	工期（天）	后续作业	逻辑关系	延时（天）
1	ISP	信息化系统建设项目					
2	ISP.1	项目立项					
3		Z1110	建设项目信息化系统建议书	15	Z1120	FS	0
4		Z1120	项目信息化系统实施方案	46	Z1130	FS	0
5		Z1130	项目信息化系统方案评审	20	Z1140	FS	0
6		Z1140	项目信息化系统建设立项	11	Z2110	FS	0
7	ISP.2	实施单位选择					
8		Z2110	潜在供应商调研考察	61	Z2120	FS	0
9		Z2120	供应商短名单确定	20	Z2130	FS	0
10	注1	Z2130	BIM+GIS 系统平台实施单位选择	70	Z2140	SS	0
11	注1	Z2140	工程项目管理信息系统实施单位选择	70	Z2150	SS	0
					Z3210	FS	0
12		Z2150	智慧监管平台实施单位选择	70	Z3110	FS	0
13	ISP.3	项目实施					
14	ISP.3.1	BIM+GIS 系统平台					
15		Z3110	智慧工程总体规划	30	Z3120	FS	0
16		Z3120	BIM+GIS 一体化应用指导手册	15	Z3130	FS	0
17	注2	Z3130	BIM+GIS 工程全生命周期支撑平台实施	230	Z3750	SS	0
					Z4130	FS	0

续表

序号	WBS 编码	作业代码	作业名称	工期（天）	后续作业	逻辑关系	延时（天）
18	ISP.3.2	工程项目管理信息系统					
19		Z3210	PMIS 总体规划	30	Z3510	FS	0
20	ISP.3.2.1	功能模块					
21		Z3510	前期管理	92	Z3520	SS	0
22		Z3520	征拆管理	92	Z3530	SS	0
23		Z3530	合同管理	92	Z3540	SS	0
24		Z3540	费用管理	92	Z3550	SS	0
25		Z3550	廉洁管理	92	Z3610	SS	0
					Z3560	SS	0
26		Z3560	进度管理	184	Z3570	SS	0
27	🔗注3	Z3570	质量管理	184	Z4120	FS	0
28	ISP.3.2.2	管理中心					
29	🔗注3	Z3610	移动中心	184	Z3620	SS	61
					Z3710	SS	31
					Z3740	SS	123
30		Z3620	报表中心	123	Z4120	FS	0
31	ISP.3.2.3	集成其他系统					
32		Z3710	与 OA 系统集成	61	Z3720	SS	0
33		Z3720	与财务系统集成	61	Z3730	SS	0
34		Z3730	与数字档案系统集成	61	Z4110	FS	0
35		Z3740	与移动门户集成	61	Z3750	FS	0
					Z4120	FS	0
36		Z3750	与 BIM+GIS 系统集成	61	Z3760	SS	0
37		Z3760	与智慧监管平台集成	61	Z4130	FS	0
38	ISP.3.3	智慧监管平台					
39	ISP.4	系统验收					
40		Z4110	第一批系统试运行	92	Z4140	FS	90
41		Z4120	第二批系统试运行	92	Z4140	FS	30
42		Z4130	第三批系统试运行	91	Z4140	FS	0
43		Z4140	全系统验收	30	—	—	—

注：表中带“🔗”标记的作业是业主计划下达给承包单位执行的任务，主计划下达后，相关单位通过子计划对下达的任务进行细化。其中：

◎ 带注 1 标记的作业，下达给采购部编制子计划；

◎ 带注 2 标记的作业，下达给 BIM 承包单位编制子计划；

◎ 带注 3 标记的作业，下达给管理中心编制子计划。

（2）采购子计划作业信息。采购子计划的 WBS 和各项作业的相关信息见表 6-24。

表 6-24　信息化项目采购子计划作业信息

序号	WBS 编码	作业代码	作业名称	原定工期（天）	后续作业	逻辑关系	延时（天）
1	P	实施单位选择					
2	P.ISP	信息化系统建设项目下达					
3	P.ISP.2	实施单位选择					
4	P.ISP.Z2130	BIM+GIS 系统平台实施单位选择					
5		P1110	委托招标代理	7	P1120	FS	0
					P2110	SS	0
6		P1120	编制招标文件	10	P1130	FS	0
7		P1130	发标	22	P1140	SS	0
8		P1140	投标	25	P1150	FS	0
9		P1150	评标	3	P1160	FS	0
10		P1160	授标	2	P1170	FS	0
11		P1170	签订合同	10	/	/	/
12	P.ISP.Z2140	工程项目管理信息系统实施单位选择					
13		P2110	委托招标代理	10	P2120	FS	0
14		P2120	编制招标文件	16	P2130	FS	0
15		P2130	发标	22	P2140	SS	0
16		P2140	投标	28	P2150	FS	0
17		P2150	评标	3	P2160	FS	0
18		P2160	授标	3	P2170	FS	0
19		P2170	签订合同	10	—	—	—

（3）BIM 子计划作业信息。BIM 子计划中的 WBS 和各项作业的相关信息，见表 6-25。

表 6-25　信息化项目 BIM+GIS 平台建设子计划作业信息

序号	WBS 编码	作业代码	作业名称	原定工期（天）	后续作业	逻辑关系	延时（天）
1	B	BIM+GIS 平台建设					
2	B.ISP	信息化系统建设项目下达					
3	B.ISP.3	项目实施					
4	B.ISP.3.1	BIM+GIS 系统平台					
5	B.ISP.3.1.Z3130	BIM+GIS 工程全生命周期支撑平台实施					
6	B.ISP.3.1.Z3130.1	平台建设方案					
7		B1110	需求调研	15	B1120	SS	0

续表

序号	WBS 编码	作业代码	作业名称	原定工期（天）	后续作业	逻辑关系	延时（天）
8		B1120	需求分析报告	20	B1130	SS	10
9		B1130	平台建设方案编制	15	B1140	FS	0
10		B1140	平台建设方案评审	5	B2110	FS	0
11	B.ISP.3.1.Z3130.2	平台部署					
12		B2110	BIM+GIS 支撑平台开发及初始化	90	B2120	SS	75
13		B2120	平台开发实施部署	60	B2130	FS	0
14		B2130	跨平台 BIM 模型轻量化导入	30	B2140	SS	0
15		B2140	BIM 模型数据管理	60	B2150	SS	0
16		B2150	BIM+GIS 场景设计	45	B2160	SS	0
					B2170	FS	0
17		B2160	二次开发应用	60	B3110	SS	0
18		B2170	基于渲染引擎的可视化场景优化	20	—	—	—
19	B.ISP.3.1.Z3130.3	门户及集成					
20		B3110	工程门户开发	60	B3120	SS	0
21		B3120	移动 App 门户开发	60	B3130	SS	0
22		B3130	应用系统集成	60	—	—	—

（4）PMIS 子计划作业信息。PMIS 子计划 WBS 和各项作业的相关信息，见表 6-26。

表 6-26　信息化项目 PMIS 平台建设子计划作业信息

序号	WBS 编码	作业代码	作业名称	原定工期（天）	后续作业	逻辑关系	延时（天）
1	S	PMIS 平台建设					
2	S.ISP	信息化系统建设项目下达					
3	S.ISP.3	项目实施					
4	S.ISP.3.2	工程项目管理信息系统					
5	S.ISP.3.2.1	功能模块					
6	S.ISP.3.2.1.Z3570	质量管理					
7	S.ISP.3.2.1.Z3570.1	质量管理模块功能开发					
8		S1110	需求调研	5	S1120	FS	0
					S2110	SS	0
9		S1120	需求说明书	5	S1130	FS	0
10		S1130	设计说明书	20	S1140	SS	5
					S1410	FS	0
11		S1140	功能开发	120	S1150	FS	-20
12		S1150	功能测试	30	S1160	FS	0

续表

序号	WBS 编码	作业代码	作业名称	原定工期（天）	后续作业	逻辑关系	延时（天）
13		S1160	初始化	21	S1170	SS	10
14		S1170	操作手册编写	6	S1180	FS	0
15		S1180	用户培训	3	—	—	—
16	S.ISP.3.2.1.Z3570.2	质量验评表单结构化					
17		S1410	需求确认	10	S1420	FS	0
18		S1420	表单设计开发	120	S1430	FS	0
19		S1430	表单数据测试	20	S1160	FF	4
20	S.ISP.3.2.2	管理中心					
21	S.ISP.3.2.2.Z3610	移动中心					
22		S2110	需求调研及实施方案	10	S2120	FS	0
23		S2120	功能原型图设计	18	S2130	FS	0
24		S2130	系统功能设计与开发	120	S2140	SS	45
25		S2140	用户界面设计优化与开发	75	S2150	FS	0
26		S2150	系统集成与测试	21	S2160	FS	0
27		S2160	初始化	15	S2170	SS	5
28		S2170	操作手册编写	6	S2180	FS	0
29		S2180	用户培训	3	—	—	—

5．子计划的分配

PowerEdu 是由主计划和子计划之间的层层下达和向上汇总组成的多级嵌套计划系统，支持项目多级计划编制、计划报批、计划上下级关系维护、计划的总体协调、计划执行信息的反馈与对比分析。其计划的编制过程是一个自上而下的工作目标不断分解和责任分配落实的过程。

（1）子计划的派发。子计划的派发，是指主计划责任人将相应的作业任务打包并分派给子计划的责任人，在系统中称为“任务下达”。系统通过任务的下达，形成下一层子计划框架 ，同时建立主计划和子计划之间的关联。

操作方法：选择需要下达的作业清单，在前面的“□”图标中勾选作业，再点击上方菜单栏中的“任务下达”按钮，即跳转出“选择计划”的分配功能，用于确定当前下达的作业进入哪个子计划，选择对应的子计划名称后点击“确定”，如图 6-120、图 6-121 所示。

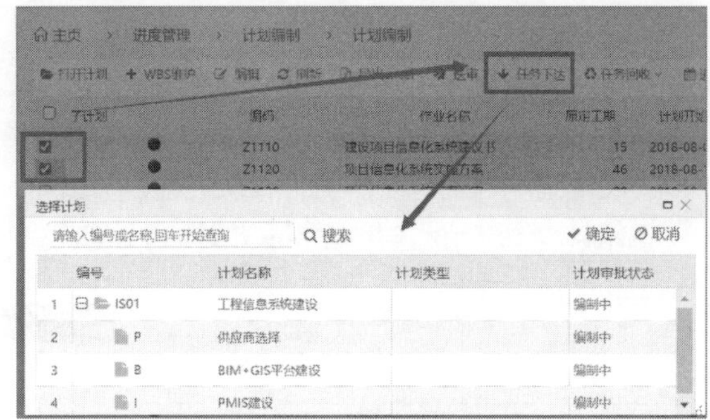

图 6-120　子计划下达

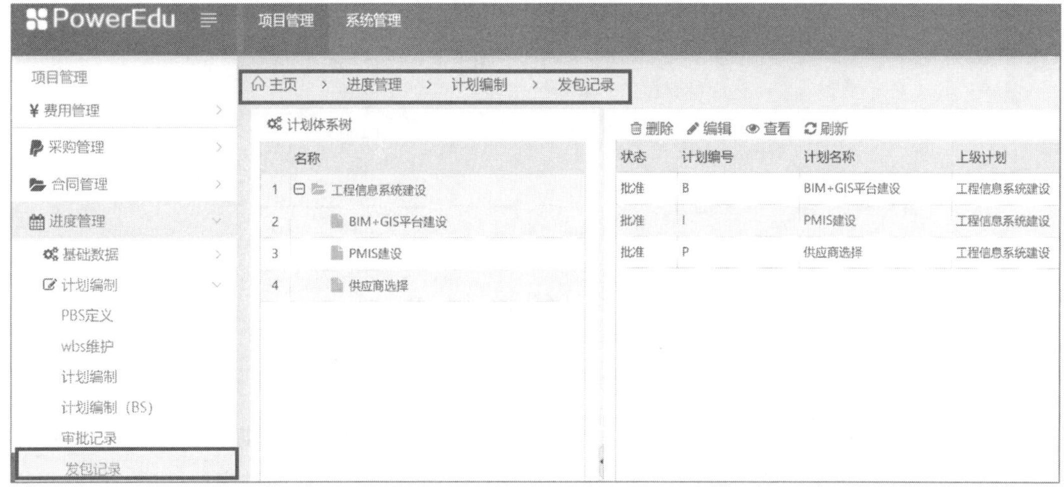

图 6-121　子计划下达查询

（2）子计划的回收。 如果下达的子计划任务操作失误，或者更换任务执行的单位，则可以通过“计划回收”的功能将已经下达的任务回收，经过审批后重新下达更新的任务包，如图 6-122～图 6-124 所示。

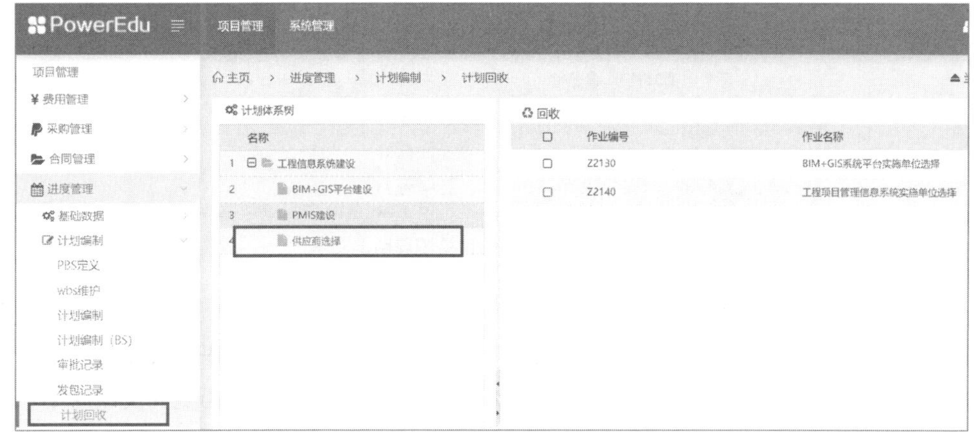

图 6-122　子计划回收

图 6-123　子计划回收审批

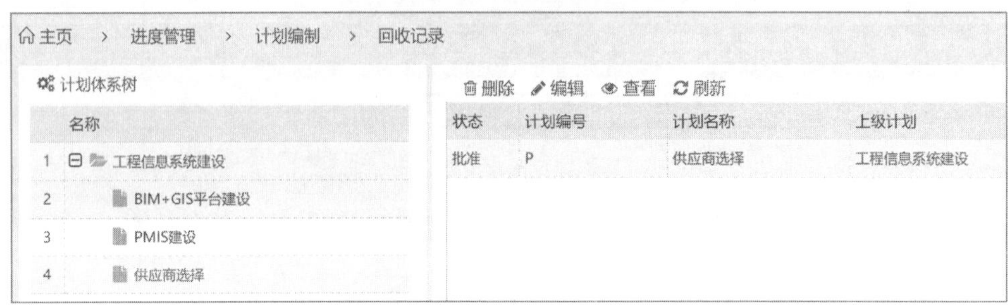

图 6-124　子计划回收查询

6．进度反馈

（1）检测周期定义。本项目按“月”进行周期反馈；“次月开始于”日期为：“2018-09-01”，用于指定第一个检测周期的数据截止日期的第二天，即当第一个周期的进度反馈后，用此日期作为“数据日期”供系统计算后续计划，如图 6-125 所示。

图 6-125　信息化项目检测周期定义

（2）进度反馈。项目的实际进展需要定期跟踪、反馈并录入系统中，以便于项目经理实时掌握项目的实际进展状况。按照项目 PBS 定义的责任体系，拥有反馈权限的责任人需要反馈相应周期的进度情况，进度反馈完成后，在“反馈记录”功能里可以查询历史的反馈周期、反馈责任人和反馈日期等信息，如图 6-126 所示。

图 6-126　信息化项目进度反馈记录

本案例项目设定按“月”为周期进行反馈。为方便模拟训练起见，假设进度反馈信息见表 6-27～表 6-30。

主计划中的已下达任务，其进展由子计划自动汇总，不需要在主计划中进行反馈操作；对主计划中的未下达任务，按表 6-27 中的信息进行反馈。

表 6-27　主计划反馈数据

序号	作业代码	作业名称	实际开始日期	实际完成日期	期望完成日期	当期末累计完成百分比
A	第一期反馈数据（截止日期 2018-08-31）					
A01	Z1110	建设项目信息化系统建议书	2018-08-01	2018-08-10		100.00%
A02	Z1120	项目信息化系统实施方案	2018-08-11		2018-09-26	43.00%
B	第二期反馈数据（截止日期 2018-09-30）					
B01	Z1120	项目信息化系统实施方案	2018-08-11	2018-09-26		100.00%
B02	Z1130	项目信息化系统方案评审	2018-09-27		2018-10-24	11.00%
C	第三期反馈数据（截止日期 2018-10-31）					
C01	M1110	项目正式立项	2018-10-31	2018-10-31		100.00%
C02	Z1130	项目信息化系统方案评审	2018-09-27	2018-10-24		100.00%
C03	Z1140	项目信息化系统建设立项	2018-10-25	2018-10-31		100.00%

表 6-28　采购子计划进展反馈信息

序号	作业代码	作业名称	实际开始日期	实际完成日期	期望完成日期	当期末累计完成百分比
第一～五期因未到计划开始时间故无需反馈数据（截止日期 2018-12-31 前，计划未要求开展工作）						
A	第六期反馈数据（截止日期 2019-01-31）					
A01	P1110	委托招标代理	2019-01-21	2019-01-28		100.00%
A02	P1120	编制招标文件	2019-01-26		2019-02-10	33.00%
A03	P2110	委托招标代理	2019-01-21	2019-01-28		100.00%
A04	P2120	编制招标文件	2019-01-29		2019-02-12	14.00%

续表

序号	作业代码	作业名称	实际开始日期	实际完成日期	期望完成日期	当期末累计完成百分比
B	第七期反馈数据（截止日期 2019-02-28）					
B01	P1120	编制招标文件	2019-01-26	2019-02-10		100.00%
B02	P1130	发标	2019-02-11		2019-03-04	81.00%
B03	P1140	投标	2019-02-11		2019-03-08	68.00%
B04	P2120	编制招标文件	2019-01-29	2019-02-12		100.00%
B05	P2130	发标	2019-02-13		2019-03-06	71.00%
B06	P2140	投标	2019-02-13		2019-03-12	56.00%

表 6-29 BIM+GIS 平台建设子计划反馈信息

序号	作业代码	作业名称	实际开始日期	实际完成日期	期望完成日期	当期末累计完成百分比
第一～九期因未到计划开始时间故不需要反馈数据（截止日期 2019-04-30 前，计划未要求开展工作）						
A	第十期反馈数据（截止日期 2019-05-31）					
A01	B1110	需求调研	2019-05-16		2019-06-15	50.00%
A02	B1120	需求分析报告	2019-05-18		2019-06-20	39.00%
A03	B1130	平台建设方案编制	2019-05-26		2019-06-25	17.00%
B	第十一期反馈数据（截止日期 2019-06-30）					
B01	B1110	需求调研	2019-05-16	2019-06-15		100.00%
B02	B1120	需求分析报告	2019-05-18	2019-06-20		100.00%
B03	B1130	平台建设方案编制	2019-05-26	2019-06-25		100.00%
B04	B1140	平台建设方案评审	2019-06-20	2019-06-26		100.00%
B05	B2110	BIM+GIS 支撑平台开发及初始化	2019-06-27		2019-09-10	4.00%

表 6-30 PMIS 子计划进展反馈信息

序号	作业代码	作业名称	实际开始日期	实际完成日期	期望完成日期	当期末累计完成百分比
第一～九期，无反馈数据（截止日期 2019-04-30），同理						
A	第十期反馈数据（截止日期 2019-05-31）					
A01	S1110	需求调研	2019-05-01	2019-05-05		100.00%
A02	S1120	需求说明书	2019-05-06	2019-05-10		100.00%
A03	S1130	设计说明书	2019-05-11	2019-05-30		100.00%
A04	S1140	功能开发	2019-05-16		2019-09-12	13.00%
A05	S2110	需求调研及实施方案	2019-05-01	2019-05-10		100.00%
A06	S2120	功能原型图设计	2019-05-11	2019-05-28		100.00%
A07	S2130	系统功能设计与开发	2019-05-29		2019-09-30	2.00%

每期进展反馈数据录入后，可以按最新的数据日期重新进行“进度计算”，并与目标计划进行对比，评估进展偏差，必要时制定纠偏措施和进行计划更新。

7. 形成项目决策中心

PowerEdu 根据前面进行的计划编制、进度检测、进度反馈等流程，自动生成项目中心，如图 6-127 所示，项目管理者可以很清晰、准确地了解项目总体的进展状况，以及执行过程中计划与目标对比的具体偏差位置和偏差大小。

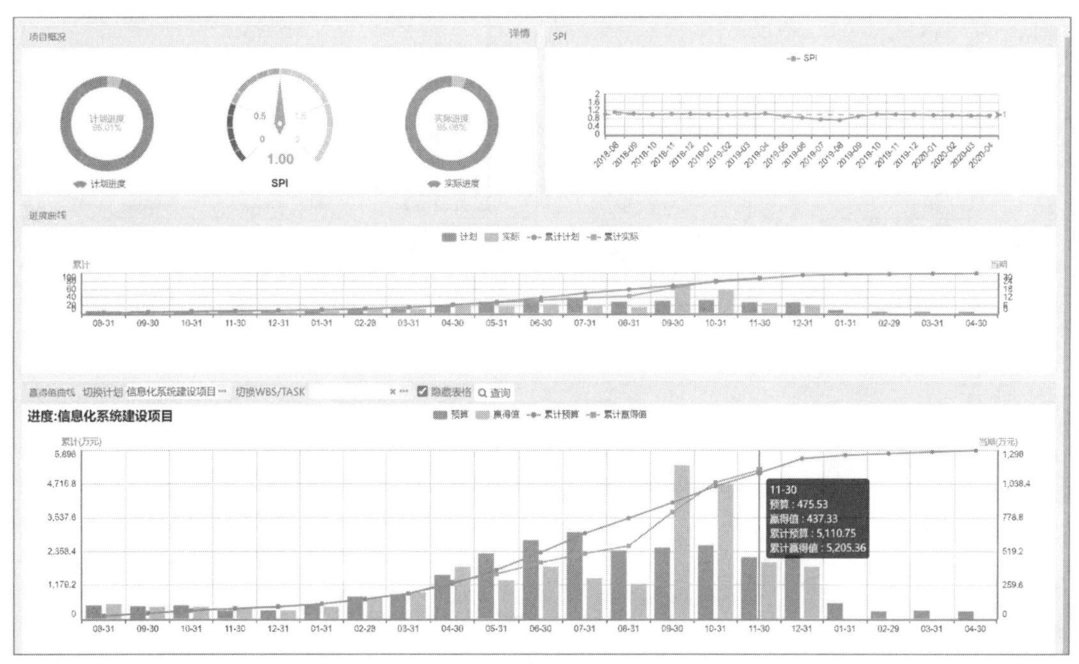

图 6-127　信息化项目中心

6.5.5　团队竞争性模拟训练

PowerEdu 还提供团队竞争性模拟训练的方式开展仿真实训，即多个团队同一时刻选择同一个案例进行模拟训练，团队之间可自我设计角色、情景，激发学员的团队协作能力，如图 6-128 所示。平台对多团队的成绩进行自动评分，并对分值按组和组员的形式自动排名，以便了解参与训练的成员掌握进度管控全过程技能的情况，如图 6-129 所示。

同时，PowerEdu 还是全国高等院校项目管理大赛暨国际项目管理锦标赛中国区选拔赛的官方指定团队竞赛平台。该竞赛通过 PowerEdu 提供的项目管理实战案例模拟仿真比赛，重点考察选手项目管理知识的实践应用和团队协作能力。

学生管理

请输入学号或姓名 | + 新增 | 删除 | 下载模板 | Excel导入

学号	姓名	邮箱	手机号	分组名称	院系名称	专业名称	年级	班级名称
1	王仁	[illegible]	[illegible]	1	经管学院	工程管理	2020	1
2	王茜	[illegible]	13909[illegible]	1	经管学院	工程管理	2020	2
3	李明	[illegible]	[illegible]8009	1	经管学院	工程管理	2020	2
4	秦钜	[illegible]	[illegible]	1	经管学院	工程管理	2020	3
5	顾佳佳	[illegible]	[illegible]	2	经管学院	工程管理	2020	5
6	陈平	test6@[illegible]	[illegible]	2	经管学院	工程管理	2020	3
7	陈勇	[illegible]	[illegible]	2	经管学院	工程管理	2020	3
8	顾王荣	[illegible]	[illegible]009	2	经管学院	工程管理	2020	5

图 6-128 团队竞争性分组创建

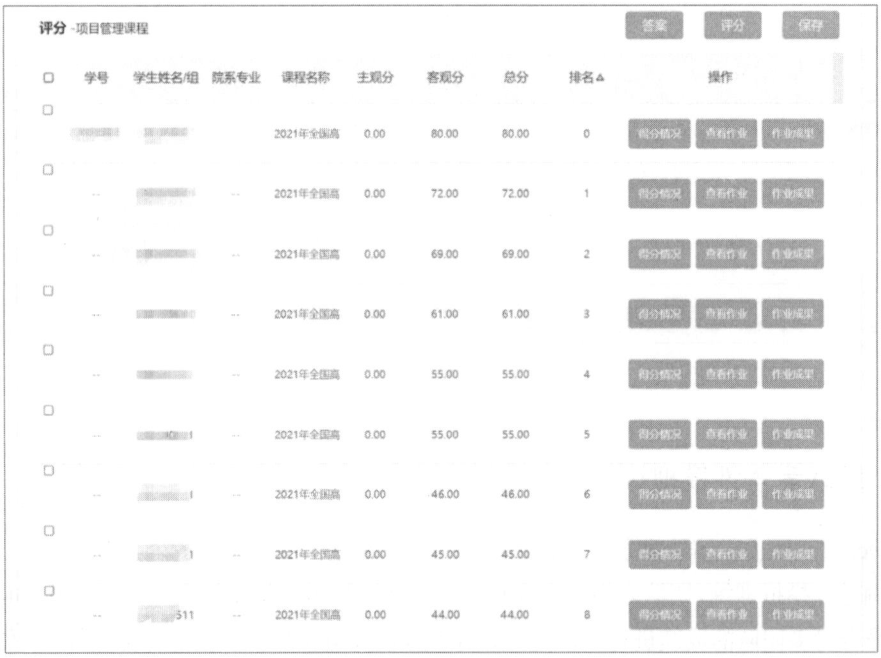

评分 -项目管理课程

答案 | 评分 | 保存

学号	学生姓名/组	院系专业	课程名称	主观分	客观分	总分	排名	操作
[illegible]	[illegible]		2021年全国高	0.00	80.00	80.00	0	得分情况 查看作业 作业成果
--	[illegible]	--	2021年全国高	0.00	72.00	72.00	1	得分情况 查看作业 作业成果
--	[illegible]	--	2021年全国高	0.00	69.00	69.00	2	得分情况 查看作业 作业成果
--	[illegible]	--	2021年全国高	0.00	61.00	61.00	3	得分情况 查看作业 作业成果
--	[illegible]	--	2021年全国高	0.00	55.00	55.00	4	得分情况 查看作业 作业成果
--	[illegible]1	--	2021年全国高	0.00	55.00	55.00	5	得分情况 查看作业 作业成果
--	[illegible]1	--	2021年全国高	0.00	46.00	46.00	6	得分情况 查看作业 作业成果
--	[illegible]1	--	2021年全国高	0.00	45.00	45.00	7	得分情况 查看作业 作业成果
--	[illegible]511	--	2021年全国高	0.00	44.00	44.00	8	得分情况 查看作业 作业成果

图 6-129 团队竞争性自动评分

注：可从 PowerEdu 下载其他案例项目的仿真训练手册，包括并不限于：

（1）有机硅单体生产装置项目仿真模拟案例；

（2）房屋建筑项目仿真模拟案例；

（3）大型体育场建设项目仿真模拟案例；

（4）高速公路建设项目仿真模拟案例；

（5）空调研制项目仿真模拟案例。

项目管理精品图书

序号	书名	书号	定价
1	青少年项目奇遇系列：终极树屋项目、可怕的鬼屋项目、妙趣横生的科技节项目、情人节灾难项目、复活节霸王转型项目	978-7-5198-5877-3	258.00 元（全 5 册）
2	五步法——计划与进度控制体系方法论	978-7-5198-1402-1	58.00 元
3	政府投资光伏扶贫项目区域优选方法及其规划模型研究	978-7-5198-5337-2	78.00 元
4	组织项目管理能力基准：组织项目管理能力开发指南	978-7-5198-3374-9	68.00 元
5	项目质量管理	978-7-5198-0300-1	58.00 元
6	政企合作（PPP）：王守清核心观点（2017—2020）	978-7-5198-5221-4	198.00 元（全 2 册）
7	双赢：提升项目管理者的职业高度与情商	978-7-5198-5245-0	86.00 元
8	高效通过 PgMP®考试	978-7-5198-5162-0	88.00 元
9	项目管理：创造源来的价值	978-7-5198-5044-9	88.00 元
10	虚拟团队领导力	978-7-5198-4900-9	88.00 元
11	白话国际工程项目管理	978-7-5198-4568-1	78.00 元
12	项目经理枕边书	978-7-5198-4849-1	45.00 元
13	跨国项目管理	978-7-5198-4735-7	78.00 元
14	创业项目管理	978-7-5198-4734-0	78.00 元
15	PMP®考试口袋书	978-7-5198-4139-3	78.00 元
16	工程总承包管理理论与实务	978-7-5198-4419-6	108.00 元
17	工程咨询企业项目管理办公室（PMO）理论与实践	978-7-5198-4418-9	88.00 元
18	项目管理方法论（第 3 版）	978-7-5198-4580-3	78.00 元
19	看四大名著学项目管理	978-7-5123-7958-9	48.00 元
20	观千剑而后识器：项目管理情景案例	978-7-5198-4546-9	58.00 元
21	大数据时代政府投资建设项目决策方法	978-7-5198-2535-5	58.00 元

序号	书名	书号	定价
22	高老师带你做模拟题：轻松通过 PMP®考试	978-7-5198-2649-9	68.00 元
23	PPP 项目绩效评价理论与实践	978-7-5198-2970-4	68.00 元
24	全过程工程咨询理论与实施指南	978-7-5198-2918-6	108.00 元
25	企业项目化管理理论与实践	978-7-5198-2936-0	98.00 元
26	工程咨询企业信息化管理实务	978-7-5198-2935-3	98.00 元
27	岗位管理与人岗匹配（第 2 版）	978-7-5198-2973-5	68.00 元
28	非经营性政府投资项目究责方法与机制	978-7-5198-2536-2	58.00 元
29	卓尔不群：成为王牌项目经理的 28 项软技能	978-7-5198-0871-6	48.00 元
30	汪博士析辨 PMP®易混术语（第 2 版）	978-7-5198-3027-4	68.00 元
31	个人项目管理能力基准：项目管理、项目集群管理和项目组合管理（第 4 版）	978-7-5198-3141-7	78.00 元
32	政府和社会资本合作（PPP）项目绩效评价实施指南	978-7-5198-3301-5	88.00 元
33	不懂心理学怎么管项目	978-7-5198-3467-8	58.00 元
34	PMO 不败法则：100 个完美收工技巧	978-7-5198-3690-0	45.00 元
35	项目控制知识与实践指南	978-7-5198-3536-1	198.00 元
36	视线变远见——系统思考直击项目管理痛点	978-7-5198-3767-9	68.00 元
37	顺利通过 PMP®考试全程指南（第 3 版）	978-7-5198-3697-9	98.00 元
38	谁说菜鸟不能成为项目经理	978-7-5198-3931-4	78.00 元
39	电子商务项目管理	978-7-5198-2688-8	68.00 元
40	涛似连山喷雪来——薛涛解析中国式环保 PPP	978-7-5198-2720-5	98.00 元
41	技法：提升绩效与改进过程	978-7-5198-2514-0	68.00 元
42	管法：从硬功夫到软实力	978-7-5198-2513-3	68.00 元
43	心法：顶级项目经理的修炼之路	978-7-5198-2506-5	68.00 元
44	区间型多属性群决策方法及应用	978-7-5198-2537-9	58.00 元
45	项目管理知识体系指南（PMBOK®指南）：建设工程分册	978-7-5198-2383-2	98.00 元
46	高效通过 PMI-ACP 考试（第 2 版）	978-7-5198-2099-2	68.00 元